社会福祉
学習双書
2024

第8巻

地域福祉と
包括的支援体制

『社会福祉学習双書』編集委員会　編

社会福祉法人　全国社会福祉協議会

社会福祉士養成課程カリキュラムと
『社会福祉学習双書』目次の対比表

第８巻　地域福祉と包括的支援体制

養成カリキュラム「教育に含むべき事項」	社会福祉学習双書「目次」
①地域福祉の基本的な考え方	・序章「地域福祉の実際」 ・第１部第２章「地域福祉の主体と形成」 ・第１部第３章「地域福祉の概念と理論」 ・第１部第４章「地域福祉の発展過程とこれから」
②福祉行財政システム	・第１部第５章「福祉行財政システム」
③福祉計画の意義と種類、策定と運用	・第１部第６章「福祉計画の意義と種類、策定と運用」
④地域社会の変化と多様化・複雑化した地域生活課題	・第１部第１章「地域社会の変化と多様化・複雑化した地域生活課題」
⑤地域共生社会の実現に向けた包括的支援体制	・第２部第１章「包括的支援体制の構築」 ・第２部第２章「包括的支援とソーシャルワーク」
⑥地域共生の実現に向けた多機関協働	
⑦災害時における総合的かつ包括的な支援体制	・第２部第３章「災害時における総合的かつ包括的な支援体制」
⑧地域福祉と包括的支援体制の課題と展望	・第２部第４章「地域福祉と包括的支援体制の課題と展望」

※本テキストは、精神保健福祉士養成課程カリキュラムにも対応しています。

刊行にあたって

現代社会にあって、地域住民が直面する多様な課題や個々人・家族が抱える生活のしづらさを解決するためには、従来の縦割り施策や専門領域に閉じこもった支援では効果的な結果を得にくい。このことは、社会福祉領域だけではなく、関連領域でも共有されてきたところである。平成29（2017）年の社会福祉法改正では、「地域共生社会」の実現を現実的な施策として展開するシステムの礎を構築することとなった。社会福祉に携わる者は支援すべき人びとが直面する課題を「他人事」にせず、また「分野ごと」に分断せず、「複合課題丸ごと」「世帯丸ごと」の課題として把握し、解決していくことが求められている。また、支援利用を躊躇、拒否する人びとへのアプローチも試みていく必要がある。

第二次世界大戦後、社会福祉分野での支援は混合から分化、そして統合へと展開してきた。年齢や生活課題によって対応を「専門分化」させる時期が長く続くなかで、出現し固着化した縦割り施策では、共通の課題が見逃される傾向が強く、制度の谷間に潜在する課題を生み出すことになった。この流れのなかで、包括的な対応の必要性が認識されるに至っている。令和５（2023）年度からは、こども家庭庁が創設され、子ども・子育て支援を一体的に担うこととなった。加えて、分断隔離から、地域を基盤とした支援の構築も実現されてきている。地域から隔絶された場所に隔離・収容する対応は、在宅福祉の重要性を訴える当事者や関係者の活動のなかで大幅な方向転換を行うことになった。

措置制度から利用制度への転換は、主体的な選択を可能とする一方で、利用者支援や権利擁護も重要な課題とした。社会資源と地域住民との結び付け、継続的利用に関する支援や苦情解決などが具体的内容である。地域や家族、個人が当事者として参加することを担保しながら、ともに考える関係となるような支援が求められている。利用者を支援に合わせるのではなく、支援を利用者のニーズに適合させることが求められている。

「働き方改革」は働く者全体の課題である。仲間や他分野で働く人々との協働があってこそ実現できる。共通の「言語」を有し、相互理解を前提とした協働こそ、利用者やその家族、地域社会への貢献を可能とする。ソーシャルワーカーやその関連職種は、法令遵守（コンプライアンス）の徹底と、提供した支援や選択されなかった支援について、専門職としてどのような判断のもとに当該支援を実施したのか、しなかったのかを説明すること（アカウンタビリティ）も同時に求められるようになってきている。

本双書は、このような社会的要請と期待に応えるための知識やデータを網羅していると自負している。

いまだに終息をみせたとはいえない、新型コロナウイルス（COVID-19）禍は引き続き我われの生活に大きな影響を与えている。また、世界各地で自然災害や紛争・戦争が頻発している。これらは個人・家族間の分断を進行させるとともに、新たな支援ニーズも顕在化させてきている。このような時代であるからこそ、代弁者（アドボケーター）として、地域住民や生活課題に直面している人々の「声なき声」を聴き、社会福祉領域のみならず、さまざまな関連領域の施策を俯瞰し、地域住民の絆を強め、特定の家族や個人が地域のなかで課題解決に取り組める体制づくりが必要である。人と諸制度をつなぎ、地域社会をすべての人々にとって暮らしやすい場とすることが社会福祉領域の社会的役割である。関係機関・団体、施設と連携して支援するコーディネーターとなることができる社会福祉士、社会福祉主事をはじめとする社会福祉専門職への期待はさらに大きくなっている。社会福祉領域で働く者も、エッセンシャルワーカーであるという自覚と矜持をもつべきである。

本双書は各巻とも、令和元（2019）年度改正の社会福祉士養成カリキュラムにも対応し、大幅な改訂を行った。また、学習する人が制度や政策を理解するとともに、多職種との連携・協働を可能とする幅広い知識を獲得し、対人援助や地域支援の実践方法を学ぶことができる内容となっている。特に、学習する人の立場に立って、章ごとに学習のねらいを明らかにするとともに、多くの工夫を行った。

社会福祉制度は、かつてないスピードで変革を遂げてきている。その潮流が利用者視点から点検され、新たな改革がなされていくことは重要である。その基本的視点や、基盤となる情報を本双書は提供できていると考える。本双書を通じて学ばれる方々が、この改革の担い手として、将来的にはリーダーとして、多様な現場で活躍されることを願っている。担い手があってこその制度・政策であり、改革も現場が起点となる。利用者自身やその家族からの信頼を得ることは、社会福祉職が地域社会から信頼されることに直結している。社会福祉人材の育成にかかわる方々にも本双書をお薦めしたい。

最後に、各巻の担当編集委員や執筆者には、改訂にあたって新しいデータ収集とそれに基づく最新情報について執筆をいただくなど、一方ならぬご尽力をいただいたこともあらためて読者の方々にご紹介し、総括編集委員長としてお礼を申し述べたい。

令和５年12月

『社会福祉学習双書』総括編集委員長

松　原　康　雄

目　次

第２章　地域福祉の主体と形成

第３章　地域福祉の概念と理論

第4章　地域福祉の発展過程とこれから

第５章　福祉行財政システム

第６章　福祉計画の意義と種類、策定と運用

第2部　地域共生社会の実現に向けた包括的支援体制

第1章　包括的支援体制の構築

第2章　包括的支援とソーシャルワーク

第3章 災害時における総合的かつ包括的な支援体制

第４章　地域福祉と包括的支援体制の課題と展望

＊本双書においては、テキストとしての性格上、歴史的事実等の表現については当時のまま、また医学的表現等についてはあくまで学術用語として使用しております。
＊本文中では、重要語句を太字にしています。

表紙デザイン：株式会社ビー・ツー・ベアーズ

序 章

地域福祉の実際

学習のねらい

地域福祉の実践は、生活の主体者である住民を中心として、専門職や事業者と行政が協働して、誰もがその人らしく暮らせる地域とその仕組みをつくり上げていく実践といえる。

本章では、このような地域福祉の特質とその概略を理解し、具体的な実践事例からその魅力をつかむこととする。専門用語が頻出するが、第１章以降で説明することとなるので、ここでは概観の把握を目的に読み進めてほしい。

第1節　地域に根ざした多様な実践～地域福祉への誘い

1 暮らしの場での役割づくりと協働

あなたが楽しんだり、安心できたり、元気になれる場を想像してみよう。おそらくそれは、家族での団らんや友人との交流、学校での学びやクラブ活動などの場であろう。これらの場には共通する２つの関係が存在する。１つは「私」が認められている関係（存在承認＝あなたがいないと淋(さび)しい）である。２つには、「私」が何らかの役割を果たしている関係（役割創造＝あなたがいてもらわないと困る）である。このような関係は私と他者が生み出す相互役割関係である。その社会関係の中で人はお互いの自己実現を図っていくのである。地域福祉の実践は、地域という暮らしの場でみんなが幸福になるために、このような関係性と一人ひとりの役割を暮らしづくりの営みの中で生み出していく実践であるといえる。

しかし、近年の地域という暮らしの場は、急激な少子高齢化や世帯の縮小化、また貧困と孤立を伴ったつながりの希薄化や社会的排除が進んでいる。そのような状況では暮らしの主体（主役）である住民だけでは、住民の生活課題・福祉課題（地域生活課題）を解決することは困難である。そのために、住民と各種の専門職との協働が求められている。また、住民と専門職の協働実践を促進する基礎自治体による地域福祉の基盤づくりが求められている。地域福祉の実践とは、このように住民、専門職、自治体を中心としたさまざまな主体が暮らしの場で協働する実践である。そして、その目標とする社会はお互いの人権が尊重され、相互の自己実現を図ることができる地域共生社会である。

2 住民による地域福祉実践と暮らしづくり

住民による地域福祉実践のうち、身近な生活圏域での福祉的な住民自治活動を小地域福祉活動とよび地域福祉の基盤として重視してきた。この小地域福祉活動は、ふれあい･いきいきサロンなどの交流活動、見守り活動、地域支え合い活動として近年の地域状況から再び注目されている。

この小地域福祉活動では次の３点に着目してみよう。１つには、地域において暮らしづらさや生きづらさを抱えた住民を、同じ地域住民として受け止める当事者性や福祉性の重視である。２つには、住民同士の関係において、助けられ続ける存在である「対象者」をつくらず、同じ仲間として助けたり助けられたりするお互い様としての互助・共助活動として実践されていることである。３つには、まちづくり活動としての見守り活動や地域支え合い活動を生み出す原動力となる住民の協同力の形成である。住民の協同力としての地域福祉実践は「私の問題を私たちの問題」として「地域の課題」とするための問題の発見と共有、問題解決のための協議と協働、将来を展望するビジョンや計画づくりの実践力が住民や住民福祉組織（地域福祉推進基礎組織）の力として蓄積されることが重要である。そして、これらの住民の福祉的な協同力を育むことを住民の主体形成や住民自治形成とよび、地域福祉では最も重視している。

また、これらの住民活動を援助する専門職の地域福祉実践は、福祉教育やコミュニティワークという方法である。

3 地域生活支援のための地域ケア資源の開発

「ひとり暮らしの認知症高齢者Ａさんを近隣住民はふれあい・いきいきサロンに誘い見守っていた。しかし、それを知らないケアマネジャーはサロン開催の曜日にデイサービスを組み込んだ。それ以来、遠方にいる家族も近隣住民も安心し、Ａさんをケアマネジャーに委ねた」。この事例は結果として、Ａさんは専門サービス利用により地域との関係が途絶え、地域も認知症高齢者の見守り力が低下した事例である。

これに対して、地域をフィールドにして実践する地域福祉コーディネーターなどの専門職は当事者本人が豊かな自己実現を図るために、地域社会との関係形成や社会参加を支援する実践をめざす。それは、家族や地域住民を支えながら、家族や地域住民とともに本人（当事者）を支える実践である。この実践を地域自立生活支援とよぶ。この専門職による地域自立生活支援の実践は地域を基盤としたソーシャルワークやコミュニティソーシャルワークとよばれ、制度の狭間（はざま）の問題を漏らさない生活総合相談・権利擁護支援としての実践が期待されている。また、このような地域自立生活支援のためには具体的に生活を支える新たな地域ケア資源の開発が必要である。こうした資源を地域福祉型福祉サービスともよび、地域住民と協働した開発が期待されている。

4 地域福祉の基盤づくりと行政の役割

多様な主体による協働実践としての地域福祉実践の目標は、行政による地域福祉計画や社会福祉協議会（社協）を中心に民間で策定される地域福祉活動計画において合意される。特に行政による地域福祉施策では、問題が深刻化してからの事後的な対応ではなく、予防的な対応として、早期発見、早期対応の仕組みとして解決し、QOL（生活の質）を高めるための多様で多層なネットワークづくりが求められる。これらのネットワークを地域ケアシステムとよぶ。

この地域ケアシステムは、子ども、高齢、障害などの属性にとらわれず、また福祉、保健、医療や教育、居住、就労、まちづくり分野などと連携する総合的なセーフティネットの仕組みとして構想することが求められている。社会福祉法では、この仕組みを「包括的な支援体制」とし、自治体の努力義務として定めている。[*1]

＊1
社会福祉法第106条の３。

これらの取り組みと、住民の地域福祉への参加を促進することが、上記の２つの計画に求められているのである。

暮らしの場は絶えず制度を超える新たな生活問題や福祉問題が発生する場であるといえる。そのため、地域福祉の実践は、常に新たな問題に対して多様な主体が協働して、持続的、開発的に問題を解決しなければならない自発的で自治的な実践といえる。

このように他の福祉計画と違い、もっぱら制度を超える問題に対応する地域福祉計画や地域福祉活動計画は、その策定と実施自体がさまざまな主体の合意と協働を進めるという地域福祉の基盤づくりのための地域福祉実践でもある。

第２節　地域福祉事業・活動の実際

1 地域を基盤とした地域福祉活動

事例１

小地域福祉活動の実際

大阪府には43市町村があり、そのすべての小学校区に地区福祉委員会、校区福祉委員会、地区社協など名称は統一されていないが、地域住民が主体となって福祉活動を進めていく組織がある。そして、こうした住民による福祉委員会組織が、それぞれの地域で多様な福祉活動を展開している。こうした活動は、福祉委員や民生委員が個人宅に訪問するなどの「個別援助活動」と、サロンのように住民が集い交流する「グループ援助活動」に大別できる。

例えば、堺市は大阪府の中央部南寄りに位置し、人口約81万2,000人で、平成18（2006）年に指定都市になっており、市内の７つの行政区に92の小学校区エリアを単位として、自治会、民生委員児童委員会、老人会など校区内の各種団体・ボランティアグループなど地域住民の参加により校区福祉委員会が組織されている。

校区福祉委員会では、「小地域ネットワーク活動」の一環で生活上の課題を抱える住民への個別援助活動として、ひとり暮らし高齢者宅などへの「見守り声かけ」訪問活動（実施校区 100％）や「家事援助」（同 24％）、「介護援助」（同 ６％）、「外出援助」（同 23％）といった活動が行われている。グループ援助活動としては「いきいきサロン」（実施校区 100％）のほかに「ふれあい食事会」（同 90％）、「地域リハビリ」（同 61％）、「子育て支援」（同 95％）、「ふれあい喫茶」（同 83％）などが実施されている。このほか、サロンなどの場で住民の立場で住民の相談にのる「校区ボランティアビューロー」（実施校区 84％）や、よりていねいな個別訪問活動である「お元気ですか訪問活動」（同 76％）などが実施されている。

（1）地域を基盤とした住民による福祉活動が求められる背景

今日、孤立死が問題とされることが多い。単身世帯が増加し、雇用も不安定化し、近隣関係が希薄化するなど流動性が高い社会では、それはいつでも、どこででも起こり得る。ましてや個人の自由やプライバシーを尊重するのであればなおさらのことである。

孤立死は、当人の個人的な人生の問題のようにも思える。しかし不安定な雇用のもとでの貧困、慢性疾患や障害、離婚などがあり、しかも社会保障制度を利用できていなかったりと、実はそこには社会的な要因がある場合がある。ところが、今日の社会では諸々のリスクが個人化され、社会的な問題があたかも個人的な問題であるかのように受け止められる傾向がある。「孤立死は個人的な人生の問題」と考えている人がいるとしても、孤立死の背景にある社会的な要因などを考慮すると、孤立死を個人の自由やプライバシーの問題として突き放すのではなく、社会的な問題として、孤立死を防止するような活動を社会で、地域で、取り組む必要があるのではないだろうか。

こうしたことをふまえると、福祉ニーズを抱えた住民の地域での自立した生活を支援していくためには、まずはそのような福祉ニーズを抱えた住民を地域の中でしっかりと把握（発見）するような仕組みが必要となる。もちろん、介護保険サービスなどは契約利用制度なので、本人や家族が相談に訪れることが制度の前提ではあるが、孤立死問題に象徴されるようにそれだけではこうした制度は十分に機能しないのである。

それだけに当人からのSOSが発せられていないような場合でも、あるいは強固に支援を拒否しているような場合でも、隣の家の郵便受けに新聞がたまっているとか、居間の電気がつけっ放しであるとか、あるいは近ごろ顔を見かけないというように、地域の住民が日常の生活を通じて異変に気付いた際には、介入的に支援するというような取り組みをしなければ、孤立死のような問題を防止することはできない。児童虐待防止ネットワークなどの活動も含め、地域の中で福祉ニーズを発見・把握するような仕組みの構築が求められるのである。

このことは意識的に地域住民同士の「おせっかい」を重視することでもあるともいえる。そして実際のところ、多くの地域で、こうした活動が実践されている。

BOOK 学びの参考図書

●中沢卓実・淑徳大学孤独死研究会 編『団地と孤独死』中央法規出版、2008年。

2002年より活発に取り組まれている千葉県松戸市の常盤平団地での「孤独死ゼロ作戦」の活動。活動の契機や想い、ノウハウなどが学べる。

（2）社会福祉協議会による地域組織化の実践

事例１の堺市における福祉委員会による活動は、1990年代の初頭より市町村社協が中心となって策定に取り組んできた地域福祉活動計画に基づいて、計画的に組織化を図ってきたことで大都市部であるにもかかわらず地域に定着してきたものである。

自治会などの組織を通じて、自主的にこうした活動が行われている場合もあるが、大阪府内では市町村社協による地域組織化の実践を通じて、それぞれの地域で多様な活動が活発に展開されるようになっている。

組織化活動は、大きくは３つに分けることができる。福祉委員会のように「同じ地域で暮らしている住民であること」を切り口とした「地域組織化」、各種のボランティア活動やNPO（非営利組織）のように「同じことに関心をもっている市民であること」を切り口にした「ボランティアの組織化」、そして「同じ課題を抱えている当事者であること」を切り口にした「当事者の組織化」である。

地域を基盤とした地域福祉活動を展開していくためには、こうした各種の組織化の実践を組み合わせて、住民による福祉活動を活性化させていくことが重要である。

2 地域福祉型福祉サービス

事例２

ふれあい鹿塩（かしお）の家での支える姿

ふれあい鹿塩の家（以下、鹿塩の家）は兵庫県宝塚市鹿塩地域にある戸建ての民家型小規模デイサービスである。毎日、９名程度が利用するが、総利用者27名のほとんどが１～２キロ圏内に在住し、うち、８名は500メートル圏内から通っている。

要介護２でひとり暮らしの認知症高齢者のＡさんは、鹿塩の家から500メートル圏内に居住しており、10時から17時くらいまで週５回の通所と、週２回、「立ち寄り利用（制度外サービス）」という名目で鹿塩の家に通っている。朝は７時に起床。起床時には鹿塩の家のスタッフが犬の散歩のついでに雨戸が開いているかどうかを確認、開いていればインターホンを押して顔を出し、起床の様子や朝食等の朝の支度を手伝う（制度外サービス）。その後、鹿塩の家には徒歩で通う。Ａさんが、毎日通う姿を近隣住民はそれとなく見守り、心配なときは対応してくれる。

鹿塩の家では、夕方までみんなと楽しく一日を過ごし、市の配食サービスによって鹿塩の家に届けられた夕食を温め直して、それを持ってスタッフと帰宅する。その折に、スタッフと一緒に洗濯物を干したり就寝の準備を手伝ってもらって、９時ごろには就寝する。

Ａさんには訪問介護が早くから開始されたが、見知らぬ人が自宅に入ることを不安に思うため早々に中断した。その代わり、なじみの関係である鹿塩の家のスタッフが本人の様子を頻回に見に行くようになった。それにつれて近隣住民も見守るようになり、現在のような日々の暮らしが続けられている。

（1）小規模多機能型サービスの理念と事業・活動

事例２の鹿塩の家は、住み慣れた地域の中で身近ななじみの関係を継続しながら生活の一部としてケアを受けることをめざし、宝塚市社協が開所した小規模多機能ケア拠点である。地域住民の参加と協力のもとに「地域の中の縁側のような存在」「誰もが立ち寄ることのできる居場所」となることを設立の理念としている。現在の事業・活動は、通所介護のほか、自宅でのちょっとした手助けや緊急時のお泊まり（制度外サービス）、地域住民で構成される運営委員会が主催する「ふれあいサロン（ひまわりサロン：月１回）」、助け合いの会、季節行事、子育て中の母親同士による相互保育「バンビハウス（月４回）」が開催されている。[*2]

＊2
本事例は、新型コロナウイルス感染症の感染拡大よりも前（令和元〔2019〕年以前）の活動状況を紹介している。

しかし、このような多彩な活動自体が鹿塩の家の魅力ではない。これらの活動は、鹿塩の家の利用者の一人ひとりの地域生活の質の確保と、そのための地域づくりを利用者と地域とともにつくり上げようとする日々の積み重ねの中で生まれた結果にすぎない。

鹿塩の家の魅力はその理念にある。例えば、その理念の具体化として鹿塩の家は365日休まず開所している。このことで、年の暮れや正月も含めていつでも地域の居場所として提供できる。それが地域の緊急の駆け込み寺にもなっている。また、日々、みんなとつくる栄養バランスのとれたおいしい食事は利用者の健康を維持している。この食事は通所を嫌う認知症高齢者にも届けられている。

そして、鹿塩の家の最大の特徴は、およそ１キロ圏内という徒歩圏内に利用者の大半が在住することである。その結果、送迎の個別対応やそのときの自宅での生活状況の観察とちょっとした支援が利用者の生活の流れを途切れさせない取り組みにつながっている。また、およそ自治会域での活動となるため、近隣や自治会も認知症高齢者への理解と見守り力が格段に向上し、結果としてＡさんへのような支援が実現している。

（2）ふれあい鹿塩の家の展開プロセス

鹿塩の家のこのような地域密着性は、開所に至るプロセスからめざされていた。鹿塩の家を立ち上げる前に、地域住民中心の運営委員会を立ち上げ、地域とともにつくる居場所・地域ケア拠点づくりのプロセスを大切にしている。このことは、住民の利用に至るプロセスにも反映されている。

鹿塩の家は、正式な介護保険サービスの利用手続き以前に、地域住民や民生委員が連れてくる「気になる人」の居場所として利用される。本人が納得しないうちは安易に「利用者」にしない姿勢である。この利用の仕方は「立ち寄り利用（制度外サービス）」として、鹿塩の家をボランティアとともに支援が必要な地域住民の居場所として利用することを可能にしている。このように、鹿塩の家は、「誰でも立ち寄ることのできる居場所」として、「利用者」「支援者」「スタッフ」の立場を超えた対等な地域住民としての関係をつくることにより地域の自然な居心地のよい空間をつくり出している。

（3）ふれあい鹿塩の家のスタッフからの学び

鹿塩の家は「制度ありき」の支援ではなく、「このまちでいつまでも暮らしたい」という利用者を含む地域住民のニーズに率直に向かい合った結果として実現している。その結果、制度内外にこだわらない、多機能で柔軟な地域密着型のケアとして住民とともにつくり上げてきた。この実践には、このような地域福祉の理念と方法に基づいて利用者の生活をつくり続けるケアスタッフの地域ケア開発の姿勢と力が大きい。

3 地域における福祉専門職の実践（コミュニティソーシャルワーカーを中心として）

（1）地域福祉推進の要としての“地域生活支援”

地域福祉を推進していくためには、“地域生活支援”の仕組みを構築していくことが重要な課題となる。それだけに地域福祉計画や地域福祉活動計画においては、住民の地域生活を支援していくための仕組みづくりがポイントとなる。地域生活支援も含めて、地域における支援に関する概念の整理については後述するが、コミュニティソーシャルワークは、この地域生活支援を中核とする支援の方法であるといえる。

事例3

地域生活支援の実施例
～コミュニティソーシャルワーカーの配置促進

大阪府では、平成15（2003）年３月に策定された「大阪府地域福祉支援計画」において「コミュニティソーシャルワーカー」（以下、CSW）についての言及がなされ、平成16（2004）年度より、府の独自事業として「コミュニティソーシャルワーク機能配置促進事業」が実施されてきた。

この事業は５年間の事業で、「制度の狭間や複数の福祉課題を抱えるなど、既存の福祉サービスだけでは対応困難な事案の解決に取り組むCSWを中学校区等の単位で設置する『いきいきネット相談支援センター』に配置し、地域における見守り・発見・つなぎ機能の強化を図る」ものであった。

その後、平成21（2009）年度より市町村への「地域福祉・子育て支援交付金」事業として再構築され、府内の市町村ではこの交付金も活用して、CSWの配置事業が継続されており、令和５（2023）年度では、政令指定都市である大阪市と堺市を含めて大阪府内43の市町村すべてに、200名余りのCSWが市町村社協や高齢者施設などに配置されている。[*3]また、大阪市と堺市においても、独自に同様のワーカー配置が行われている。

大阪府内43のすべての市町村で地域福祉計画及び地域福祉活動計画が策定されており、CSWの配置は計画における重要な柱の一つとなっている。

＊3
大阪府ホームページ「コミュニティソーシャルワーカー（CSW）」。

（2）コミュニティソーシャルワーカーの役割

大阪府におけるCSWには、実際の担当圏域が統一されているわけではない。おおむね中学校区への配置が基本で、大阪府のガイドライン[*4]によれば、「地域住民等からの相談に応じ、専門的な福祉課題の解決に向けた取組みや住民活動の調整を行うとともに、行政の施策立案に向けた提言（地域住民主体の見守り・支え合い体制の構築など公民協働で福祉課題の解決を図るための提言）等を行う地域福祉のコーディネーターの役割を担う者」と定義されており、次のような役割が期待されている。

①制度の狭間や複数の福祉課題を抱えるなど、既存の福祉サービスだけでは対応困難な事案の解決

②地域を基盤とする活動やサービスを発見して支援を必要とする人に結び付ける

③新たなサービスの開発や公的制度との関係の調整

④市町村におけるセーフティネットの構築・強化のための取り組みへの参画

⑤地域福祉計画及び他の分野別計画の策定その他福祉施策推進に向けた行政への提言

＊4
大阪府福祉部地域福祉推進室地域福祉課「市町村におけるCSWの配置事業に関する新ガイドライン－市町村における地域福祉セーフティネットの構築に向けて－」2011年３月。

（3）地域福祉における支援の概念整理

地域福祉における支援の内容を**図 序－1**のように整理してみると、４つの象限ができる。

個別支援（象限Ⅰ：個人の課題×個別に対応）とは、生活課題を抱え

ている住民の相談にのり、生活保護制度や介護保険制度などの利用につなげることで、当該の生活課題への対応がなされ、それ以外の支援が必要ないようなものをいう。

次に、地域生活支援（象限Ⅱ：個人の課題×地域ぐるみで対応）とは、生活課題を抱える住民への支援を展開していく上で、法制度に基づく支援に加えて、地域の民生委員やボランティアによる支援などを組み合わせて、地域の中にソーシャルサポートネットワークを形成することで対応していくような支援である。

地域支援（象限Ⅲ：地域の課題×地域ぐるみで対応）とは、地域に共通しているような課題に対して、集合的に対応するような支援である。例えば、買い物が困難な地域で、高齢者を中心にいわゆる「買い物難民」といわれるような住民が多くいる地域において、移動を支援する「買い物ツアー」を実施したり、身近な地域で「朝市」などを開催して、買い物の利便性を高めるなど、地域ぐるみの支援の仕組みをつくっていく取り組みなどがこれに該当する。

そして、最後の個別支援（象限Ⅳ：地域の課題×個別に対応）の場合は、例えば買い物が困難な地域において（地域の課題として確認できるものの）、具体的な支援としてはホームヘルプサービスを利用することで個別に対応しているような場合をさす。

このように整理してみると、コミュニティソーシャルワークとは、生活課題を抱える個々の住民の相談支援をベースにしていて（個別支援）、その人の支援を地域の中で展開しつつ（地域生活支援）、さらには地域

〈図 序－1〉**地域における支援の類型化**

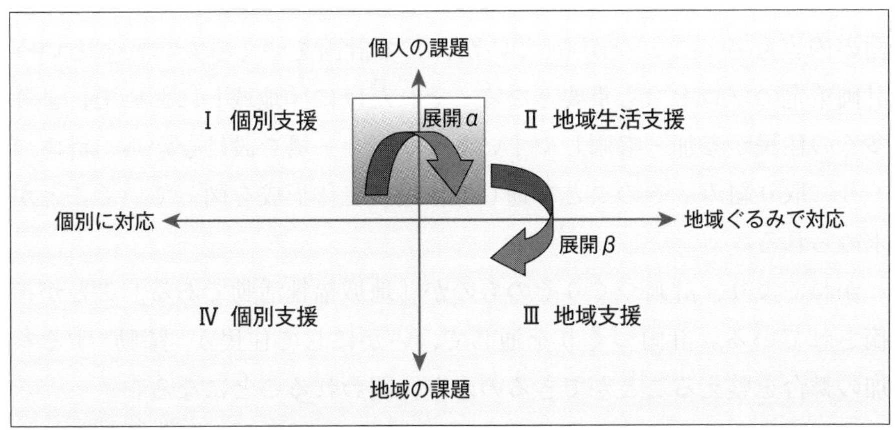

（出典）松端克文「（連載第９回）“地域生活支援（コミュニティソーシャルワーク）”と計画づくり」『NORMA 社協情報』2013年６月号、全国社会福祉協議会、７頁

ぐるみの支援の仕組みをつくっていくこと（地域支援）を志向する支援の方法論であるといえる。図では展開αから展開βへの流れとなる。

例えば、先の買い物支援のケースでいえば、ある住民の相談にのるなかで買い物に不自由していることが明らかになったとすると、生協による宅配での対応の可能性を探ったり、買い物支援を担うボランティアを手配するなど地域の中での支援を進める（地域生活支援）。そうした支援をしつつ、同様のニーズが地域にあるという予測のもと地域ニーズをアセスメント（地域診断）し、ニーズを集約した上で、地域ぐるみでの対応の仕組みづくり（地域支援）に取り組むことになる。

地域福祉を推進していく上では、こうしたCSWの配置や担うべき機能を含めて、地域における個別支援から地域支援に至る多様な支援を展開していける専門職をどのように配置していくのかということが重要な課題となっている。

4 地域福祉計画づくり

（1）地域福祉活動としての計画づくり

市町村における地域福祉計画、あるいは地域福祉活動計画（以下ともに、計画）は、地域住民の参加・参画なしにはつくることのできない計画である。したがって、これらの計画は、「地域」を舞台にして活動しているさまざまな機関・団体、専門職、民生委員やボランティア、あるいはいわゆる一般住民などの参加によって、地域の課題を分析・整理し、そうした課題を解決していくための方策も含めて、よりよい「地域」での暮らしを実現していくための取り組みの方向をまとめたものである。

計画を策定する場合には、「どのような計画ができたのか」という計画の内容もさることながら、「いかにして計画をつくったのか」という計画策定のプロセスも重要となる。それだけに「地域」において、より多くの住民が参加・参画しやすいような機会・場を設けながら、計画づくりに取り組み、そのことを通じて住民の主体形成を図っていくことが求められる。

かねてより、計画づくりそのものが「地域福祉活動である」ことが指摘されている。計画づくりを通じて、いかにして住民が“躍動”する参加の舞台を整えることができるのかが、問われることになる。

事例４

集い・交流・学び合いの舞台としての計画づくり

滋賀県東近江市社協で、平成29（2017）年３月に策定された「第２次東近江市地域福祉活動計画」では、市内の14地区ごとに福祉活動の方向を確認した第２次の「住民福祉活動計画」が策定されている。その策定プロセスにおける住民の参加に加えて、全市レベルでも第１次計画づくりと同様に、福祉分野の活動者だけでなく医療・商工・農業・図書館・まちづくりなど異分野の住民も含めた42名の策定委員に、市社協職員や県社協の職員も加わって、全体で65名ものメンバーで、毎回２時間（ときには延長して）のワークショップの形式で、活発な議論が交わされ、そこでの意見をていねいに拾い上げる形で計画が策定されている。[＊5]

こうした計画づくりの取り組みを通じて、社協職員は打ち合わせの会議や学習会などを頻繁に開催し、また各地区のワーキング会議などの様子やワーカーとしてのかかわり方や気付いたことなどをそれぞれの職員が「行動記録」としてまとめ、それを職員間で共有化することで、計画づくりの手法を高めていくような取り組みも行われてきた。

＊5
東近江市社会福祉協議会「第２次地域福祉活動計画」2017年３月。

事例４のようなワーキング会議や住民懇談会などは、それ自体が住民の気付きや学びの機会であり、地域福祉活動でもあるが、実はそこにかかわる社協職員の学びや成長の機会でもある。地域住民が参加し、交流し、そして議論し、学び合える舞台を準備し、その場に居合わせ、住民の“地域愛”を肌で感じ、その想いを具体的な活動を通じて“形”にしていけるようサポートしていくためのコミュニティワークの専門性を磨いていくことは、社協職員としての務めでもあるといえる。

（２）計画づくりによる地域福祉活動の創造

事例５

計画による地域福祉のデザインと協議による地域福祉の推進

阪南市は人口約５万1,000人の、大阪府南部の郊外都市で、古くからの農漁村地域と開発されて約40年になる新興住宅地などがある。高齢化率は令和５（2023）年９月末で34.4％であり、急速に少子高齢化が進んでいる。

阪南市社協では、昭和53（1978）年に市内の４中学校区に地区福祉委員会を設置し、平成10（1998）年には12小学校区に福祉委員会を組織化し、小地域ネットワーク事業を始めている。また、平成12（2000）年には、全国的にもいち早く行政との協働による第１期の「阪南市地域福祉推進計画」を策定し、平成23（2011）年に第２期、平成28（2016）年に第３期の計画を策定している。そして、平成17（2005）年のコミュニティソーシャルワーカーの配置なども含めて、「生活支援」と「居場所づくり」を核として地域福祉をデザインし、市への提言を通じて施策を実現するなど、戦略的に地域福祉を推進してきている。平成18（2006）年には市立病院閉鎖の危機に、住民運動によって内科診療のみではあるが、存続に成功している。

さて、阪南市では、社協の地域支援や個別支援を担当者、地域包括センター職員など各種の専門職による小学校区での「地域情報共有会議（エリア会議）」や行政職員なども含めた全市的な「丸ごと連絡会」といった主として専門職による協議の場と、小学校区での住民参加による「地域支えあい会議」からのボトムアップで全市的に波及していく協議の場とが、重層的に形成されている。

こうした住民と各種の専門職、行政職員などによる多様な協議における話し合いを通じて、例えば平成29（2017）年度より、1 中学校でモデルとして「子ども福祉委員」が立ち上がり、中学１～３年生が学校外の自主活動として独居高齢者宅への訪問をしたり、ちょっとしたお手伝いをする「便利屋」などの活動が行われるようになっている。

また、令和２（2020）年１月より地元の少年院で、「自分たちにできること・やってみたいこと」をテーマにグループワークをし、在院少年を中心とした地域ボランティア組織をつくり、地域住民と交流しながら清掃活動や力仕事などを行う「地域貢献プロジェクト」を実施している。

＊6
個別化された「私」の生活上の課題を、「私たちの課題」へと集合化し、共同化する方向に変換することで、新たな実践へと導いていく地域福祉の実践方法の一つ。

事例５における、こうしたプロセスをコレクティブ・アプローチ[*6]として、一般化して整理すると、次のようになる。

まず、阪南市社協では３期にわたる計画づくりを通じて、小地域を基盤とした地域福祉推進の仕組みづくり、住民を中心に社協、行政、関連する機関・団体による連携・協働の仕組みづくり、そして住民と専門職との連携・協働の仕組みづくりという、３つの仕組みを、「協議（話し合うこと）」を大切にしてつくってきた特徴がある。

それは、住民や専門職の「①参加の舞台を演出している」といえる。そうした協議の場では、住民の話し合いにしろ、専門職による話し合いにしろ、参加者がお互いに「②共感を支える」ことが重要となる。そして、話し合われることにより触発された感情を言語化し、それぞれの「③気付きを促し」、それを参加者で共有することで、そのことが活動への「④やる気を引き出す」ことにもつながる。そこで協議を重ねながら地域福祉をデザインし、ビジョンを共有し、「⑤具体策を検討する」ことになる。こうして蓄積された想いとエネルギーを「⑥形にすること＝活動につなげること」ができると、そこにかかわっている人たちがいきいきとしてくる。そして、こうした「⑦活動を広げる」ことで、地域福祉を循環的に推進していくための土壌ができてくるのである。

このように、地域福祉の計画づくりを地域福祉活動として展開し、計画づくりを通じて住民による新たな活動を創出していく契機にしていくことが重要となるのである。

住民の生活上のさまざまな課題に「丸ごと」対応できるような総合的な支援体制を構築していく場合でも、住民が地域課題を「我が事」ととらえて主体的に課題を把握して解決に向けて取り組めるようにしていく場合でも、そのための結節点となるのがプラットフォーム＝協議体である。住民の主体的な活動にしても、住民だけの活動に閉じられてしまうと先細りする可能性が高い。したがって、メンバー間の親密な関係を維持しつつ、外に向かって多様な他者（ほかの住民や専門職、機関、サービス事業者など多様な活動主体）へとひらかれる関係であるか否かが重要となる。それだけに、地域の中でプラットフォーム＝協議体をいかに形成していくかが鍵となる。地域福祉計画の策定では、そのプロセスにプラットフォームの機能をもたせることができるか否かが重要となる。

参考文献

- 藤井博志 監修『地域共同ケアのすすめ－多様な主体による協働・連携のヒント』全国コミュニティライフサポートセンター、2011年
- 松端克文『地域の見方を変えると福祉実践が変わる－コミュニティ変革の処方箋』ミネルヴァ書房、2018年
- 松端克文「子どもが参加する福祉教育の事例」ソーシャルワーク演習教材開発研究会編『ソーシャルワーク演習ケースブック』みらい、2012年

第 1 部　地域福祉の基本的な考え方

第 1 章
地域社会の変化と多様化・複雑化した地域生活課題

学習のねらい

地域社会の変容を受け、地域で生じる問題（地域生活課題）は、質的にも量的にも増幅し、また希薄な近隣関係の中で潜在化しやすくなっている。地域という空間は、少子高齢化や孤立社会化などの影響を受け、さまざまな困難が起きる場であると同時に、それを予防・解決しようとする取り組みが展開する場でもある。

本章では、私たちの生活基盤である地域とコミュニティ、さらには地域福祉がめざす福祉コミュニティの考え方について学ぶことからスタートする。続いて、多様化・複雑化する地域生活課題や社会的孤立・社会的排除について構造的にとらえる視点を養い、それに対する地域福祉の実践や政策のありようについて理解できるようになることをめざす。

第1節　地域社会の概念及び近年の変容

1 私たちは地域で暮らしている

昭和・平成・令和と時代が新しくなり、私たちが暮らす社会では物質的な豊かさや利便性を享受できるようにはなったものの、一方で「ストレス社会」や「無縁社会」ともいわれ、生きづらさや将来への不安も増幅しているのではないだろうか。

インターネットやSNSで他者とつながることが身近になった現代でも、私たちは基本的にどこかの「地域」に暮らしており、意識してもしなくても、「地域社会」の一員である。それを最も意識させられるのは、大規模な震災、台風、火災などに直面した非常時だろう。自分が災害に遭ったとき、すぐに手助けしてくれるのは隣近所の人かもしれない。

日常生活で考えてみると、ごみ集積所の清掃当番などは町内会の取り決めによることなどが一般的だし、もし近くで空き巣などの犯罪が頻発するようになれば、警察などに通報するほか、住民が集まって対策を協議するだろう。大きな病院のなかった地域に総合病院が移転してくれば、住民全体の安心感が増す。こうして見れば、地域という空間を共有する住民同士はいろいろな面で利害関係者であり、地域の一員なのだ。

子育ての悩み、親や自分の老後の不安を考えたとき、あるいは心身に障害のある本人や家族にとって、住んでいる地域で継続的に支援してくれる人がいることの意味は大きい。自分の生活の場が安心、安全かつ快適であってほしいと誰もが願うものであるが、そのためには行政任せにせず、住民自らが「どのような地域でありたいか」を考え、責任感をもって行動する「住民自治」が大切である。

2 地域とコミュニティ

学生にとっては、コミュニティといえばSNS上のコミュニティや学校のゼミやクラス、サークルなどを身近に感じるのではないだろうか。日本で暮らす外国人の場合は、外国人同士のコミュニティが心強い存在だろう。それらもコミュニティとして無二の機能をもつのだが、地域福祉では基本的に、同じ地域（自治体、地区など）を基盤とする地域コミュニティに関心を置く。

元来、社会学的な意味でのコミュニティは、ヒラリー（Hillery, G. A.）が規定したように、地域性とともに共通の絆や相互関係から構成される概念である。マッキーバー（MacIver, R. M.）もまた、「コミュニティ」の概念は地域性と共同性に基礎付けられるとし、家族や地域社会のように自然発生的な集団ととらえている。マッキーバーはさらに、教会、学校、会社のように意図的につくられた機能的・結社的な集団を「アソシエーション」として「コミュニティ」に対置させている。[*1]

このことは今日の地域社会にどう当てはまるだろうか。広井良典（ひろいよしのり）は、「農村型コミュニティ」と「都市型コミュニティ」の２つの概念を対比させているのだが、上の２つに連なる考え方として理解できる。前者は共同体に一体化した同心円上のつながり、同質性に基づく情緒的な人間関係を特徴とするのに対し、後者は独立した異質な個人同士の規範的な人間関係に特徴付けられる。

住民活動を見ても、自治会・町内会のような地縁の同質性・共同性に基づく伝統的組織は「コミュニティ型」と、NPOなどテーマ別の市民活動組織は「アソシエーション型」と考えられる。この両者は、考え方や行動原理の違いから、なかなか連携が進まないと指摘されている。しかし、自治会・町内会の加入率低下のかたわらで、NPO法人（特定非営利活動法人）・[*2]一般社団法人の認証数が年々上昇している状況を見れば、現役世代などの公共的活動の関心の変化を受け止め、両者の連携のための方策を見出すことが急務といえる。実際、自治会・町内会内部からのNPOの創出や、NPOの専門性を自治会・町内会に活かすような連携手法もみられるようになっている。

＊１
本双書第12巻第２部第６章第４節２参照。

＊２
本双書第２巻第３章第５節１参照。

3 福祉コミュニティの意味と展開

（１）岡村重夫（おかむらしげお）による福祉コミュニティ

地域コミュニティ単位で社会福祉を進める必要性は、住民同士の親密な関係の中で、他の住民が抱える生活問題やその前兆（異変）に早く気付き、同じ住民としてその人を日常的に支えることができ、いざというときには行政や専門機関に連絡しやすい点にある。例えば、幼い子に親が叱責や体罰を繰り返している世帯を近隣住民が気にかけており、折を見て子育てを手助けできるかもしれないし、もし虐待が疑われるようなら児童相談所に連絡して対応してもらうこともできる。問題の芽を早期発見・対応することで、重篤な状態に陥らずに済むということがある。

コミュニティは本質的に、関係し合う人々が互いに協力し合う意味があり、予防や互助の機能を含んでいる。他者同士が相手に関心と敬意を払い、住民に共通する問題に対しては、特定の人々だけに負担を集中させるのでなく、ルールを決めて共同で担うことが重要である。

そうした一般的なコミュニティの機能に加え、地域社会から疎外・排除されがちな人々を受け入れる価値と態度を養う機能を、地域福祉では重視する。地域福祉論を体系化した**岡村重夫**は、「**福祉コミュニティ**」という概念でそれを提唱した。福祉コミュニティは、社会福祉の援助を要する人々や支援者を中心にしたコミュニティという概念であり、住民全般の「一般的なコミュニティ」の構成要素として位置付けられる。「しばしば機能的社会や近隣社会から疎外され、仲間はずれにされやすい特定少数者を対等の隣人として受容し、支持する」こと、「コミュニティの一般的社会状況のなかで、とくにこれらの社会的不利条件をもつ少数者の特殊条件に関心をもち、これらのひとびとを中心として『同一性の感情』をもって結ばれる下位集団が『福祉コミュニティ』である」と、岡村は説明している[1)]。

地域で発生する問題には、住民全般に共通する問題（高齢者の健康づくり、子育て、防災、防犯など）と、支援の必要な特定の人々だけがもつ問題がある。岡村は、とりわけ後者が重要であることを、次のように述べている。めざすべき「福祉」の意味について、「万人に共通する平等の権利というだけでは、まだ『福祉』にはならない」「真の『福祉』であるためには、個人の主体的にしてかつ個別的な要求（needs）が充足されなければならない[2)]」。世の中の多くの物事は、多数者にとっての利便性や効率性に基づいてつくられているのだが、そのために少数の個人のニーズが置き去りにされてしまうことがないよう、留意しなければならない。

（2）福祉コミュニティづくりを展開する圏域

社会福祉協議会のコミュニティワーカーなどは、**地区社協**[＊3]づくり、小[＊4]地域ネットワーク活動などの方法で、見守りや生活支援などの住民活動を推進している。また、地域の諸課題の解決に向け、**NPO**や**コミュニティビジネス**[＊5]のような比較的新しい主体や方法が立ち上げられている。これらは福祉コミュニティの理念を実体化させる取り組みといえ、地域

＊3
市区町村社会福祉協議会の下に任意でつくられる社会福祉協議会。「地区社協」「校区社協」「校区福祉委員会」など名称もさまざまである。生活課題の発見や住民主体の見守り活動などをきめ細かに行えるよう、小地域を単位とする。なかには拠点を構えるものもある。

＊4
小地域を単位とし、支援の必要な高齢者などに対して住民が見守り・支援を行う活動。市区町村社会福祉協議会が中心となって進めている。数人の住民が１人の要援助者を担当するなど支援体制をつくり、見守り・声かけ訪問、家事援助、介護援助、外出援助、配食サービス、サロンなどの活動を行う。要支援者の孤立を防ぎ、異変にもすぐ気付けるなどのねらいがある。

＊5
商店街衰退、高齢者の買物困難などの地域課題に対し、地域経済の活性化や雇用創出などの要素を盛り込んで解決を図る手法。高齢者、障害者、ひきこもり傾向にある中高年などの社会参加や就労の受け皿となるとともに、公的サービスや市場サービスが届かない課題を解決する可能性を有している。

に根ざした資源や方法を用いながら、身近な問題に住民が気付き、自分たちに合った活動ができるようにする援助（**コミュニティワーク**）である。

このような活動を展開するには、さまざまなエリア（圏域）の設定を考えていくことが重要である。行政区（市町村全域、支所、校区などの範囲）、専門職の担当地区、自治会・町内会の範囲、民生委員・児童委員の担当地区、そして住民がボランティアを継続しやすい範囲など、同じ自治体の中でも多様である。

厚生労働省の「『**これからの地域福祉のあり方に関する研究会**』[*6]報告書」（平成20〔2008〕年）では、重層的な圏域設定の必要性が示された（**図１－１－１**）。これでいえば、例えば市区町村行政が公的サービスを展開するのは主に第４・５層、地域包括支援センターやケアマネジャーのような専門職が担当エリアとして把握・支援するのは第３・４層、住民が親密な関係性の中で継続的に活動するのは第１・２層などとイメージしやすい。このようなモデルに基づき、それぞれの地域において誰がどのエリアで何を担うかを討議し、協働につなげるとよい。

＊6
平成19（2007）年に厚生労働省に設置された委員会（大橋謙策座長）。翌年３月に報告書を提出。報告書では、制度の谷間にある問題、公的サービスで対応できない問題、複合的問題、社会的排除などに対し、地域福祉推進の条件や方策（重層的な圏域の設定、住民の活動拠点、核となる人材、活動資金、地域福祉のコーディネーター、市町村の役割など）について提起した。

〈図１－１－１〉重層的な圏域設定のイメージ

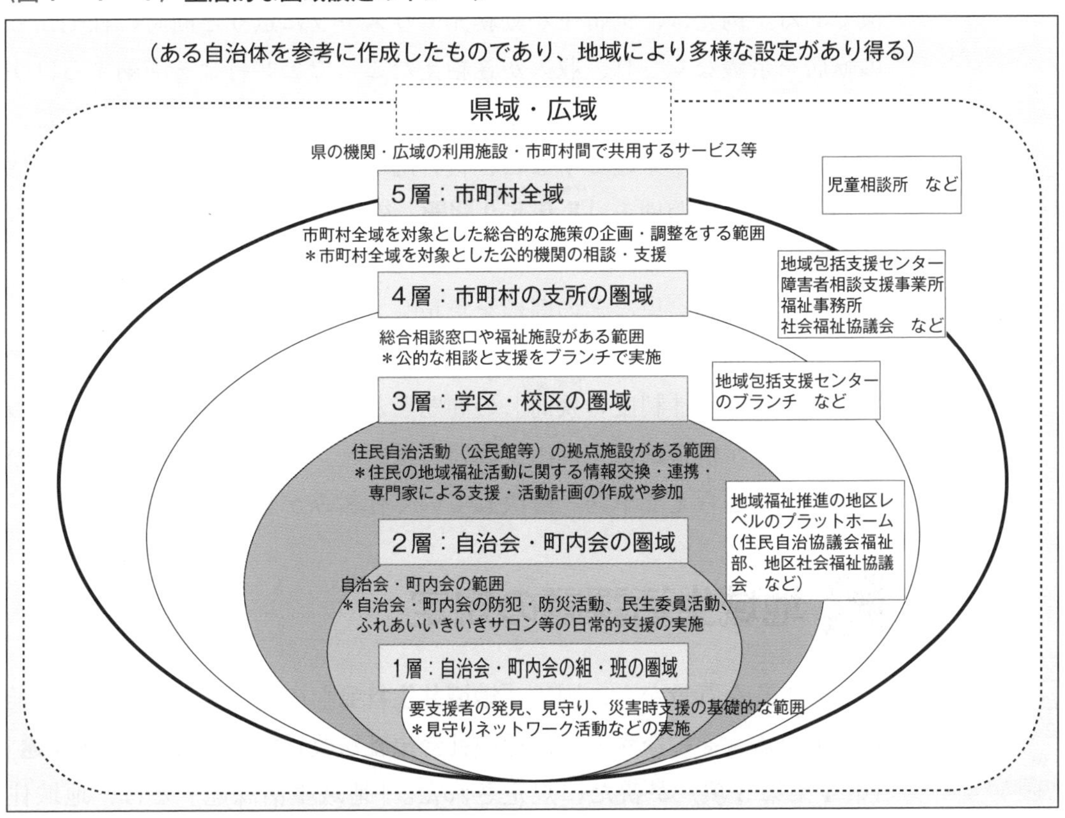

（出典）厚生労働省「『これからの地域福祉のあり方に関する研究会』報告書」2008年

第２節　多様化・複雑化した地域生活課題

1 今日的問題群の増幅

近年の日本では少子高齢化や情報化、国際化が進み、低調な経済に伴って雇用も不安定化した。また、核家族化や単身者の増加などとともにライフスタイルが多様化し、個人主義的な価値観も広がっている。地域社会においては住民同士が互いにあまり関心を向けなくなり、付き合い方も変化した。結果として、いざ問題が起きたときに支え合える関係性、換言すれば地域の福祉力、問題解決力は脆弱（ぜいじゃく）になった。

地域の変容は、さまざまな生きづらさを表出させている。ごみ屋敷、（若年から中高年までの）ひきこもり、虐待・DV、自殺念慮・企図などのような社会的に孤立した個人・世帯の抱える問題は多岐にわたる。

さらに、複数の問題が個人・世帯に重なって起きることも、近年の特徴である。例えば、世帯主が勤務先でリストラに遭うと同時に社宅からの転居を余儀なくされ、収入が途絶えたことで公共料金を滞納するほか、その子どもの学費や遊ぶ費用が払えず就学や友人関係に支障が生じる、ストレスから虐待を起こすなど、複合的な問題となってしまうケースは多い。また、いわゆる「**８０５０問題**（はちまるごーまる）」のように、高齢の親と中高年の子ども（80代の親と50代の子など）が同居し、親の介護・医療ニーズと子の失業や精神疾患などの問題を集積しているようなケースが増加した。

こうした問題は、後述するように、既存の制度で把握・対応が困難であり、いわゆる「制度の狭間（はざま）」の問題ととらえられてきた。現代社会の経済や文化が構造的に生み出す問題とはいえ、このような事象を地域の生活課題ととらえて予防・解決していく仕組みが必要である。

2 地域生活課題の規定

上のような背景から、国は「**地域共生社会**」の実現を掲げて政策を推進している。そのなかで、最近の社会福祉法改正では、「**地域生活課題**」[*7]（第４条第３項）が新たに規定された。「地域生活課題」とは、地域住民・世帯が抱える「福祉、介護、介護予防、保健医療、住まい、就労及

＊７
平成29（2017）年の社会福祉法改正により、第４条第２項に新設され、その後、令和２（2020）年の同法改正では、第４条第３項に位置付けられた。

び教育に関する課題、福祉サービスを必要とする地域住民の地域社会からの孤立その他の福祉サービスを必要とする地域住民が日常生活を営み、あらゆる分野の活動に参加する機会が確保される上での各般の課題」と定義されている。社会福祉以外にも生活全般にかかわる問題を全体としてとらえる点、また孤立の問題が含められた点で、今日の問題の性質に即した考え方となっている。

また、もともと第４条では「地域住民」「社会福祉を目的とする事業[＊8]を経営する者」「社会福祉に関する活動を行う者」の三者（「地域住民等[＊9]」）が相互に協力し、地域福祉の推進に努めなければならないと記されていたのだが、令和２（2020）年の改正では第６条第２項において、国と地方公共団体が「地域生活課題の解決に資する支援が包括的に提供される体制の整備その他地域福祉の推進のために必要な各般の措置を講ずるよう努める」ことが規定された。さらに、第106条の２では「社会福祉を目的とする事業を経営する者」の一部に対し、また第106条の３では、市町村に対し、地域生活課題の解決のための「包括的な支援体制の整備」に努めるべきことが規定されている。

従来の社会保障・社会福祉は、いわゆる「福祉６法[＊10]」の枠組みに基づく制度を中心に発展してきた。しかし、制度ごとに対象を限定し、個人給付を基本とするこれまでの制度設計では、上のように複合的かつ受給要件の不明瞭な問題の場合、ニーズの全体像をつかむことも支援の必要度を認定することもむずかしい。まして、本人が支援を拒否するような場合、申請主義（本人側からの求めに応じて適宜の支援を行う）を下敷きにしてきた供給体制では、利用につなげにくいという限界もある。その結果、上のような問題は制度の狭間に落ち込みやすいのである。

日本の社会福祉は各種の法・制度が整えられており、充実したレパートリーを誇る面があるのも事実であるが、皮肉にも、それゆえに個別的な問題を見えにくくしている面もあることに注意を払う必要がある。穂坂光彦は、「重度制度化社会」という概念を用いて、次のように警鐘を鳴らす。「日本のように固く制度が張り巡らされ、制度外活動がしばしば違法活動とみなされがちな社会では、縦割り制度の谷間に落ち込んでいる問題はいっそう厳しく現れる」「現代の『制度』が成立する以前から『非制度』的な社会システムは人々の暮らしを支えていたはずである[3)]」。だからこそ、制度やサービスが未整備のニーズもキャッチし、支援の道筋を付けていくような、地域福祉ならではの開発性が重要なのである。

＊8
「社会福祉を目的とする事業」については、本双書第１巻第１部第２章第２節２（２）参照。

＊9
平成12（2000）年の社会福祉法改正で初めて第４条第１項に設けられ、その後、令和２（2020）年の同法改正により、第４条第２項に位置付けられた。

＊10
児童福祉法、身体障害者福祉法、生活保護法、知的障害者福祉法、老人福祉法、母子及び父子並びに寡婦福祉法。

現代社会を見渡すと、福祉制度が対象としない領域にも、「生きづらさ」は確かに存在する。学校や職場でのいじめやハラスメント、障害が「疑われる」もののサービス利用に至っていない人々の生活上の困難、外国人や[*11]LGBTQなどの少数者（マイノリティ）への理不尽な社会関係（次節で詳述する）など、数え上げればきりがない。そして、その「生きづらさ」には、[*12]ADL（日常生活動作）や所得のように客観的な尺度で測定できるものと、本人の主観によるものがあること、さらには本人が自ら表明できる場合とできない場合がある。地域福祉には、広い視野をもって「地域生活課題」の発掘・解決に努める使命が託されている。

3 地域福祉の政策化と「生きづらさ」の解消

介護保険制度における[*13]地域包括ケアシステム、[*14]生活困窮者自立支援法などを筆頭に、近年、[*15]包括的支援体制の構築に向けた法制度や政策の展開が活発になっている。それに合わせ、総合相談窓口の整備や専門相談員の配置、調整役のコーディネーターの配置なども進められた。これらは一貫して、地域を基盤とし、行政や多様な主体が分野横断的に連携し、かつ、住民主体による見守りや生活支援の活動を含んだ[*16]「我が事・丸ごと」地域共生社会の実現というベクトルに向けられている。

こうした政策化の進展は、長年に及ぶ地域福祉実践・研究の成果には違いない。しかし一方で、前述の「重度制度化社会」において警告されたように、制度がカバーする対象が広げられるかたわらで、いっそう見えにくくなる問題が依然として存在することも忘れてはいけない。

例をあげると、生活困窮者自立支援制度が創設されたことにより、経済困窮だけでなく、軽度知的障害、虐待疑いなど複数の問題を抱え込んでいた多くの個人・世帯が支援を受けられるようになった。このことは、いわゆる「制度の狭間」として放置され、制度的なサービスにつなげられていなかった問題への[*17]**アウトリーチ**、[*18]**アセスメント**機能が格段に向上したということであり、孤立者や被排除者を丸ごと地域で支える社会的包摂に向けた進展といえる。しかし半面、あらゆる法制度がそうであるように、それらは「対象者」の定義において認定された人々に対して発動されるものである。現存するどの制度・サービスもとらえない「生きづらさ」に対しては、地域の主体的な福祉力を喚起し、創意工夫しながら住民主体のサービスを開発していくことが求められる。

＊11
本双書第12巻第２部第７章第２節１参照。

＊12
本双書第14巻第１部第５章第１節参照。

＊13
本書第２部第１章第１節１、及び本双書第３巻第４章第１節参照。

＊14
本双書第７巻第４章参照。

＊15
社会福祉法第106条の３に規定された包括的支援体制は、要援護者を丸ごと支える取り組みであり、多面的な実践が求められる。本書第２部全体を通して理解していただきたい。

＊16
「『地域共生社会』の実現に向けて（当面の改革工程）」（平成29〔2017〕年２月７日）では、「地域共生社会」について、「制度・分野ごとの『縦割り』や『支え手』『受け手』という関係を超えて、地域住民や地域の多様な主体が『我が事』として参画し、人と人、人と資源が世代や分野を超えて『丸ごと』つながることで、住民一人ひとりの暮らしと生きがい、地域をともに創っていく社会を目指すものである」と定義されている。

＊17、18
本双書第10巻第１章第２節参照。

第3節　社会的孤立・排除と地域福祉

1 社会的孤立

現代の社会から孤立する人々、排除される人々の抱える問題の解消や予防の必要性を述べてきた。最後に、**社会的孤立**や社会的排除の問題性を整理し、地域福祉に何が求められるのかを述べたい。

「孤立」は、よく「孤独」と混同される。伝統的にはタウンゼント（Townsend, P. B.）による分類が知られているのだが、「孤独」が主観的な概念（他者との付き合いの欠如や喪失がもたらす心象）であるのに対し、「孤立」は客観的な概念（家族やコミュニティにほとんど接触がない状態）である[4)]。

ごみ屋敷やひきこもりといわれる状態で暮らす人々の場合、多くは家族や友人とも交流がなく、社会的に「孤立」している。そこで、ソーシャルワーカーなどの援助者が声をかけ、支援につなげようとしても、本人が「孤独」や寂しさを訴えないことが珍しくない上、近隣住民などからは、「本人が助けを求めないのだから、構わなくてよい」という意見も出やすい。しかし、援助者の専門的・科学的な規範にしたがって「この人は支援を要している」と判断する場合、何回・何十回と通い、その人の人生に向き合い、傾聴するうち、本人のつらさに寄り添うことができることもある。そのような過程を経て、本人が自己肯定感を高め、生きる力を取り戻せるケース、つまり孤立の解消につながることも多い。

2 孤独・孤立支援の政策化

孤独や孤立が増幅するに従い、国・自治体や社会がその対策に取り組むべきであるとの認識が、国内外で広がっている。イギリスで2018年に「孤独問題担当国務大臣」が置かれたことに続き、日本でも令和３（2021）年、内閣官房に「孤独・孤立対策担当室」が設置され、「孤独・孤立対策担当大臣」が任命された。

同室では、令和３（2021）年12月に「孤独・孤立対策の重点計画」を発表し（翌年12月改定)、「切れ目のない相談支援」や「見守り・交流の場や居場所」「人と人との『つながり』を実感できる地域づくり」の必要性を明示した。また、令和5（2023）年3月、「孤独・孤立の実態把握に関する全国調査（人々のつながりに関する基礎調査）」の結果が同室から公表された。調査結果では、回答者（全国から無作為抽出された2万人の対象者のうち、有効回答者数は11,218人）の40.3％が何らかの孤独感を感じていること、なかでも30歳代・20歳代の孤独感が高いこと、日常生活に不安や悩みを感じている人の88.2％が行政機関・NPO等からの支援を受けていないことなどが示された。

このような経過を経て、令和5（2023）年5月には**孤独・孤立対策推進法**が成立した（翌年4月施行）。孤独・孤立が心身に有害な影響を与えるという前提に立ち、予防・支援をめざすものである。同法では、内閣総理大臣を本部長とする「孤独・孤立対策推進本部」を国に設置すること、自治体の努力義務として、支援関係者等による「孤独・孤立対策地域協議会」の設置、国民が関心・理解を深めること等が規定された。

孤独・孤立対策は、このように政策的に強化が図られている。支援対象となる人々にとっても、生活の舞台である地域で、住民間での気遣い合いや、公私の支援団体・機関（ひきこもり、不登校、ヤングケアラー等を支援するNPO等）が身近にあれば安心であろう。国・自治体による体制構築のもとこれらが有機的に展開するようになれば理想的である。

ところで、孤独や孤立の最悪の帰結は、自殺ではないだろうか。メンタルヘルスの分野では早くから自殺の予防・支援に取り組まれてきたが、平成10（1998）年に年間自殺者が3万人を超えて以降、国も対策を強化するようになった。平成18（2006）年に自殺対策基本法が成立し、保健・医療・福祉・教育・労働その他の関連施策の連携による取り組みの必要性が規定された。翌平成19（2007）年には「自殺総合対策大綱」が策定され、都道府県の担当部局や「自殺対策連絡協議会」が設置されるなど、地域単位での推進につながった。平成28（2016）年の自殺対策基本法改正では、国、自治体、医療機関、事業主、学校、民間団体などの連携・協力が推進されたほか、令和4（2022）年に策定された「第4次自殺総合対策大綱」では、コロナ禍の影響も視野に入れ、子ども・若者・女性の自殺対策が重視され、地域レベルの取り組みへの支援や民間団体との連携強化などが重点施策になっている。

当初より、大綱の柱には「自殺は防ぐことができる」「本人は追い込まれている。しかし、サインも出している」という考え方がある。一次予防（自殺念慮をさせない）、二次予防（自殺企図をさせない）、三次予防（自殺者の親族等への支援）のいずれの段階においても、地域にできることはある。精神保健分野の専門機関や自殺対策に取り組む民間団体（NPO・一般社団法人等）の役割は第一義的ではあるが、ふだんから身近な人のことを気にかけ、異変を感じたときに声をかけたり、手を差し伸べるなど、地域住民にできることもある。生きづらさを抱えた人の寄る辺となるようなコミュニティカフェをつくる取り組みもあり、そのような居場所の運営を支援している自治体もある。官・民や立場の違いを超え、孤独や孤立に直面する人が「ここに住んでいてよかった」と思える地域であることをめざしたいものである。

3 社会的排除

「社会的排除」（ソーシャルエクスクルージョン）は、その克服を図る**「社会的包摂」（ソーシャルインクルージョン）**に対置される概念である。包摂が、政策や実践の「理念」、つまり、現実には完全に達成されることがないものの、それに近づけていこうとする方向性や目標を表すのに対し、排除は、被抑圧状態にある人々の痛みという「現実」であり「実態」である。障害者や外国人、LGBTQ、難病患者などの社会の少数者（マイノリティ）が周囲の多数者（マジョリティ）から排除される現象を批判的にひもとこうとするとき、この概念を用いる。

「貧困」や「はく奪」と比べると、「社会的排除」の特徴としては、長期にわたる過程であること、金銭だけでなく関係性や機会の欠如でもあること、個人の問題だけでなくコミュニティの問題でもあること、複合的な要因が絡み合うことなどがある[5)]。複合的要因とは、①政治（選挙での意思表示など）、②経済（消費・生産活動など）、③社会・文化（社会的な交流・活動や相互作用）という３つのルートで、参加の道筋が閉ざされること（逆に、道筋をつけるのが包摂）という意味である。

例えば、日本で暮らす外国人からよく指摘があるのは、参政権がないこと、言語・文化の違いによって医療や教育などの社会サービスが利用しにくいこと、雇用や居住において不利な条件が適用され得ること、国際結婚が身内に反対されることがあること、町内の情報網や行事からはずされやすいこと、文化や尊厳を否定されかねないことといった事象である。バーカードらは、社会的排除とは「個人が、自らの暮らす社会において主要な活動に参加していない」状態であるとし、「個人が、自らのコントロールのおよばない理由によって、参加を果たしていないこと」、そして「本人が参加したいと思っていること」がこの問題特有の状況だと述べている[6)]。

こうした社会的孤立・排除の構造に鑑みれば、本人たちへのエンパワメントだけでなく、その取り巻く地域コミュニティ、職場コミュニティなどの意識の変革、言動や仕組みの改善が、援助の視点として重要になろう。地域や職場の多数者が、「自分たちさえ困らなければいい」という考えでいては、少数者にとっての不都合はいつまでも蓋をされたままになってしまう。注意したいのは、子ども、知的・精神障害者、認知症高齢者、外国人など、少数者ほど声を上げにくいということである。援助者はその「声なき声」に敏感であり、それを代弁し、その取り巻く環境を変えていくことが求められる。

4 孤立・排除に地域福祉はどう向き合うのか

（1）支援拒否者へのかかわり

繰り返しふれてきたが、問題を抱える本人側が自ら助けを求めようとしない、あるいは支援者が声をかけても拒むという、いわゆる支援拒否やセルフネグレクトに、援助者はよく直面する。例えば、長年ひきこもり状態にあり、不衛生な生活から健康を害している高齢者に対して地域包括支援センターの社会福祉士がサービスにつなげようとしても頑なに拒まれるとか、8050問題（前述）の世帯で子どもから虐待を受けている親自身が、子どもをかばうために「虐待はない」と主張するなど多種多様である。問題自体が繊細かつ複雑で解決困難な性質である上に、本人や家族の拒否によってさらに援助がむずかしくなっている。

申請主義的な考え方に立てば、「本人がサービスを求めない」ないし「該当するサービスがない」ことを理由に、支援をしないと判断することもできる。しかし、上述の孤立者を何度も訪問するソーシャルワーカーのように、相手が生きづらさを抱えている以上、何らかの手立てを講じようと努めるのが援助者本来の価値規範であり行動原理であろう。

福祉におけるニーズには、本人が決めるものと、周りが判断するものがある。よく知られているブラッドショー（Bradshaw, J.）による類型、①規範的ニーズ（normative needs）、②感得されたニーズ（felt needs）、③表明されたニーズ（expressed needs）、④比較ニーズ（comparative needs）に当てはめれば、本人が困っていることを表明できる③や、言語・障害によるハンディや支援拒否などにより表明できない・しない②のようなものだけではなく、援助者の専門知識や科学的根拠に基づいてニーズがあると判定する①④のようなものも福祉ニーズなのである。

（2）多様性を尊重し合える地域づくりへ

「バリアフリー」という言葉は、そこに社会的な「バリア（障壁）」があるという気付きや問題意識からスタートする。多数者の便利さのために設計された建物や道路、制度、情報などが、ある人々にとっては自由な行動を阻む有形無形の壁になることがある。壁に直面し、生きづらさを抱える少数者を力づけるだけでなく、社会の側に構造的な要因や改善の手がかりを見出そうとする視点が重要であろう。

今、「地域共生社会」の実現に向けて地域福祉政策・実践の舵が切られている。国の地域共生社会の対象が「全ての人々」とされてはいるものの、それでもなお、「多文化共生」への配慮が十分でないと、武川正吾（たけがわしょうご）は述べている。近年の「共生型サービス」導入において高齢者・障害者という施策をまたぐ運用に特徴が置かれているように、制度枠組みにおける共生の議論や仕組みを「狭義の共生」ととらえるとすれば、武川が提起するのは「広義の共生」である。すなわち、子ども・高齢者・障害者という「マイノリティの中のマジョリティ」だけでなく、女性、外国籍住民、LGBTQ、刑余者などの「マイノリティの中のマイノリティ」に、地域福祉はもっと目を向ける必要があるだろう[7)]。

なお、現在、私たちは新型コロナウイルス感染症の感染拡大に直面しているのであるが、社会全体がストレスをため込んでいるなか、少数者への排他的な言動が強まっている。例えば、認知症高齢者や知的障害者などがマスクを外してしまって周囲から非難されるとか、ワクチン非接種者が差別されるようなことが指摘されている。また、集落で最初に感染者となった人の噂が広がり、周辺住民からの排除的な言動により本人が転居せざるを得なくなったということもあったと聞く。感染防止には最善を尽くさなければならないが、このような弱い立場に置かれた少数者に対する社会の攻撃性にも注視が必要である。

同様に、地域にひそむ排他性は、これまでも折にふれて表出してきた。例えば、東日本大震災の際の原発事故により県外避難を余儀なくされた人々が、避難先でいわれなき誹謗（ひぼう）中傷や差別にあった。「福島ナンバーの車が傷つけられる」「避難先の住まいのドアに『出ていけ』と紙が貼られる」「子どもが学校で『放射能』などと呼ばれる」「『福島の子と遊ぶな』と言われる」「保育所入所を拒否された」「診療所で『福島の病院へ行け』と言われた」などはその一部である。支援側には公私や福祉・福祉以外という垣根を超えて多様な主体が築く包括的支援体制を志向すると同時に、「誰を支援しなければならないか」についても、福祉6法体制の枠を超えて漏れのない視点で把握に努めることが重要である。

社会福祉法に創設された「地域生活課題」では、今日的な問題群を抱えた地域住民が支えられるべきこととあわせて、地域住民や関係者がそれを解決するために連携すべきことが示されている。生活問題が発生するのも地域であり、解決が試みられるのも同じ地域である。活動主体としての住民、専門機関としての行政、社会福祉協議会、地域包括支援センターなどだけでなく、社会福祉法人による地域における公益的な取り組み、地元企業・商店による社会貢献、教育機関によるサービスラーニング[*19]など、まさに地域の総力を結集することで共生社会は実現に近づくことであろう。

＊19
大学等での教育と社会貢献活動を結び付ける学習方法。学生が実際に活動に参加・体験することで、市民としての責任感と力を養う。

引用文献

1）岡村重夫『地域福祉論』光生館、1974年、86～89頁
2）岡村重夫、前掲書、9頁
3）穂坂光彦「開発福祉の視点」日本福祉大学アジア福祉社会開発研究センター 編『地域共生の開発福祉－制度アプローチを越えて』ミネルヴァ書房、2017年、19～35頁
4）後藤広史「社会的孤立の様相」東洋大学福祉社会開発研究センター 編『地域におけるつながり・見守りのかたち－福祉社会の形成に向けて』中央法規出版、2011年、32～51頁
5）福原宏幸 編著『社会的排除／包摂と社会政策』法律文化社、2007年、14～17頁
6）Burchardt, T., Grand, J.L., Piachaud, D.（2002）'Degrees of Exclusion: Developing a Dynamic, Multidimensional Measure', in John Hills, Julian Le Grand, and David Piachaud（eds.）, *Understanding Social Exclusion*, Oxford University Press, pp. 30-32.
7）武川正吾「地域福祉の主流化その後－地域福祉と多文化共生社会」上野谷加代子 編著『共生社会創造におけるソーシャルワークの役割－地域福祉実践の挑戦』ミネルヴァ書房、2020年、19～36頁

参考文献

● 広井良典『コミュニティを問いなおす－つながり・都市・日本社会の未来』筑摩書房、2009年
● 加山　弾「首都圏における避難者支援の展開と課題」日本地域福祉学会東日本大震災復興支援・研究委員会 編『東日本大震災と地域福祉－次代への継承を探る』中央法規出版、2015年、151～168頁
● MacIver, R. M.（1917）*Community A Sociological Study: Being an Attempt to Set Out the Nature and Fundamental Laws of Social Life*, Macmillan and Co., Limited, 1917.（R. M. マッキーヴァー、中　久郎・松本通晴ほか 訳『コミュニティ－社会学的研究：社会生活の性質と基本法則に関する一試論』ミネルヴァ書房、1975年）
●上野谷加代子・原田正樹 編『地域福祉の学びをデザインする』有斐閣、2016年

第2章

地域福祉の主体と形成

学習のねらい

地域福祉は、地方自治体や社会福祉法人・福祉施設、共同募金、民生委員・児童委員、主任児童委員、保護司、地域福祉推進基礎組織（地区社協、校区福祉委員会)、ボランティア団体、NPO、中間支援組織、生協（助け合い活動、フードバンク等)、農協（農福連携含む)、当事者団体、セルフヘルプグループ、企業（社会貢献とCSR）等、地域で活動する公私のさまざまな機関や団体あるいは個人によって推進されている。

本章では、まず、こうした地域福祉の推進主体を概観し、各機関や団体等が連携・協働することの必要性と実際を、事例を通して学ぶ。その上で、主体ごとにその概要及び地域福祉とのかかわりを紹介したい。

これらの主体は、もとより地域福祉を推進するための機関・団体等として存在しているわけではなく、本来別の目的や役割をもっているものが多い。こうした機関・団体等が地域のさまざまな福祉活動にいかに参画していくか、いわゆる主体形成がどのようになされるかを学んでほしい。

あわせて、地域福祉においては、地域で暮らす住民主体による実践が重視される。こうした地域住民の主体形成における福祉教育の重要性や役割、その実際について、事例を通して学ぶ。

第1節　地域福祉の推進主体（総論）

地域福祉は、地域で暮らす住民を主体とした福祉実践であり、地域福祉の推進主体としてまずあげるべきは住民ということになる。同時に、公私にわたる地域のさまざまな活動者、関係機関・団体が地域福祉の担い手として活動しており、かつ、それらの主体間の連携・協働が不可欠である。

地域福祉実践では、何を達成したかだけでなく、プロセスにおいて誰がどのように参画し、その主体化がいかに図られたか、また、地域における主体間の関係性がどう変化したかを見ることが重要とされている。その意味でも、地域で活動する多様な主体について、その特性や地域福祉において果たしている役割・機能を理解することが必要である。

以下、各主体の概要や法的位置付け、活動内容等について事例を交えながら解説していく。

1　社会福祉法における規定

社会福祉法の関連条文を確認すると、まず第４条第１項において、「地域福祉の推進は、地域住民が相互に人格と個性を尊重し合いながら、参加し、共生する地域社会の実現を目指して行われなければならない」として地域福祉の目的を明記した上で、第４条第２項に地域福祉の推進主体について、以下のとおり規定している。

> 第４条第２項
> 地域住民、社会福祉を目的とする事業を経営する者及び社会福祉に関する活動を行う者（以下「地域住民等」という。）は、相互に協力し、福祉サービスを必要とする地域住民が地域社会を構成する一員として日常生活を営み、社会、経済、文化その他あらゆる分野の活動に参加する機会が確保されるように、地域福祉の推進に努めなければならない。　（下線筆者）

ここでは、地域福祉の主体として、①地域住民、②社会福祉を目的とする事業を経営する者、③社会福祉に関する活動を行う者、があげられ、さらに、後述する同法第６条第２項では、国及び地方公共団体の責務規定を設け、行政を含めた４者により地域福祉の推進に努めることとされている。

本章第２～４節で紹介する団体等については、厳格な線引きはむずかしいものの、①地域住民は第４節「地域福祉の主体形成」の中で、②社会福祉を目的とする事業を経営する者は第２節「社会福祉協議会」及び第３節２「社会福祉法人・社会福祉施設」、同節３「共同募金」を取り上げている。③社会福祉に関する活動を行う者は、同節４「民生委員・児童委員、主任児童委員」から同節10「企業（社会貢献とCSR）」まで、また行政は同節１「地方自治体」及び第５章「福祉行財政システム」の第１～４節で、それぞれ紹介する。

第４条第２項[＊1]は、平成29（2017）年の社会福祉法改正において、「福祉サービスを必要とする地域住民が地域社会を構成する一員として日常生活を営み、社会、経済、文化その他あらゆる分野の活動に参加する機会」について、「与えられる」ものでなく、「確保される」べきものとして規定が改められている。支え手側と受け手側に分かれるのではなく、福祉サービスを必要とする地域住民も含め地域のあらゆる住民が役割をもち、支え合いながら、自分らしく活躍できる地域共生社会の実現をめざしていく必要があることから、表現が見直されたものである[＊2]。

＊1
平成29（2017）年の社会福祉法改正時には、第４条第１項。令和２（2020）年の同法改正により第４条第２項となった。

その意味で、ここでの「①地域住民」に関しては、支える人だけでなく、支えを必要とする人も含めて地域福祉を推進する主体であるという認識が重要である。そして、支援を必要としている人は、「地域の課題を教えてくれる人」であり、地域を変えていく取り組みの起点となる。

＊2
厚生労働省子ども家庭局長、厚生労働省社会・援護局長、厚生労働省老健局長通知「地域共生社会の実現に向けた地域福祉の推進について」（平成29年12月12日／子発1212第１号・社援発1212第２号・老発1212第１号）（最終改正令和３年３月31日）参照。

2 地方自治体の役割

地方分権や地域福祉の施策化の潮流の中で、地域福祉における地方自治体、特に基礎自治体の役割は大きく広がるとともに重要性を増している。社会福祉法第６条では、国及び地方自治体の役割について以下のとおり規定している。

> （福祉サービスの提供体制の確保等に関する国及び地方公共団体の責務）
> 第６条　国及び地方公共団体は、社会福祉を目的とする事業を経営する者と協力して、社会福祉を目的とする事業の広範かつ計画的な実施が図られるよう、福祉サービスを提供する体制の確保に関する施策、福祉サービスの適切な利用の推進に関する施策その他の必要な各般の措置を講じなければならない。

２　国及び地方公共団体は、地域生活課題の解決に資する支援が包括的に提供される体制の整備その他地域福祉の推進のために必要な各般の措置を講ずるよう努めるとともに、当該措置の推進に当たっては、保健医療、労働、教育、住まい及び地域再生に関する施策その他の関連施策との連携に配慮するよう努めなければならない。
３　（略）

第６条第２項の「地域生活課題の解決に資する支援が包括的に提供される体制の整備」については、分野・対象別の福祉制度だけでは解決し得ない広範なニーズや複合的な課題に対応するため、市町村の役割として、平成29（2017）年社会福祉法改正により第106条の３に盛り込まれたものであり、令和２（2020）年社会福祉法改正では、第６条第２項において体制整備に係る国及び地方公共団体の努力義務が明記された。

今後、自治体は分野・対象別の福祉制度を運用するだけではなく、それらをどのように組み合わせ、活用しながら、地域の実情に合わせた包括的な支援体制を展開していくのか、知恵と工夫が問われることになる。また、その際には、第６条第２項の後段にあるように、保健医療、労働や教育、住まい、地域再生など、福祉分野以外も視野に入れて、多様な主体との連携を進める必要があり、従来の行政の仕事の進め方を転換していくことが求められるだろう。

3　社会福祉協議会の役割

社会福祉協議会（社協）は、戦後に組織がつくられて以来、地域福祉を推進してきた民間非営利組織であり、一貫して、地域のニーズに基づき、住民とともに課題解決に取り組んできた。

平成12（2000）年の社会福祉法改正により、社会福祉法第109条において「地域福祉の推進を図ることを目的とする団体」と位置付けられ、地域福祉の施策化が進む今日において、その事業・活動はますます重要なものとなっている。

社協は、市区町村、都道府県、全国の段階で組織されており、住民に最も身近な市区町村社協では、次のようなさまざまな事業・活動を実施している。

○住民参加や協働による地域福祉活動（見守りネットワークやふれあい・いきいきサロン、住民による生活支援サービス等、地域における支え合いの活動）の推進
○ボランティア・市民活動の推進
○福祉教育の推進
○総合相談支援、権利擁護支援（生活福祉資金貸付事業や日常生活自立支援事業等を含む）
○在宅福祉サービス（介護保険や障害者総合支援法に基づくサービスのほか、住民参加型在宅福祉サービス、配食や移動サービス等を含む）
○災害時のボランティア活動の推進、復興期における被災者の見守りや生活支援
○地域福祉活動計画の策定、地域福祉計画策定への参画・協働

また、社協は、地域の住民組織（自治会や地区社協等）、公私の社会福祉関係者のほか、保健・医療・教育など幅広い関連分野の関係者から構成される「協議体」であり、そのことは、地域福祉を推進する中核的な機関として役割を果たす上での基盤として特に重要な点である。近年、地域生活課題が多様化・複雑化するなか、多様な主体の協働による課題解決や新たな資源開発が求められており、社協には、多様な主体が参画し、協働を生み出す地域のプラットフォームとしての役割が強く期待されている。

4 推進主体の種類

上述したように、地域福祉の推進主体は多岐にわたり、それぞれの立場や組織の特性により、地域福祉の推進に果たす役割も多様である。ここでは、いくつかの切り口から推進主体の特性の違いや関係性について説明する。

（1）行政、民間非営利、営利

地域福祉の推進主体は、行政（国、自治体）のほか、ボランティア、NPO、社協、社会福祉法人・福祉施設等の民間非営利の主体、商店や企業等の営利を目的とした主体に区分してとらえることができる。

歴史的に見ると、地域福祉は社協をはじめとする民間非営利の主体によって推進されてきた部分が大きく、地域のニーズに基づき、民間組織

ならではの柔軟性や創造性を発揮してさまざまな先駆的な取り組みが行われてきた。地域福祉は、公的な福祉サービスで対応できない課題や社会的孤立の防止、社会参加の促進等を住民との協働によって進めるところに特徴がある。したがって、地域福祉の施策化が進むなかにおいても、地域におけるニーズの発見や気付きを大切にするとともに、自由で多様な実践を充実させ、それらをもとに施策化していくようなボトムアップが引き続き重要である。

さらに、近年は、地域の企業や商店、地場産業など、営利セクターが地域福祉の主体として存在感を発揮する例が増えている。営利セクターを地域福祉の担い手としてとらえた場合、大きく2通りの活動がある。

1つめは、企業や商店等のもともとの商品やサービスを、地域の高齢者や障害者、子育て家庭等のニーズに合わせて展開するものである。例えば、重たいものの買い物に苦労している高齢者に対して商店が品物の配達をしたり、訪問理美容のサービスを始めたりといった取り組みである。

2つめは、企業等が困っていることと、福祉の課題をつなげることで問題を解決したり、双方にとってメリットをもたらすような活動である。例えば、人手不足に悩む観光地のホテルが、短時間就業が可能な定型業務を切り出し、一般就労につながりにくい人たちとマッチングすることで、ホテルも就労に困難を抱える人も、両者ともにメリットになるという取り組みが行われている。農家の高齢化により人手がなく、収穫できなかった夏みかんを、障害のある人やボランティアの協力で加工し、ジャムをつくって特産品として販売するなどのように、地域の農林水産業との協働も広がっており、「福祉でまちづくり」をめざす取り組みとなっている。

また、社会的課題を、ビジネスを通じて解決・改善することを目的とした社会的企業も注目を集めている。社会的企業は、さまざまな社会的課題の解決を目的としていると同時に、その取り組みにあたっては革新的なビジネスモデルにより収益も確保することで、事業の継続性を担保しようとするもので、環境や福祉、教育、貧困問題、地域再生等、幅広い分野で事業を展開している。特に、地域の課題に対して地域の資源を活かしながら解決に取り組み、地域経済を循環させたり地域コミュニティの活性化を図ることを意図した事業を称して**コミュニティビジネス**ということもある。

事例1

A市では、閉店によりシャッターを下ろした店が並ぶ商店街が空き店舗のスペースを提供し、市内のNPO法人と連携して、障害のある人が店員をつとめるカフェを開設した。これにより、商店街には人の流れが生まれ、カフェの周辺の商店に立ち寄る利用客も少しずつ増えている。

障害のある人は、カフェでの接客等を通じて自分が必要とされていることを実感し、やりがいをもっていきいきと働くことができており、利用客との自然な交流も生まれている。

（2）テーマ型組織と地縁型組織

地域福祉活動を行う民間非営利の推進主体の中には、特定の分野や課題に焦点化し、そのテーマに関心をもつメンバーが集まって組織化されるテーマ型組織と、地縁をベースに組織化され、特定の圏域において地域の全般的な課題に対して幅広い活動を行う地縁型組織が見られる。

前者は、ボランティアやNPO法人等が該当し、後者は自治会・町内会等が代表的である。テーマ型組織は、特定のテーマに対しては機動力を発揮する反面、地域の全般的な課題には対応できないという特徴がある。これに対して地縁型組織は、地域の課題に幅広く対応する反面、多様な考え方をもつ住民によって組織されるため、合意形成に時間がかかるという特徴がある。

テーマ型組織と地縁型組織は、それぞれの行動原理や文化の違いにより、協働がむずかしいという実態も見られるところであるが、お互いの特徴をいかして両者がともに活動することが有効である。

一例として、災害支援に携わるNPOと自治会等の地縁型組織の協働があげられる。近年、大規模災害が毎年のように発生するなかで、被災者・被災地支援を行うNPOは増加し、活動が活発化している。同時に、大規模災害はいまや全国どの地域でも避けて通ることのできない問題であることから、地縁型組織においても防災への意識は高まっている。

平時から、災害に備えた訓練や地域の要避難支援者の把握等を進める上で、災害支援を専門とするNPOの協力を得る取り組みが広がっている。このほか、災害発生時にNPOが被災地で設置される災害ボランティアセンターを通じて地域に入る際には、自治会・町内会と連携することで、ひとり暮らし高齢者など、より優先的に支援すべき世帯を把握しやすくなるといった効果が生まれている。

（3）住民と専門職

地域福祉は、地域の課題を解決する上で「住民自身の力」を重視しており、住民による身近な地域での支え合いを推進してきた。一方で、現在、公的な相談支援機関をはじめ、介護サービス事業所、福祉施設等、地域にはさまざまな福祉の専門機関があり、多くの専門職が地域で活動している。

近年、介護保険制度における生活支援体制整備事業や地域共生社会に向けた施策が進むなかで、専門職の側から住民の支え合いに対する期待が高まっている状況にあるが、特に専門職にあっては、住民との協働は専門職同士の関係とは異なる点に留意し、意識を転換することが求められる。

住民と専門職の協働では、地域の課題を話し合う地区社協等の会議や地域福祉活動計画策定の会議に地域包括支援センターや基幹相談支援センターの職員が参加する、ふれあい・いきいきサロンに保健師や介護福祉士が出向く、個別の事例への支援にあたってケアマネジャーが住民に見守りを依頼するなど、さまざまな場面が考えられる。

個別支援の場面を例にすると、介護保険制度の要介護認定を受けたことで、これまで近所のふれあい・いきいきサロンに通っていた高齢者に機械的にデイサービスの利用を勧めてしまうと、地域でその高齢者を気にかけていた住民が、専門職がかかわることで安心して一歩引いてしまい、本人との関係が薄れてしまうといった問題が生じている。

専門職は、ともすれば、制度に基づくフォーマルなサービスを中心に本人の生活を見て、サービスを当てはめようとする傾向が見られるが、本人の生活を中心に見ると、制度よりもっと近いところで本人を支えているインフォーマルな資源に気付くことができる。例えば、自治会役員をしていたときからのつながりで今も気にかけてくれるご近所の人や、行きつけの喫茶店、毎日行ってあいさつを交わすスーパーの店員など、さまざまな地域のつながりをアセスメントし、それらを切らないようにいかしながら、本人を中心として協働していくことが求められる。

そのように考えると、公的なサービスで足りない部分について、専門職が住民に受け皿として依頼するのではなく、本人のそれまでの生き方や地域でのつながりを中心に据えて、「足りない部分を専門職が支援する」という発想に変えていく必要がある。

住民が自主的に行っている見守りやサロン、住民参加型在宅福祉サービス等は、単に「安否を確認する」「日中の居場所をつくる」「介護保険ではできない庭の草むしりをやってくれる」受け皿ではなく、その活動を通じて地域のつながりを維持・回復したり、住民が地域のニーズを「自分ごと」としてとらえられるようになる、というところにその価値があると考えるべきである。

専門職の側から住民に一方的に指示を出したり、住民の活動を「活用」しようという姿勢であるとすれば、住民の自発的・主体的な活動はむしろ阻害されてしまうことに十分注意が必要である。

一方で、専門職が福祉サービスを提供することで在宅生活の継続を支援しようとしているときに、認知症に対して理解がない地域住民から、「火事を出されると困る。地域を出て施設に移ってほしい」という声があがったり、「知的障害のある隣人から、大きな声で同じ話を毎日のようにもちかけられる」という住民のとまどいが聞かれる例もある。

専門職は、認知症や障害の特性について住民にわかりやすく伝えるとともに、「もし、将来自分や自分の家族が支援を必要とする状況になったら」と考えてみることを促すなどして、住民の理解を広げていくことも役割として求められるだろう。

介護保険の介護予防・日常生活支援総合事業[*3]による要支援者等への支援にあたっての住民と専門職の協働について検討した全社協報告では、個別支援におけるそれぞれの特徴を**表１－２－１**のように整理している。

個別支援において住民と専門職がそれぞれの特徴をいかして協働する取り組みとして、住民の地域福祉活動が行われる小地域の圏域での地域ケア会議等の実践が行われている。

＊3
本双書第３巻第３章第２節５参照。

〈表１－２－１〉アセスメントと支援に関する専門職と住民の特徴

	アセスメント	支　援
専門職	・リスクの評価 ・将来的な変化の見通し ・制度、サービスに関する情報 ・医療、保健など関連分野との連携	・専門知識・技術に裏付けられたサービス ・安定性、継続性
住民	・地域のインフォーマルな資源に関する情報、口コミ ・本人の生活ぶりや家族の関係 ・同じ地域で暮らしてきた時間の中で蓄積された情報 ・生活者の視点、暮らしの知恵	・閉じこもりや孤立の防止 ・つながりによる安心感の提供 ・地域での役割や居場所の創出 ・日常の中での変化の気付き、ニーズの早期発見 ・住民相互の支え合い、互助活動

（出典）全国社会福祉協議会「専門的援助と住民主体の福祉活動の協働を進めるために～新しい総合事業における要支援者等への支援を考える」2016年３月

事例2

B市では、昭和50（1975）年ごろから地区社協の組織化が進められ、市内のC地区社協では、困ったときにお互いに支え合える地域をつくろうと、支援を必要とする人のニーズ発見・把握、見守り活動、ボランティアの養成等を進めてきた。そこで、個別のニーズに対する支援の調整や地域課題の検討の場となっているのが「小地域福祉推進会議」である。メンバーは、民生委員・児童委員、自治会長、老人クラブ、郵便局、子ども会、消防団の代表などで、地域のニーズを把握して自分たちでできることは自分たちで解決に取り組んでいる。

例えば、地域のスーパーの閉店で買い物に困っているという話があれば買い物バスツアーを企画したり、高齢者を介護している家族が介護技術が不十分で精神的にも疲れている様子があれば保健師につないだり、ということが住民の主体的な活動として進められており、地域包括支援センターの職員も定期的に推進会議に参加して情報共有するほか、助言などを行っている。

（4）地域福祉の推進にかかわる専門職

地域ではさまざまな福祉の専門職が活動しているが、住民や関係者とともに地域づくりを進める専門職の役割は、地域共生社会の実現に向けて、ますます重要になっている。地域福祉は、住民を主体として進める福祉実践であるが、同時に、住民が地域の課題を把握したり、それを「私たちの問題」ととらえ、関係機関や外部の力も借りながら解決に向けて取り組んでいくためには、こうしたプロセスに寄り添い、支援する専門職のはたらきが欠かせない。

地域づくりを進める専門職は、住民の地域福祉活動を支援する、地区社協等の組織化や運営を支援する、多分野にわたる関係者とともに地域に必要な社会資源を開発するといったコーディネート機能を担っている。「地域共生社会に向けた包括的支援と多様な参加・協働の推進に関する検討会　最終とりまとめ」（令和元〔2019〕年12月26日。以下、「地域共生社会推進検討会報告」）においても、「住民同士による見守り活動など地域の既存の活動や助け合いを把握しながら、それらを応援するとともに、新たな活動を生み出すため、地域づくりを応援するコーディネート機能が必要である」としている。

従来、こうした役割を中心的に担ってきたのは、社協で活動するコミュニティワーカーであり、**福祉活動専門員**ともよばれる。福祉活動専門員は、民間社会福祉活動の推進方策について調査、企画、連絡調整、広報、指導等を担う専門職として、昭和41（1966）年より国庫補助事業として市区町村社協に１名ずつ配置された。なお、現在は一般財源化されて地方交付税の中に人件費が措置されており、実際に使用されている名称は社協によって異なっている。

そのほか、市区町村社協のボランティア・市民活動センターに配置されているボランティアコーディネーターや、生活支援体制整備事業により全市町村で配置される生活支援コーディネーター[＊4]等にも地域づくりを進める役割が期待されている。

さらに近年は、地域福祉コーディネーターやコミュニティソーシャルワーカー（以下、CSW）とよばれる専門職の配置も進んでいる。地域福祉コーディネーターは、平成20（2008）年に公表された、厚生労働省の「これからの地域福祉のあり方に関する研究会」報告書においてその考え方が示されたもので、

①専門的な対応が必要な問題を抱えた者に対し、問題解決のため関係するさまざまな専門家や事業者、ボランティア等との連携を図り、総合的かつ包括的に支援する。また、自ら解決することのできない問題については適切な専門家等につなぐ、

②住民の地域福祉活動で発見された生活課題の共有化、社会資源の調整や新たな活動の開発、地域福祉活動にかかわる者によるネットワーク形成を図るなど、地域福祉活動を促進する、

という２つの役割をもつとされている。

CSWについても、地域福祉コーディネーターとほぼ同義ととらえて差し支えないと思われる。その先がけとなった取り組みは、大阪府が平成16（2004）年度に開始した府内の自治体へのCSW配置事業[＊5]である。大阪府では、地域福祉支援計画に位置付けてCSWの配置を促進しており、**表１－２－２**のような業務を行うこととしている。

昨今、地域福祉コーディネーターやCSWの配置が進む背景には、分野・対象別の公的な福祉サービスでは解決がむずかしい課題が広がって

〈表１－２－２〉CSWが担う機能

①制度の狭間や複数の福祉課題を抱えるなど、既存の福祉サービスだけでは対応困難な事案の解決
②地域を基盤とする活動やサービスを発見して支援を必要とする人に結びつける
③新たなサービスの開発や公的制度との関係の調整
④市町村におけるセーフティネットの構築・強化のための取組みへの参画
⑤地域福祉計画及び他の分野別計画の策定その他福祉施策推進に向けた行政への提言

（出典）大阪府福祉部地域福祉推進室地域福祉課「市町村におけるCSWの配置事業に関する新ガイドライン」（2011年）

＊4
本双書第３巻第４章第１節２（４）参照。

＊5
大阪府ではさらに、あわせて、CSWを配置する市町村に対して、「地域福祉セーフティネットを構成する重層的なネットワークを整備するとともに、行政や地域福祉のコーディネーター等関係者間の連携体制を整備すること」を求めており、CSWが把握した地域生活支援における課題を受け止め、必要なサービスの開発や制度改善等につなげる仕組みづくりとセットになっていることも特徴である。

いることや、それらの課題に通底する社会的孤立の問題が明らかになってきたことがあげられる。これらの課題への対応には、分野・対象別の制度を中心とした支援では限界があり、住民を含めた多様な関係者とともに地域を基盤とした支援に転換していくことが求められているのである。

また、こうした地域を基盤としたソーシャルワークの考え方や実践は、地域福祉コーディネーターやCSWとよばれる人たちだけではなく、地域で活動するすべての福祉専門職にも求められるだろう。

5 推進主体間の連携・協働

（1）連携・協働の必要性

地域福祉の推進にあたっては、各主体が単独で活動するだけではなく、それらの連携・協働を図ることが重要である。

連携・協働が必要な第一の理由は、暮らしの場で起きる地域生活課題の特質である。地域福祉が対象とする地域生活課題は、福祉だけでなく保健医療、労働、教育、交通、住まい等広範囲にわたる。例えば、人口減少に伴って、公共交通や商店等の生活インフラの縮小が進む地域では高齢者をはじめとする「買い物弱者」が社会問題化している。これらは、福祉分野の主体だけでは解決することができない課題であり、他の分野の主体も含めた連携・協働が必要になる。

また、近年より深刻化している複合的なニーズへの支援にあたっても、多機関の連携・協働が求められる。例えば、小学生の子どもの不登校に悩むある世帯では、父親が病弱で非正規雇用での転職を繰り返しており、経済的にも困窮、母親は認知症を患っている老親の介護で毎日のように隣町の実家に手伝いに行かなければならない、という複合的なニーズがあった。

地域共生社会推進検討会報告では、こうした複合的なニーズに関して、「複合的な課題を有している事例については、個別性が高いことに加え、その背景にひきこもりなど本人や家族の社会的孤立、精神面の不調の問題、教育問題など福祉領域以外の課題などが関係する場合も多く、本人や世帯の個々の状況に応じた柔軟かつ継続的な対応が必要となっている」として「断らない相談」の体制を整えることを求めている。

また、「断らない相談」の具体的な機能としては、①属性にかかわらず、地域のさまざまな相談を受け止め、自ら対応するまたは関係機関につなぐ機能（相談を受け止める機能）、②世帯を取り巻く支援関係者全体を調整する機能（多機関協働の中核の機能）、③継続的につながり続ける支援を中心的に担う機能（継続的につながる機能）が必要と指摘している。

個別の支援にあたっての連携・協働に加え、個別のニーズを起点に、地域に必要とされる新たな社会資源を開発する際にも主体間の連携・協働が必要である。ニーズに対応する既存の制度や資源がない場合、相談を受けても問題を見なかったことにしたり、制度がないから仕方がないと「埋め戻す」ことが起こりがちである。一つの主体が活動を通じてキャッチできるニーズは限られているが、それらを共有する場があれば、ほかにも同様のニーズがあることがわかり、新たな取り組みの必要性が明確になる。また、課題を出し合い、異なる立場・視点から見ることで、解決の糸口がつかめたり、ほかの主体がもっている資源と組み合わせることで解決できたりすることもある。

こうした主体間の連携・協働を推進するためには、まずは互いの役割や機能を知ることが第一歩となる。個別支援や職種横断的な研修会・学習会等を通じて知り合うことに加え、生活支援体制整備事業の協議体や地域ケア推進会議等、地域課題を共有し協議する資源開発等について検討する会議体も、連携・協働を推進する上で重要である[＊6]。

事例３

社会福祉法人制度改革により、「地域における公益的な取組[＊7]」が義務付けられたことを受け、D市社協では、市内に19ある社会福祉法人とともに社会福祉法人連絡会を設置した。福祉施設を経営する社会福祉法人では、多くの専門職が働いており、施設の専門性をいかして地域に貢献したいと考えていたが、地域にどのようなニーズがあるのか把握する機会がなかった。

社会福祉法人連絡会では、社協から住民へのアンケート結果や住民座談会での意見を伝え、施設の車を活用した買い物支援を、地域のサロンと連携して実施することになった。また、連絡会に参加しているE法人が、施設を退所した利用者が地域で生活する際のアパートの保証人の課題について共有したところ、ほかの法人でも同様の課題を感じていたため、一緒に取り組みを進めることになった。

＊６
全社協では、社協と社会福祉法人・福祉施設との連携・協働を促進するための一つのツールとして「地域生活課題の解決に向けたソーシャルワーク研修」を開発。詳細は、『みんなでめざそう！地域づくりとソーシャルワークの展開』（全社協、2021年）を参照。

＊７
本双書第２巻第２章第２節１参照。

（２）地域づくりに向けたプラットフォーム

多様な主体の連携・協働の場となるプラットフォームの必要性は以前

から認識されている。地域共生社会推進検討会報告においても、地域のプラットフォーム機能に言及しており、「地域やコミュニティにおける多様なつながりが生まれやすくする環境整備を進めるに当たっては、特に、行政、株式会社や NPO 等の多様な民間主体、地域住民等が出会い、学び合うことができるようなプラットフォーム機能を普及させていくことが必要」としている。

すでに地域にはさまざまなネットワークや会議体、連絡会等が設置されていることから、今後はこうしたネットワーク等がプラットフォームとして、多様な主体の出会い・交流の場となり、新たな活動を生み出すような機能を実際に発揮できるようにしていく必要があるだろう。

事例 4

F市では、廃校となった建物の一部を活用して、誰もが気軽に立ち寄れるコミュニティスペースを設置した。市内のNPO法人や大学生、住民などに参加を呼びかけてコミュニティスペースの活用方法を検討したところ、地元特産の野菜を使ったランチを提供する子ども食堂を開くことになった。食堂では、ひきこもっていた若者が清掃などを手伝っている。そのほかにも、この拠点がボランティア活動の拠点として活用されたり、多様な住民の出会いや支え合いを生み出す場となっている。

第2節　社会福祉協議会

1 社会福祉協議会の歩み

（1）社会福祉協議会の誕生

全国社会福祉協議会（全社協）は、明治41（1908）年の中央慈善協会に始まるが、発足時は、全国で活動する「慈善事業家」の集まりであった。[*8]戦前においても、都道府県段階の協会も結成されていくが、これも社会福祉事業関係者の集まりであり、地域福祉を進める組織という観は全くといってよいほどなかった。

昭和26（1951）年制定の社会福祉事業法において、**社協**[*9]が記載されることとなる。法に規定されたのは、都道府県とその連合組織としての全社協だけであった。そして、この法規定とほぼ同時に、全国の都道府県社協と全社協が結成された。

一方、同時に全国で市町村社協の結成も進んでいく。昭和25（1950）年10月の「社会福祉協議会組織の基本要綱及び構想」においては、「社会福祉協議会は、中央及び都道府県に組織されるが、必要に応じ、市区町村、郡（地方事務所、将来は社会福祉地区の地域）等の地区にも組織されることが望ましい。此の場合下級地域の協議会と上級地域の協議会との間には有機的な連繋が保たれることが望ましい」として、市町村社協の設置を念頭に置いている。

また、昭和27（1952）年には、厚生省（現 厚生労働省）より「小地域社会福祉協議会組織の整備について」（各都道府県知事あて社会局長通知）が出され、「社会福祉協議会活動の末端組織として実際活動を行うべき郡市町村等小地域社会における住民は、共同募金運動等を通じて、その地域社会の福祉増進に深い関心を有し、社会福祉協議会結成の機運はつねに醸成せられていることと思料せられるにも拘らず、その結成並びに活動状況は、未だ満足すべき域に達していないので、今後更に貴職の御支援により社会福祉協議会活動が円滑に推進できるよう左記事項を御留意のうえ、都道府県社会福祉協議会とも連絡し、一層の御協力をお願いいたしたい」として、郡市町村社協の設立を促している。

こうして、社会福祉事業法における規定が都道府県社協、全社協にとどまっていたにもかかわらず、郡市町村社協の設置は進むこととなる。

＊8
中央慈善協会は、その後、大正10（1921）年に社会事業協会と改称。戦後、昭和22（1947）年に全国団体の再編成が行われ、日本社会事業協会とし再発足した。その後、改称もあったが昭和30（1955）年に全国社会福祉協議会の名称となる。

＊9
本書第1部第4章第1節1（2）参照。

〈表１－２－３〉市区町村社協の結成率の推移

年月	郡	市	区	町	村
1952年１月	63.4%	65.0%	—	36.4%	
1956年12月	95.2%	94.7%	—	87.3%	
1960年４月	99.6%	97.6%	98.8%	89.8%	
1970年４月	95.7%	100.5%	103.5%	99.5%	99.0%

※100%を超えるのは、区・市の中で複数の社協が存在していたため。
（出典）表１－２－３から表１－２－７まで全国社会福祉協議会調べ

その進捗は**表１－２－３**のとおりである。

市町村社協の設立がある程度整った段階で、市町村社協のあり方について集大成したものが「社会福祉協議会基本要項」（昭和37〔1962〕年）である。社協は、地域福祉活動の進展とともに歩んできた。[*10]

＊10
その歴史については、本書第１部第４章参照。

（2）市区町村社会福祉協議会の法人化、法制化

社協は、社会福祉法人の中でも他の組織と異なり、社会福祉事業に関する連絡または助成を行う事業（社会福祉法第２条第３項第13号）を担うものとして、社会福祉法人格を取得する。

その場合の要件は、社会福祉法人審査要領において「事業規模に応じた数の専任職員を有すること」「独立した事務所を有すること。この場合においては、原則として単独の部屋を有すべきであるが、特別の事情があるときは、室内の一区画でも差し支えないこと」などと定められている。

すなわち未法人社協とは、専任職員がいない（多くの場合、当該自治体の職員が兼務する）、独立したスペースがない（あってもデスク１つ）

〈表１－２－４〉市町村社協法人化の推移

年	法人社協数	社協数	法人化率	備考
1962	66	3,453	1.9%	
1969	646	3,415	18.9%	
1977	1,555	3,360	46.3%	
1987	2,608	3,362	77.6%	
1990	2,851	3,372	84.5%	
2000	3,344	3,368	99.3%	
2010	1,861	1,867	99.7%	未法人は町１か所、村５か所
2023	1,804	1,817	99.3%	未法人は村５か所、指定都市の区８か所

ということであり、事務局の実態が十分でない状態である。したがって、社協の機能の発揮を実質化するためには、法人化は必須の事項であった。社協の法人化の推移は**表１－２－４**のとおりである。

市町村社協法制化、すなわち、社会福祉事業法（現 社会福祉法）に市町村社協が規定されるのは、昭和58（1983）年に実現する[＊11]。

＊11
指定都市の区社協の法制化は、平成２（1990）年。本節１（４）❷参照。

（３）市区町村社会福祉協議会組織の発展

市区町村社協の発展を示す、組織、職員体制等の数値の変化は**表１－２－５～７**のとおりである。

〈表１－２－５〉**市区町村社協の事務局職員数**

年	事務局長		一般事業職員		経営事業職員		小計		合計
	常勤	非常勤	常勤	非常勤	常勤	非常勤	常勤	非常勤	
1980			5,215		7,123				12,338
1990			8,491		13,089				21,580
1995			13,845	1,235	25,737	9,470	39,582	10,705	50,287
2000			17,025	2,018	39,487	30,913	56,512	32,931	89,443
2005			19,082	5,202	37,705	46,726	56,787	51,928	108,715
2011	1,814	37	21,972	5,330	50,618	56,709	74,404	62,076	136,480
2018	1,782	51	26,592	8,680	51,748	54,864	80,122	63,595	143,716
2022	1,757	35	28,802	9,172	43,604	46,368	74,163	55,575	129,738

※2018年、2022年の数値は回答率（84.9%、99.0%）で割り返したもの。結果として合計値と内訳が合わない年度がある。

〈表１－２－６〉**市区町村社協会長の出身母体**

（その他を除く上位５団体）

年	1997	2003	2009	2015	2021
学識経験者※	36.8	42.9	49.6	52.4	54.5
行政の首長	37.8	31.5	16.6	13.4	13.0
地域福祉推進基礎組織	4.6	4.6	7.0	7.5	6.6
自治会・町内会	4.4	5.0	6.6	6.2	5.6
民生委員･児童委員（協議会）	6.2	5.7	5.9	5.3	5.1
全　体	100.0	100.0	100.0	100.0	100.0

※民生委員・児童委員等関係団体、関係者を除く学識経験者。

〈表１－２－７〉**地域福祉推進基礎組織（地区社協、校区福祉委員会等）設置社協数と設置率**

年	1980	1984	1987	1995	2003	2009	2016	2021
地区社協等設置社協数	694	632	735	831	925	808	742	805
設置率	25.9%	19.2%	22.1%	24.6%	27.8%	47.3%	50.9%	49.1%
回答社協数	2,680	3,285	3,322	3,372	3,330	1,707	1,457	1,641

（4）法規定の推移

社会福祉事業法（平成12〔2000〕年より社会福祉法に改称）における社会福祉協議会の規定は、以下のとおり推移している。

❶社会福祉事業法制定時（昭和26〔1951〕年）

> 社会福祉事業法
> 第74条　前条第一号[*12]社会福祉協議会（以下「協議会」という。）は都道府県の区域を単位とし、左の各号に掲げる事業を行うことを目的とする団体であって、その区域内において社会福祉事業又は更生保護事業を経営する者の過半数が参加するものでなければならない。
> 一　社会福祉を目的とする事業に関する調査
> 二　社会福祉を目的とする事業の綜合的企画
> 三　社会福祉を目的とする事業に関する連絡、調整及び助成
> 四　社会福祉を目的とする事業に関する普及及び宣伝
> 2　関係行政庁の職員は、協議会又はその連合会の役員となることができる。但し、役員の総数の5分の1をこえてはならない。
> 3　協議会は、社会福祉事業若しくは更生保護事業を経営する者又は社会福祉事業に奉仕する者から参加の申出があったときは、正当な理由がなければ、これを拒んではならない。
> 第83条　共同募金会又は協議会は、それぞれ相互の連絡及び事業の調整を行うため、全国を単位として、共同募金連合会又は社会福祉協議会の連合会を設立することができる。

＊12
第73条（当時）では、厚生大臣は「共同募金会の設立の許可に当たっては（略）、次の各号に掲げる事項をも審査しなければならない」とし、同条第1号において「当該共同募金の区域内に（略）社会福祉協議会が存すること」と規定されている。

❷市町村社協法制化（昭和58〔1983〕年）

第74条の都道府県社協の規定に続いて、第2項に市町村社協の規定が加わった。また、平成2（1990）年に指定都市の区社協の規定が第3項に加えられた。

> 社会福祉事業法
> 第74条（略）
> 2　市町村協議会は、当該市町村の区域内において前項第一号から第四号までに掲げる事業を行うことを目的とする団体であって、その区域内における社会福祉事業又は更生保護事業を経営する者の過半数が参加するものでなければならない。
> 3　（略）
> 4　（略）

❸福祉関係８法改正（平成２〔1990〕年）

第74条に指定都市の区社協（「地区協議会」という名称）を位置付けた。

また、第74条第４項に次の内容を新たに加えた。

「市町村協議会は、第１項第１号から第５号までに掲げる事業を行うほか、社会福祉を目的とする事業を企画し、及び実施するよう努めなければならない」。

❹社会福祉基礎構造改革時（平成12〔2000〕年）

「地域福祉の推進を図る」団体として規定された（共同募金会も同様）。

❺現在の法規定

社会福祉法
第３節　社会福祉協議会
（市町村社会福祉協議会及び地区社会福祉協議会）
第109条　市町村社会福祉協議会は、一又は同一都道府県内の二以上の市町村の区域内において次に掲げる事業を行うことにより地域福祉の推進を図ることを目的とする団体であって、その区域内における社会福祉を目的とする事業を経営する者及び社会福祉に関する活動を行う者が参加し、かつ、指定都市にあってはその区域内における地区社会福祉協議会の過半数及び社会福祉事業又は更生保護事業を経営する者の過半数が、指定都市以外の市及び町村にあってはその区域内における社会福祉事業又は更生保護事業を経営する者の過半数が参加するものとする。

一　社会福祉を目的とする事業の企画及び実施

二　社会福祉に関する活動への住民の参加のための援助

三　社会福祉を目的とする事業に関する調査、普及、宣伝、連絡、調整及び助成

四　前三号に掲げる事業のほか、社会福祉を目的とする事業の健全な発達を図るために必要な事業

２　地区社会福祉協議会は、一又は二以上の区（地方自治法第252条の20に規定する区及び同法第252条の20の２に規定する総合区をいう。）の区域内において前項各号に掲げる事業を行うことにより地域福祉の推進を図ることを目的とする団体であって、その区域内における社会福祉を目的とする事業を経営する者及び社会福祉に関する活動を行う者が参加し、かつ、その区域内において社会福祉事業又は更生保護事業を経営する者の過半数が参加するものとする。

３　市町村社会福祉協議会のうち、指定都市の区域を単位とするものは、第１項各号に掲げる事業のほか、その区域内における地区社会福祉協議会の

相互の連絡及び事業の調整の事業を行うものとする。
4　市町村社会福祉協議会及び地区社会福祉協議会は、広域的に事業を実施することにより効果的な運営が見込まれる場合には、その区域を越えて第1項各号に掲げる事業を実施することができる。
5　関係行政庁の職員は、市町村社会福祉協議会及び地区社会福祉協議会の役員となることができる。ただし、役員の総数の5分の1を超えてはならない。
6　市町村社会福祉協議会及び地区社会福祉協議会は、社会福祉を目的とする事業を経営する者又は社会福祉に関する活動を行う者から参加の申出があったときは、正当な理由がないのにこれを拒んではならない。

（都道府県社会福祉協議会）
第110条　都道府県社会福祉協議会は、都道府県の区域内において次に掲げる事業を行うことにより地域福祉の推進を図ることを目的とする団体であって、その区域内における市町村社会福祉協議会の過半数及び社会福祉事業又は更生保護事業を経営する者の過半数が参加するものとする。
一　前条第1項各号に掲げる事業であって各市町村を通ずる広域的な見地から行うことが適切なもの
二　社会福祉を目的とする事業に従事する者の養成及び研修
三　社会福祉を目的とする事業の経営に関する指導及び助言
四　市町村社会福祉協議会の相互の連絡及び事業の調整
2　前条第5項及び第6項の規定は、都道府県社会福祉協議会について準用する。

（社会福祉協議会連合会）
第111条　都道府県社会福祉協議会は、相互の連絡及び事業の調整を行うため、全国を単位として、社会福祉協議会連合会を設立することができる。
2　第109条第5項の規定は、社会福祉協議会連合会について準用する。

2 社会福祉協議会の現状

（1）社会福祉協議会の法的位置付け

前述のように、社協は、市町村、指定都市とその区、都道府県、そして全国の段階に組織されている[*13]（**表1－2－8**）。市区町村社協、都道府県・指定都市社協、全社協は、それぞれ社会福祉法に位置付けられている。このうち、市区町村社協及び都道府県社協は、その目的として地域福祉の推進を図ることが明記されている。

＊13
指定都市社協は、全国社会福祉協議会の組織規程で、都道府県社協に準じるものとされており、市社協に含めていない。社会福祉法第109条に、市町村社協と並んで「地区社会福祉協議会」として位置付けられている指定都市の区社協を合わせて、市区町村社協と表記する。全国段階には全社協が置かれている。

〈表１－２－８〉全国の社協数

	法人	未法人	計
市※	794	0	794
町	744	0	744
村	178	5	183
指定都市の区	88	8	96
市区町村社協　計	1,804	13	1,817
都道府県	47	0	47
指定都市	20	0	20
全国	1	0	1

※東京23区含む、指定都市除く。
（出典）全国社会福祉協議会調べ、令和５（2023）年５月１日現在

社協は、社会福祉法第２条の社会福祉事業に関する連絡事業をもって社会福祉法人の設立が認められている[*14]。現在、市区町村社協ではほとんどが社会福祉法人格を有している。

＊14
「社会福祉法人審査基準」（厚生省各部局長連名通知「社会福祉法人の認可について」平成12〔2000〕年12月１日）では、第２種社会福祉事業である社会福祉事業の連絡を行う事業のみをもって社会福祉法人の設立を認めることは、社協制度の趣旨及び全国的普及の状況等を考慮して、慎重に取り扱うこととされている。

COLUMN

◉全社協、都道府県・指定都市社協、市区町村社協の関係 ～秋田県社協の取り組みから

全社協と都道府県・指定都市社協の関係は、株式会社のような本社・支社の関係ではなく、それぞれが独立した組織として、法人としての意思決定・業務執行を行うこととなっている。都道府県社協、市区町村社協との関係も同様である。

例えば、全社協の地域福祉推進委員会では、平成30（2018）年３月、今日の地域における深刻な生活課題や社会的孤立といった地域福祉の課題に応える社協の事業・活動の方向性と具体的な事業展開を、「社協・生活支援活動強化方針（第２次アクションプラン）」として示している。これに基づき、秋田県社協では、強化方針を具体的に推進していくための方策として、独自の「地域福祉トータルケア推進事業」に基づく取り組みを県社協と市町村社協が協働して推進している。トータルケア事業は、これまでの秋田県における地域福祉実践の成果や課題をふまえ、全社協の強化方針を推進していくための基本方針として示したものである。

これに基づき秋田県社協では、本事業の実施要綱を定め、市町村社協の役職員等を対象とした各種会議の実施、研修会の実施を通じた人材育成、実践事例等を紹介するニュースの発行、訪問による市町村社協への支援などを毎年実施している。

（2）社会福祉協議会の組織

市区町村社協の組織は法令及びそれに基づく定款により定められている。[*15]市区町村社協の構成員は、社会福祉法上、社会福祉事業や社会福祉を目的とする事業、ボランティア団体等の社会福祉に関する活動を行う者などとされている。

これに加え、「市区町村社協経営指針」[*16]では、地域福祉推進基礎組織[*17]等の住民組織、まちづくりや住宅、環境、労働、経済領域等の団体が例示されている。同経営指針では、市区町村社協は地域福祉を進めるために、地域社会の総意をもってその事業を展開することが示されており、構成員等で構成される評議員会、理事会等機関を置き、法人の意思決定、業務の執行を行うこととしている。

なお、社会福祉法では、関係行政庁の職員が、市区町村社協や都道府県社協の役員の総数の５分の１を超えない範囲で役員となることができるとしている。[*18]このことは社協以外の社会福祉法人について、「関係行政庁の職員が法人の評議員又は役員となることは法第61条に規定する公私分離の原則に照らし適当でないので、差し控えること」（社会福祉法人審査基準）とされているのと対照的である。これは、社協が「公私の関係者の協力によって運営されるものであるため[1)]」である。[*19]

（3）社会福祉協議会の職員

令和４（2022）年４月１日現在の社協の職員数は**表１−２−９**のとおりである。

*15
社会福祉法人は、法人の目的や名称、事業、機関、資産等基本的事項を定款として取りまとめ、所轄庁に提出し認可を受けることとなっている。社協以外の社会福祉法人は、国が示した社会福祉法人定款例にそって定款を作成している。社協ではこの定款例を基本に、全社協で社協の特性をふまえ作成した「法人社協モデル定款」（平成28〔2016〕年11月改定）にそって定款を定めている。

*16
「市区町村社協経営指針」は、市区町村社協の理念、事業体制及び事業内容、組織等経営の基本的な考え方を全社協の地域福祉推進委員会が整理したものであり、平成15（2003）年３月に作成し、直近では令和２（2020）年７月に改定している。

*17
本章第３節６参照。

〈表１−２−９〉**社会福祉協議会の職員数（実数）**

	法人本部職員			施設・事業所職員			合計
	常勤専従者	常勤兼務者	非常勤者	常勤専従者	常勤兼務者	非常勤者	
市区町村社協	21,379	2,641	12,353	43,131	3,887	47,340	130,731
指定都市社協	2,874	9	2,338	3,000	62	4,755	13,038
都道府県社協	3,097	248	461	636	37	86	4,565
全社協	134	0	0	0	0	0	134
合計	27,484	2,898	15,152	46,767	3,986	52,181	148,468

※数値は令和４（2022）年４月１日の人数。
（出典）WAM-NETに掲載された令和４（2022）年度現況調査報告書データをもとに、社会福祉法人格をもつ社協について筆者集計。ただし、不正なデータを除いた

市区町村社協の職員13万731人のうち、常勤職員は７万1,038人（54.3%）、非常勤職員は５万9,693人（45.7%）である[*20]。また、地域福祉活動、相談支援等を担う法人本部職員は３万6,373人（27.8%）、介護保険などの施設・事業所職員は９万4,358人（72.2%）である。

（4）社会福祉協議会の財源

表１－２－10は、市区町村、指定都市、都道府県の各社協について、令和３（2021）年度の１社協当たりの収益（収入）額とその割合を示したものである。

市区町村社協において、最も割合が高いのは介護保険事業収益であり32.1%、次いで受託金収益29.1%、経常経費補助金収益17.5%が続いている。指定都市社協では、受託金収益の割合が最も高く39.6%、以下、経常経費補助金収益25.2%、介護保険事業収益19.9%が続く。都道府県社協については、受託金収益34.3%、経常経費補助金収益33.0%、事業収益9.4%の順である。

一般的に社協については、補助金・受託金の割合が高い印象がある。都道府県社協や指定都市社協については、経常経費補助金収益と受託金収益を合わせた割合はそれぞれ67.3%、64.8%である。しかし、市区町村社協については、経常経費補助金収益、受託金収益を合わせた割合は

＊18
市区町村社協は第109条第５項、都道府県社協は第110条第２項。

＊19
社会福祉法人審査基準では、社協が、「地域福祉の推進役として、社会福祉事業経営者、ボランティア活動を行う者等との連携を十分に図っていく」ために、理事に「社会福祉事業を経営する団体の役職員及びボランティア活動を行う団体の代表者を理事として加えること」を規定している。

＊20
全社協の「令和３年度市区町村社会福祉協議会職員状況調査」の結果では、令和４（2022）年１月末現在、常勤職員のうち正規職員は58.5%、非正規職員は41.4%となっている。

〈表１－２－10〉社会福祉協議会の財源構成
（１社協当たりの平均額〔単位:千円〕及びサービス活動収益に占める割合）

	市区町村社協（1,803か所）		指定都市社協（20か所）		都道府県社協（47か所）	
会費収益	4,862	1.6%	28,202	0.8%	36,811	4.3%
分担金収益	60	0.0%	3,181	0.1%	1,623	0.2%
寄附金収益	3,015	1.0%	23,156	0.7%	19,042	2.2%
経常経費補助金収益	51,984	17.5%	884,313	25.2%	283,908	33.0%
受託金収益	86,288	29.1%	1,390,349	39.6%	294,355	34.3%
貸付事業収益	16	0.0%	263	0.0%	851	0.1%
事業収益	5,761	1.9%	91,118	2.6%	80,707	9.4%
負担金収益	1,267	0.4%	137,616	3.9%	33,063	3.8%
介護保険事業収益	95,353	32.1%	699,985	19.9%	18,664	2.2%
障害福祉サービス等事業収益	23,292	7.8%	120,672	3.4%	10,407	1.2%
その他の事業収益	13,536	4.6%	105,117	3.0%	20,662	2.4%
その他の収益	11,510	3.9%	26,724	0.8%	59,053	6.9%
サービス活動収益計	296,944	100%	3,510,698	100%	859,147	100%

※小数点第二位以下を四捨五入しているため、各収益の合計が全体の収益計と一致しない場合や、各収益の割合の合計が100%にならない場合がある。
（出典）WAM-NETに掲載された令和３（2021）年度事業活動計算書データをもとに、社会福祉法人格をもつ社協について、令和２（2020）年度における法人全体のサービス活動収益を筆者集計

収益全体の46.6％で、介護保険事業や障害福祉サービス等の事業収益全体を合わせた割合46.9％を下回っている。

なお、いわゆる自主財源といわれる会費収益や寄付金収益の合計の割合は、市区町村社協、指定都市社協、都道府県社協、それぞれ2.6％、1.5％、6.5％とわずかであり、改善の余地が大きい。

（5）社会福祉協議会の事業

社会福祉法第109条では、市区町村社協の事業を、①社会福祉を目的とする事業の企画及び実施、②社会福祉に関する活動への住民の参加のための援助、③社会福祉を目的とする事業に関する調査、普及、宣伝、連絡、調整及び助成、④その他社会福祉を目的とする事業の健全な発達を図るために必要な事業、を実施するものと規定している。

市区町村社協は、元来住民主体の理念に基づき、個人や世帯の有するさまざまな地域生活課題を地域社会全体の課題としてとらえ、地域住民をはじめとするあらゆる関係者と協力し、課題解決のための活動を計画的に展開してきた。さらに近年は、総合相談・生活支援活動、生活困窮者自立支援事業の取り組みをはじめ、地場産業と結び付き社会参加や雇用の機会を創設する等、地方創生にまで発展している例も見られる。

従前からの取り組みとして、食事サービスや買い物支援、移送サービス、介護予防サービス等の住民参加の多様な福祉サービスを積極的に行うとともに、さまざまなボランティア活動、小地域ネットワーク活動、ふれあい・いきいきサロン等地域住民の主体的な活動を支援し、誰もが支え合いながら安心して生活できるまちづくりの取り組みにつなげている。

さらに、社会福祉法の理念である利用者本位の福祉サービスを実現する上で、日常生活自立支援事業[*21]や成年後見制度等[*22]による権利擁護支援、情報提供活動、また、きめ細かな日常生活の支援等も市区町村社協は事業として取り組んでいる。全国の市区町村社協における各種事業の実施率は、**表1－2－11**のとおりである。

全国の市区町村社協の半数以上、収入の４割以上を占める介護保険サービスや障害福祉サービス事業は、その人らしい生き方・生活を尊重するため、必ずしも制度の枠にとらわれることなく、必要に応じて柔軟にサービスを提供する地域福祉型福祉サービス[*23]をめざしている。

都道府県社協の事業は、社会福祉法第110条第１項第１号において、「社会福祉を目的とする事業の企画及び実施」「社会福祉に関する活動へ

＊21
本双書第13巻第２部第２章第１節参照。

＊22
本双書第13巻第２部第１章第２節参照。

＊23
地域福祉型福祉サービスとは、日常生活の場において、「生活のしづらさ」を抱えた住民の生活の継続性や豊かな社会関係等、地域生活の質を高めることを目的にした活動やサービスで、その開発や実施過程において住民・利用者・事業者・行政が協働することを通して、共生のまちづくりに結び付く「地域資源」の性格をもつものである（『地域福祉型福祉サービスのすすめ』（平成18〔2006〕年８月、全社協）。

〈表１－２－11〉社協の各種事業の実施率

(%)

計画		地域福祉活動計画の策定	74.6
生活困窮者やひきこもりの人を対象とする支援事業（制度外）		日用生活品や食品等の物品支援	64.7
		法外援護資金貸付・給付	30.6
小地域活動		地域福祉推進基礎組織	49.1
		小地域ネットワーク活動　※1	60.5
住民参加・ボランティア		ボランティアセンター機能	90.1
		ふれあい・いきいきサロンの設置　※2	89.5
		社協運営型住民参加型在宅福祉サービス（食事サービス・移送サービス・家事援助サービス等）	32.8
在宅福祉サービス	介護保険事業	訪問介護事業	60.9
		通所介護事業	35.0
		居宅介護支援事業	60.8
	自立支援給付	居宅介護（ホームヘルプ）事業	56.2
		重度訪問介護（ホームヘルプサービス）事業	44.2
		同行援護事業	28.9
福祉サービス利用援助		日常生活自立支援事業　※3	87.8
成年後見		法人後見事業　※4	35.8
当事者（家族）の会の組織化・運営援助		身体障害児・者（家族）の会	38.9
		知的障害児・者（家族）の会	28.1
		精神障害児・者（家族）の会	12.1
		認知症高齢者（家族）の会	14.3
		ひとり親家庭の会	14.9
		ひきこもり（家族）の会	7.3
団体事務		共同募金委員会・分会	91.0
		老人クラブ連合会	52.8
高齢者・障害者（児）を対象とした事業		食事サービス	48.9
		移動サービス	36.7
		買い物支援サービス	21.1
子ども・子育て家庭支援		ファミリーサポート事業	15.7
		学童保育（放課後児童健全育成事業）	11.8
		地域子育て連携拠点（一般型・連携型）	6.3
		児童館・児童センターの運営	8.2
		食事サービス・子ども食堂	14.6

※１　小地域ネットワーク活動（見守り・支援活動）とは、日常生活圏域（地区社協、小・中学校区、自治会・町内会等）において、地域の要援護者やその恐れのある人々に対して、近隣住民やボランティア（福祉協力員、福祉委員等）、民生委員・児童委員、老人クラブ等が一定の継続性や組織性をもって行う見守りや支援活動をさす。

※２　ふれあい・いきいきサロンは、全国で87,733か所実施されている。

※３　日常生活自立支援事業は、都道府県・指定都市社協を実施主体とし、事業の一部を適切な事業運営ができると認められる社協（基幹的社協）等に委託する形で行われる。ここでの数字は、令和５（2023）年３月末の本事業の委託を受けている市区町村社協の全体に占める割合を表しており、実際は、基幹的社協が本事業の委託を受けていない複数の市区町村社協を担当エリアとしているため、全国域をカバーしている。また、その実利用者は年々増加傾向にあり、令和５（2023）年３月末で５万6,550人が利用している。

※４　この数字は、「法人格を有する市区町村社協」（1,817か所）及び「都道府県・指定都市社協」（67か所）のうち受任体制のある社協の占める割合。全国社会福祉協議会「令和３年度 成年後見制度にかかる取組状況調査報告書」に基づく。

（出典）全国社会福祉協議会調べ

の住民の参加のための援助」「社会福祉を目的とする事業に関する調査、普及、宣伝、連絡、調整及び助成」「その他社会福祉を目的とする事業の健全な発達を図るために必要な事業」を、都道府県を区域に広域的に実施するものとしている。あわせて、同条第１項第２～４号の社会福祉を目的とする事業に従事する者の養成及び研修、社会福祉を目的とする事業の経営に関する指導及び助言、市町村社協の相互の連絡及び事業の調整を実施する。

このほかにも、社会福祉法では、第81条に福祉サービス利用援助事業が、第83条では福祉サービス利用援助事業の適正な運営を確保するとともに、福祉サービスに関する利用者等からの苦情を適切に解決する運営適正化委員会の設置が規定されている。

全社協については、都道府県社協相互の連絡及び事業の調整を行うことが社会福祉法第111条に示されている。

昭和58（1983）年に市町村社協が法制化されてから、令和５（2023）年は40周年にあたる。この間職員数は約９倍、予算額は約10倍となるなど大きな発展を遂げている。法制化40周年の成果を整理すると、①ボランティア・市民活動センターを通じたボランティア・市民活動、住民の福祉活動の広がり、②学校や地域における福祉教育・ボランティア学習の広がりと深まり、③総合相談・生活支援システムの整備・強化、④地域における総合的な権利擁護支援体制整備における役割の拡大、⑤介護サービス・生活支援サービスの拡大、⑥頻発・激甚化する災害支援における市区町村社協の役割の拡大、⑦コロナ特例貸付を通じた生活困窮者に対する支援の拡大と長期にわたる支援、の７つに整理できる。

今後、令和７（2025）年さらには令和22（2040）年に向け、地域共生社会の実現に向けた包括的支援体制の整備が進められるなかで、それぞれの市区町村社協がどのような位置を占めるのか、その真価が問われている。

BOOK 学びの参考図書

●和田敏明 編『［改訂２版］概説 社会福祉協議会』全国社会福祉協議会、2021年。
全国で地域福祉を推進する社会福祉協議会。本書は、そうした社協の基本理解をはじめ、活動の方法や考え方、事業運営や組織運営のすべてを学ぶことができる。

引用文献

1）社会福祉法令研究会 編『新版 社会福祉法の解説』中央法規出版、2022年、649頁

第３節　地域福祉の推進主体

1 地方自治体

（１）福祉行政の変化と地域福祉

戦後のわが国における福祉は、児童福祉法、身体障害者福祉法、生活保護法による福祉３法によりスタートし、精神薄弱者福祉法（現 知的障害者福祉法)、老人福祉法、母子福祉法（現 母子及び父子並びに寡婦福祉法）を加えた福祉６法体制が1960年代に確立された。

福祉６法体制のもとでは、措置による援助が*24福祉事務所を中心として実施された。これらの大部分は国の機関委任事務であり、「福祉にかかわる行政システムは、集権的であるという点で教育行政や農水行政などと並ぶような特質をもっていた[1)]」のである。その意味では、地方自治体は自らが主体として福祉行政を推進するという明確な意識をもつ環境にはなかったといえる。

1970年代には、高度経済成長のゆがみが公害問題や都市の過密化、核家族化に伴う家族機能の脆弱（ぜいじゃく）化等として顕在化した。加えて、イギリスで1968年に公表された*25**シーボーム報告**において示されたコミュニティケアの考え方なども背景となり、昭和46（1971）年には、中央社会福祉審議会が「コミュニティ形成と社会福祉」を答申し、コミュニティの重要性を提起した。

一方で厚生省（現 厚生労働省）は、昭和46（1971）年に「社会福祉施設緊急整備５か年計画」を示し、特に立ち遅れていた老人福祉施設や重度心身障害（児）者の施設、保育所等の整備を進めることとした。これにより福祉施設の充実が図られたものの、施設を中心とした福祉の提供体制のもとでは、一部の地域を除くと地域福祉の観点が意識されることはほとんどなかったといえる。

こうした時代の後、地方自治体が福祉行政の主体へと転換する契機となったのは、平成２（1990）年の*26**福祉関係８法改正**による老人保健福祉計画の策定義務化と、それに基づく在宅福祉サービスの基盤整備である。その後、市町村障害者計画（平成５〔1993〕年）や児童健全育成計画（平成７〔1995〕年）の策定も進められ、市町村は公的サービスの供給体制を整備していく役割を果たしていくこととなった。

また、地域福祉における自治体の役割の変化を考える上では、平成12

*24
本書第１部第５章第３節２（１）参照。

*25
フレデリック・シーボーム（Seebohm, F.）を委員長とする委員会が1968年に公表した報告。地方自治体において別々に運営されていた対人福祉サービス部門を統合し、地域のニーズに総合的に対応するソーシャルワーカーを配置することなどを提言している。本報告を受けて、イギリスでは1970年に地方自治社会サービス法が成立し、行政によるコミュニティケアの推進体制が整えられた。

*26
本双書第１巻第３部第１章第５節１、及び第２巻第２章第１節１（２）❹参照。

＊27
本書第１部第５章第２節２参照。

(2000) 年４月１日に施行された地方分権一括法による地方分権改革[＊27]を抜きにすることはできない。同法の施行により機関委任事務が廃止され、地方自治体の事務は自治事務と法定受託事務に位置付けられた。これにより、生活保護にかかる給付事務などの一部を除き、福祉行政の多くは自治事務となった。

さらに、平成12 (2000) 年には、社会福祉基礎構造改革により社会福祉法が成立した。社会福祉法では、第４条に地域福祉の推進が社会福祉の目的として掲げられるとともに、第６条において国及び地方公共団体の役割が明記された。また、第107条・108条には地域福祉計画及び地域福祉支援計画に関する規定が盛り込まれた。

同年には、市町村を保険者とする介護保険制度がスタートした。市町村には、サービスの給付状況や需要予測をふまえて介護保険事業計画を策定し、第１号被保険者の保険料を決定するなど、PDCAサイクルを動かしながら地域包括ケアシステムを推進することが求められている。同様の考え方による仕組みは、障害福祉分野や児童福祉分野にも導入されている。

介護保険制度においては、平成27 (2015) 年度より介護予防・日常生活支援総合事業が開始された。健康寿命の延伸とともに、制度の持続可能性の観点からも、地域の助け合いや居場所づくり、身近な「通いの場」における介護予防の取り組みなど、住民の福祉活動や地域づくりへの関心は高まりを見せている。

(2) 包括的支援体制の構築と地方自治体の役割

少子高齢化や核家族化の進行、人口減少、地域のつながりの希薄化など、地域社会を取り巻く環境の変化により、地域における福祉ニーズが多様化・複雑化していることをふまえ、平成29 (2017) 年には社会福祉法改正が行われた。これにより、地域福祉推進の理念が明確化されたほか、市町村は包括的な支援体制の整備を進めることとされ、このため、地域福祉計画と地域福祉支援計画については、高齢・障害・児童の共通事項を盛り込み、各分野計画の上位計画に位置付けることとなった。[＊28]

＊28
本書第１部第６章第２節１参照。

さらに、令和２ (2020) 年にも社会福祉法改正が行われ、第６条において、「国及び地方公共団体は、地域生活課題の解決に資する支援が包括的に提供される体制の整備その他地域福祉の推進のために必要な各般の措置を講ずるよう努めるとともに、当該措置の推進に当たっては、保健医療、労働、教育、住まい及び地域再生に関する施策その他の関連施策との連携に配慮するよう努めなければならない」と規定された。また、包括的な支援体制の整備に向けて、新たに第106条の４に「重層的支援体制整備事業」[*29]が創設された。

＊29
本書第２部第１章第２節参照。

本事業の実施にあたっては、地域住民や支援機関その他関係者の意見を聴いて「重層的支援体制整備事業実施計画」を策定することとされ、一本の補助要綱に基づく申請などにより、介護や障害福祉、児童福祉、生活困窮者支援の制度別に設けられた財政支援の一体的な実施を促進することとしている。同事業は、実施を希望する市町村の手あげに基づいて段階的に実施されており、圏域の設定や会議体の設置等に関しては、市町村が裁量を発揮しやすい仕組みとされている。地方自治体は、同事業の活用等により、各地域の実情に応じて包括的な支援体制の整備を進めることが期待される。

（3）これからの地方自治体に求められる取り組み

地域共生社会の実現に向けて、全世代・全対象型の包括的な支援体制を構築していく上での課題は多岐にわたるが、以下、５点について具体的な取り組み課題をあげる。

①庁内連携及び地域の支援機関間のネットワーク

多様化・複合化するニーズの発見と支援のためには、福祉分野だけでなく幅広い関係者の協力が求められ、庁内についても、教育、水道、税務、保険・年金、消費者保護、住宅等を含めた連携が必要である。また、その際、個人情報保護法等により、支援にあたって必要な情報の共有がむずかしいことが課題となっている。

本人同意を基本としつつ、社会福祉法に位置付けられた「支援会議」の活用等も含めて、個人情報の適切な共有について検討を進める必要がある。

行政及び関係機関の連携に関して、福祉分野ではすでに地域ケア会議や自立支援協議会、生活支援体制整備事業の協議体、要保護児童対策協議会等、さまざまな会議体やネットワークが組織されており、これらの整理・統合も求められるだろう。

②「断らない相談」の体制と多様な「参加支援」の場づくり

「断らない相談」は必ずしも物理的に相談窓口を集約するいわゆる「ワンストップ型」の総合相談を意味するものではない。地域包括ケアシステムや生活困窮者自立支援等、これまで各自治体が進めてきた施策もふまえ、それぞれの自治体の規模や既存の仕組みなどに応じて適切な方法をとることが重要である。また、一人ひとりのニーズに応じて、一般就労に限らないさまざまな社会参加の場づくりを、地域の多様な主体と連携して創出する必要がある。

③地域づくりへの取り組みとそのための人材育成

地域生活の支援は専門職だけではなく、住民をはじめ多様な主体によって進める必要がある。地域における住民同士のつながりや気にかけ合う関係性をつくることで、個別のニーズに早く気付くことができる。また、支え合う関係性の中で居場所や役割を見出すことは、生きる力を削がれ支援を必要としている人にとって、自己肯定感や自己有用感を育むことにつながる。

ただし、住民主体の活動は、行政の指示や依頼で動くものではないことに留意しなければならない。継続的なていねいなかかわりの中から住民とともに活動を生み出していくことが重要であり、こうした役割を担う人材（地域づくりのコーディネーター）の確保・育成が求められる。

④権利擁護支援の体制整備

平成28（2016）年に成年後見制度利用促進法が施行され、平成29（2017）年に閣議決定された成年後見制度利用促進基本計画を受けて、各市町村においては、市町村計画の策定及び中核機関[*30]の設置等が進められている。また、令和4（2022）年3月には「第二期成年後見制度利用促進基本計画」が閣議決定され、地域共生社会の実現という目的に向け、本人を中心にした支援・活動における共通基盤となる考え方として「権利擁護支援」を位置付けた上で、権利擁護支援の地域連携ネットワークのいっそうの充実などの成年後見制度利用促進の取り組みをさらに進めることとしている。

⑤災害福祉への取り組み

近年、大規模災害が各地で発生するなか、災害発生時や復旧・復興期における福祉の役割はますます大きくなっている。高齢者や障害者等の避難行動や避難後の生活の支援、災害ボランティア活動、避難所での災害派遣福祉チーム[*31]（DWAT）の活動、応急仮設住宅等における生活支援相談員による見守りや相談支援等について、住民や関係者とともに平時から計画・準備を進めることが求められる。

＊30
本双書第13巻第2部第4章第4節参照。

＊31
本書第2部第3章第2節1（3）❷参照。

事例5

A市では、高齢者虐待への対応を進めるなかで、複合的な課題を抱え、制度の狭間（はざま）で利用できるサービスに乏しいケースや、法的な解決が必要なケースに直面した。

このことから、総合的な相談体制の必要性を感じ、地域包括支援センターや基幹型相談支援センター、権利擁護支援センター、保健センター、子育て支援センター等、保健・福祉に関する相談機関を集約した総合相談センターを開設。庁内連携のために、関係各課・各センターの職員によるプロジェクトで情報共有シートを開発し、複数の担当課・センターにまたがる相談についても円滑に連携して対応できるようにしている。

また、住民の小地域福祉活動や、中学校区を単位に行われる福祉ネットワーク会議を通じて集約される地域の課題を全市で共有する地域福祉推進会議を設け、制度改善や新たな仕組みづくりについて話し合う場としている。

事例6

B村では、国による「多機関の協働による包括的支援体制構築事業」を実施し、社会福祉協議会に相談支援包括化推進員を１名配置した。相談支援包括化推進員は、主として個別支援を中心に対応し、総合相談窓口としてアウトリーチによるニーズ把握を行うほか、行政各課や地域から寄せられる複合的な課題を抱えるケースに関する支援プランを作成し、支援にあたる関係機関のコーディネートを行っている。

相談支援包括化推進員の配置により、これまで対応がむずかしかった複合的な課題を抱える世帯等への支援についても、関係機関の連携による対応につながっている。

あわせて、B村社協に生活支援体制整備事業の生活支援コーディネーターを配置し、住民の福祉活動の支援や社会資源開発などを中心に行っている。この両者が連携することで、個別支援から地域づくりまでを一体的に進めることができている。

また、住民や関係機関がともに地域課題について話し合いを行う場として、「地域支え合い推進会議・相談支援包括化推進会議」を開催。会議では、関係機関同士の連携や新たな社会資源の開発について意見が交わされ、さまざまな課題に柔軟に対応できる仕組みづくりが進められている。

2 社会福祉法人・社会福祉施設

社会福祉法人は、社会福祉事業を行うことを目的として、社会福祉法の定めるところにより設立された法人である。社協もほとんどが社会福祉法人として運営されているが、全国約21,000の社会福祉法人のうち約18,000が、社会福祉施設を経営する社会福祉法人である。

（1）地域福祉の推進主体としての社会福祉法人・福祉施設の制度上の位置付け

平成29（2017）年に改正された社会福祉法では、第４条第２項において「地域生活課題」を定義し[*32]、「地域住民、社会福祉を目的とする事業を経営する者及び社会福祉に関する活動を行う者」（同条第１項）に対して、そうした課題を把握し、支援関係機関との連携等による解決を図るよう促している。

また、第24条第２項では、「地域における公益的な取組」の実施が社会福祉法人の責務として規定されており、社会福祉法人が制度や分野の垣根を超えて、多様かつ複雑化する地域生活課題に対応すべく、幅広い実践を展開していくことが求められている[*33]。

（2）社会福祉法人・福祉施設の歴史的な沿革

❶慈善事業家、社会事業家による先駆的な実践と社会福祉法人・福祉施設

昭和26（1951）年の社会福祉事業法（現 社会福祉法）の制定により社会福祉法人制度が創設される以前から、全国各地で民間の慈善事業家、社会事業家といわれた人々が、地域での暮らしを営み続けるためのさまざまな課題に向き合い、その解決に奔走し、そうした実践がわが国の福祉の礎を築くこととなった。

彼らの志は脈々と受け継がれ、社会福祉事業法の制定により、社会福祉の共通基盤の一つとして制度化された後も、社会福祉法人の役割や使命を果たすために、社会福祉従事者など関係者の実践が続けられてきた。総合性と専門性をもった施設ケアの充実とともに、地域におけるコンフリクトなどの苦難を乗り越えながら、地域住民等との関係を重視した取り組みが続けられてきたのである。

社会福祉制度の整備・充実に際しても、各地域での多様な福祉実践が、潜在化していたニーズを掘り起こし、ニーズや課題が顕在化されること

＊32
令和２（2020）年の社会福祉法改正により、第４条第２項を第３項とし、同条第１項として「地域福祉の推進は、地域住民が相互に人格と個性を尊重し合いながら、参加し、共生する地域社会の実現を目指して行われなければならない」ことが加えられた。

＊33
社会福祉法人は特定の社会福祉事業の領域にとどまることなく、さまざまな地域生活課題や福祉ニーズに総合的かつ専門的に対応していくことが期待されている（厚生労働省３局長通知「地域共生社会の実現に向けた地域福祉の推進について」平成29〔2017〕年12月12日）。

によって、制度がつくられるという過程を繰り返してきた[*34]。今日、当然のように全国どこでも利用できる福祉サービスも、かつては利用できなかった、あるいはそのようなサービスが必要とされていることすら明らかになっていなかった。今後の社会福祉を考える上で、この大前提をまず理解することが重要である。

＊34
「繰り出し梯子（はしご）理論」（S. ウェッブ・B. ウェッブ〔1911〕『防貧策』文明書院、1919年）。

❷社会福祉制度の整備・充実と社会福祉法人の変遷

一方で、社会福祉施設の運営に要する費用は、行政からの委託費（措置費）、施設建築等に要する費用については施設整備費補助制度として整備・充実が図られ、こうした公的制度の整備・充実に伴い、社会福祉法人は、多様な地域ニーズに積極的に対応していくといった本来の特性よりも、社会福祉施設を運営するための措置費や施設整備費補助金といった公費の受け皿としての性格を強めていくことになった。

また、措置費や施設整備費補助金の運用に関しても、公費の適正執行といった観点から、資金の使途制限をはじめ強い規制がかかっており、当該施設の運営に要する費用以外には、原則として支出が禁止されることとなり、社会福祉法人の自主的、開拓的で柔軟な事業展開が困難な状況であった。

このような経緯から、社会福祉法人は、今日の社会保障費削減や経済最優先に端を発する規制緩和の時流も背景として、「制度外の新たな地域課題への対応に消極的」「非課税とされているにふさわしい国家や地域への貢献が不十分である」といった厳しい批判を受けることとなった。また、地域ニーズに応じた実践についての積極的な発信が十分ではなかったこともあり、地域住民からも、社会福祉法人の実践とともに存在意義が見えづらくなっていたことも課題となっていた。

福祉ニーズが多様化・複雑化するなかにあっては、地域住民の暮らしにどのような課題があるのか、ニーズを掘り起こし、早期に対応することが必要であり、そのことからも、社会福祉法人の公益性・非営利性をふまえ、法人の本旨から導かれる本来の役割をあらためて明確化することが求められたのである。

❸社会福祉法人制度改革による「地域における公益的な取組」の責務化

そこで、平成28（2016）年の社会福祉法改正によって、「地域における公益的な取組」の実施に関する責務規定（法第24条第２項）が創設さ

〈表１－２－12〉地域における公益的な取組の社会的な効果・成果

①地域課題の把握・気づき・掘りおこし ｉ）住民相互の交流の場、居場所づくり ii）相談しやすい環境づくり iii）地域課題の発見と早期対応 ②制度の狭間にある課題に対する専門的、総合的な対応 ③職員の意識・ソーシャルワーク機能の向上、人材の確保・定着 ④ソーシャルワーカーの専門性や実践力の向上に資する実習機会の提供 ⑤自治体や社協等との連携による地域づくりに向けた活動の活性化 ⑥地域住民の理解促進 ⑦地域における災害支援体制の構築

（出典）「地域共生社会の実現を主導する社会福祉法人の姿－地域における公益的な取組に関する委員会報告書（平成30年度厚生労働省社会福祉推進事業 地域での計画的な包括的支援体制づくりに関する調査研究事業）」全国社会福祉協議会（平成31〔2019〕年３月）

れるなど、いわゆる「社会福祉法人制度改革」が実施されるに至った。

「地域における公益的な取組」は、制度の狭間にある課題に着目するとともに、地域に対して法人が有する機能を可能な限り提供しながら、あるいは、複数の法人が連携・協働しながら、地域生活課題などの解決や緩和をめざす実践である。

具体的には、サロン活動や見守り支援等を中心とした地域に向けた事業展開や、他法人や行政・医療・教育機関等の地域の他機関との連携によるネットワーク活動、各種勉強会やボランティア育成、児童・生徒の受け入れ等の福祉教育活動など、多岐にわたっている。

こうした取り組みによって、地域生活課題の早期解決はもとより、雇用機会の確保、近年多発する災害への備えなど、自治体においても社会福祉法人と連携し、また、その実践を支援することで、地域の活性化につながるという効果がある（**表１－２－12**）。社会福祉法人は、地域福祉計画や地域福祉活動計画の策定に積極的に参画し、そのノウハウを活かしながら、地域住民等とともに、地域福祉を推進していくことが求められている。

また、社会福祉法人にとっても、これまで施設内での介護や支援等を中心として担っていた職員が、地域におけるコミュニティソーシャルワーク等の実践を担うことで、専門職としての成長の機会になるだけでなく、職場の活性化や、社会課題に関心のある学生の採用にもつながっている。

（3）複数法人の連携による取り組みの展開

社会福祉法人の全国組織である「全国社会福祉法人経営者協議会」では、社会福祉法人が自らの使命に基づく先駆的・開拓的なサービスの実践を進め、社会福祉法人の存在意義について広く理解を得ることを目的に、「地域における公益的な取組」が法定化される以前、平成15（2003）年ごろより、「１法人（施設）１実践」活動を提唱し推進してきた。

さらに、多様で複雑化している地域生活課題の解決に向けて、よりいっそう、取り組みの輪を広げていくことが必要であることから、複数の社会福祉法人が連携・協働した活動が展開されている。

例えば、平成16（2004）年に、大阪府社協と大阪府社協老人施設部会が共同して創設した「生活困窮者レスキュー事業」では、施設にコミュニティソーシャルワーカーを配置し、生活困窮者に対する総合生活相談活動と経済的支援を実施している。社会福祉法人が毎年度、地域貢献のために一定額を拠出し、それを財源に地域の生活困窮者への支援活動を実施している。こうした取り組みを発展させるため、大阪府社協と社会福祉施設経営者部会、各施設種別部会は、平成27（2015）年度より、それぞれの法人・施設の特性や強みをいかしたさまざまな地域貢献事業「大阪しあわせネットワーク（オール大阪の社会福祉法人による社会貢献事業）」を展開している[＊35]。

このような社協と社会福祉法人・福祉施設組織が連携・協働した複数法人間連携の取り組みは、その後、全国に広がり、令和２（2020）年３月には、全都道府県で実施されることとなった。

その活動内容は、複数の社会福祉法人が人材や資金を出し合い、総合相談を受け付ける体制を整備し、生活困窮者支援を中心に、地域の課題に対応することは共通だが、具体的には、それぞれ地域の実情等に応じて、体制や活動対象など、独自の工夫がされている。

こうした都道府県域での複数法人間連携による取り組みをベースに、災害時の支援体制の構築を進めるところや、具体的な活動範囲をより身近な市町村域に設定し、市町村ごとに複数の社会福祉法人が社協と連携し、ネットワークを構築する取り組みも始まっている。

さらに令和22（2040）年の人口減少社会を見据え、経済再生と財政健全化の達成をめざす国の基本方針のもと、医療や介護サービスの生産性向上が必要とされ、平成31（2019）年４月には厚生労働省に「社会福祉法人の事業展開等に関する検討会」が設置された。

検討会では、社会福祉法人の経営基盤の強化を図るとともに、複雑

＊35
令和２（2020）年７月には、社協と社会福祉法人のさらなる連携・協働に向け、全社協地域福祉推進委員会と全国社会福祉法人経営者協議会が「ともに生きる豊かな地域社会の実現に向けた共同宣言」をとりまとめた。

化・多様化する福祉ニーズに対応する観点から、社会福祉法人が非営利セクターの中核として、福祉分野での専門性をいかし、地域住民の抱えるさまざまな地域生活課題への対応を進められるようにするため、円滑に連携・協働化しやすい環境整備を図っていくべきとされた。連携・協働化の方法としては、社協の積極的な活用と、都道府県域での法人間連携を引き続き推進すべきとされた。また、令和4（2022）年4月より、連携の一方策として社会福祉連携推進法人が各地で設立されている。

BOOK 学びの参考図書
●宮田裕司 編著『社会福祉施設経営管理論2023』全国社会福祉協議会、2023年。
社会福祉施設を経営する上で知っておきたい法制度、サービス提供管理、人事労務管理、情報管理などについて、わかりやすく解説されている。

3 共同募金

（1）共同募金の概要

❶経緯

共同募金[*36]は、戦後間もない昭和22（1947）年に、戦災により財政面で厳しい状態にあった民間社会福祉事業を支援するために創設された。背景には、GHQ（連合国軍総司令部）により公私分離の原則が打ち出され、憲法第89条によって民間社会福祉事業に対する公的補助が不可能になったことがある。そのため、民間資金により社会福祉事業を支える仕組みが必要とされたことから、アメリカのオハイオ州クリーブランドにおける共同募金を参考として、共同募金の創設が進められた。

共同募金は、昭和26（1951）年の社会福祉事業法により制度化され、昭和34（1959）年からは、歳末たすけあいにおける募金も共同募金の一環と位置付けられたことから、運動期間は10月1日から12月31日までの3か月間となった。さらに、平成28（2016）年からは、地域課題を解決するテーマ型募金[*37]など、新たな募金手法による運動を展開するため、運動期間は10月1日から翌年3月31日までの6か月間となっている。[*38]

共同募金の役割は、当初、民間の社会福祉施設への支援が中心だったが、その後、子どもの遊び場、障害者の小規模作業所、高齢者等への在宅福祉活動、そして、現在のような多様な地域福祉活動を支える募金へと、共同募金は時代に合わせて、柔軟にその役割を拡大・変化させている。

❷目的

共同募金は、募金活動に参加する人、寄付する人、助成を受けて福祉活動を行う団体や、活動によって支援を受ける人など、多様な主体による参加と共感を軸に、地域の課題やその解決のための活動を理解・共有

＊36
本書第1部第4章第1節1（1）参照。

＊37
テーマ型募金とは、共同募金の助成計画から緊急的に解決すべき特定の地域課題やそのための活動を募金テーマとして掲げ、課題解決に取り組む団体等が主体となって、個人や企業に対して地域課題や自らの活動を伝え、寄付を訴えかける募金手法のことをいう。

＊38
共同募金は、10月1日から翌年3月31日までの6か月間行われるが、12月には、共同募金の一環として「歳末たすけあい」による募金が行われている。さらに歳末たすけあいには2つの運動があり、社会福祉協議会、民生委員児童委員協議会、共同募金会の3者が主唱して各地域で行われる「地域歳末たすけあい」と、NHK（日本放送協会）とNHK 厚生文化事業団、共同募金会が共催して行う「NHK歳末たすけあい」がある。

し、地域住民の活動への参加や募金への協力によって、地域課題を解決する取り組みを定着・発展させていくことを目的としている。

一方で、共同募金は、日本における募金運動の草分けとして、寄付文化の創造と発展に重要な役割を果たしてきた。近年、市民の寄付意識の高まりとともに、寄付税制の拡充など、寄付をめぐる環境が整備されつつあるなかで、共同募金会は、オンラインによる募金など、新たな寄付手法の展開を行いながら、寄付文化の発展を支える中核的な役割を引き続き果たすことが求められている。

❸特徴

共同募金は、社会福祉法に位置付けられた第１種社会福祉事業であり、共同募金事業を行うことを目的として設立される社会福祉法人が共同募金会である。共同募金は、「赤い羽根[＊39]」をシンボルとして、全国協調で実施される民間の「運動」としての性格をもち、令和２（2020）年の「全国寄付実態調査」では、近年寄付先が多様化するなかにおいても、回答者の42.9％が「共同募金会に寄付した」と回答しており、高い参加率が特徴である。

＊39
共同募金のシンボルとなっている「赤い羽根」は、第２回運動となる昭和23（1948）年から登場した。

共同募金は、都道府県区域を単位として、毎年１回厚生労働大臣の定める期間内にあまねく行う寄付金の募集である。地域課題の解決に向けて助成計画を立案し、募金活動を実施し、集まった資金により助成を行い、それをもとに地域福祉活動が行われ、終了後に活動を評価し、成果を明らかにする、という一連の過程を有している。共同募金は、地域福祉のための募金と助成が一体となった仕組みであり、地域での資金の循環を生み出すところに最大の特徴がある。

なお、共同募金が全国的に協調して運動を推進するために定められたものが共同募金運動要綱であり、そこには運動の原則として、「民間性」「地域性」「計画性」「公開性」「参画性」があげられている。

❹組織

共同募金の実施主体は、各都道府県に設立された社会福祉法人の共同募金会であり、各共同募金会は都道府県内における募金・助成・広報等を実施する。

また、各共同募金会には、市区町村ごとに内部組織として**共同募金委員会**[＊40]が設置されており、自治会・町内会等の協力の下に、戸別募金を中心とした募金活動や、地域における助成、広報活動等を実施している。

＊40
共同募金委員会は、市区町村域における共同募金運動の推進主体であり、市区町村における共同募金の助成計画及び募金計画等を策定し、それらを共同募金会に進達する。

現在、全国の共同募金委員会の約９割は、市区町村社協内に事務局が置かれている。

さらに、各共同募金会の全国的な連絡調整組織として、「社会福祉法人中央共同募金会」が設置されている。

（2）助成と募金の実態

❶助成

令和４（2022）年度の助成は、総額約143億円を約４万6,175件の事業に助成している。内訳は、地域福祉活動に64.1％、施設に10.4％、都道府県域や小地域の団体に22.0％、災害等準備金積立が3.5％となっている。

赤い羽根募金による助成では、市区町村社協が行う事業（地域福祉、福祉教育、ボランティア活動育成等）や、地域のボランティア団体・NPO等が行う活動などに活用されている。さらに、近年は減少傾向にあるものの、社会福祉施設に対して、車両、備品の整備などへの助成が行われている。

歳末たすけあいによる助成では、経済的困窮や社会的孤立の状態にある生活困窮者、ひきこもり、虐待、権利侵害など今日的な地域の生活課題を抱えた人や、災害等により被災した人への支援活動への助成が重点となっている。

市区町村における助成では、地域福祉活動計画や小地域における福祉活動計画をふまえ、より地域の多様な資金ニーズに対応できる助成が求められており、公募による助成や、住民参加による助成審査などの取り組みが近年拡大している。[*41]

一方、都道府県における助成には、単独の市区町村では対応できない広域的な課題や、緊急性の高い課題を解決する先駆的な活動を支援する機能がある。

＊41
なお、共同募金会では、「赤い羽根データベースはねっと」により、全国約4.6万件の助成事業について、市区町村ごとのすべてのデータを公開している。

❷募金

募金方法としては、戸別募金、街頭募金、法人（企業）募金、職域募金、学校募金などが実施される。特に共同募金における募金手法の中心である戸別募金は、地域住民一人ひとりに対していねいに、地域課題を解決するための募金を呼びかけていくことで、福祉に対する関心を喚起し、参加を促すことがその本質であり、戸別募金という手法そのものが一つの地域福祉実践であるといえる。

また、学校募金は、多くの児童・生徒にとって初めての寄付・社会貢献の体験となっており、その後の寄付や社会貢献意識に大きな影響を与える。そのため、児童・生徒に募金活動への参加を呼びかける際は、地域課題への気付きや活動への共感をもとに募金活動が行われるよう、助成先団体の訪問や十分な事前学習、事後の感謝の意思表示や成果報告など、福祉教育の実践と一体となった取り組みが求められる。

こうした従来の募金方法に加えて、企業との協働による寄付つき商品の開発や、インターネットやSNSを活用した募金手法など、新たな募金方法が登場しており、共同募金においても今後積極的に取り組むことが求められている。

令和４（2022）年度には、168億275万9,711円の募金総額があった。このうち、赤い羽根募金は126億4,187万3,059円、歳末たすけあい（地域歳末・NHK歳末）募金は41億6,088万6,652円となっている。募金の方法別比率は、戸別募金（69.3%）、街頭募金（1.2%）、法人（企業）募金（12.2%）、職域募金（4.2%）、学校募金（1.4%）、イベント等その他の募金（8.6%）、NHK歳末たすけあい（3.2%）となっている。

なお、過去75回の共同募金への募金額の累計は１兆円を超えたが、自治会加入率の低下等による戸別募金の減少や、寄付先の多様化などにより、近年、募金額の減少傾向が続いている。

（3）地域共生社会づくりと共同募金の運動性の再生に向けて

❶参加と協働による「新たなたすけあい」の創造

平成28（2016）年、中央共同募金会に設置した有識者による「企画・推進委員会」から、「参加と協働による『新たなたすけあい』の創造～共同募金における運動性の再生～」と題する答申が出された。答申は、共同募金創設当初、運動性が意識され、地域住民は、運動の目的や解決すべき課題を理解し、共感をもって募金や寄付に参加していたが、社会に赤い羽根募金として定着していくなかで、その「運動性」が徐々に失われつつあるという問題意識に立っている。その上で、共同募金は、単に寄付を集める運動ではなく、その運動を通じて、地域福祉の推進と寄付文化の発展を図ることを再認識し、元来共同募金が有する「運動性」を再生していく必要があると指摘している。

また、今後の具体的な取り組みとして、市区町村共同募金委員会の設置完了と募金機能の強化、都道府県共同募金会におけるニーズキャッチ・募金・助成機能の拡充、中央共同募金会における人材育成等都道府県共同募金会ならびに市区町村共同募金委員会に対する支援機能の強化・充実などが明示された。

共同募金会は、こうした答申内容を具体的に進めるための「推進方策」を策定し、各共同募金会において、運動性の再生に向けた取り組みが全国的に推進されている。

❷中央共同募金会における「赤い羽根福祉基金」の創設

中央共同募金会は、答申を受けて、平成28（2016）年、全国的・広域的な視野での地域課題の解決をめざして、先駆的・モデル的な活動への助成を行う「赤い羽根福祉基金」を創設した。赤い羽根福祉基金による助成と、共同募金助成による連携を通じて、先駆的・モデル的な地域福祉活動を全国に波及させ、社会的インパクトを創出することにより、共同募金の価値を高めることを企図している。

助成の対象となる事業は、生活上の困難に直面する人々、権利を侵害されている人々、何らかの生きづらさを抱えている人々を支援することを目的とした、①直接的な支援事業・活動、②支援事業・活動の基盤づくり、ネットワークづくり、③支援事業・活動を充実・発展させるための調査・研究事業となっている。

助成期間は、１事業について最大３年まで継続が可能で、対象経費は事業にかかる人件費等の管理費を含めることが可能となっている。助成額は１年間当たり1,000万円を上限としており（令和４〔2022〕年４月現在）、年に１回の公募審査の上決定する。

また、企業・団体等からの寄付をもとにした「冠基金」のプログラムにより、児童養護施設退所後の生活支援や、子ども食堂の運営とネットワーク化支援など、特定の社会課題を解決する活動への大規模な助成プログラムを実施している。

（４）災害と共同募金

❶災害等準備金

平成７（1995）年に発生した阪神・淡路大震災でのボランティア活動の活躍を契機として、被災地で活動するボランティアを支援するための制度として平成12（2000）年の社会福祉法改正において共同募金に災害等準備金が位置付けられた。

災害等準備金は、共同募金の３％を３年間に限り積み立て、大規模災害発生時にボランティア活動への支援などに助成する制度である。各共同

BOOK　学びの参考図書

●中央共同募金会『赤い羽根共同募金運動20年小史』2020年。

共同募金運動創設50周年から70周年を迎えるまでの、20年間の運動の変遷や、共同募金改革の取り組みの経過についてまとめられた一冊。

募金会が積み立てた額以上に資金が必要とされる大規模災害の場合には、全国の共同募金会から被災県の共同募金会への資金の拠出が行われる。

制度開始から現在までの災害等準備金の累計助成額は24億円を超えている。

❷赤い羽根「災害ボランティア・NPOサポート基金」

災害時の支援金である災害ボランティア・NPO活動サポート募金（通称：ボラサポ）は、東日本大震災を契機として中央共同募金会が創設した仕組みであり、多様なボランティア団体・NPOによる幅広い被災者支援活動を、緊急期から復興期まで息長く支援することが特徴である。大規模災害発生時に設置されていたが平成30（2018）年度から常設とされた。

4 民生委員・児童委員、主任児童委員

（1）民生委員・児童委員

民生委員・児童委員[＊42]（以下、民生委員）は地域において、専門職としてではなく、自らもその地域に暮らす一員として、住民の立場に立った「身近な相談相手」「見守り役」「専門機関へのつなぎ役」として活動している。

民生委員は、民生委員法に基づいて厚生労働大臣から委嘱された特別職・非常勤の地方公務員で、児童福祉法に定める[＊43]児童委員を兼ねている。給与の支給はなく無報酬だが、日々の活動に必要な交通費や通信費等に充てる実費弁償費として、「民生委員・児童委員活動費」が支給されている[＊44]。

民生委員制度は大正６（1917）年に岡山県で創設された「**済世顧問制度**」がその源である。翌大正７（1918）年には大阪府において**方面委員**制度が創設され、全国に普及。昭和21（1946）年に制定された「民生委員令」により、民生委員という名称となった[＊45]。

全国共通の制度として、国民すべてが民生委員の相談・支援を受けられるよう、全国のあらゆる地域で活動している（全国に約23万人[＊46]。**図１－２－１**）。

また、民生委員法第10条において、委員の任期は３年と定められており、３年ごとの12月１日に一斉改選が行われる。民生委員は都道府県知事からの候補者の推薦に基づき、厚生労働大臣から委嘱される。

＊42
本書第１部第４章第１節１（３）参照。

＊43
児童委員制度は、昭和22（1947）年に制定された児童福祉法において創設され、当初から民生委員が児童委員を兼ねている。それは、子どもに関する課題の解決には、子どもとその家庭の課題を一体的にとらえた家庭全体に対する支援が必要であり、民生委員が児童委員を兼ねているからこそ、子どもとその保護者という家庭全体にかかわることができ、かつ多様な関係機関につなげることが可能だからである。

＊44
令和４（2022）年度現在、地方交付税において１人当たり年間60,200円が措置されている。

＊45
「民生」とは「国民の生活、生計」という意味であり、児童や母子、高齢者の福祉をはじめ、広く国民生活全般の相談に応じる役割を表す名称とされた。

＊46
定数・委嘱数の現状については、本章＊51参照。

〈図１－２－１〉民生委員・児童委員の性別、年齢構成

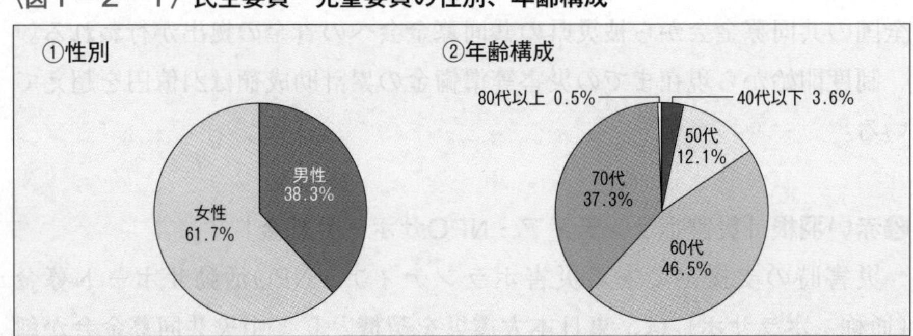

（出典）①令和３年度福祉行政報告例より、②令和４年度地方厚生局及び都道府県が保有する一斉改選時の委嘱情報より筆者作成

〈図１－２－２〉民生委員・児童委員、主任児童委員の配置基準

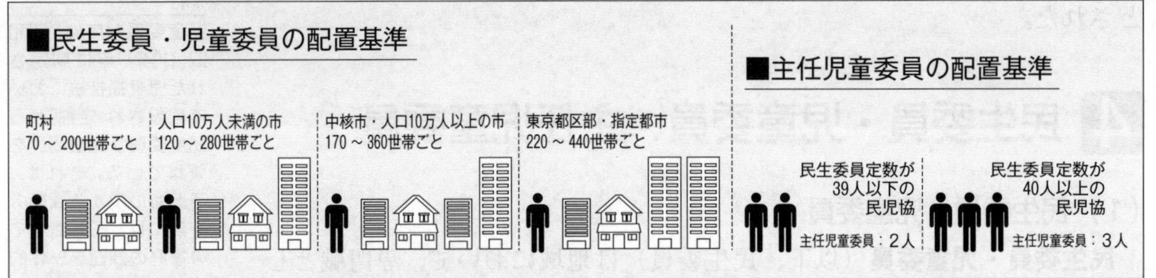

（出典）全国民生委員児童委員連合会「民生委員制度創設100周年PRパンフレット」2017年、３頁

民生委員法第13条では、「その市町村の区域内において、担当の区域又は事項を定めて、その職務を行うものとする」と定められ、民生委員は担当区域をもって活動している。民生委員の配置基準は、厚生労働大臣の定める基準を参酌して、区域ごとに都道府県の条例で定めるとされている（**図１－２－２**）。なお、民生委員には、民生委員法第15条に定められた守秘義務があり、相談内容や個人の情報を守らなければならない。

（２）主任児童委員

1990年代、少子化に加え核家族化や都市化によって、家庭や地域の養育機能の低下に伴う課題が健在化し、児童虐待をはじめとする課題への対応が必要になってきた。

そうした状況をふまえ、平成４（1992）年に全国民生委員児童委員協議会（当時）、厚生省（当時）、全社協により設置された「児童委員問題研究会」は、子どもとその世帯の課題を一体的にとらえる視点が非常に重要として、民生委員と児童委員の兼務を維持した上で、新たに主任児童委員制度の創設を提言した。[*47] この提言を受け、平成６（1994）年１月

＊47
「児童委員活動の活性化をめざして」1992年。

に制度化されたのが主任児童委員である[*48]。

主任児童委員は、民生委員の委嘱も受けながら、子どもや子育てに関する支援を専門に担当している。それぞれの市町村において、担当区域をもたず、区域担当の民生委員と連携しながら、児童相談所、学校、教育委員会等との連携や地域ぐるみで子育てを行うための啓発活動を企画実施するとともに、区域担当の民生委員と一体となって児童委員活動のいっそうの推進を図っている（全国に約２万１千人[*49]）。

*48
当初は厚生省局長通知による制度化。平成13(2001)年に児童福祉法に法定化。

*49
定数・委嘱数の現状については、本章＊51参照。

（3）民生委員児童委員協議会

すべての民生委員は、区域ごとに組織される民生委員児童委員協議会（以下、民児協）に所属している[*50]。

民児協は、委員一人ひとりを組織として支えるとともに、関係機関団体と連携して地域福祉の推進に取り組んでいる。また、委員それぞれの活動を通じて把握する地域の課題の共有や、対応方法についての検討、委員の学習の場として研修の実施などを行っている。把握した地域の課題は、その対応策について行政等に意見を具申するという役割も規定されている。この意見具申こそ、地域住民を代表し、代弁者としての民生委員の重要な活動となっている。

*50
民児協には、民生委員法第20条に基づき、市町村の一定区域ごと（町村は原則として全域で一区域）に設置が定められている法定単位民児協と、市（特別区を含む）・郡・都道府県と全国段階に組織される連合民児協とがある。

（4）民生委員、主任児童委員、民児協の活動

民生委員の活動は民生委員法第14条に、児童委員、主任児童委員の活動は児童福祉法第17条に、民児協の活動は民生委員法第24条に示されている。ほかにも、生活保護法をはじめとする社会福祉関係諸法にも、民生委員の協力事項が規定されているものもある。

民生委員の活動については、委員自身がどのような活動をしたかを記録する「活動記録」があり、それを国が集計分析し、「福祉行政報告例」において、その状況が公表されている。

ここでは、その「活動記録」の区分から委員活動の概況を見る（下記の括弧()内の活動回数は令和３〔2021〕年度の「福祉行政報告例」より算出）。

①訪問活動（委員１人当たり年142.4回）

高齢世帯や障害者世帯、子育て世帯などを定期的に訪問し、見守りを行っている。訪問は、安否確認のための定期的な訪問のほか、困っていることはないかの声かけ、相談したいことがあるとの電話を受けての訪問、近隣住民から連絡を受けての訪問など、さまざまである。

②相談・支援（委員１人当たり年21.6回）

訪問した際や電話等で相談を受け、福祉サービスの情報を提供したり、行政や必要な支援を提供している関係機関につないでいる。

③調査・実態把握（委員１人当たり年14.4回）

行政や社協から依頼される高齢者実態調査などに協力しているほか、災害に備え、民児協として災害時要援護者名簿を作成している。また、福祉事務所から生活保護受給世帯の、保健所から乳児健診未受診家庭の状況把握を依頼されることもある。

④行政・事業・会議への参加・協力（委員１人当たり年12.5回）

地域ケア会議、要保護児童対策地域協議会などに出席したり、行政から依頼される各種資料（福祉制度の周知や臨時福祉給付金などの申請書類、熱中症の注意喚起チラシ等）を高齢者世帯等に届けて説明したりしている。

また、社協や社会福祉法人の理事や評議員に就任して住民ニーズを伝えたり、共同募金の街頭募金活動に参加・協力している。

⑤地域福祉活動・自主活動（委員１人当たり年31.2回）

住民の安全・安心な暮らしのために、関係機関と地域の課題の共有を図ったり、住民の立場に立った意見具申を行っている。また、地域の高齢者や子育て家庭が孤立しないよう、仲間づくりや悩みを共有できる居場所づくりとして、民児協独自もしくは社協等とともに「サロン」を運営したり、防災マップづくりなどの災害に備えた活動を行っている。さらに、住民からの認知度向上に向けた全戸訪問、市長や小中学生による１日民生委員などを実施している。

⑥状況確認（証明事務）（委員１人当たり年1.6回）

児童扶養手当の受給に必要な「現況届」の記入や、就学援助申請を行うための意見書の記入、社協の生活福祉資金（教育支援資金）の借り入れに必要な「民生委員調査書」の作成などを行っている。

（５）民生委員の課題

❶民生委員活動の課題

社会の変化とともに民生委員活動も、その領域の広がりや内容の多様化、さらには住民の理解などの活動環境の変化が生じている。

新型コロナウイルス感染症による影響を受ける前の15年間では、活動日数は１割以上増加、訪問回数は２割近い増加となっていた。また、住民に身近な存在であるがゆえに、何でもお願いできる存在であると思われ、公的な制度では対応できない日常的な生活支援を容易に依頼されることも増えている。

一方で、住民の課題解決を直接的に担う専門職ではないにもかかわらず、行政や専門機関等と連携していることから、専門職のようなはたらきを求められることもある。

それらが複合的な要因となって、民生委員活動の負担が増加していると考えられる。また、多様化する相談内容への対応がむずかしく、それが委員の精神的負担につながっていることも考えられる。

また、前述の活動件数からは、新型コロナウイルス感染症の影響により活動が制限されたなかでも、感染対策を行いながら活動を行った姿がうかがえる。

❷なり手不足

高齢化の進行や課題を抱える住民の増加等に対応する形で、全国の民生委員の定数は増加を続ける一方、委嘱が追いついていない状況がある[*51]。

こうした背景には、企業等の定年年齢の延長、過疎化・高齢化する地域での適任者の不足、さらに「民生委員は大変」といった地域社会での評判などが複合していると考えられる。

また、民生委員候補者の選任は、多くの市区町村で自治会・町内会に依頼されているが、自治会・町内会の加入率の低下や、自治会役員の形式的選任、民生委員推薦準備会の減少などにより、民生委員候補者の選任が困難になっている地域が増加していることも理由の一つと考えられる。

5 保護司

（1）保護司の役割等

保護司[*52]は、保護観察所や保護観察官とともに犯罪や非行をした人たちと定期的に面接を行い、円滑な社会復帰を支援すべく、生活上の助言や就労の手助け等を行っている。

保護司は、法務大臣に委嘱される非常勤の国家公務員（任期２年）だが、無報酬で活動している。保護司法に基づいて、都道府県の区域を分けて定められた保護区ごとに組織された保護司会に所属している[*53]。

＊51
令和４（2022）年度の一斉改選（令和４年12月１日）では、民生委員・児童委員の定数240,547人に対して委嘱数は225,356人であった。前回の令和元（2019）年度の一斉改選では、定数239,682人に対して委嘱数は228,206人であった。令和４（2022）年度は、前回よりも定数は増えているが、委嘱数は前回よりも減少しており、欠員率で見ると、令和元（2019）年度の4.8％から、6.3％に増加している。なお、主任児童委員は定数22,012人に対して委嘱者数は20,947人であり、欠員率は4.8％であった。

＊52
本双書第13巻第３部第４章第２節参照。

＊53
保護司の定数は、保護司法で全国52,500人と定められている。しかし、委嘱数は令和５（2023）年１月１日時点で46,956人で、充足率は９割に満たず、適任者の確保が近年の課題となっている。

（2）保護司の活動

保護司の活動は、次の2つがあげられる。

罪を犯した人たちなどの立ち直りを支援する活動 ・犯罪や非行をした人たちの立ち直りを助けるため、見守り、指導、相談支援等 ・家族や働く場所など、刑務所や少年院にいる人が帰ってくる場所の生活環境の調整
地域における犯罪や非行を防止する活動 ・地域住民に対する啓発活動、学校等での啓発活動 ・更生保護に対する地域の協力者の確保

啓発活動については、犯罪や非行を未然に防ぐとともに、罪を犯した人の更生に対する理解を深めるために活動しており、毎年7月は、「社会を明るくする運動」強化月間としてさまざまな活動を展開している。

（3）保護司の課題

日本の刑法犯認知件数は平成27（2015）年以降、令和3（2021）年まで戦後最少を更新し続け、令和4（2022）年にはやや増加に転じたものの、全体としては比較的安定した状況にある。一方で、再犯者率（検挙人員中の再犯者の割合）は約50％であり、高齢者の再犯問題も課題となっている。また、近年、薬物やアルコール依存、精神疾患など支援対象者の抱える問題が複雑・多様化している。

一方で、家族関係や地域のつながりの希薄化が進み、家族や地域の協力を得られない対象者も増え、現状の厳しい社会経済情勢を背景として、自立困難な対象者が増加するなど、保護司の活動はますます重要性を増している。

6 地域福祉推進基礎組織

（1）地域福祉推進基礎組織の目的、必要性

社協は、長年にわたって住民による小地域福祉活動[*54]を推進し、同時にその活動の基盤となる**地区社協**[*55]や**校区福祉委員会**等の組織づくりを進めてきた。全社協では、これらの組織を総称して「地域福祉推進基礎組織」と呼称している。

地域福祉推進基礎組織の形態は多様だが、その多くは、自治会や町内会あるいはまちづくり協議会等の地縁型組織を基盤としており、地域の

＊54
小地域福祉活動は一般的に、小地域を基礎に行われる住民の福祉活動と解され、①住民間のつながりを再構築する活動、②要援助者に対する具体的な援助を行う活動、③地域社会の福祉的機能を高める組織化活動（地区社協又はそれに代わる基礎組織づくり）が含まれる（「小地域福祉活動の推進に関する検討委員会報告書」全国社会福祉協議会、平成19〔2007〕年10月）。

＊55
小学校区等の日常生活エリアを範囲として、地域の課題に関する協議や助け合いの活動、福祉のまちづくりのための各種の行事等を行う住民の組織。

課題について話し合ったり、その解決に向けて、小地域福祉活動を推進することを目的に組織化されているものである。

厚生労働省の「地域における住民主体の課題解決力強化・相談支援体制の在り方に関する検討会」（地域力強化検討会）が平成29（2017）年９月に公表した最終とりまとめでは、包括的な支援体制の構築に向けた地域づくりのためには、他人事を「我が事」に変えるはたらきかけをする機能が必要とし、住民に身近な圏域において、「住民が主体的に地域課題を把握して解決を試みる体制づくり」を進めるとしている。このことは、地域福祉推進基礎組織がめざしている姿と重なるものであり、令和３（2021）年度から開始された重層的支援体制整備事業の実施自治体においても、具体的な取り組みとして、地区社協の再構築や活動の充実が進められている例が多い。その意味でも、地域福祉推進基礎組織の役割は引き続き重要であり、さらに今後は、地域づくりの役割を具体的にどう果たしていくのか、従来にも増して実質的な取り組みや成果が問われることになるだろう。

（2）地域福祉推進基礎組織の設置状況

全社協の調査によれば、地域福祉推進基礎組織は全国の社協のうち、約半数で組織化されている（**表１－２－13①**）。また、その位置付けを

〈表１－２－13①〉**地域福祉推進基礎組織の有無**

	社協数	割合
あり	805	49.1%
なし	822	50.1%
無回答	14	0.9%
合計	1,641	100.0%

〈表１－２－13②〉**地域福祉推進基礎組織の位置付け（複数回答）**

	社協数	割合
福祉活動を主目的とする基礎組織である（地区社協、校区福祉委員会等）	705	87.6%
福祉活動を主目的としない組織の一部である（まちづくり協議会の福祉部会等）	145	18.0%
無回答	20	2.5%

※①の「あり」と回答した社協805を全体数とする。

（出典）全国社会福祉協議会「社会福祉協議会活動実態調査等報告書2021」2023年３月

〈表１－２－14〉**地域福祉推進基礎組織の活動拠点の有無**

	社協数	割合
全地区にある	616	37.5%
一部の地区にある	429	26.1%
ない	526	32.1%
無回答	70	4.3%
全　体	1,641	100.0%

（出典）全国社会福祉協議会「社会福祉協議会活動実態調査等報告書2021」2023年３月

見ると、「福祉活動を主目的とする組織」として設置されている割合が高い（**表１－２－13②**）。なお、一つの市区町村内において、「福祉活動を主目的とする組織」「福祉活動を主目的としていない組織の一部」の両方のタイプが存在する場合がある。

また、地域福祉推進基礎組織の活動拠点が「全地区にある」社協は37.5%、「一部の地区にある」社協は26.1%である。活動拠点を確保しているのは全体の６割超（63.6%）となっている（**表１－２－14**）。

（３）地域福祉推進基礎組織の活動等

❶活動内容

地域福祉推進基礎組織の活動内容はさまざまであるが、具体的な活動の例としては、下記のようなものがあげられる。[＊56] 近年は大規模災害が頻発していることから、防災意識の高まりによって地域のコミュニティの重要性があらためて認識され、災害に強いまちづくりに関する活動を進めている地域も増えつつある。

＊56
全国社会福祉協議会「小地域福祉活動の活性化に関する調査研究報告書」2009年。

①地区福祉大会、福祉講座、介護教室、研修会等の開催
②地区地域福祉活動計画等の計画づくり、提言活動
③ひとり暮らし高齢者調査等ニーズ調査
④見守り・支援ネットワーク活動（見守り、安否確認、簡易な支援）
⑤個別支援活動（食事サービス、ふれあい・いきいきサロン、子育てサロン）
⑥相談活動
⑦当事者組織活動支援（ひとり暮らし高齢者、介護者等）
⑧会費集め、共同募金、バザー等活動財源づくり

❷財源

地域福祉推進基礎組織の財源は、住民からの会費やバザー等の収益、寄付金、行政や市区町村社協からの補助・助成等によってまかなわれており、市区町村社協が地区社協の協力を得て住民から集めた会費の一部を地区社協の事業費として還元することが多い。地域福祉推進基礎組織の事業・活動は、役員や各部会、事業の担当者が中心となり、地域住民の参加やボランティアの協力により進められている。

❸圏域

地域福祉推進基礎組織の圏域は、小学校区程度の広さが多く、小さい場合には自治会・町内会単位、大きいところでは中学校区単位の場合も

見られる。大きな圏域の場合は、協議や計画づくりなどの組織的な動きは可能になるが、住民同士の顔の見える関係づくりがむずかしく、地域に根ざした「お互いさま」の意識がもちづらい。一方で圏域が小さいと、福祉課題の中でもマイノリティの問題には取り組みにくいといわれている。

なお、地域福祉推進基礎組織の圏域と行政が設定する地域包括ケアシステムの圏域や小学校区等が一致していない地域が見られ、地域福祉計画の策定の際に課題となる例もある。地縁型組織の圏域は、自然や地理的条件、交通、歴史的な変遷等を経て成立しており、これとは関係なく後から設定した圏域に専門職・専門機関等を配置して地域福祉を進めようとすると、住民と専門職の協働がしづらい状況になる。できる限り、地域に根ざした、住民同士の自然な結び付きのある圏域を尊重しつつ、双方の圏域の整合性を図ることが必要であろう。

❹組織

ほとんどが法人格をもたない任意団体であるが、一部の地域では、NPO法人格をもって事業等を実施している例もある。なお、地域福祉推進基礎組織は、市区町村社協がその設置を進めてきたものであるが、市区町村社協との関係は、いわゆる本部支部のような指導・従属の関係ではなく、基本的には協働や支援の関係にある。

構成については、自治会・町内会など地縁組織を基盤とし、さらに青年団や老人クラブ、女性会などの地域団体が参加している場合が多い。一方で近年は、自治会・町内会とは直接つながりのない組織による地域福祉活動も行われている。直接的なつながりはないが、ボランティアグループ等が自治会・町内会と緩やかに連携しながら活動している例もみられる。

事例7

A市では、地域が抱える課題を地域で解決する共助社会をめざし、小学校区域において、自治会をはじめ、地域団体、NPOなどの市民活動団体や企業などさまざまな主体とその関係者が連携・協力する「地域支え合い協議会」の設置を全市で推進している。

その一つであるB校区地域支え合い協議会は、防災訓練等を実施する「防災委員会」、高齢者のサロン活動を行う「福祉支え合い委員会」、子育てサロンや宿題サロンを開催する「子ども委員会」、「住民参加型在宅福祉サービス」を行う「助け合い隊委員会」等による活動を住民参加で進めている。校区内の住民が会員として協議会に参加するとともに、自治会や学校、PTA、地域の診療所や介護事業所、NPO等、さまざまな機関・事業所が協力団体となり、連携して事業を行っている。

特に、毎年行われる地域合同防災訓練は、地域自治会、小学校、福祉施設、近隣の大学、医師会、消防組合、行政等との連携のもとに開催。多くの住民が参加して、避難所開設や避難誘導、炊き出し、災害弱者の福祉施設搬送等、さまざまな訓練を行っている。

事 例 8

C市では、小学校区を単位に地区社協を設置している。地区社協の構成メンバーは、自治会、民生委員・児童委員、保護司、老人クラブ、婦人会、子ども会、PTA、消防団、栄養改善委員、ボランティアなど。市内11か所に設置されている地区社協では、支え合いマップづくりやふれあいサロン、体操クラブ、見守り・声かけ活動、会食会など、さまざまな活動が行われている。ある地区社協では、日ごろの「ちょっとした困りごとの手助け」をするため、地区ボランティアセンターも開設している。

また、地区社協とも連携して小学校区のエリアで小地域ケア会議を定期的に開催。見守りや助け合い活動のなかで、住民だけでは解決できない問題が出てきた際に、専門職に相談できる場であり、同時に、自分たちの地域に必要な活動について専門職の協力も得ながら話し合う場となっている。

C市社協には、5人のコミュニティソーシャルワーカーが配置されており、地区担当制により、小地域ケア会議や日ごろの活動を通じて地区社協を支援している。

少子高齢化や人口減少、単身世帯の増加、自然災害の発生等を背景に、地域の生活課題は絶えず変化し続けている。地域福祉推進基礎組織がこれからも地域の課題に対応する力を高めていくために、どのような組織のあり方、活動のあり方が求められるのか、常に問い直していくことが必要である。

7 ボランティア団体、NPO、中間支援組織

（1）ボランティア団体

ボランティア活動とは、一般的には自発的・主体的に、経済的な対価を求めず、他人や社会に貢献することを目的に行われる行為をさす。ボ

ランティア活動は、福祉、教育、まちづくり、環境保護、国際協力、災害被災地支援など、多種多様な分野・テーマについて取り組まれている。

社協が把握するボランティアの数は667万7,675人で、そのうち、個人ボランティアが76万1,267人（約11.4％）、団体に所属するボランティアが591万6,408人（約88.6％）であり、ボランティア団体数は17万5,046団体である[＊57]。このように、ボランティア活動は団体に所属して行われることが多い。

全社協の調査によれば、ボランティア団体の活動分野（複数回答可）は、「高齢者の福祉活動」36.3％、「障害者の福祉活動」31.1％、「子育て（乳幼児）に関する活動」16.0％、「自治会・町内会・地区社協・福祉委員・子ども会等の活動」19.0％など、福祉に関連する活動を行う団体が多くみられた[＊58]。

ボランティア活動は、自発的な取り組みであるがゆえに、活動の対象や方法について、制度によるサービスのような制約を受けない。そのため、制度外のニーズや制度化されていない新たなニーズなど、多様なニーズに柔軟に対応することができる。

また、地域課題が多様化するなか、ボランティアは、社会につながりにくい人々や少数者のニーズを顕在化したり、当事者に近い立場から制度やサービスの課題をとらえたり、改善に向けたはたらきかけを行うなど、地域の課題解決に向けて多様な視点や活力をもたらし得る存在である。

ボランティア活動の特徴である経済的対価を求めない「無償性」をめぐってはさまざまな議論があるが、交通費や材料費等の実費弁償については容認する意見が多い。地域の住民参加による支え合いで、家事援助や外出支援、配食やサロン活動を提供する**住民参加型在宅福祉サービス**では、有償を原則とすることで、日常的に活動を利用する側の遠慮や気兼ねを軽減したり、一部を団体の運営経費とすることで、活動の継続性や安定性を確保している[＊59]。

（2）NPO

NPO（Non-Profit Organization）は、広義には、非政府の利潤追求・利益配分を行わない「民間非営利組織」全般をさし、組織化されたボランティア団体や社会福祉法人等も含む、幅広い非営利の法人、団体を意味する。狭義には、**NPO法人（特定非営利活動法人）**をさしてNPOとよぶことも多い。

＊57
令和4（2022）年4月現在。全社協調べ。

＊58
全国社会福祉協議会「全国ボランティア活動者実態調査」2010年。

＊59
住民参加型在宅福祉サービスは、サービス利用者を利用会員、担い手を協力会員などとし、ともに会員となって、地域住民がお互いに「助けたり、助けられたり」する対等な関係を尊重し、制度の枠にとらわれず、生活全体を支え合う活動である。このような取り組みは1980年代から各地で広がり、昭和62（1987）年に全社協が「住民参加型在宅福祉サービス」と名付けた。昭和62（1987）年度には、全国で138団体だったが、令和3（2021）年度には全国に1,747団体となっている。また、後述の特定非営利活動促進法が成立すると、それまで法人格を有していなかった住民参加型在宅福祉サービスを実施する団体の多くがNPO法人の法人格を取得した。

NPO法人は、平成10（1998）年に成立した、**特定非営利活動促進法**を根拠として設立された法人である。それ以前の公益活動を行う法人格には、財団法人、社団法人、社会福祉法人等があったものの、小規模なボランティア団体等が要件を満たして法人格をもつことはむずかしく、組織的・継続的に事業を行うことが困難な状況であった。

平成７（1995）年の阪神・淡路大震災においては、全国から駆けつけた多くのボランティアによる柔軟で機動的な支援活動が社会的に大きく評価された。その一方で、多くのボランティア団体が法人格をもたない任意団体であり、資金の受け皿となりにくいなど、支援を進める上での課題が広く認識されることとなった。そのため、非営利で公共的な活動を行う団体を法人化する機運が高まり、特定非営利活動促進法が成立した。

特定非営利活動促進法では、「特定非営利活動」を20種類の分野（法第２条の別表）に該当する活動であって、「不特定かつ多数のものの利益の増進に寄与することを目的とするもの」と規定している。また、NPO法人は、収益を目的とする事業を行うことは可能であるが、その事業で得られた収益は、特定非営利活動にかかわる事業に使用しなければならないとされている。

NPO法人は、令和５（2023）年３月末現在、５万355団体が認証されている。定款記載の活動分野では、「保健、医療又は福祉の増進を図る活動」が最も多く58.4％、次いで「社会教育の推進を図る活動」が48.7％、「子どもの健全育成を図る活動」が48.4％、「まちづくりの推進を図る活動」が44.3％となっている。[＊60]

また、NPO法人のうち、パブリック・サポート・テスト[＊61]（PST）や、共益的な活動の占める割合が50％未満などの基準を満たす場合には、所轄庁の認定を受け、認定NPO法人（認定特定非営利活動法人）となることができる。認定NPO法人への寄付を行った者は、税制上の優遇措置を受けることが可能となる。

なお、認定・特例認定の所轄庁は都道府県知事・指定都市長であり、令和５（2023）年７月末現在、認定・特例認定を受けている法人数は1,273に上る。[＊62]

NPO法人は、ボランティア団体と基本的には共通する特性をもっているが、法人格をもってより組織的・継続的・発展的に活動を展開する存在といえる。平成18（2006）年に「公益法人制度改革関連３法」が成立し、NPO法人よりも自由度が高いものの、普通法人と同じように課

＊60
内閣府NPOホームページの「特定非営利活動法人の活動分野について」（令和５〔2023〕年３月31日現在）。「連絡、助言又は援助の活動」を掲げる団体は約46.7％に上るが、ここで想定されている中間支援を行っている団体は、実際にはそれほど多くないといわれている。

＊61
広く市民からの支援を受けているかどうかを判断するための基準であり、判定にあたっては、「相対値基準」「絶対値基準」「条例個別指定」のうち、いずれかの基準を選択することとなる。ただし、設立されて期間の短いNPO法人は財政基盤が弱いことが多いことから、特例認定の制度が設けられており、PSTに関する基準が免除される。

＊62
内閣府NPOホームページ「特定非営利活動法人の認定数の推移」（令和５〔2023〕年７月31日現在）。

税される一般社団法人が制度化されている。このほかにもさまざまな法人格の種類があり、組織のミッションや活動内容によって適する組織形態は異なる。

多様化する地域の福祉課題を解決していく上では、広義のNPO、さらには企業等も含めたさまざまな主体[＊63]など、幅広い視野で協働を進めることが期待される。

(3) 中間支援組織

中間支援組織について統一的な定義はないが、複数の主体間の関係や資源を仲介し、活動や運営を支援する組織と考えられている。わが国においては、NPO法人やボランティア団体等（以下、NPO等）を支援する組織をさすことが多い。

現在、各地に設置されているボランティア・市民活動センターや、NPO支援センターがこれらの役割を担っており、社協、NPO法人、行政などによって運営されている。

ボランティアセンター機能をもつ社協は、都道府県・指定都市社協67か所、市区町村社協1,479か所である[＊64]。NPO支援施設は363施設以上、NPO支援組織は127組織以上ある[＊65]。

中間支援組織の機能としては、住民や他のNPO等、行政、企業、助成財団などとNPO等との間で、資源（ヒト、モノ、カネ、情報）を仲介することや、NPO等や関係団体等とのネットワーク促進やイベントなどの共同事業の実施、行政との協議の場の設置、調査研究や政策提言などがあげられる。また、活動に関心のある個人への啓発活動や情報の提供、活動団体の立ち上げや法人化の支援、研修の実施や制度・助成金などの情報の提供、機材や会議室の貸出などによるNPO等の運営支援なども行う。

社協やNPO支援センターに限らず、公民館・生涯学習センターや国際交流協会、生活協同組合、労働組合、男女共同参画センター、行政など、さまざまな分野で多様な主体が中間支援の機能を担っている。

地域福祉の推進においてますます重要となる多様な団体等の協働を促進する役割が、これらの中間支援組織に期待される。

事例9

A県ボランティア・市民活動支援センターでは、県内のボランティア活動

＊63
近年では、コミュニティビジネスやソーシャルビジネス、社会的企業など、採算性をふまえつつ社会の課題解決を使命に掲げて活動する団体が増えてきており、これらも協働の対象として視野に含めることが求められる。

＊64
全国社会福祉協議会「市区町村社会福祉協議会活動実態調査等報告書2021」（令和4〔2022〕年4月1日現在）。対象は1,817社協、回答数は1,641社協(90.3%)。

＊65
日本NPOセンター「NPO支援センター実態調査2022結果概要」（令和5〔2023〕年8月）。NPO支援施設はNPOを支援する施設で、NPO支援組織は施設の有無にかかわらず、NPOを支援する組織である。

BOOK 学びの参考図書

●猪瀬浩平『ボランティアってなんだっけ？』岩波書店、2020年。
ボランティアとは何なのか、「自発性」「無償性」「公共性」などをどのように考えるか、著者の体験や関連の議論にふれながら考察し、ボランティアの奥行きとおもしろさについて紹介している。

●日本NPOセンター編『知っておきたいNPOのこと1【基本編】第5版』日本NPOセンター、2004年。
「信頼されるNPOの7つの条件」と、「NPOの基礎知識」がQ&A形式でコンパクトにまとめられている。

や市民活動を推進するために、次のような各種事業を実施している。

〇啓発・研修事業

ボランティア・市民活動に関する市民向け講座の開催、活動団体の見学や活動体験事業の実施、ボランティア活動推進団体や企業の社会貢献担当者、学校のボランティアコーディネーターを対象とした研修会の実施

〇情報提供事業

県内外のボランティア・市民活動による取り組みや、研修、イベント、助成金、制度等の情報収集と、広報誌やインターネット等を通じた発信

〇ボランティア団体立ち上げ、NPO法人設立支援事業

ボランティア団体の立ち上げや、NPO法人の設立に関する相談支援、NPO 法人申請・登記の支援

〇運営支援事業

団体運営に関する相談支援やセミナー等の開催、会議室や関係機材、コピー機・印刷機等の貸し出し、助成金紹介、申請支援

〇連絡調整・ネットワーキング事業

各種ボランティア・市民活動の協議・連携の場の設定、各種事業・研修等の共同開催の実施

〇調査・研究事業

ボランティア・市民活動関連の実態調査、社会的なニーズや動向に関する調査・研究

〇提言事業

ボランティア・市民活動の推進方策等の行政等への提案

8 消費生活協同組合（生協）、農業協同組合（農協）

（1）協同組合とは

協同組合とは、一人ひとりが出資金を出し合って組合員となり、協同で運営・利用する組織である。

日本には、消費生活協同組合、農業協同組合、漁業協同組合、森林組合、事業協同組合、労働者協同組合（ワーカーズコレクティブ）、信用協同組合などの協同組合があるが、協同組合の一般的な法的根拠は存在せず、それぞれ事業内容ごとに特別法で規定されている。

国際協同組合同盟[*66]（International Co-operative Alliance：ICA）によると、「協同組合は、人びとの自治的な組織であり、自発的に手を結んだ人々が、共同で所有し民主的に管理する事業体を通じて、共通の経済

＊66
1895年に設立された協同組合の国際組織であり、後に国連に登録された世界最大のNGO(非政府組織)。日本生活協同組合連合会は1952年に加盟した。

的、社会的、文化的なニーズと願いをかなえることを目的とする」と定義されている。

協同組合には、その価値を実践するための指針として、①自発的で開かれた組合員制、②組合員による民主的管理、③組合員の経済的参加、④自治と自立、⑤教育、研修及び広報、⑥協同組合間の協同、⑦地域社会（コミュニティ）への関与の７つの原則がある。

（2）消費生活協同組合（生協）とは

❶組織の概要

消費生活協同組合（生協）とは、消費生活協同組合法に基づいて設立された法人で、同じ地域の住民、または同じ職場の勤務者が、生活の安定と生活文化の向上を図るため、相互の助け合いにより自発的に組織する非営利団体である（**図１－２－３**）。生協とは「消費生活協同組合」の略で、全国にはさまざまな生協があり、それぞれが別法人として事業や活動を行っている。

組合員の願いに事業と活動で対応してきたが、現在では、消費者である組合員が運営する事業体と消費者が参加する組合員組織の２つの面で事業・活動を展開している。具体的には前者が、宅配や店舗での商品供給事業、共済事業、医療・福祉事業などのふだんの暮らしを支える商品・サービスの提供、後者が、暮らしの助け合い活動、消費者被害等暮

〈図１－２－３〉**会員生協の仕組み**

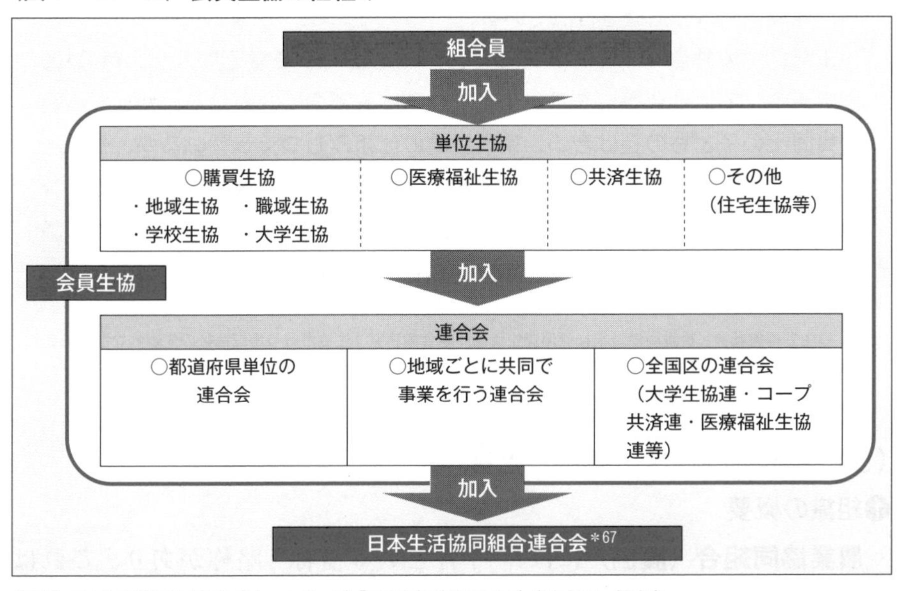

（出典）日本生活協同組合連合会ホームページ「日本生協連について」をもとに一部改変

＊67
日本生活協同組合連合会（日本生協連）は、全国各地の生協が参加する連合会。

らしにかかわる学習活動、環境保全活動、被災者支援活動などである。

消費生活協同組合法では、生協の目的と組合員組織としての原則が定められている。

❷生協における地域福祉の取り組み

生協においては、平成19（2007）年の消費生活協同組合法の改正において、医療事業及び福祉事業が生協の事業として明記され、地域における医療や福祉の事業の積極的実施を図っている。現在、人口減少、急速な高齢化などを背景とし、地域社会ではさまざまな課題が顕在化しているが、生協では、組合員同士の支え合い、助け合い活動による強みをいかし、地域包括ケアシステムや地域共生社会の実現の一助となる各種事業や活動を展開している。

事 例 10

組合員を中心に地域の多様な世代の参画による地域子育て支援

Ａ生協では、子育て世代が多く加入する組織として、設立以来、子ども参加の企画や、自前の食材の配送センター内に子ども文庫を設置するなどの活動を行ってきた。センター建て替えを機に、平成19（2007）年に保育所、平成21(2009)年に子育てひろば（子育て支援事業）を行政から受託、開設した。

組合員組織の委員会による学習会や討議、組合員アンケートや、地域の関連団体（社会福祉法人、NPO法人等）との取り組みを通して得た情報などから、地域ニーズの把握を行っている。

また、生協独自の助け合いとして、生協組合員が任意で加入し、毎月100円を集金して活動費等に充てる子育てひろば等でのつながりをいかした、組合員同士の子どもの預け合い、家事援助の仕組みもつくっているが、その加入者は４万人を超える。さらに、子育てひろばという「場」をいかしてインフォーマルな助け合いの拡大に向け、託児や見守りに関心のある人向けの講座を行うなど、地域住民の人材育成の仕組みをつくっている。

（出典）厚生労働省社会・援護局地域福祉課消費生活協同組合業務室「生協が行う地域福祉の先駆的な取組事例」2017年、41～44頁をもとに筆者作成

（3）農業協同組合（農協）とは

❶組織の概要

農業協同組合（農協）には、ＪＡ（ジェイエー）という愛称・略称があり、これは英語表記「Japan Agricultural Cooperatives」の頭文字をとったもので

ある。

農協は、農業協同組合法に基づいて設立された法人で、相互扶助の精神のもとに農家の営農と生活を守り高め、よりよい社会を築くことを目的に組織された組織である。営農や生活の指導をするほか、生産資材・生活資材の共同購入や農畜産物の共同販売、貯金の受け入れ、農業生産資金や生活資金の貸し付け、農業生産や生活に必要な共同利用施設の設置、共済等の事業や活動を行っている。この中には病院・診療所の設置・運営や、組合員及び地域住民への健康診断、運動・栄養指導等の保健指導、高齢者に対する医療管理を加えた介護の提供及びその家族に対する介護相談の対応等に取り組む厚生事業が含まれている。

農協の医療事業は、大正８（1919）年、農民自らによって低廉な医療の供給を目的に島根県内の無医地区に誕生したが、その後、農業協同組合法のもとでJA厚生連（厚生農業協同組合連合会）がこれを受け継ぐ。JA厚生連は、病院・診療所、農村検診センター、訪問看護ステーション等を設置・運営しているが、農協が行う介護事業（訪問介護、通所介護、福祉用具貸与等）に協力病院として支援したり、農協のホームヘルパー養成研修に講師を派遣するなど、農協との連携を推進してきた。

なお、農協による特別養護老人ホームの運営が可能となったのは、平成19（2007）年12月の老人福祉法改正からである。

❷農協における農福連携の取り組み

農作業は、「つくる」だけでなく、心身のはたらきの「癒し」や「健康づくり」の効果があるといわれ、精神障害、知的障害のある者、認知症高齢者にも症状が落ち着くなどの効果が多く報告されている。また、農業は地場産業なので、農業に従事することで、地域住民との交流が生まれることから、現在、厚生労働省は、障害のある者に対する就労支援施策の一環として障害者施設とさまざまな関係機関が連携しながら**農福連携**を進めていくことに力を入れている。

農業の担い手不足も大きな地域課題の一つであり、障害者も支え手になって社会参加するという農福連携は、新たな共生とコミュニティ創出に大きな可能性を秘めているといえる。

なお、農福連携については、平成31（2019）年４月に省庁横断の会議として「農福連携等推進会議」が設置され、令和元（2019）年６月に開催された第２回会議において、今後の推進の方向性として「農福連携等推進ビジョン」が取りまとめられている。

事 例 11

コーディネーターを配置したマッチング事業（中間支援）

県内1市5村を管内とするB農協は、平成30（2018）年度から、農業者の組合員と農作業を委託する障害福祉サービス事業所との間の「マッチング事業」を実施。本事業は、「マッチングコーディネーター」1名を配置し、組合員が求める農作業に対応できる障害福祉サービス事業所を紹介するもの。

単にマッチングを行うだけではなく、作業内容をあらかじめメニュー化し、作業委託料を提示することにより、農業者が組合員である農協という立場で、障害福祉サービス事業所にとって不安解消やわかりやすいマッチング事業を展開している。

組合員にとっては、単発的に必要となる労働力が確保でき、障害福祉サービス事業所にとっては、障害者の仕事が増え、社会参加につながるなど、双方にとってメリットがある。

（出典）農林水産省「農福連携事例集（ver.1）」2019年、22頁をもとに筆者作成

9 当事者団体、セルフヘルプグループ

（1）当事者団体とセルフヘルプグループ

地域福祉を推進する主体の一つとして、当事者は欠くことができない存在である。当事者はサービスの受け手である一方で、自らの体験をもとに福祉課題を提起し、地域福祉施策等への提言を行うことができることから、地域福祉の担い手として果たすべき役割は大きいといえる。

当事者団体（組織）、**セルフヘルプグループ**とは、福祉課題をもつ本人、またはその家族の団体（組織）である。全国組織をもつものから、地域の中でのサロンのように集まる場をもち活動するグループまで、規模や活動内容はさまざまである。

当事者団体では、同じような経験をもつ者が集まり、日常生活を営む上で直面する困難や社会の中での差別、偏見といった課題を共有しながら、それらを解決していくための活動に取り組んでいる。当事者やその家族などが団体を組織し、それぞれのニーズに応じた活動を展開しており、課題を明確にした上で、それらの改善や解決をめざして行政や社会に対して積極的に行動を起こしている。障害者が施設から地域での自立した生活への移行を進めてきた過程や、認知症について社会の中での理解を促す「認知症カフェ」など、地域の中で当事者やその家族が交流す

る場を広めてきたことは、当事者団体による活動の成果といえる。

また、セルフヘルプグループでは、疾病や障害、依存症、精神障害、犯罪被害や遺族など、さまざまな生きづらさや、共通の課題を抱えている人々が自主的につながり、互いに共感するなかで悩みを打ち明けたり、経験や情報を分かち合いながら、問題解決に向けて、相談活動や社会全体に理解を広めるための活動を行っている。ミーティングや親睦会を通した気持ちの分かち合い・交流を中心に行うグループのほか、相談・情報提供、学習・研究、広報・啓発活動、政策提言、ネットワーク形成などの活動を積極的に行うグループもある。メンバーの自発的な参加に基づく無償の活動であり、責任を担い合うことから、ボランティア活動としての側面ももち合わせている。

各団体の活動は、当事者の自立と社会参加形成のステップとなるとともに、地域組織と協働するなかで地域住民にも課題が共有され、地域福祉活動促進につながると考えられる。福祉ニーズを抱えるさまざまな立場の当事者が地域住民として活動することは、多様性のある地域共生社会を築き上げていく上で大切にしたい視点である。

（2）当事者団体、セルフヘルプグループによる取り組み

❶「認知症カフェ」を通した地域福祉の推進

認知症高齢者の数は、団塊世代が75歳以上となる令和７（2025）年には約700万人に達すると推計されており、その後も増加していくことが予測されている[*68]。また、若年性の認知症を発症する人もおり、認知症を正しく理解し、地域全体で支えていくことが求められている。

＊68
認知症施策推進総合戦略（新オレンジプラン・平成27〔2015〕年１月27日）に認知症の人の将来推計として掲載。

「認知症カフェ」は、地域の中で、認知症当事者やその家族・友人などが安心して過ごせる居場所として、また、地域住民や専門家が相互に情報交換し合う場として全国各地に広がっている。運営主体はさまざまであるが、住民によるボランティアや地域の関係者・団体が協力しながらカフェが運営されることで、地域の中で認知症に対する理解が進み、認知症の人やその家族が住みやすい地域づくりにつながっている。

事例 12

A市のB地区では、家族会により認知症当事者や家族が月１回程度、交流をする活動が行われてきたが、活動を発展させていくことを検討していた。そのため、社協のCSWや地域包括支援センターの生活支援コーディネーター、民生委員・児童委員、町内会の役員などによる連絡会議の中で、「認知症当

事者やその介護者が、地域の中で気軽に出かけられる場所がなくなった」という課題提起があった。話し合いの結果、家族会と地域住民が協力しながら「認知症カフェ」を立ち上げることとなった。

B地区社協では、市の認知症サポーター養成講座を修了した地域住民や民生委員・児童委員を中心に声かけし、スタッフを組織した。プレオープンして参加者にアンケートを行い、「興味ある企画」や「期待すること」「自分がカフェに協力できること」を聞き、参加者みんなでカフェの立ち上げをめざした。

その後、家族会と地区の関係者・機関により準備委員会を発足。委員会では、地域住民と専門機関がスタッフとして対等であることを意識しながら進め、家族会のメンバーが講師となり認知症についての勉強会も実施した。

カフェの名前や運営方法、こだわるポイントやめざす方向性について話し合いを重ねて、正式オープンとなった。その後、参加者からの要望を受け、月２回から毎週開催していくことを決定した。地域の高齢者施設から会場を借りたり、病院・クリニックや高齢者施設の協力のもとに企画を実施したりするなど、協力機関も広がった。現在は、地域包括支援センターに事務局を置いて運営している。

「認知症カフェ」は、認知症当事者と家族が安心して一緒に来られる場所になるとともに、介護者同士が知り合うことができ、悩みを共感できる場にもなっている。また、スタッフとしてかかわる地域住民が一緒に取り組みを進めたことで問題意識が高まり、地域で気になる人を見かけたときなど、情報提供をしてくれるようになった。

（出典）認知症の人と家族の会「認知症カフェのあり方と運営に関する調査研究事業報告書」2013年、９～41頁をもとに筆者作成

❷ひきこもり状態にある人の社会参加

ひきこもり状態にある人への支援は、生活困窮者自立支援制度の自立相談支援事業や就労準備支援事業において支援が行われているほか、行政、社会福祉協議会、社会福祉法人、医療機関、NPO等が、ひきこもり経験者を含む地域の「ひきこもりサポーター」等と協力しながら、訪問支援や家族への相談支援、社会参加を促すための居場所づくり等を展開している。

また、KHJ全国ひきこもり家族会連合会[*69]やひきこもりUX会議[*70]などの当事者団体では、当事者の交流の場づくりなど各地の取り組みを支援する活動や、ひきこもり問題の社会的理解と地域連携を促進する活動、情報提供・発信や調査研究、提言等の活動を行っている。

＊69
ひきこもり状態にある本人や家族が社会的に孤立しないよう、全国組織として各地の家族会と連携し、行政にもはたらきかけながら、誰もが希望をもてる社会の実現をめざして、ひきこもり問題に関する講演会、学習会の開催、広報・啓発や調査・研究、提言活動等に取り組んでいる。

＊70
不登校、ひきこもり、発達障害、セクシャルマイノリティといった当事者・経験者が参画して立ち上げられた。生きづらさを「Unique eXperience（ユニーク・エクスペリエンス＝固有の体験）」ととらえ、当事者・経験者の視点から調査、書籍の発行、イベントの開催等に取り組んでいる。

事例 13

C市社協の新任CSWは、ひきこもりを続ける子をもつ親から「どこに相談すればよいかわからない」「子へのかかわり方を知りたい」という相談を受けた。相談者の家庭を訪問し、子ども（ひきこもり当事者）との面会を重ねるなかで、「今の状況から抜け出したい」という言葉が出てきた。このほかにも、ひきこもりに悩む家族からの相談が寄せられたことから、ひきこもり当事者やその家族の支援活動を行っているNPO法人Dに相談し、ピアサポーターEさんにつながることができた。

CSWは、公的機関以外に地域資源を開発する必要性を感じていたが、Eさんも同様の課題を認識しており、ひきこもりの課題解決のために家族丸ごとの支援をしていくことと、地域に家族会をつくっていくことが必要であるという意見が出された。

市社協では、まず、NPO法人Dと共催で地域の福祉関係者を対象に、ひきこもり支援のあり方を考える勉強会を開催した。また、市社協の相談窓口に来所した人や自立相談支援事業の利用者などに声をかけ、ひきこもりの課題をもつ家族を対象に、わが子への接し方についての講演会を開催。Eさんから、子どもの立場から親に知ってほしいことなどを話してもらった講演会は、新聞の地域面の記事に掲載され、大きな反響があった。

その２か月後に、Eさんや勉強会の参加者が中心に企画した茶話会を開催。講演会に参加した家族などが、それぞれの悩みを語り合う機会となった。その後、茶話会は毎月開催となり、参加者による家族会が結成された。

家族会では、ひきこもり当事者も立ち寄ることができるコミュニティカフェを立ち上げることを企画。茶話会の運営協力者と相談し、ボランティアを募りながら、商店街の空き店舗を活用してカフェの開設に至った。

カフェは、市社協やNPO法人Dの協力を得て運営。ひきこもり当事者に限らず、地域住民に開放された交流の場となっている。利用者が自由に過ごすことができるほか、リラクゼーション、ゲーム・カラオケ、親父の会、女子カフェなどのプログラムを開催しており、日中参加しにくい人のために夜のカフェも設けている。

こうした取り組みにより、ひきこもりに対する地域の理解が進むとともに、カフェには新たな当事者やその家族が集うようになった。家族会では、今後も、ひきこもり当事者や家族同士の対話を通じてお互いの気付きが得られることや、気持ちが楽になるような場となるよう、カフェを運営していきたいと考えている。

（出典）調布市社会福祉協議会「平成29年度 地域福祉コーディネーター（CSW：コミュニティソーシャルワーカー）活動報告書～いつまでも住みつづけたいと思うまちづくりをめざして～」（2018年）をもとに筆者作成

BOOK 学びの参考図書

● 『HIKIPOS』（ひきポス）。

「ひきポス」は、ひきこもり当事者、経験者により制作されている雑誌・情報発信メディア。毎号、「なぜ、ひきこもったか」「こうして人とつながった」などをテーマにした特集を組み、生きづらさ問題を当事者の視点から紹介している。そのほか、当事者、経験者、家族、支援者が参考になる記事が掲載されている。

10 企業（社会貢献とCSR）

（１）企業による社会貢献活動の変遷

企業の社会貢献活動とは、「自発的に社会の課題に取り組み、直接の対価を求めることなく、資源や専門能力を投入し、その解決に貢献すること」と定義されている[2)]。日本では、1950年代から本業によって得た利益を社会に還元する取り組みとして、寄付や財団設立による助成活動などが行われ、1980年代には、地域社会に貢献するアメリカ企業の取り組みを参考にした**メセナ**[＊71]や**フィランソロピー**[＊72]などの活動が展開されるようになる。1990年代には、主に大企業において社会貢献の担当部署が設置され、ボランティア休暇・休職制度や表彰制度、従業員から募った寄付額に企業が一定の割合で増額して寄付をする「マッチングギフト」など、従業員による社会貢献活動への参加を後押しするプログラムが展開されていった。

＊71
社会貢献活動のなかで、特に芸術文化に対する支援活動（日本経団連社会貢献推進委員会『CSR時代の社会貢献活動』180頁参照）。

＊72
「人類愛・博愛・慈善」を意味するギリシャ語を語源とする英語(Philanthropy)。1980年代後半に「社会貢献」と訳された（日本経団連社会貢献推進委員会『CSR時代の社会貢献活動』175頁参照）。

2000年代に入ると、大企業を中心にCSRへの取り組みが強化されるようになる。**CSR**とは、Corporate Social Responsibility（企業の社会的責任）の略である。経済産業省の定義によると、企業が社会や環境と共存し、持続可能な成長を図るため、その活動の影響について責任をとる企業行動であり、企業を取り巻くさまざまなステークホルダー（株主、従業員、顧客、取引先、金融機関、地域住民、行政機関など）からの信頼を得るための企業のあり方をさすとされている。

さらに環境(Environment)、社会(Social)、ガバナンス(Governance)の３つの側面を考慮した経営をめざすESG、企業活動を通じて経済効果と社会的価値の両方を高め合うことをめざすCSV（Creating Shared Value）など、企業の社会へのかかわり方を示すコンセプトが次々と誕生した。企業の社会貢献活動も、企業が社会的責任を果たす取り組みの一環として推進され、企業の経営理念や事業活動にそった分野に重点化してNPO等と連携した取り組みを実施する、従業員教育を目的としてボランティア活動参加プログラムを展開する、などの取り組みが広がっている。

（２）ＳＤＧｓ（エスディージーズ）（持続可能な開発目標）の達成に向けた展開

現在は、「**SDGs（持続可能な開発目標）**の達成」を経営方針として位置付ける企業が増えてきている。SDGsとは、平成27（2015）年９月の国連サミットで採択された、令和12（2030）年までに持続可能でよりよい世界をめざす国際目標のことである。17のゴール・169のターゲットから構成され、地球上の「誰一人取り残さない（leave no one behind)」ことを目標としている[*73]。

日本では、平成28（2016）年５月に政府が総理大臣を本部長とする「SDGs推進本部」を設置し、実施指針や具体的施策をまとめたアクションプランを定めてSDGsの推進を図っている。平成29（2017）年には、経団連が、革新技術を最大限活用することにより経済発展と社会的課題の解決の両立を図る「Society5.0の実現を通じたSDGsの達成」を柱として、「企業行動憲章」を改定するなど、企業において事業活動をSDGsの達成に位置付けて展開する動きが加速化した。これにより、企業の社会貢献活動も、このSDGsの達成に結び付けて展開する動きが大企業を中心に広がっている。

*73
本双書第12巻第２部第８章第５節２参照。

（３）企業による従業員の社会貢献活動支援の現状

経団連企業行動・SDGs委員会が令和２（2020）年５月～６月に会員企業390社に対して実施した「社会貢献活動に関するアンケート調査結果」によれば、回答した178社のうち92％の企業が従業員の社会貢献活動を支援している。例えば、ボランティア休暇・休職制度の整備、従業員に対するボランティア活動の機会や情報の提供、ボランティア活動参加に伴う金銭的支援、物資の支援、企業の施設の提供、寄付や活動支援のための給与天引きシステムの提供、企業がNPO・NGOなどの外部組織に対して従業員がもつスキルを提供する「**プロボノ**[*74]」活動の支援などである。

頻発する災害においても、企業として義援金・支援金の寄付、サービスや物資の無償提供、被災地の事業所支援などを行う[*75]とともに、従業員に対して義援金や支援金の募金を呼びかける、従業員が被災地へボランティア活動に行く際に費用補助をする、など従業員による被災地支援活動をサポートする取り組みを行う企業もある。

*74
プロボノとは、ラテン語の「Pro bono publico（公益のために）」を略した言葉。仕事などを通じて得た専門知識や技能、経験などをいかして参加する社会貢献活動のことを指す。

*75
令和元（2019）年度に経団連が会員企業1,438社に対して行った平成30（2018）年度における「災害被災地支援活動に関する調査」によれば、回答のあった349社のうち88％の企業が「平成30年豪雨災害」において何らかの支援活動を行ったと回答している。

事例 14

「事業を通じて人々のくらしの向上と社会の発展に貢献する」を経営理念とするA社では、重点テーマをSDGsの第１番目の目標「貧困の解消」に設定して、さまざまな企業市民（社会貢献）活動を展開している。例えば、NPO/NGOと協働し、海外の無電化地域に電力供給システムを届けるとともに、現地住民への啓発・学習プログラムを提供する取り組みや、社員が仕事で培ったスキルや経験をいかし、NPO/NGOの中期計画策定や営業資料の作成、ウェブサイトの再構築等のプロボノ活動などを実施している。

　また、頻発する自然災害に備え社員ボランティアを育成するため、「災害ボランティア育成講座」をNPOと協働で全国各地区の事業所で実施し、同講座を受講した社員が、実際に被災地でボランティア活動に参加するなどしている。

（出典）パナソニック株式会社 ブランド戦略本部CSR・文化部発行「パナソニックの企業市民活動」パンフレット等をもとに筆者作成

（4）地域福祉の推進主体としての企業・事業所

　これまで述べてきたものは、大企業を中心とした取り組みであるが、中小企業においても、企業・事業所がもつ人材、資機材、専門技術、土地や建物、物資（寄贈）や資金（寄付）などを提供することを通じて、地域に密着したさまざまな社会貢献活動が展開されている。例えば、新聞、郵便、宅配など一般家庭に出入りする機会のある業者や地域住民がよく利用する商店、スーパーやコンビニなどの事業者が、高齢者の見守りや子どもの登下校時の見守りを行う取り組みは、全国各地で展開されており、なかには企業が自治体や社協と協定等を結んで実施しているものもある。

　企業が共同募金会や社協と協力して寄付付き商品を開発して販売し、利益の一部を地域福祉の財源として寄付する取り組みも行われている。

　企業による社会貢献活動の取り組みは、企業が有するリソースを、地域福祉活動を展開する際の人的、または資金的資源としていかすことができる。一方で、企業にとっても地域における企業イメージの向上につながる、従業員が社会の一員であることを自覚し多様な価値観にふれ視野が広がり成長する、などの相乗効果を生み出すものとして展開される必要がある。

事例15

　株式会社B（社員数16名）は、行政からの委託により家庭ゴミの収集や産業廃棄物の運搬などの事業を展開している企業である。企業としての信用力を高めたいと考えていたところに社協から提案があり、10年ほど前から高齢者の見守り活動を開始した。具体的には、社協を通じて申請のあった高齢者宅を家庭ごみ収集に合わせて従業員が訪問し、玄関先で声かけとゴミ出しを手伝うというものであり、利用者に変化があった場合は社協に連絡することになっている。

本業をいかして高齢化・過疎化が進む地域で貢献でき、業務として行うゴミ収集時間に合わせて実施できるため負担も少なく参加しやすいこと、また取り組みを通じて高齢化するこの地域のニーズを体感することができ、今後必要とされるビジネスの企画にも役立っている。

（出典）全国ボランティア・市民活動振興センター「企業のチカラ」全国社会福祉協議会『ボランティア情報』（2019年９月号）をもとに筆者作成

引用文献

１）大森　彌『地域福祉を拓く④　地域福祉と自治体行政』ぎょうせい、2002年、４頁
２）日本経団連社会貢献推進委員会『CSR時代の社会貢献活動』日本経団連出版、2008年、16頁

第4節　地域福祉の主体形成

本節では、地域福祉の主体形成の方法を取り上げる。前節でさまざまな種類の地域福祉の主体があることを見た。これらの主体の大部分は、地域福祉を推進するための主体として存在しているわけではない。本来の目的は別にあるが、活動の一部として地域の福祉にもかかわっているのである。福祉とは無関係・無関心な人や団体に、少しでも福祉に興味をもってもらい、できることに少しずつ関与してもらって地域福祉の主体にしていくことが、地域福祉を推進する実践の醍醐味（だいごみ）である。

主体形成の多面的な意味については本節の後半であらためて説明するが、前半では地域のさまざまな福祉活動を自発的に協力して行う（ボランタリー〔自発的〕な共同と表現する）担い手を増やしていくこと（つまり参加と協働の促進）を中心とした主体形成について説明する。

1　ボランタリーな共同の特質

（1）なぜ人々はボランタリーに共同するのか

どのようにして幅広い主体の参加と協働を促進するのかを推進者側の視点で考える前に、まずなぜ人々は地域で自発的に共同するのかを住民側の視点から考えてみる。

例えば、代表的な共同組織の自治会・町内会はなぜできたのだろうか。結論的には農村部でも都市部でも、人々が生産や生活において協力し、自分たちを守るために必要だったからである。町内会等の基本的性格は生活協力、共同防衛の必要性であるといわれている。

古くからの農村の自治会は、江戸期の村に起源をもつことが多い。江戸時代の村は上層の農民層が村役人となり、村掟（むらおきて）を定め、生産活動のための土地・水利・山林などを共同で管理し、領主に対しては年貢納付の義務を負う自治組織であり、かつ末端の行政組織であった。明治になって市制・町村制が整備されていく過程で、村は正式な行政組織ではなくなっていったが、それでも村民は協議費を拠出し合い、学校を建設したり、用水・土木の管理を共同して行い、生活全般にわたる自治と相互扶助を行っていた。

明治期に制度化された恤救（じゅっきゅう）規則[*76]（明治7〔1874〕年）は近隣相扶によって困窮者を救済することを基本として、それが期待できない無告

＊76
日本最初の公的扶助。廃藩置県（明治4〔1871〕年）をふまえ、従前、各藩によって行われてきた救貧行政を、明治政府による施策として再編成した。

の窮民のみを救済対象とした。国家責任による扶助が当然である今日から見れば不備な制度だが、近隣相扶は当時の社会通念では当然であった。

他方、都市部の町内会の起源はより多様だが、明治33（1900）年以降の工業化による都市への人口流入の過程で、農村から体一つで都市に出て自営業者として地歩を築いた人々が、親睦し、協力し合って事業を振興し、地主層と対等に渡り合うための組織として形成されたものが多い。

このように形成されてきた共同組織を、第二次大戦時に国が国家総動員の末端組織として利用するために、「部落会町内会整備要綱」[*77]（昭和15〔1940〕年）によって、すべての地域に、すべての住民を包含する形で再編・整備した。それが今日の自治会・町内会の姿を形づくった。

戦後、高度経済成長期に新しく造成された住宅地では、次々に自治会・町内会が設立されていった。急速な都市化で保育・教育、交通等の施設が著しく未整備で、かつ開発や公害による環境悪化の中で、親族から離れて移住した地域で互いに見知らぬ人々がまず交流し親しくなって、子どもの保育や教育、緑化、遊び場づくりで協力し合うことが必要だったからである。自治会・町内会は、行政に不足する生活施設の整備や環境整備を要求したり、開発に反対する住民運動の基盤ともなった。

人々が、自分たちを守り、協力し合う姿は、さまざまな福祉活動にも共通してみられる。戦後相次いで成立された障害児の親の会は、親なき後も子どもたちが生活できることを願って、政府に精神薄弱者福祉法（現 知的障害者福祉法）制定や社会福祉施設整備の要求運動をし、また働く場・社会参加の場である共同作業所を、地域で親たちが協力し合って設立していった。

障害当事者の人々は、入所施設しか居住の場の選択肢がなかった1980年代、地域で暮らすために、ボランティアの協力を得て24時間・365日の介護を保障する自立生活運動を始めた。在宅福祉サービスも特別養護老人ホームも未整備で、老人病院への社会的入院が広くみられた1980年代、サービスの受け手も担い手も気兼ねなく、対等な関係で、継続的な支援が行えるよう、会員制・有償の住民参加型在宅福祉サービスを行う団体が生まれ、広がっていった。共同作業所、自立生活運動、住民参加型在宅福祉サービス団体[*78]など継続的な事業を行う主体は、今日でいえば市民活動団体・NPOである。

今日、それなりに各種福祉サービスが供給されるようになったが、それは意外なほどごく最近のことである。戦後、国家責任の原則に基づくようになったとはいえ、福祉６法による援護等の対象者は、低所得者や

＊77
内務省による命令。第二次世界大戦時、生活必需品、食糧の配給や思想統制のために、多様であった町内会・部落会の体制を全戸加入、隣組の設置、常会、役員設置など全国的に統一・整備し、市町村の下部の補助機関とした。

＊78
本章第３節７（1）参照。

家族がケアできない者に事実上限られ、供給量は極めて乏しかった。このため、援護等を要する人のケアは、かなりの部分が家族責任や地域の相互扶助＝人々の共同に委ねられていた。多少なりとも福祉サービスが整備され始めたのは、入所施設では社会福祉施設緊急整備計画[*79]（昭和46〔1971〕年）以後、在宅福祉サービスはゴールドプラン[*80]（平成2〔1990〕年）以降であったが、それでもサービス量は今日に比べればはるかに少なかった。実際に飛躍的に供給量が拡大し、誰もが利用できる形がまがりなりにも実現したのは、介護保険制度の開始（平成12〔2000〕年）、障害者自立支援制度の開始（平成18〔2006〕年）によってである。

*79
老人福祉施設、重度心身障害児施設、重度身体障害者施設、保育所、児童館等の緊急整備目標と財政措置を定めた5か年計画。

*80
消費税導入に伴い、高齢者の福祉サービスを充実させる10か年の計画（大蔵・自治・厚生大臣の合意）。在宅3本柱（ホームヘルプ10万人、デイサービス1万か所、ショートステイ5万床）の整備、寝たきり老人ゼロ作戦、特別養護老人ホーム整備24万床分等を掲げた。

制度の狭間は、制度が確立しなければ存在しない。制度の狭間ができ、それが着目されるようになったのは、平成12（2000）年以降である。それ以前は制度が極めて乏しかったために、狭間というよりも広大な空白地帯にポツン・ポツンとサービスが点在するという状況だった。家族だけでがんばるか、みんなで共同して何とかするしかなかったのである。そのようにして地域の福祉はつくられてきた。ボランタリーな共同によるさまざまな取り組みがなければ、サービスの必要性が世の中に明らかにならず、現在のような福祉サービスメニューは生まれなかったし、市民活動を支援するためのNPO法人制度もつくられなかっただろう。

制度が不十分な時期の共同は、自分たちを守るために、ある意味では余儀なくした共同であるが、それだけではない。共同を担った人々は、一人だったらできなかったことをみんなでつくり出すなかで、助け合えるかけがえのない仲間をつくり、さまざまなことを学び、成長していった。たとえその活動が終わったとしても、活動を通じて得たものはその人が地域で暮らしていくよりどころとなる。

人々はなぜボランタリーに共同するのか。それは自分たちの生活を守るために協力し合うことが必要だからであり、また共同によってつくられる人との関係が、喜び、生きる意味、地域で暮らすよりどころをもたらすからである。

（2）ボランタリーな共同の社会的意義～なぜ必要なのか

❶人々の暮らしにとってのボランタリーな支え合いの意義

サロン活動、見守り活動、ちょっとした生活支援など、地域ではさまざまな支え合いの活動が行われている。

例えば、サロン活動は月1回～2回、2～3時間程度集まって、おしゃべりやちょっとした体操などを行うのが通常である。毎日朝から夕方まで行っているデイサービスと比べれば、サービスとしては一見大したことはしていないように見える。もし、公的財政が豊かで、担い手確保が容易なら、住民ががんばらなくても公的サービスで提供してしまえばよいのに、と考えることもできそうだ。

しかし地域の支え合いは、サービス機能だけではない価値をもつ。例えば、サロンで知り合った仲間に自分が体調不良でサロンに行けないときには気付いてもらえるし、仲間同士でサロンの外でも声をかけ合ったり、気にかけ合ったりするかもしれない（いわゆる安否確認、見守り機能）。サロンでのおしゃべりから、マスコミや自治体の広報ではわからない生活に必要な情報が、口コミ・評価付きで得られ（生活情報の提供機能）、今度一緒に行こうという話になるかもしれない。サロンでの活動なら、皆が特技をいかして自由にプログラムをつくることができる（役割・出番をつくる）。そのように一緒に活動をつくって、励まし合ってきた仲間がいるから、体調を崩して入院してもまた歩いてサロンに行けることを目標にリハビリに励む（地域で粘ることを支える）。自分たちで創り上げるからこそ得られる人間関係や仲間づくりは、広域から事業者が利用者を集め、お客様となるデイサービスではむずかしい。身近な手づくりの場でなければ得られないものがあるのだ。それが地域で暮らし続けたいという意欲を根底で支える。

活動者から見た地域の支え合い活動の主観的な意義は、サービス機能そのものよりも、このような活動を通じた仲間づくりや成長、生きがいなど表出的な価値にあると考えられる。

❷ニーズを充足するための社会的部門

ここでは、ボランタリーな共同の意味を社会的視点から見ていく。行政サービスや市場が発達した現代社会では、人々のニーズを充たす手段がいくつかある（**図１－２－４**）。通常人々は、市場を通じて暮らしに必要なものやサービスを購入し、何かの支援が必要な場合には家族や友人を頼る。これらは自助といわれる。

地域のボランティアやNPOなど、必ずしも個人的なつながりではない団体からの支援を受けることもある。これは、共助という。ボランタリーな共同は、地域やボランティア等の助け、友人・知人の助けにあたる。

公的な水道、道路、公園などのインフラや、医療、保育、教育、年金、介護などの各種サービスも利用している。これは、公助という。

〈図1－2－4〉ニーズへの対応手段

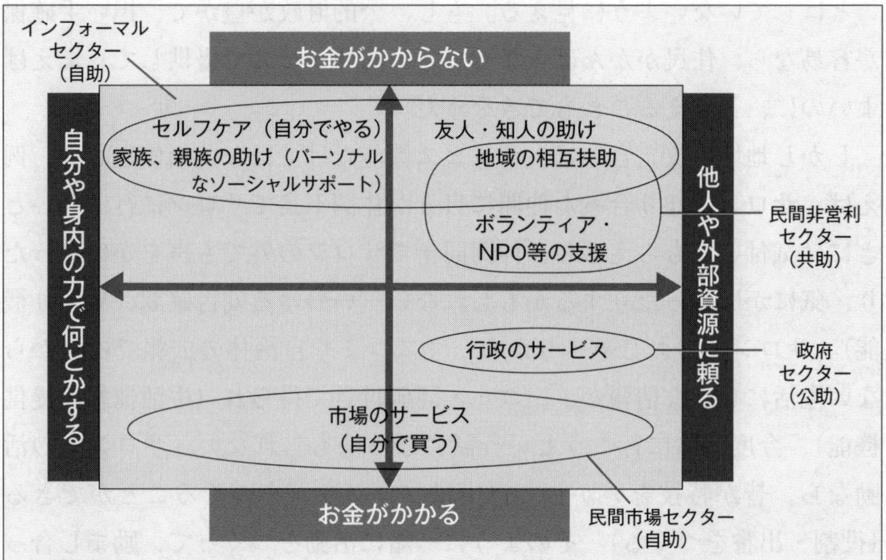

インフォーマルセクター（自助）
お金がかからない
自分や身内の力で何とかする
他人や外部資源に頼る
セルフケア（自分でやる）
家族、親族の助け（パーソナルなソーシャルサポート）
友人・知人の助け
地域の相互扶助
ボランティア・NPO等の支援
民間非営利セクター（共助）
行政のサービス
政府セクター（公助）
市場のサービス（自分で買う）
お金がかかる
民間市場セクター（自助）

地域の相互扶助は、顔見知り同士というインフォーマルな側面と、支援としてシステム化されているというフォーマルな側面の両面をもつ。市場のサービスは、財やサービスの提供については客観的には他者に完全に依存しているのだが、その費用を自分で払っているという点で主観的にはあくまでも自助であるという性質をもつ。

（筆者作成）

これらの社会的なサービスを提供する仕組みを、①政府セクター、②民間市場セクター、③民間非営利セクター、④インフォーマルセクターの４つのセクター（サービスを供給する社会的な部門）という。各セクターは次のような性質をもつ（**表1－2－15**）。

❸ボランタリーな共同の社会的機能・意義

表1－2－15は各部門をサービス供給（ニーズ充足）面に限って比較したものである。地域のボランタリーな共同の社会的機能や意義は、サービス供給面だけではない。以下、ボランタリーな共同の多面的な機能・意義をまとめる。

①サービスの特性

㋐柔軟な個別対応

公的サービスは利用要件・提供内容が規格化されている。企業のサービスは利潤が見込める範囲でしか提供されない。またいずれも効率的な提供が求められる。しかしボランタリーな活動にはそうした縛りがない。対象者を区別せず、また多様な価値観・生き方・嗜好に合わせた柔軟な対応、ゆったりした対応ができる。

㋑共感や与え合う関係

〈表１－２－15〉社会的サービスの供給セクター

	行動原理・供給方法	強み	弱み・限界
政府セクター	・法令、公的資金に基づいて活動する ・社会的に必要性が認められたニーズに対して、政府が法令に基づいて資金調達し、供給する ・税や社会保険料による財源調達	・社会的に必要なサービスが無料・比較的低額、安定的、公平に提供される ・多くの人材、資金、備品・設備、拠点、専門的な技術などをもっている	・法令・規則にそった画一的な対応になりがち ・十分に社会的コンセンサスのある範囲でしか活動ができない ・財政的・人員面での制約がある
民間市場セクター	・私的な資金に基づく利潤の拡大と株主への配分のために活動する ・消費者からの需要に対して、各企業がサービス・商品を販売する	・需要があり利潤が見込めるなら、多様なサービスが提供される ・多くの人材、資金、備品・設備、拠点、専門的な技術などをもっている	・社会的に必要でも需要がなく利潤が見込めなければ供給されない ・所得・資産が乏しい人々は利用しにくい ・消費者の主観的効用と社会的な必要性・望ましさは必ずしも一致しない
民間非営利セクター	・個人の多様な発意・価値観、メンバー間の合意や連帯・共同性に基づいて活動する ・ボランティア団体、NPO、協同組合等によるサービスや相互扶助	・多様な価値に基づくため活動が多様 ・柔軟で、きめ細かな活動ができる ・受け手と担い手が峻別されず、対等な関係が保たれやすい ・無料・比較的低額で提供される	・仲間以外には排他的となりがち ・財源・拠点・設備など資源獲得がむずかしく、活動が不安定となりがち ・活動参加や費用負担しないが支援を受けるフリーライダーが生じがち
インフォーマルセクター	・家族や親族の親密な絆に基づく相互のケアや扶養 ・友人等パーソナルなサポートネットワークでの相互扶助	・長年培われた関係に基づいて、個々人の価値観や好みに合った、柔軟で、きめ細なケアが、かなりの限度まで行われる ・受け手と担い手が峻別されず、対等な関係が保たれやすい ・無料で提供される	・各家族のケアの力量の格差、家族内の権力関係から必ずしも適切なケアが行われるとは限らない ・実質的に女性に負担を負わせがちとなる ・誰もがパーソナルネットワークを十分にもっているわけではない

（筆者作成）

公的サービスや企業のサービスではサービスの提供側と受け手側が明確に区別されるが、ボランタリーな活動は「困ったときはお互い様」「一緒に楽しむ」「つらさ・生き方への共感」など、人と人の対等な関係に基づき支援が行われる。支援の受け手が担い手になったり、受け手でありながら誰かを支えたり・励ます役割をもっていたりという、互いに与え合う・役割が循環し合う関係がある。

②公的サービスに対してもつ機能

㋐先駆性・開拓性

時代の変化によって新しく生まれてきた課題・ニーズ（その時点

では社会的に対応すべきかどうか合意ができていない）に対して、まずボランタリーな活動が対応することで、課題を顕在化させるとともに、問題の解決策を明らかにする。その実績をふまえて制度が新たにつくられたり、改善される。[＊81]

㋑制度の補充・代替

公的制度が対応しない・不足しているニーズ、不得意なところを補完する。例えば、市の移送サービスは住民税非課税世帯の人までしか利用できないので、それ以上の所得の人にはNPOが対応するなど。

㋒監視・批判・代弁・ソーシャルアクション

問題に対応しながら、制度・サービスの不足や欠陥、社会問題を顕在化させたり、ニーズをもつ当事者を代弁（アドボケート）したり、制度の改善や創設を求める。[＊82]

③住民や地域社会に対してもつ機能

㋐当事者の代弁・地域との架橋

当事者の生活や心情を理解し、当事者の立場に立って代弁したり、地域に理解者・支援者を増やす架け橋となる。[＊83]

㋑住民の学習・主体形成

活動を通して住民が生活課題をもつ当事者の暮らしを知り、制度・サービスの問題点を学び、同じ住民として何ができるかを主体的に考え、行動するようになる。また、その問題について学び、自分たちでできることは自分たちでし、できないことは専門機関や行政を活用したり、行政サービスのあり方について提案できるようになる。[＊84]

㋒問題の予防・早期対応

住民が発見する力、自分たちで対応する力をもつことで、問題が悪化する前に専門機関につながったり、問題発生が予防される。[＊85]

（3）ボランタリーな共同はどのようにして生まれ、展開するか

推進者が地域福祉の主体を増やしていくためには、人々による共同がどのようにして生まれ、展開していくのか、その動態を理解する必要がある。ボランタリーな共同は、おおむね**図1－2－5**のようなプロセスを経て生成・展開する。以下、**図1－2－5**にそって説明する。

＊81
例として、共同作業所、住民参加型在宅福祉サービス、LGBTQの当事者活動など。

＊82
例として、在住外国人の支援活動を行いながら、入国管理制度のあり方、教育制度のあり方、市民ができる草の根の国際交流のあり方について学習会や提言活動を行う など。

＊83
例として、障害福祉サービス事業所の建設への反対の機運が地域に起きたときに、日ごろから障害者と交流をしているボランティアが地域の有力者と事業所とをつないで理解を求める など。

＊84
例として、有償の助け合い活動を通じて介護保険の仕組みや問題点を学んだ住民が、審議会の委員となって住民の立場から制度のあり方を提言する一方で、住民に対しても制度の安易な利用を戒める など。

＊85
例として、地域の交通安全運動に参加している民生委員・児童委員が、ちょっと様子が気になる子どもを発見し、学校や支援機関につなぎ、早期対応につながった など。

〈図1－2－5〉ボランタリーな共同の生成・展開のプロセス

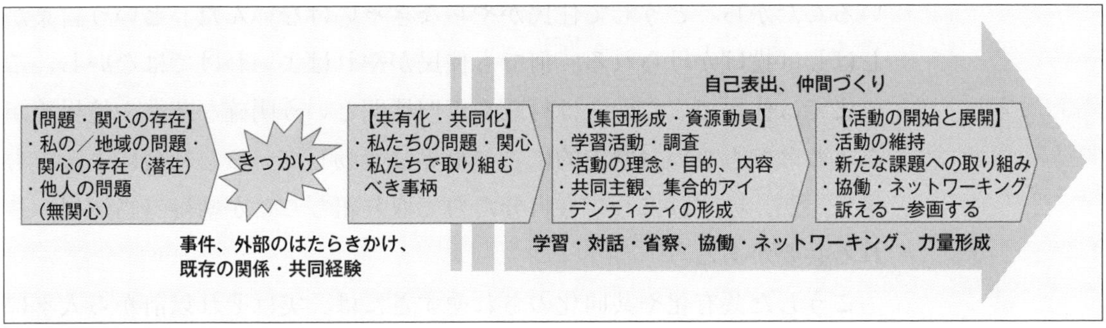

（筆者作成）

❶問題・関心の存在

都市的生活様式[*86]が浸透した現代社会では、自分や家族が元気で仕事が順調なら、必要なものは市場で買えばよいし、行政サービスを利用すればよい。災害などで都市機能がマヒでもしない限り、人々は特に地域で助け合わないでも生きていける。したがって、何か共通の問題や関心事がなければ住民のボランタリーな共同は生まれない。

問題や関心事は、私的なこと、地域に関することなど何でもよい。例えば地域に知り合い・友人がほしい、自分の経験をいかして何かしたい、家族に安心な食品を食べさせたい、この川を再びホタルがすめる川にしたい、地域の祭りや伝統芸能を守りたい、などである。

この段階では、問題や関心は必ずしも共有化されておらず、私的なものとして潜在している状態である。

＊86
都市生活における生活問題を、行政や企業などの専門機関のサービス（専門処理システム）によって解決・処理することを原則とする生活様式。

❷きっかけと共有化・共同化

個々人が抱く問題や関心が共有化されて私たちの問題・関心となり（共有化）、さらに私たちが取り組むべき事柄となって（共同化）、共同は生まれる。

私の問題・関心が私たちの問題・関心となるためには、何らかのきっかけが必要である。例えば、団地で孤独死が発生して住民がうすうす感じていた社会的孤立の問題があらわになり一気に危機感が高まったり、井戸端会議や地域の会合での立ち話から意気投合して物事が動き始めたり、社協や公民館が行う講座が同じ関心をもつ仲間と出会うきっかけとなったり、行政等からこういうことしてくれないかとはたらきかけがあったりといったことである。

さらに、問題が共有化されても、私たちで取り組むべき事柄とならなければ、共同は生まれない。「そんなの行政の責任だろう。税金払っているんだから。どうして住民がやらなきゃいけないんだ」という言葉がしばしば投げかけられる。何でも住民がやればよいわけではないし、ここまでは住民でここからは行政や専門機関という明確な基準や境界線があるわけでもない（歴史的にこの境界は変動しているし社会によっても違う）が、いずれにしても自分たちで取り組むことが納得（当然視）される必要がある。

こうした共有化や共同化のされやすさには、実はそれ以前から人々に何らかのつながり・関係があり、共同に取り組んできた経験があるかどうかが大きく影響する。例えば子どもの幼稚園で出会い、小学校でも一緒にPTA活動をしてきた、自治会活動で緑化活動をずっと一緒にやってきた、昔団地で渇水があって大変だったけどみんなで乗り越えた、というようなつながりと経験があると、個々人の関心・問題がすぐ共有され、何か新しい課題が起きたときにもなぜ自分たちで取り組むかは当然視されて、そのネットワークが稼働する。

新しい活動は、ほとんどの場合すでに存在したネットワークからそれをいかして、あるいは再編しながら立ち上がるのである。そうした経験をもつネットワークが存在しない地域では、住民は自ら動かず、行政などに責任を転嫁しがちとなる。

❸集団形成・資源動員

この過程では、何のために、どんな活動をするか、どうやって活動するか、活動に必要な人・場所（施設）・お金などの資源をどうやって調達（資源動員）するかが話し合われ、活動の内容・頻度・役割分担等が具体的に決まっていく。そのために必要な学習活動や調査が行われる場合もある。

資源動員にあたっては、やはり既存のネットワークが大きく影響する。趣味のサークルの仲間に呼びかけたり、「あんな人がいるよ」「こういう人に相談したら」という情報から新しく声をかけたりといった形で、メンバーや支援者は既存のネットワークを通じて集められていく。他方、講座などをきっかけに出会った仲間で始めることもある。

また、話し合いや学習の過程で共同主観、集合的アイデンティティが形成されていく。共同主観とは、例えば「子育ての問題は行政任せにしないで親としてできることはすべき」とか、「障害者が社会に合わせて変わるのではなく障害者に合うように社会の側が変わっていくことが必要なんだ」など、その集団のメンバーが共有するものの見方や考え方である。これが状況や問題の認識・定義を左右する。集合的アイデンティティとは、この集団はこういう価値観や行動を大切にする集団で自分はその一員であるといった一体感や所属感である。共同主観や集合的アイデンティティは、仲間意識や問題処理方法の源泉として極めて重要である。

すでに存在していた集団やネットワークが新しく活動をする場合には、すでに形成された共同主観や集合的アイデンティティに基づいて状況を認識・定義し、何が問題か、どうするかが話し合われていくことになる。

ボランタリーな共同の生成・展開プロセスを事例で見てみよう。

事例 16

団地自治会が助け合い活動を始めるまで

東京近郊で1970年代に形成された集合住宅。2000年ごろに団地自治会の呼びかけによる助け合い活動がスタートした。その背景には、次のような共同の歴史がある。

入居当初、ほとんどの世帯は若い夫婦と幼い子どもの世帯だった。団地自治会が最初に力を入れて取り組んだのは緑化活動だった。開発されたばかりのその団地は緑が少なく、あまりに殺風景だったからだ【問題・関心の存在】。親世代は豊かな自然環境の中で育っていたから、役員会での「子どもたちのために緑豊かな団地にしたいね」という発言は、ただちに皆の賛同を得た【きっかけ】【問題の共有化・共同化】。そこで、自治会は緑化委員会を立ち上げ、委員会がプランを検討した。各棟の班や子ども会に呼びかけて、親子で参加できる活動を計画した【集団形成・資源動員】。

住民たちは熱心に緑化活動に取り組んだ。団地は四季折々の花が咲く、緑豊かな団地になった。そして、なんと県の緑化コンクールで優秀賞にも輝いた。これが住民たちの自信と誇りを高めた。「自分たちの団地は自分たちでよくする」がいつしか自治会の合言葉となっていった【共同主観、集合的アイデンティティ】。そして、緑化委員会のコアメンバーはその後も自治会活動だけでなく、団地内のさまざまな地域活動のリーダーとなっていった。

そんな団地も20年以上たつと、高齢化の波が迫ってきた【問題・関心の存在】。ある年の自治体の新年会で、「若いと思っていたけど、そろそろ老後のことも考えないと」と参加者の一人がつぶやいた。すると、「そうだね」という声があちこちであがった【きっかけ】【問題の共有化・共同化】。

そこからは団地をよくするためにやってきた我われの得意のやり方だ【共同主観、集合的アイデンティティ】。まず、民生委員にも入ってもらって、委員会を立ち上げた。全国各地で行われている助け合い活動の情報を集め、皆で視察に行った。一緒にやってくれそうな人に声をかけるのは簡単だ。いろんな地域活動をやっているため、人の顔や人となりは見えているからだ【集団形成・資源動員】。

そうして団地の助け合い活動がスタートした。市内で第1号だった。

❹活動の開始と展開

①活動の維持と緩やかな変化の重要性

ボランタリーな活動は必ずしも発展・拡大する必要はない。民間企業のように絶えず競争し変化する必要はないからだ。ほかのさまざまな活動の合間に、経済的対価や収入もなく行っているわけだから、そう拡大できるはずもない。できる範囲で、楽しく、活動を継続することが大切となる。それでもおおいに意義や価値があるのは前述したとおりである。

ただし落とし穴もある。まず同じことを続けていると、活動はしばしばマンネリ化する。いつしか次の活動の分担しか話し合われなくなり、何のために活動をしていたのかという当初の理念や目標が忘れられがちとなる。そうなると、ニーズの変化や新しい課題に気付きにくくなる。そして、これらが相まって、初期のメンバー以外の次世代が入ってきにくくなる。新しく入ろうとする側からすれば、すでに人間関係ができているところには入りにくい。これまでのことを繰り返し、自分の創意工夫ができないなら魅力を感じない。ボランタリーな活動が陥りがちな落とし穴である。

したがって、次の新しい試みや工夫をしながら、緩やかに活動が変化・発展していけると、新しいメンバーも参加しやすくなっていく。このような変化を促すきっかけには次のようなものがある。

②新しい課題への気付きと、そのための省察・対話・学習

活動を通してメンバーが課題に気付くことが、新しい創意工夫や取り組みの芽となる。気付くためには、活動の省察（ふりかえり）・対話・学習が必要となる（例：団地内の住民が脳こうそくで倒れていたことを自治会の見守り班が発見し、警察が鍵を壊して一命をとりとめた事件があった。これをきっかけに見守り班で話し合い、希望者の鍵を自治会で預かり、何かあったときにすぐ対応できる活動を始めた）。

③外からの刺激や評価

自分の地域のよさや課題は、中にいるメンバーだけでは気付きにく

い。外との交流、外の情報、それをもたらすネットワークが発展に役立つ（例：研修会で招いた講師から、自分たちの活動のよいところを評価され、やってきたことに自信と意欲をもてた）。

④他団体や専門機関との協働による資源の獲得

自分たちの活動ではできないことでも、他の団体や機関と協働すると行えることがある。団体から見れば、新たな資源の獲得である（例：サロンに参加する高齢者からパソコンやスマホを習いたいと言われるが、ボランティアの自分たちも高齢でよくわからない。そこで知り合いの大学教員に頼んで、学生に講座を開いてもらった）。

⑤活動の危機

活動の危機はあらためて活動の意義・必要性を見つめるきっかけとなる。うまく対処できればメンバーの結束を高め、信念を強化し、活動が発展するきっかけとなる場合がある。乗り越えられなければ終わってしまうこともある（例：見守り活動で孤独死を発見しメンバーたちが大きなショックを受け、無力感にさいなまれた。ミーティングで、自分たちの活動では孤独死をゼロにはできない、でも自分たちの活動があることで住民に安心を届けることはできると活動の意義を再定義・明確化して、危機を乗り越えた。その後は孤独死があって、ショックを受けても、信念は揺らがなくなった）。

2 地域福祉の主体形成に向けたはたらきかけ

前項では住民の活動の動態を見てきた。それをふまえて、ここからは推進者の視点からどのようにして主体形成に向けたはたらきかけを行うかを解説する。

（1）ボランタリーな共同の壁と推進機関の支援の必要性

前述の自治会の事例のように、ボランタリーな共同が自然に発生している例は数多くある。しかし、どの地域でも立ち上がるわけではない。それはボランタリーな共同が生成されるプロセスに、次に述べるいくつかの壁があるからである。これらの壁に対しては、推進機関や専門職が外部からはたらきかけて、活動の生成を促進することが必要となる。

❶問題の共有化をめぐる壁

多くの人が問題を感じている・もっているが、言い出す人がおらず、あるいは皆がつながる場やきっかけがなく、問題が共有化されない、という場合がある。

問題が地域に認知されないこともある。福祉が対象とする個人や家庭の生活問題は、災害のように一気に地域全員に降りかかるのではなく、家庭内で散発的に発生する。例えば、認知症は静かに個々の家庭内で問題を発生させる。多くの人が知識としては認知症を知っているが、身近な人がならない限りは、自分の問題として実感されたり、地域の共通課題として意識化されたりしにくい。

自己責任、家族責任などの規範から、家庭内の問題が地域から隠される場合もある。例えば、失業をきっかけに子どもがひきこもったとき、親はそれを自己責任や恥と考えて隠すなどである。

少数者の問題と考えられているために共有化されないこともある。例えば、子ども関係や高齢者関係の活動は自治会・町内会など小地域レベルでもよく取り組まれているが、障害者関係の活動は少ない。どちらかといえば、小地域とは無関係に広域で当事者たちが結び付いて活動を立ち上げることになりがちである。

以上のように問題が共有されない場合、推進機関がはたらきかけて、問題を感じている人たちの会合をセットしてそれを徐々に広げていったり、講座を開催したり、地域の活動に障害者も参加できるようはたらきかけたりという形で、問題の共有化を促進する役割がある。

❷集団形成・資源動員過程における壁

通常、地域の個々のボランタリーな活動の立ち上げ過程には推進機関がいちいち関与はできない。相談があった場合に、情報提供、キーパーソンの紹介、活動に関連する行政情報の提供などを行うことになる。

ときおり見られる問題が、既存の活動との競合である。例えばサロンを始めるとき、たまたま近くで他団体が行ってきた活動と曜日が重複してしまって、前から行ってきた団体はおもしろくない、といったことである。推進機関が既存の団体や機関との調整を助言できれば有益だろう。

資源動員については、基本的には住民同士のつながりの中で何とかするほかないが、しばしば活動の場や拠点の確保に苦労する。また、助成金頼みで身の丈に合わない活動を始めてしまうこともある。無理なく活動が続けられるよう支援できることが望ましい。

福祉の問題として推進機関が留意しなくてはならないのは、本当は自ら活動できるとよいのに、経済的・社会的・能力的な資源が乏しくて活動に結び付かない人々がいることである。地域活動を行うには経済的・時間的余裕が必要であるし、これまでの社会経験を経て獲得した社会的スキルや能力が必要である。しかし困難を抱える人ほど、こうした資源が乏しい。この結果、地域の福祉活動は、比較的余裕がある人同士の仲間内の相互扶助になりがちである。後述するエンパワメントの視点から、資源が乏しい人の主体化に取り組む必要がある。

❸活動展開期の壁

活動展開期の壁は、前述した同じ活動を続けることによるマンネリ化、地域ニーズとの乖離、新しいメンバーが入らないことによる閉鎖化などである。これも外部からの介入はなかなかむずかしいが、できるだけ新しい刺激が得られるように、推進機関としては集合的な機会を提供したい。例えば次のようなことが考えられる。

- ・広報、活動報告会など、活動をまとめる機会、地域から認知を得る機会を提供する
- ・活動団体間の交流機会等、新たなネットワーク形成機会を提供する
- ・活動者・団体が、新たな・多様な社会課題、政策動向等について学習する機会を提供する
- ・活動団体と協働での講座の開催等を通し、団体が活動者を新規に獲得する機会を提供する
- ・「これをやってほしい」と投げかける
- ・今つながっていない人、団体、資源とつながる機会を提供する。他分野、外部の活動とつなげる
- ・生活支援体制整備事業の第一層協議体、地域福祉計画策定委員会など政策形成の場にボランタリーな活動の各種ネットワークの代表者を位置付ける

❹住民主体の活動の展開経過に対する推進機関のはたらきかけの全体像

図１－２－６は上記に述べた推進機関のはたらきかけの全体像をまとめたものである。推進機関のはたらきかけはコミュニティワークやコミュニティソーシャルワークの一環として、**図１－２－５**で示した住民活動の生成・展開の各過程に対して行われる。

住民たちの共同は、あくまでも住民が主体的に、住民の生活世界の中で展開していく。住民の生活世界の外部の存在である推進機関が、数多

〈図1－2－6〉ボランタリーな共同の生成・展開を促進する推進機関のはたらきかけ

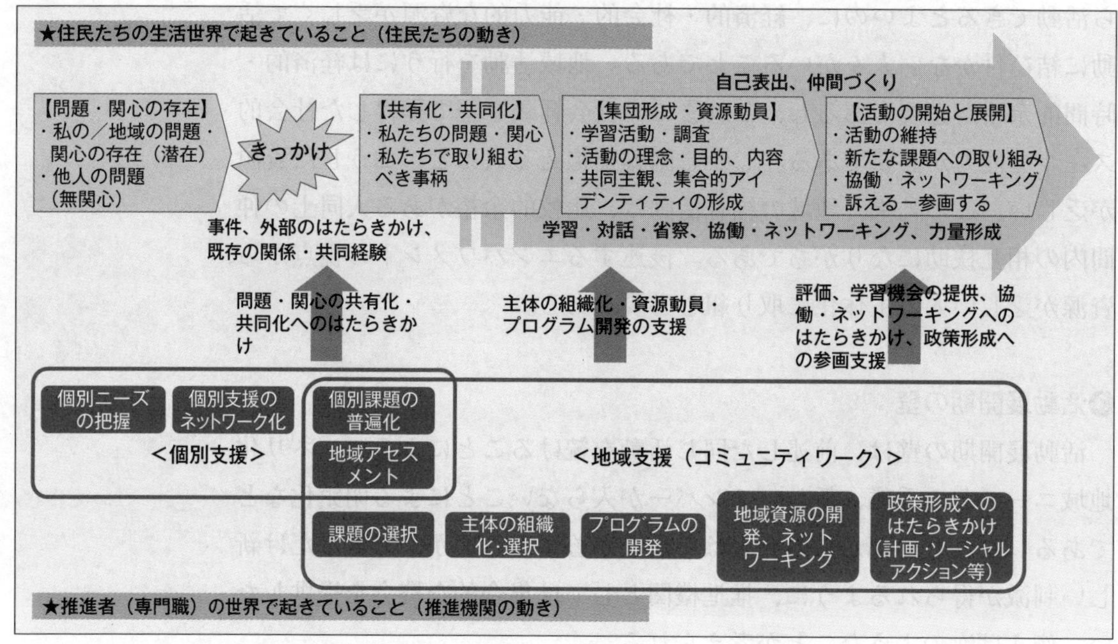

（筆者作成。なお、個別支援と地域支援の図は、川島・永田・榊原・川本『地域福祉論』〔ミネルヴァ書房、2017年、5頁〕、平野隆之『地域福祉推進の理論と方法』〔有斐閣、2008年〕を参考に筆者作成）

くある住民の活動のすべてにかかわることなどできるはずはないし、かかわるべきでもない。しかし、地域福祉の主体を増やしていくために、住民のボランタリーな共同が生成し発展していけるよう、推進機関がピンポイントではたらきかけたり、さまざまな活動団体が参加できる集合的な機会提供を行うことが必要である。

（2）協働による主体の拡大

主体間の協働促進は、多様な主体の参加を広げる上で欠かせない取り組みである。ここでは協働の意義やその留意点を説明する。

❶協働の意義

協働という言葉は、1990年代後半から、自治体経営、NPO振興策、CSR推進などの文脈で広く社会で使われるようになった。新たな仕組みであるNPOが生まれセクター間の違いへの認識が浸透した90年代に、住民、ボランティア・NPO、企業、行政など行動原理が異なる組織やセクターが共通目的の実現や共通課題の解決のために、対等な立場で協力し、働くといった意味で使われるようになった。日本NPOセンターによる「協働とは、『異種・異質の組織』が、『共通の社会的な目的』を果たすために、『それぞれのリソース（資源や特性）』を持ち寄り、『対等の立場』で『協力して共に働く』こと[*87]」という考え方には、協働という言葉への期待がよく表れている。

協働は、各団体が強み（得意なこと）を出し合い、弱みを補い合い、単体ではできない活動を可能にする。例えば、災害時の救援活動では、災害時の対応のノウハウや経験は乏しいが地元で調整力をもつ地元団体と、各地の災害での救援活動のノウハウや経験をもつが、被災地での認知・信頼が乏しく調整力をもたない外部団体が協働している。また、協働を通じて団体を超えてノウハウが移転したり、外部からの刺激を受けたり、資源が増えることで、活動の幅が広がり、新しい活動が創出されることも期待できる。

ただし、地域福祉を推進する側は協働が必要と考えるが、個々の団体にとっては協働しなくてはならないものではない。協働するための打ち合わせや調整の手間がかかり、かえって大変になるかもしれない。NPOが行政や企業と協働すると、NPOの活動の自由さや柔軟性が失われてしまうかもしれない。それぞれの独自性や行動原理の違いを保ちつつ、協働する人々や団体それぞれのニーズを充たし、協働によって使える資源が増え、活動が広がる、活性化するなどのメリットがあるwin-winの関係となることが、協働を成功させるポイントである。

*87
日本NPOセンターホームページ「NPOに関するQ&A：他セクターとの協働のために」。

❷協働による主体拡大の実際

ここでは、協働によって地域福祉の主体が拡大することを事例で見てみよう。

①異質な社会貢献の動機をつなぐフードバンク

フードバンクとは、期限切れ等による余剰食品のロスをなくしたい企業・商店や個々人と、安価な食品を求める生活困窮者やその支援団体とをつなぐ取り組みである。フードバンクは、フードロスを減らしたいという思いをもつ人々と、困窮者を支援したいと思う人々の両方にアピールし、実にさまざまな人や団体が参加している。

自分たちが製造・販売する食品のロスに心を痛めている企業は数多くある。参加する企業には、食品ロスの削減と社会貢献による社員のモチベーションアップ、廃棄コストの削減などのメリットがある。また、個人にとってもすでに購入したが消費する見込みのない食品を提供すればよいため、参加のハードルが低い。困窮者支援の関心は低くても、もったいないという気持ちがあれば参加できる。

ある地域では、社会福祉法人の地域貢献ネットワークの活動として、市内の社会福祉施設がフードドライブの拠点となって、余剰食品を集め、それを子ども食堂や困窮者支援の活動にいかしている。拠点となっている施設には、民生委員や自治会・町内会の呼びかけで、近所の農家の人から市場に出荷できない野菜なども寄付される。

②借り手不足に悩む家主と住宅確保困窮者をつなぐ居住支援事業

日本の空き家数は、増加の一途をたどっている。平成30（2018）年度の空き家数は850万戸あり、うち半数は賃貸住宅である[*88]。一方で、住宅確保に苦労する低所得者等が数多くいる。低年金の高齢者やホームレスの人々、地域居住をしたい障害者などである。

部屋が空いているのに家主が貸そうとしないのは、孤独死や近隣とのトラブルを恐れるからである。住宅確保がむずかしい低所得者等は、身寄りがないことが多い。認知症や精神疾患、行動障害から、近隣とのトラブルが起きるかもしれない、急な入院などで心身の状況が低下すれば住み続けることがむずかしい、万が一孤独死等があれば原状復帰には多額の出費が必要になる、といったことを恐れるのである。

そこで、現在各地で、身寄りのない生活困窮者の生活支援を福祉団体等が行うことで、家主が安心して貸せるようにする取り組みが広がりつつある。改正住宅セーフティネット法[*89]でも、住宅確保が困難な人（「住宅確保要配慮者」という）の入居を拒まない借家を都道府県等に登録するとともに、都道府県等から指定された住宅確保要配慮者居住支援法人が住み替えの相談や、見守り・生活相談等を行う仕組みがつくられた。

企業等に単独で何か地域のために活動してほしいと言ったり、一方的に寄付してほしいと言っても、それはむずかしい。それぞれのニーズを充たし、無理なく参加でき、社会的な意義があり、参加のメリットもあるような協働プログラムを提案することで、地域福祉の主体や資源は広がっていく。

地域福祉の主体や資源は、最初から地域福祉のためのものとして存在しているわけではない。推進機関は、異なる主体を結び付けることで何か新しい化学反応を起こそうというアイディアを常に考えて、今ある主体を地域福祉の主体や資源にしていくのである。

＊88
総務省「平成30年住宅・土地統計調査」。

＊89
住宅確保要配慮者に対する賃貸住宅の供給の促進に関する法律。同法については本双書第3巻第5章第2節1（4）及び第4巻第2部第1章第2節参照。

（3）主体形成と福祉教育

ここまでは、活動に参加する主体（個人、団体、組織）を増やすという主に量的な側面から、主体形成を論じてきた。ここでは、主体形成の質的側面に焦点を当て、団体・組織などの単位ではなく、個々人や小集団を念頭に、その福祉に対する認識や態度、行動の変容を図る福祉教育を中心に説明する。

❶福祉教育がめざす主体像

福祉教育とは、一般的には、人々の社会福祉への理解や参加の促進を目的とした教育活動を意味する。全国的に福祉教育推進の機運が高まった昭和46（1971）年、全社協の研究委員会は「福祉教育とは、憲法に基づく社会的基本権としての生活上の福祉の確保を妨げる諸問題を解決し、かつ住民の生活における福祉を増進するために、地域社会における住民が、それを自らの、及び、住民共通の課題として認識し、そのうえにたって、福祉増進の住民運動を自主的・継続的に展開するのを側面的に助けることを目的として行われる教育活動である」と定義した。ここでの主体像は、福祉課題を自ら共同して解決する主体である。

また、福祉教育がめざす、より具体的な主体像としては、「自他に対する鋭い人権感覚に裏付けされた、自立心と連帯感を備えた行動的自由人である『福祉人』」であり、「鋭い人権感覚、非人間的なものを見抜く力、行動力、豊かな生活感覚、連帯、助け合い、かかわり」などの力や行動をもつものである、などが示されている[1)]。

福祉教育という観点ではないが、岡村重夫（おかむらしげお）は「福祉的人間像」を示した。これは分化した各種の社会制度を統合的・調和的に活用して、自己を貫徹して主体的に自らの生活を組み立て、また生活問題を共同的に解決する生活者としての主体である。福祉的人間像のイメージには、地域での自立生活を貫くために、強い意志をもって共同して自立生活運動をつくり出していった障害当事者などがよく当てはまる。

このように福祉教育論等が描いた主体像は、単に福祉活動に参加するかどうかではなく、自ら主体的に生活を組み立て、共同して問題を解決する主体像である。現実には最初から「福祉的人間」「福祉人」であるような人はいないし、そう簡単になれるものでもない。しかし、あるべき主体像への期待を示すことが多くの人に少しでもそのような一面をもってもらう、近づいてもらうための主体形成の運動や実践を理念的に支えている。

❷生きる力と学校における福祉教育

福祉教育は基本的には福祉関係者側からの実践であるが、学校教育や児童健全育成の一環として展開される実践もつくられてきた。昭和52（1977）年からの「学童・生徒のボランティア活動普及事業」[*90]（厚生省補助事業）という具体的な手段を得て、社協関係者が学校に熱心にアプローチし、実際に子どもの変化を目の当たりにした現場の教員と連携しながら、学校における福祉教育を広げていった。

学校関係者に福祉教育の必要性を説明するときには、福祉教育がめざす人間像は、学校教育の目標と完全に一致しており、福祉教育は学校教育の全教科・全領域で展開され得る、という論理が整理された。[*91]大橋謙策（おおはしけんさく）による「（福祉教育とは）憲法第13条、第25条に規定された基本的人権を前提にして成り立つ平和と民主主義社会をつくりあげるために、歴史的にも、社会的にも阻害されてきた社会福祉問題を素材として学習することであり、それらとの切り結びを通して社会福祉制度・活動への関心と理解を進め、自らの人間形成を図りつつ、社会福祉サービスを受給している人々を社会から、地域から疎外することなく、ともに手をたずさえて豊かに生きていく力、社会福祉問題を解決する実践力を身につけることを目的に行われる意図的な活動である[2)]」という福祉教育の定義は、地域福祉の主体形成という福祉側の議論をふまえつつ、学校教育の目標に福祉教育が位置付けられるようにしていく意図をもったものである。

学習指導要領では、学校教育がめざす人間像を表す鍵概念として1990年代以降「生きる力」が掲げられるようになった。社会がいかに変化しても「問題を自ら発見し」「自ら主体的に学び」「他者とともに課題を解決し」「他者と共存・協力できる」といった力である。生きる力の考え方に大橋の定義を重ねると、社会福祉問題を学ぶことは、児童の人間形成を促し、問題の発見、主体的な学び、他者と共同した問題解決力（社会福祉問題を解決する実践力はこの一環となる）を養い、さまざまな人々とともに手をたずさえて豊かに生きていく力（他者と共存・協力できる力）を育むもので、生きる力の形成という目標と一致している、という論理が構成できる。

学校における福祉教育は、狭い意味での地域福祉の主体＝福祉活動の実践者の育成を直接的にめざすものではない。むしろさまざまな人と出会い・交流するなかで、子どもたちが生きる意味や生き方を学び、自分は社会でどんな役割をもつ存在となりたいかを考えることに意味がある。

＊90
社協が学校をボランティア協力校として指定し、１年間10万円の活動費を３か年補助した。1990年代後半から2000年代前半にかけては１年に１万5,000校近くが指定されていた。同補助事業は平成18（2006）年度に終了した。

＊91
全国社会福祉協議会・全国ボランティア活動振興センター 編『福祉教育ハンドブック』全国社会福祉協議会、1984年。

福祉教育が学習指導要領に正式に位置付けられたことは一度もない。厚生労働省による福祉教育への補助事業も終了した。しかし、地域での関係者の努力によって、学校や地域の教育委員会の理解を得てそれなりに学校教育に定着しており、現在も総合的な学習の時間を中心に取り組まれている。

事例 17

ある小学校では、４年生の総合的な学習の時間の中で、校区内の団地の老人会との継続的な交流と学習を約６か月にわたり行った。高齢者と数名の子どもの小グループをつくって継続的な関係として、子どもたちが団地の集会場に出かけたり、高齢者を学校に招待したりして、高齢者の話を聞く、手芸や遊びを習う、給食を一緒に食べるといった活動を行った。

また、交流活動の間には、学校で、振り返り、次回の交流の企画、より高齢者と仲よくなるための各グループでの企画や、高齢化についての学習などが行われた。

少人数で継続的なかかわりをすることで、より深い交流や関係性ができ、高齢者から最初は聞けなかった戦争体験や人生でのさまざまな出来事も聞くことができた。

❸当事者性と対話・省察

自分自身や自分の身近な人が何らかの障害や生活上の困難を抱えていれば、その人は問題の当事者として、その課題を我が事として考える。しかし、そういう状況でない多くの人にとっては、その問題は他人事である。高齢化率が30％近くになり（今後は40％まで高まる）多くの人が当たり前のように福祉サービスを利用するようになってきているものの、健康で、生活が安定しているうちはやはり福祉はどこか他人事で、人々は無関心である。

さらに、障害のある人や異なる文化の人々、ホームレス状態にある人々に対しての偏見や差別もある。あまり表立って報道はされないが、障害者支援の事業所等が設立されるときの反対運動は各地で起きている。また、いわゆる「ごみ屋敷」といわれる生活状況の背景には認知症や障害、社会的孤立、経済的困窮など、当該世帯や個人の自己責任とはいえない事情がひそんでいることが多いが、そんな事情よりも単に迷惑と受け取られ排除されがちとなる。多様な人々が地域で暮らし合うために、自分が当事者ではない人々にも、生活の困難をもつ人への好意的な関心をもってもらえるようにすることは、福祉教育の重要な課題である。

このときの鍵となる概念として、当事者性という言葉がある。当事者性とは、当事者がもつ問題を、非当事者が自分と切り結ばれた（つながりのある）問題ととらえるようになり、当事者を理解、支援し、ともに行動するようになることである。

当事者性は、当事者との交流の中で、何か自分と重なる接点を感じる（自分と切り結ばれる）ことで当事者を少し身近に感じる。そして、当事者がどう生きてきたか、その人の努力やもつ力、大切にしている価値観を知る過程で接点が増えると同時に、自分との違いにも気付き、なぜなのか、自分はどうなのかを考えるようになる。また当事者性は、より当事者性の高い仲間や、ほかの問題の当事者の発言や行動などに触発されることで高まっていく（**図1－2－7**）。

自分では生活課題を感じていなくても、多かれ少なかれ何らかの問題を抱えているか、人生のどこかで問題の当事者になる可能性がある。そのように自分のことを考えたときに、他者の当事者性と交わりやすくなる。したがって、他者の問題の理解よりも、むしろ自分自身の問題と向き合い、それを他者の当事者性とつなげていくことが、当事者性を高めることにつながる。ここでは、他者との交流・対話・省察が重要となる。

また、地域に当事者が暮らし、生活の中で出会い・交流する場を増やしていくことで、積極的に共感したり好意的な関心をもたないまでも適度な距離感をもって排除はしない人々を増やしていく（排除する人を減らしていく）ことも重要である。障害者がひっそりと自宅に閉じこもり、山奥の入所型施設に収容（当時の制度上の用語）されていた1960～70年ごろを考えれば、社会の理解・状況が劇的に変わっていることも事実である。それは障害者が社会の壁と闘いながら地域に出ていって、多くの人々にそのことが当たり前になったからであろう。

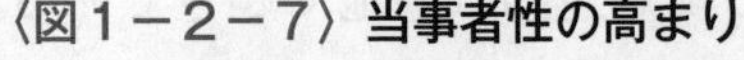
〈図1－2－7〉 当事者性の高まり

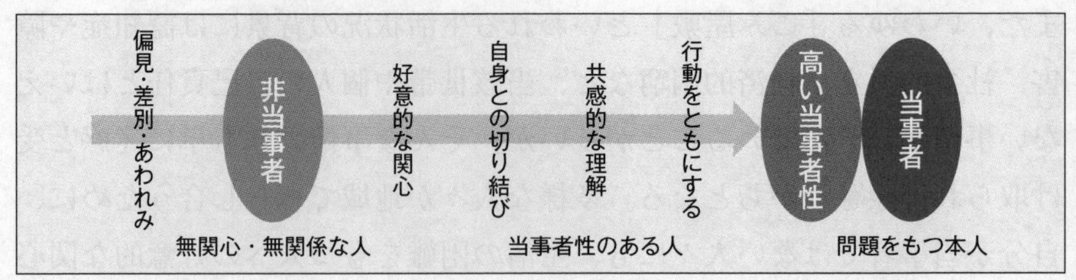

（筆者作成）

❹エンパワメントと共同的な実践ー学習・対話・省察の循環

福祉教育の実践や研究では、福祉課題の直接的な当事者ではない人が、当事者のことを理解（高齢者の理解、障害者の理解……）することで、当事者に近づき（当事者性を高め）、支援活動に参加する、それが福祉の主体形成であるという方向で理解される傾向にある。しかしこの論理だと、福祉課題をもつ当事者は理解の対象・客体であって、主体からは排除されてしまう。それでは本当の意味での当事者性は生まれない。また、貧困、不登校、いじめなど、子どもたちが何らかの生きづらさに直面するなか、その問題を横において誰かを支援するための福祉教育をしたとしても、どこか皮相的である。

そこで福祉教育の実践において重要なのは、非当事者が当事者を一方的に支援するということではなく、学習者自身も当事者も福祉教育にかかわるすべての人が力を高めていけるようにすること＝エンパワメントをめざすことである。エンパワメントとは、元来、資源や機会の乏しい人々が、自分の周りの環境に対して影響を及ぼし、生き方や行動を自分で決定し、コントロールできるようにしていくための取り組みを意味する[*92]。エンパワメントされた状態とは、人が自分の環境を予測・管理可能だと感じ、自己効力感やプラスの自己イメージをもてる状態である。逆に、自分が環境を予測・管理できないと感じるとき、人々の自己効力感は低下し、あきらめ、マイナスの自己イメージをもつ（ディスエンパワメントされる）（**図１－２－８**）。問題を抱えた当事者であるとは、ディスエンパワメントされかねない状況にあるということである。

人々がエンパワメントされていくには、自らのディスエンパワメントされているかもしれない状況を見つめ対話することで自分や他者それぞ

＊92
例えば、アメリカの公民権運動は、差別されていたアフリカ系の市民のエンパワメント（社会的・政治的権利の増進）をめざしたものである。

〈図１－２－８〉エンパワメントとディスエンパワメントの構造

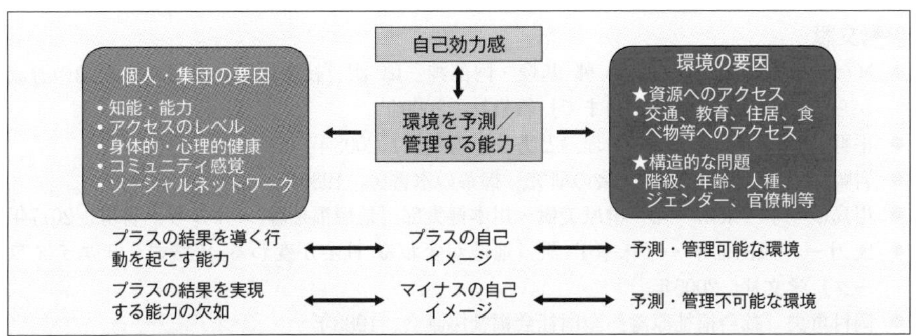

（出典）B. リー、武田信子・五味幸子 訳『地域が変わる 社会が変わる 実践コミュニティワーク』学文社、2005年、16～19頁の図をもとに一部改変

れが大なり小なりもつ当事者性に自覚的になった上で、何らかの形で自分たち自身の環境をコントロールする実践、つまりは変革する実践が必要である。その実践で何か小さな変化をもたらすことができれば、それは自分たちの自己効力感につながっていく。また、実践をつくり出していく過程の対話・省察・学習を通して、自分たちの共同主観がつくられていく。福祉教育の実践では個々人の意識や態度、行動力を変容させるとともに、共同的な実践や学びによって集合的な力量を高め、それをまた個々人の変容につなげていくという、個人と集団の変容の連関・循環が重要である。

引用文献

1）全社協・全国ボランティア活動振興センター「福祉教育の理念と実践の構造」『福祉教育ハンドブック』全国社会福祉協議会、1984年、13頁

2）大橋謙策『地域福祉』放送大学教育振興会、1999年、104頁

参考文献

- N. クロスリー、西原和久・郭 基煥・阿部純一郎 訳『社会運動とは何か－理論の源流から反グローバリズム運動まで』新泉社、2009年
- 平野隆之『地域福祉推進の理論と方法』有斐閣、2008年
- 岩崎信彦ほか 編著『町内会の研究』御茶の水書房、1989年
- 川島ゆり子・永田　祐・榊原美樹・川本健太郎『地域福祉論』ミネルヴァ書房、2017年
- B. リー、武田信子・五味幸子 訳『地域が変わる 社会が変わる 実践コミュニティワーク』学文社、2005年
- 岡村重夫『社会福祉原論』全国社会福祉協議会、1983年
- 大橋謙策『地域福祉』放送大学教育振興会、1999年
- 玉野和志『近代日本の都市化と町内会の成立』行人社、1993年

第 1 部　地域福祉の基本的な考え方

第3章
地域福祉の概念と理論

学習のねらい

地域福祉をどのようにとらえるのかということは、これから社会福祉を学んだり、実践したりする上でとても重要である。地域福祉の概念は、コミュニティケアやコミュニティワーク、あるいはコミュニティオーガニゼーションの考え方などを含んでいるが、それらと同じではなく、日本的な概念である。

その理論は、高度経済成長期である1960年代から1970年代の時期にでき、その後、社会情勢の変化に対応する形で変遷してきている。地域福祉には、大きく分けると、生活していく上で困難な状況に置かれている個々の住民の地域での生活を支援する側面と、住民の生活の舞台である地域社会そのものを自治的により暮らしやすくしていくという側面とがある。

地域福祉を、主要な論者の理論と当時の時代背景とを関連付けてとらえ、地域福祉とはどのような考え方であり、実践なのかということについて考えてみてほしい。

第1節　地域福祉の概念

1 社会福祉における地域福祉

今日の社会福祉においては、直接的に「地域福祉」という表現が用いられていなくても、地域包括ケアシステムや生活支援コーディネーター、地域生活移行、あるいは生活困窮者自立支援法、さらには今日の地域共生社会をめぐる政策や実践に関する議論などにおいて、地域福祉として論じられたり、解釈されたりすることが多い状況にあるといえる。

すなわち、高齢者福祉や障害者福祉、あるいは生活困窮者支援などの社会福祉の各領域における議論でも、「地域において」といった観点からとらえてみると、地域福祉として解することができるのである。また、実践においても近年よく用いられる「地域を基盤としたソーシャルワーク」や「コミュニティソーシャルワーク」に関する議論は、地域福祉の実践として論じられることが多い。こうしたことをふまえると、地域福祉と社会福祉の概念の違いがあいまいであるだけでなく、ソーシャルワークとの関連においてもその概念の区別があいまいになっていることに気付く。

戦後、憲法において社会福祉という用語が用いられ、社会福祉という概念が浸透していく状況において、そうした社会福祉という概念では語りつくせない“何か”があるために、そこから分化する形で「地域福祉」という概念が用いられるようになったといえる。時期的には1950年代から「地域福祉」という用語が使われているが、最初に「地域福祉」という用語が刊行物で用いられたのは昭和38（1963）年に発行された日本生命済生会発行の『季刊地域福祉』である。また、昭和37（1962）年に全社協により示された「**社会福祉協議会基本要項**」では、地域福祉という用語は用いられていないものの、社会福祉協議会（社協）が担うべき機能としてコミュニティオーガニゼーションの方法をふまえた「住民主体の原則」のもと、地域住民の協働促進や関係機関・団体・施設との連絡・調整、組織活動などの必要性が示され、内容的には「地域福祉」として論じられることと重なっている。

戦前では、地域における「結（ユイ）」や「講」などの相互扶助や方面委員制度のもとでの方面委員活動、あるいはセツルメント活動などが地域福祉の源流とされるが、そこには住民の主体性や地域における生活の共同性など、ある種の共通項を見出すことができる。学術書としては岡村重夫が昭和45（1970）年に『地域福祉研究』、昭和49（1974）年に『地域福祉論』を著している。また、昭和48（1973）年には住谷　磬・右田紀久惠編『現代の地域福祉』も著されており、このころに地域福祉という概念が研究対象となり、理論化が図られ始めたといえる。

2 地域福祉のエッセンス

では、社会福祉としてではなく、地域福祉として語るべき必要性とは何であったのか。1960年代から1970年代にかけての時期は高度経済成長期であり、産業化・都市化・核家族化が急速に進み、過疎・過密問題などによる地域社会の変貌が社会問題とされ始めた時期である。また高齢化率が７％を突破し、いわゆる「高齢化社会」へと移行していく時期でもあり、社会福祉施設のみならず在宅福祉サービスの必要性が認識され始め、政策的にもコミュニティへの関心が高まった時期であった。

こうしたことをふまえると、「地域福祉」は高齢者福祉が「高齢者」を対象としており、障害者福祉が「障害者」を対象としているように、他の社会福祉の分野論と同様に、「地域」を対象として、そこでの取り組み（例えば「結」や「講」）や実践（例えば方面委員制度やセツルメント）、あるいは「地域」へのはたらきかけ（例えば地域組織化）のあり方に焦点を当てた社会福祉であったといえる。先の地域福祉の源流とされる「結」や「講」は、前者は田植えや稲刈りなどの際の村落での共同作業あるいは労力を交換し合う形態であるし、後者は村落での任意参加型の相互扶助組織であり、「頼母子講」や「無尽講」という場合には救済的な相互扶助が行われていたとされている。また、方面委員制度やセツルメント活動は地域における救済や貧困の改善を目的とした実践である。

さて、こうしたことをふまえて冒頭の議論に戻ると、今日の地域福祉をめぐる議論は、「社会福祉≒地域福祉≒地域を基盤としたソーシャルワーク≒ソーシャルワーク」というように、「地域福祉」の概念の区別が溶解するような事態に陥っているともいえる。もちろんそのことで、つまり社会福祉の概念から分化した地域福祉が、再び社会福祉の概念と一体化することで問題がなければそれでよいのだが、実は社会福祉を地域福祉の文脈で論じることには大きな弊害もある。

そこで以下こうした問題意識のもと、地域福祉の概念を主要な論者の主張をふまえながら確認してみることにする。

第2節　地域福祉の理論の分類

1 地域福祉論の分類

（1）牧里毎治による地域福祉論の分類

岡村重夫に代表されるように「地域福祉論」と題する著作は、これまでに多く出版されているが、地域福祉そのものが本格的に論じられたのは1970年代から1990年代の時期であり、平成12（2000）年以降は個別の事象をめぐる論考が多くなる。こうした個別事象を取り扱う論考が多くなる傾向は、他の学問領域でも共通している。

さて、地域福祉論として論じられている地域福祉の概念の分類については、1980年代なかばになされた牧里毎治の作業がよく用いられてきた[*1]。牧里は、各論者によって対立している論点に着目し、地域福祉の概念を「構造的概念」と「機能的概念」とに分類している。

構造的概念は、資本主義社会において「構造」的に産出される社会問題・生活問題に対する政府・自治体の政策的対応に重点を置き、貧困問題を核として生活問題をとらえるところに特徴がある。したがって、住民参加についてはボランティアとしてよりも、住民運動として政策にいかに影響を及ぼすのかということが重視される。そしてサービス利用に伴う受益者負担には消極的であることなどが指摘されている。こうした認識のもと、この概念は政策・制度のあり方を強調した「政策制度論的アプローチ」（右田紀久恵、井岡　勉）と住民などによる運動のあり方を強調した「運動論的アプローチ」（真田　是）とに分けられている。

一方、機能的概念は、地域福祉を市町村などの一定の地域社会において、国民諸階層に広がる介護などの社会的ニーズを、政策・制度だけではなく、公私の複合的な主体で構成されるサービス供給システムによっていかにして充足していくのかという枠組みでとらえており、地域福祉の機能（＝はたらき）に注目しているところに特徴がある。そこではサービスの担い手としての住民参加が重視され、利用者負担には寛容である。この概念は、住民や地域社会の主体的な問題解決機能を重視した「主体論的アプローチ」（岡村重夫）と在宅福祉サービスを中心にサービス供給資源を重視した「資源論的アプローチ」（三浦文夫、永田幹夫）とに分けられている。

しかし、幾度となく用いられてきたこの分類には、大きな欠陥がある。

＊1
牧里毎治（1986）「地域福祉の概念構成」高田真治ほか 編『社会福祉の新しい道 地域福祉講座①』中央法規出版、牧里毎治（1984）「地域福祉の２つのアプローチ」阿部志郎ほか 編『地域福祉教室』有斐閣を参照のこと。なお、牧里はその後、「自治型地域福祉」と「在宅福祉型地域福祉」という分類も示している（牧里毎治〔1999〕「地域福祉」一番ヶ瀬康子ほか 編『講座戦後社会福祉の総括と21世紀への展望Ⅰ－総括と展望』ドメス出版）。

まず、分類に用いられている名称についてである。哲学や現代思想、あるいは社会学では、構造主義という立場がある。それはサルトルの実存主義などに対立する立場で、主体は構造に規定されているとする考え方である。牧里は孝橋正一（こうはししょういち）と岡村重夫らによる社会福祉本質論争などの枠組みをふまえて、資本主義社会の「構造」といった意味で用いているが、そうした用い方は社会福祉業界内でのみ通用するものであり、他の学問領域との共通言語とはなり得ないのである。また、後に詳しく述べるが、岡村重夫と右田紀久惠が真逆の立場であるかのような誤解を与えるなど、各論者の主張の核心をとらえ損ねているところにも問題がある。

（2）岡本栄一による地域福祉論の分類

次に、牧里の分類を参考にしつつも発展させたものとして岡本栄一（おかもとえいいち）の分類（**図1－3－1**）がある。図のように、タテ軸に「場＝展開ステージ軸」として「A 福祉コミュニティづくりや予防等に関する領域」～「C コミュニティケアに関する領域」を、ヨコ軸に「主体＝推進支援軸」として「B 政策・制度に関する領域」～「D 住民参加・主体形成に関する領域」を設定して、より多角的に代表的な地域福祉理論を分類している。

そこでは①「政策・制度志向の地域福祉論」（右田紀久惠、井岡　勉、真田　是）、②「在宅福祉志向の地域福祉論」（永田幹夫、三浦文夫）、③「住民の主体形成と参加志向の地域福祉論」（大橋謙策（おおはしけんさく）、渡邉洋一（わたなべよういち））、そして④「福祉コミュニティ・地域主体志向の地域福祉論」（岡村重夫、阿部志郎（あべしろう））という4つに分けている。

こうした枠組みに従えば、地域福祉理論には岡村重夫（④）のような地域社会そのものが主体として、生活課題の解決機能や課題発生の予防

〈図1－3－1〉地域福祉理論の整理

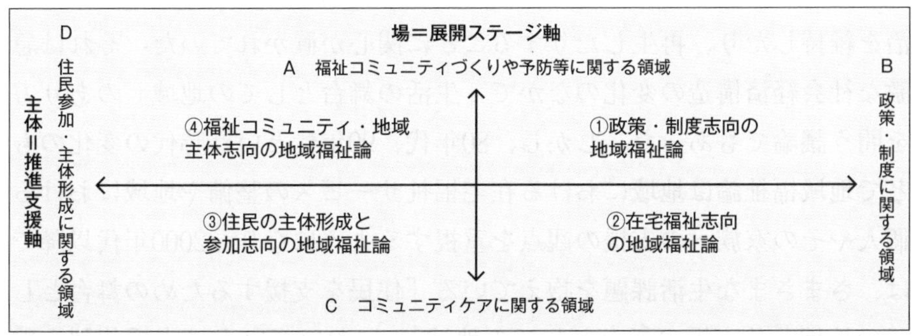

（出典）岡本栄一「場－主体の地域福祉論」『地域福祉研究』日本生命済生会、No.30（2002年）、11の図をもとに一部改変

的機能などを担えるようコミュニティづくりを重視するタイプ、永田幹夫（②）のように福祉サービスを必要とする地域住民の生活課題を「ニーズ」として把握し、それを充足するサービス供給システムという観点からとらえるタイプ、右田紀久惠（①）のように地域住民の抱える生活問題をサービス対象化した「ニーズ」としてとらえるのではなく、経済社会的条件に規定される生活問題として、住民の権利性を明確にし、国や自治体の生活保障に関する政策的対応を重視するタイプ、そして大橋謙策（③）のように住民が地域の生活課題に気付き、お互いに支え合いながら生活課題の解決に取り組み、計画策定過程に参加したりできる住民の主体形成と福祉教育のあり方を重視するようなタイプに分けることができる。

しかし、この岡本の分類は、牧里の「運動論的アプローチ」が「住民の主体形成と参加志向の地域福祉論」に変わっただけで、内容的にはほぼ牧里の枠組みを踏襲するものであり、それだけに、先に指摘した分類上の同様の課題を抱えたままであるといえる。

2 地域福祉の理論の新しい分類

地域福祉論が各論者により論じられてきたそれぞれの時代ごとの社会的文脈をふまえて、そこに見出せる意味を読み解きながら、地域福祉の理論に関する新しい分類（**図1－3－2**）を試みてみることにする。[＊2]こうした枠組みで1970年代から今日までの流れを整理してみると、図のように大きくは「生活問題の解決に向けた地域の『自治』化」の流れ（生活の舞台としての地域そのものへのはたらきかけ）と、「ニーズを抱えた個人への対応（個別化）」の流れ（地域を舞台とした支援の展開）とに分けることができる。

＊2
松端克文『地域の見方を変えると福祉実践が変わる－コミュニティ変革の処方箋』ミネルヴァ書房、2018年。松端克文「（特集：地域福祉研究の今後のあり方）地域福祉研究方法の観点から」『日本の地域福祉』第32巻、日本地域福祉学会、2019年。

概括的に整理すれば、1970年代の地域福祉論では地域の主体性とか自治を維持したり、再生したりすることに関心が置かれていた。それは急激な社会経済構造の変化のなかで「生活の舞台としての地域」のあり方を問う議論でもあった。しかし、80年代、90年代という時代の変化のもとで地域福祉論は地域における在宅福祉サービスの整備や地域における個人やその家族への支援の観点を重視するようになり、2000年代以降では、さまざまな生活課題を抱えている「住民を支援するための舞台としての地域」（「支援の舞台としての地域」）においていかに支援体制を整備していくのかということに軸足が置かれるようになる。

〈図１－３－２〉地域福祉の意味論の変遷

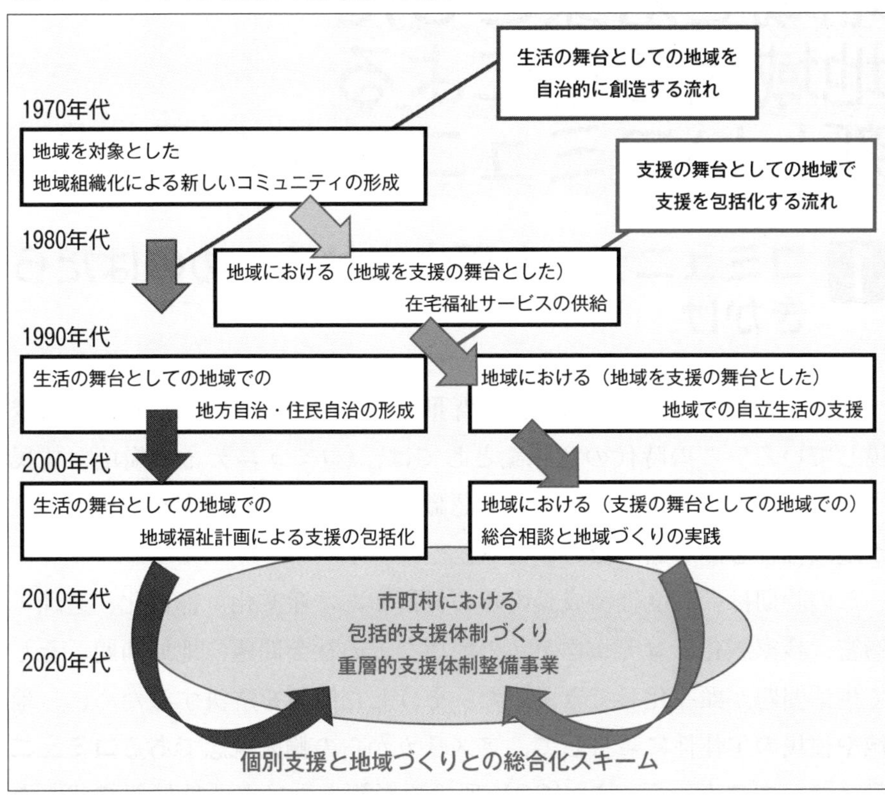

（出典）松端克文『地域の見方を変えると福祉実践が変わる－コミュニティ変革の処方箋』ミネルヴァ書房、2018年、237頁をもとに一部改変

とりわけ2000年代以降は、個々の住民やその世帯・家族の支援のあり方としての「総合相談」から「地域づくり」へと展開していく議論と、市町村における「地域福祉計画」の策定を通じて地域福祉を推進するための仕組みづくりという面的な整備のあり方の議論とが並行して存在しているといえる。平成29（2017）年と令和２（2020）年の社会福祉法の改正により、市町村における重層的支援体制整備事業も含めた包括的支援体制づくりは、地域福祉計画にも盛り込むこととされている。

したがって、こうしたことをふまえると、今日では複合多問題や制度の狭間（はざま）の問題にも対応できるような個々の住民の地域生活課題に対応できる個別支援を核とした包括的支援体制を、住民の主体的な参加・参画に基づく地域づくりと関連付けて、市町村において地域福祉計画の策定を通じてつくっていくことが求められているといえる。ここでは、こうした考えからの枠組みを「個別支援と地域づくりとの総合化スキーム」としておく。

第3節　地域を対象とした地域組織化による新しいコミュニティの形成

1 コミュニティを再生させるためのはたらきかけ

地域福祉論は、高度経済成長を背景として昭和45（1970）年前後に登場している。この時代の意味論としては、〈コミュニティの崩壊／住民主体のコミュニティ形成〉という認識のもとで、岡村重夫[*3]や右田紀久恵[*4]が地域福祉を論じ始めたといえる。

この時期は、高度経済成長の負の側面である産業化、都市化、過疎・過密、核家族化、コミュニティの崩壊などの社会問題、地域問題、そして生活問題が顕在化してきていた。そうした問題を解決するために、地域や住民の主体性に着目して、アメリカからの輸入概念である**コミュニティオーガニゼーション**（CO）理論の影響を受けた「地域組織化」などを通じて、コミュニティの再生という社会的な関心のもとで地域福祉論が成立したといえる。ここでの意味論を支えているのは、〈コミュニティの崩壊／コミュニティ形成〉という区別である。確かに岡村も右田も地域福祉を説明する際には、「コミュニティ・ケア」（岡村）や「公私の制度・サービス体系」（右田）というように、在宅福祉サービスについても言及しているが、その主張の核となっているのが、コミュニティを再生させるためのはたらきかけであったのである。

2 地域の主体性を重視した地域福祉論

武川正吾（たけがわしょうご）は地域福祉の「主流化」に至る経緯を説明するという文脈において、地域福祉は1960年代から1970年代における「地域組織化」、1980年代における「在宅福祉」、1990年代前半における「住民参加型福祉」、そして1990年代後半における「利用者主体」という４つの政策理念の累積化を具体化したものであるという仮説を提示している[1)]。まさにこの時期は、「地域組織化」が主要な課題であり、その必要性なり重要性を岡村も右田も論じていたのである。

＊3
岡村重夫は地域福祉の概念を構成する要素として、「①最も直接的具体的援助活動としてのコミュニティ・ケア、②コミュニティ・ケアを可能とするための前提条件づくりとしての一般地域組織化活動と地域福祉組織化活動（前者は新しい地域社会構造としてのコミュニティづくりであり、後者はそれを基盤とする福祉活動の組織化である）、③予防的社会福祉」の三者によって構成されるとしている（岡村重夫『地域福祉論』光生館、1974年、62頁）。

＊4
右田紀久恵は「地域福祉とは、包括的には、生活権と生活圏を基盤とする一定の地域社会において、経済社会条件に規定されて、地域住民が担わされてきた生活問題を、生活原則・権利原則・住民主体原則に立脚」するとして、「具体的には労働者・地域住民の生活保障と、個としての社会的自己実現を目的とする公私の制度・サービス体系と、地域福祉計画・地域組織化・住民運動を基礎要件とする」としている（右田紀久恵ほか編『現代の地域福祉』法律文化社、1973年、1頁）。

牧里や岡本では、岡村と右田は対立する立場に分類されている。確かに右田の地域福祉論は、資本主義経済のもとで構造的に貧困問題を核とした生活課題が生み出され、それに対する福祉政策の重要性を説く論理の展開であるだけに、岡村の地域福祉論とは立場を異にするように受け取れる。しかし、高度経済成長の過程で生み出される社会問題・地域問題・生活問題に対応するために「地域の主体性」（岡村）や「住民主体・住民参加・住民運動」（右田）を重視していたのだと解すれば、両者の主張はむしろ同根であり、住民の生活の舞台としての地域社会そのものへはたらきかけることを柱として地域福祉論を主張していたといえる。

第4節 地域における（地域を舞台とした）在宅福祉サービスの供給

1 在宅福祉サービスへの関心の高まり

このようにして芽生えてきた地域福祉論の一つめの転機は、昭和54（1979）年に全社協により公表された**『在宅福祉サービスの戦略』**である。また同時期に、永田幹夫が『地域福祉組織論』（1981年、改訂版1985年）と『地域福祉論』（1988年、改訂版1993年）を続けて著している。[*5]

1980年代になると、高齢化社会の進展を背景として、在宅福祉サービスの拡充が課題となる。永田に見られるように、「地域における（地域を舞台とした）在宅福祉サービスの供給」に関心が集まり、この時期の地域福祉論は、〈住民主体のコミュニティ形成／増大する高齢者の介護ニーズへの在宅福祉サービスの提供〉という区別の中で展開することになったのである。

永田も岡村も「組織化」に関して類似の用語を用いているが、岡村の場合は、「一般地域組織化」を通じて、従来の封建的で非民主的な側面もあった自治会・町内会をそのまま再生するのではなく、新しいコミュニティの形成をめざした。しかし、地域の共同性を形成ないし再生するだけでは、必ずしも生活問題を抱え困難な状況に置かれている住民の課題に対応できるわけではないので、当事者を中心に関係者で形成する「福祉コミュニティ」が必要であり、そのための方法論として「福祉組織化」をあげている。そしてそこに貫かれているのが地域の主体性なり、住民の主体性なのである。

これに対して永田の場合は、岡村の「一般地域組織」に対応する用語はなく、同様の表現の「地域組織化」は「住民の福祉への参加・協力、意識・態度の変容を図り福祉コミュニティづくりを進める」ものと位置付けられており、「福祉組織化」は在宅福祉サービスを中心としたサービスの組織化、調整、供給体制の整備、効果的運営を意味しており、岡村には該当する記述はない。

＊5
永田幹夫は地域福祉を次のように定義している。「地域福祉とは、社会福祉サービスを必要とする個人・家族の自立を地域社会の場において図ることを目的とし、それを可能とする地域社会の統合化及び生活基盤形成に必要な生活・居住条件整備のための環境改善サービスの開発、対人的福祉サービス体系の創設、改善、動員、運用、及びこれらの実現のために進める組織化活動の総体をいう」として、その構成要素に、在宅福祉サービス（予防的サービス、専門的ケア、在宅ケア、福祉増進サービスを含む対人福祉サービス）、環境改善サービス（物的・制度的施策を含む生活・居住条件の改善整備）、組織活動（地域組織化及びサービスの組織化、管理の統合的運営によるコミュニティワークの方法技術）をあげている（永田幹夫『改訂 地域福祉論』全国社会福祉協議会、1993年、45頁）。

2 在宅福祉サービスを核とした地域福祉論

先の牧里の分類では、岡村も永田もともに「機能的概念」に位置付けられるが、岡村が「主体論的アプローチ」とされているのに対して、永田は「資源論的アプローチ」とされている。同様に岡本の分類においても、岡村が「福祉コミュニティ・地域主体志向の地域福祉論」とされているのに対して、永田は「在宅福祉志向の地域福祉論」とされている。岡村の重視した地域における地域組織化や住民主体の原則のもとでの「運動」「交渉」「参画」「自治」や、右田のいう「住民主体・住民参加・住民運動」と、永田のいう「住民の福祉への参加・協力、意識・態度の変容を図り福祉コミュニティづくりを進める」とか、「在宅福祉サービスを中心としたサービスの組織化、調整、供給体制の整備、効果的運営」とは、地域組織化や福祉組織化という同様の用語を用いていても、その意味するところは大きく異なっていたのである。

こうしたことをふまえると1980年代の地域福祉論は、それまでの経済的困窮を中心とした「貨幣的ニーズ」に対して、高齢化社会の到来のもとで増大し始めた介護を中心とした生活問題を「非貨幣的ニーズ」と位置付け[*6]、そうしたニーズに対応するための在宅福祉サービスをいかに供給するのかということを主たるテーマにするようになっていたといえる。すなわち、こうした社会的文脈の中で、地域福祉論としては「社会問題」や「生活問題」への対応としてではなく、〈高齢者の介護ニーズ／それに対応する在宅福祉サービス〉という枠組みでの議論が重視されるようになり、在宅福祉サービスの担い手としては行政のみならず、家族や地域での相互扶助、ボランティア、さらには市場によるサービスの役割が強調されるようになる。そしてこの時期に、会員制のもと、最低賃金に満たない金銭的報酬で家事や介護サービスを提供する「住民参加型在宅福祉サービス」といった形態の活動・サービスが登場したのである。

＊6
三浦文夫『社会福祉経営論序説－政策の形成と運営』碩文社、1980年。三浦文夫『社会福祉政策研究 社会福祉経営論ノート』全国社会福祉協議会、1985年。

第5節　地域における（地域を舞台とした）自立生活の支援

1 自立生活が困難な個人や家族への対応

1990年代は、住民の抱える福祉ニーズに在宅福祉サービスなどを通じて対応するという議論の枠組みが影響をもちつつも、さらに大きな変化が認められる。すなわち大橋謙策に代表されるように、個々の住民の「地域における（地域を舞台とした）地域での自立生活の支援」が地域福祉の課題となるのである。

大橋は、地域福祉を「自立生活が困難な個人や家族」を対象ととらえて、そうした個人なり家族が「地域において自立生活」ができるように支援していくことを基点として、それを同心円的に拡充していくなかに福祉コミュニティづくりや都市環境の整備を位置付けている[＊7]。1980年代までの永田に代表される地域福祉論における〈福祉ニーズ／それに対応する在宅福祉サービス〉という枠組みでは、生活していく上で困難な状況に置かれている個人なり家族という「個別性」が捨象されており、市町村におけるサービス供給の仕組みを整備するというメゾからマクロレベルでの問題認識になっていた。それに対して大橋の〈自立困難な個人や家族／それに対する地域自立生活の支援〉という枠組みは、個別支援というミクロのレベルを中核に置いて、そこからメゾからマクロへの展開（＝地域支援とか地域づくり）を視野に入れるという構成になっている。また大橋は、日本における「**コミュニティソーシャルワーク**」の提唱者でもあるが、それはまさに個別支援から地域支援を同一線上に位置付けて、個別の支援から地域へと支援を拡張していくという方法論であり、〈自立困難な個人や家族／それに対する地域自立生活の支援〉という意味論を端的に表している。

＊7
大橋謙策は地域福祉を次のように定義している。「地域福祉とは、自立生活が困難な個人や家族が、地域において自立生活できるようネットワークをつくり、必要なサービスを総合的に供給することであり、そのために必要な物理的、精神的環境醸成を図るため、社会資源の活用、社会福祉制度の確立、福祉教育の展開を総合的に行う活動である」として、「地域福祉という新しい社会福祉サービスシステムの成立」のためには①在宅福祉サービスの整備、②在宅生活を可能ならしめる住宅の整備と移送サービスの整備、③近隣住民の参加による福祉コミュニティの構築、④都市環境の整備などを推進することが必要であるとしている（大橋謙策『地域福祉論』放送大学教育振興会、1995年、28頁）。

2 地域自立生活の支援としての地域福祉論

地域福祉を論じる場合、岡村も右田も、そして永田にしても、一定の地域の中でのニーズ把握とそれへの対応という集合的な概念の枠組みに基づいているため、住民の主体形成でも、在宅福祉サービスでも、特定の個人をイメージしたものにはなっていない。ところが大橋や上野谷加代子（うえのやかよこ）の場合[*8]は、地域福祉やその方法論を定義付ける文脈において、個人や家族を直接的に支援の対象としてとらえている。これは地域福祉論において、これまでとは異なる理論の枠組みを形成しているといえる。すなわち〈地域という集合的な対象にはたらきかけて住民参加や住民主体の活動を展開するとか、在宅福祉サービスを整備せよとするのか／地域の中で困難な状況に置かれている個人なり家族を個別に支援することを基点として実践せよとするのか〉という区別に基づけば、後者の区別に基づいて地域福祉を論じているのである。

1990年代後半には、「措置から契約」へのスローガンに象徴される社会福祉基礎構造改革が議論され、平成12（2000）年の社会福祉法の改正や障害者福祉領域の支援費制度の導入などとして具体化し、平成９（1997）年に介護保険法が成立し、平成12（2000）年度より施行されている。こうした過程では、福祉サービスを必要とする住民をサービス利用者と位置付けて、〈措置の対象か／選択し契約するサービスの利用主体・自己決定する主体か〉という認識上の区別が重視されていた。このような動向は、この時期の大橋に代表される地域福祉論の〈自立困難な個人や家族／それに対する地域自立生活の支援〉という区別に基づく議論と親和的であり、個々人の支援から地域福祉を構想するという論理の枠組みが大きな影響をもつことになる。

地域福祉を論じる場合、岡村重夫も右田紀久惠も、そして永田幹夫にしても、一定の地域を対象として、そこでの地域の主体性や自治、あるいはニーズ把握とそれへの対応というように、集合的な概念の枠組みに基づいていた。そのため、住民の主体形成や自治の形成、在宅福祉サービスの整備を議論していても、個別の個人やその家族・世帯を対象とした個別の支援をイメージしたものにはなっていない。

ところが大橋の場合は、地域福祉やその方法論としてのコミュニティソーシャルワークを論じるなかで、永田幹夫らの流れである地域を「支援の舞台」としてとらえる観点に加えて、地域生活課題を抱える個人やその家族・世帯を直接的に支援の対象としてとらえているところが特徴的である。それだけにそれまでの地域福祉論とは異なる視座を提供したといえ、今日の地域福祉に関する理論や政策、実践において主要なトレンドである「個別支援と地域づくりとの総合化スキーム」を形成する上で、大きなインパクトを与えたといえる。

＊８
上野谷加代子は、「地域福祉活動は生活課題を抱える人々が地域社会から排除されることなく、家族、地域社会の尊厳ある一員として求められるように、福祉コミュニティづくりを進めていくために、住民と行政とが新たなパートナーシップのもとに、展開されるものです。地域福祉は形成概念であるといわれています。このことは『実践と政策と理論』としての地域福祉は、一人ひとりの住民と専門職の内発性の発揮と協働実践によって発展していくものだということです」と定義している（上野谷加代子「地域福祉という考え方」上野谷加代子ほか 編『新版よくわかる地域福祉』ミネルヴァ書房、2019年、5頁）。

第6節　生活の舞台としての地域の自治の形成

1 地域における自治の形成

しかし、こうした1990年代に右田紀久恵は、自治型地域福祉論を提唱している。大橋との対比でいえば、〈地域を舞台とした“個人の地域自立生活支援”／舞台としての地域そのものの“自治”の形成〉という違いになる。ここでの地域社会そのものの自治の必要性を強調する観点は、1970年代の地域福祉論への原点回帰であるともいえる。

このように地域福祉が個人の支援を基点とするものへと傾倒し始めた同じ時期に、右田は「自治型地域福祉」の必要性を提起するのである。右田はその概念自体を明確に定義付けているわけでないが、「地域福祉は地域社会における住民の生活の場に着目し、生活の形成過程で住民の福祉への目を開き、地域における計画や運営への参加を通して、地域を基盤とする福祉と主体力の形成、さらに、新たな共同社会を創造してゆく、１つの分野である。この点において地域福祉は『自治』と『自立』との同質性と共通項をもつといえる。（略）地域福祉を単に在宅福祉（在宅援助の実践体系）と短絡的にとらえるのではなく、地方自治のあり方と連動させ、分権的社会システム創造の一環として位置付けるところに、新たな社会福祉としての地域福祉のもう１つの意味がある」としている。[2)]

1970年代の岡村や右田を中心とした地域福祉の議論は、「地域」を対象として「新しいコミュニティの形成」なり「コミュニティの再生」をめざすことに主眼が置かれていた。1980年代の永田を中心とした議論では、「地域における」、すなわち「地域を支援の舞台」として、在宅福祉サービスの提供のあり方に主眼が置かれるようになる。そして1990年代の大橋を中心とした議論では、「地域における」（「地域を支援の舞台」として）個人の自立生活の支援のあり方が主眼となる。

牧里においても先の分類整理をして以降「自治型地域福祉」と「在宅福祉型地域福祉」という分類を用いているが、岡村や右田と永田との間には、〈自治を形成する場としての地域／支援の“舞台”としての地域〉という区別がある。また永田と大橋との間には〈支援の舞台としての地域における“在宅福祉サービスの供給”／支援の舞台としての地域での“個人の地域自立生活支援”〉という区別が存在する。

2 地域の自治を重視した地域福祉論

これに対して、1990年代の右田の議論は、大橋との違いで見れば〈支援の舞台としての地域での“個人の地域自立生活支援”／生活の舞台としての地域社会そのものの“自治”の形成〉という区別として整理することができる。「地域」を所与の前提としてとらえ、そこでのサービス供給や住民参加、あるいは福祉教育のあり方を論じるのか、「地域」それ自体を対象ととらえて、市町村＝基礎自治体の自治のありようが地域福祉の内実を規定するととらえるのかでは、大きな違いがある。このことは住民を〈「地域自立生活上サービスを必要としている人」ととらえるのか／「地域福祉を支える住民の力が地方自治を形成する主体力」となるととらえるのか〉という区別とも関連している。

少しここでの議論から外れるが、ソーシャルワークでは支援の対象を「クライエント」としているが、地域福祉では支援を必要としている人もボランティア活動などをしている人とともに初期の段階から「地域住民」としており、右田などにおいては支援の客体ではなく地域で暮らし、地域を自治的に変えていく主体として位置付けるところに特徴がある。

こうした右田の「自治型地域福祉」論には、対サービス化した「ニーズ」でなく、「生活問題」に対する中央政府だけでなく地方政府（市町村＝地方自治体）の公的な保障責任を確認し、住民参加においても単にサービスの担い手としてのそれではなく、住民自治・地方自治の担い手としての住民というとらえ方を徹底しているのである。右田の議論は、地域福祉が在宅福祉サービスの提供や地域において個人の自立生活を支援するものだという議論が主流になる状況にあって、「自治」という観点から再解釈し、提起したものでもあり、初期の地域福祉論の原点に回帰する主張であるともいえる。なお、右田はその後、平野隆之（ひらのたかゆき）の協力のもと、自身の地域福祉に関する論文を『自治型地域福祉の理論』として整理しているが、こうした議論は、「生活の舞台としての地域」から社会福祉を構想している側面があるといえる。

第7節　2000年代以降の地域福祉論

1　2000年代以降の展開

以上見てきたように地域福祉論には、第2節で示した**図1－3－2**のように「コミュニティづくりとしての『自治』化」の流れ（舞台としての地域そのものへのはたらきかけ）と、「ニーズを抱えた個人への対応（個別化）」の流れ（地域を舞台とした支援の展開）という2つの潮流がある。

こうした流れのもとで、2000年代以降は政策的な観点から地域福祉が議論されるようになる。平成12（2000）年の**社会福祉法**改正では、「地域における社会福祉」のことを地域福祉と規定して（第1条）、その推進を図ることが明記され（第4条）、法律において初めて「地域福祉」という用語が用いられ、市町村における地域福祉計画の策定が規定された。

また、2000年代は平成12（2000）年4月より介護保険法が施行され、平成15（2003）年度からは障害福祉領域で支援費制度がスタートするなど、福祉サービスを選択し、契約して利用する主体としての利用者という理念が社会福祉業界・学界において重視された時期である。平成17（2005）年に介護保険法が改正され、平成18（2006）年度より地域包括支援センターが設置されるようになり、また同時期に障害者自立支援法が成立している。地域包括支援センターでは「総合相談」と「地域づくり」の機能が重視され、その後平成26（2014）年の介護保険法改正以降の地域包括ケアシステムに関する議論においても、こうした機能が重視されている。また、平成25（2013）年に成立し、平成27（2015）年度より施行されている生活困窮者自立支援法においても、その議論の段階から「総合相談」と社会的孤立への対応といった側面から「地域づくり」の機能が重視されている。

このほか、大阪府において平成16（2004）年度より先駆的に市町村ごとにおおむね中学校区にコミュニティソーシャルワーカー（CSW）を配置する事業が実施されるようになった。また、平成20（2008）年に公表された厚生労働省の「これからの地域福祉のあり方に関する研究会」の報告書では、「地域福祉のコーディネーター」の配置の必要性が述べられるなど、同様の専門職が全国的に配置されるようになった。こうした専門職の実践などにおいても「総合相談」と「地域づくり」の機能が重視されている。

こうした経緯のもとで、「総合相談・地域づくり」と「地域福祉計画」が重要な課題となり、市町村においてどのように展開していくのかが問われることになる。今日の「地域共生社会の実現」に向けた包括的支援体制の構築に関する取り組みも、こうした文脈でとらえることができる。平成29（2017）年の法改正（平成30〔2018〕年４月施行）では、地域住民、社会福祉を目的とする事業を経営する者及び社会福祉に関する活動を行う者のことを「地域住民等」として（第４条。令和２〔2020〕年社会福祉法改正により第４条第２項）、困難な状況に置かれている住民だけでなく、その「世帯」にまで視野を広げていること、住まいや就労、教育などもふまえて「地域生活課題」をとらえていること、そしてそうした課題を（本人の申請に基づくだけでなく）地域で「把握」する必要性が明記されていることなど、これまでの地域福祉の理論的、実践的な成果を取り込むような内容になっている（第４条第２項。令和２〔2020〕年社会福祉法改正により第４条第３項）。

2 総合相談と地域づくりの一体的展開

1990年代からの「失われた20年」以降、とりわけ平成20（2008）年のリーマンショック以降は「利用者主体の理念」は影をひそめ、貧困問題が顕在化するようになった。しかし、それは公的責任に基づく制度的な保障という方向ではなく、「複合多問題」や「制度の狭間（谷間）」、あるいは「支援拒否」や「セルフネグレクト」といった問題としてとらえられ、もっぱら支援上の課題として対応が迫られるようになる。その際のキー概念が、「総合相談」であり、「地域づくり」なのである。

こうした議論と並行して、平成12（2000）年の社会福祉法において法定化され、平成29（2017）年及び令和２（2020）年の法改正において、その内容が強化された地域福祉計画は、市町村域での地域福祉のあり方についてメゾ・マクロ的に議論し、構築していく方法として、地域福祉をめぐる言説の中でも独特の位置を占めてきた。

このように2000年代以降は、市町村において「総合相談」と「地域づくり」とを一体化した「個別支援と地域づくりとの総合化スキーム」のもとでの取り組みが進められている。とりわけ前記の社会福祉法の改正を通じて、市町村には「地域共生社会の実現」に向けた包括的な支援体制づくりを含め、地域福祉計画を一つのツールとして地域福祉を推進するための仕組みづくりが求められている。

3 地域福祉の今日的定義

以上のような議論をふまえて、地域福祉の概念を整理すると次のようになる。地域福祉とは、困難な状況に置かれている地域住民の生活上の課題解決（ニーズ充足）に向けて支援を展開することに加えて、「新たな質の地域を形成していく内発性」（＝住民の主体性）を基本要件として、地域を舞台に（＝地域性）、そこで暮らす住民自身が私的な利害を超えて共同して公共的な課題に取り組むことで（＝共同性〜公共性〔共同性から公共性への展開〕）、より暮らしやすいような地域社会にしていくこと、あるいはそのような地域に舞台としての地域そのものを変えていくこと（改革性）をいう[3)]。

地域福祉は、社会福祉と同義ではないし、ソーシャルワークと同義でもない。それは地域、すなわち具体的には広くても市町村域から自治会・町内会くらいのエリアにおいて、住民を主体として自治を形成する営みなり、生活していく上で困難な状況に置かれている住民の支援を意味する概念である。したがって、社会福祉を含めた社会保障制度を代替するようなものではない。むしろ国家による政策や制度と一定の緊張関係をもちながら、その発展を促したり、それが不備な場合には代替するような機能をもつ側面もあるが、それはあくまでも当該地域での実践であり、全国的な展開が見込めるものではない。だからこそ“地域”福祉なのである。そして、このように自らの守備範囲を限定するからこそ、“地域”発の多様な展開の可能性を秘めているのである。

少子高齢化が進展し、人口減少が加速し、地方の衰退がより顕著になっている現状をふまえると、これからの地域福祉は、地域の中で生活していく上で困難な状況に置かれている住民の「支援」ための仕組みをいかにつくるのかという議論（「個別支援と地域づくりの総合化スキーム」）を超えていく必要がある。すなわち、今日では地域福祉の実践がサロン活動にしろ、移動支援や買い物支援の活動にしろ、「支援」の枠を超えて住民の地域生活のインフラとして機能している側面が強くなっている。したがって、これからの地域福祉には、よりいっそうそうした住民の「地域生活の基盤」をつくる「地域づくり」を核とした実践へと展開していくことが求められており、そうした視座からの理論化が求められているといえる。

BOOK 学びの参考図書

- 上野谷加代子ほか 編『新版 よくわかる地域福祉』ミネルヴァ書房、2019年。
  地域福祉の初学者や活動者向けの平易な入門書。本書と合わせて手元に置き、学習に活用してほしい。

引用文献

1）武川正吾『地域福祉の主流化－福祉国家と市民社会Ⅲ』法律文化社、2006年、25～29頁
2）右田紀久惠「分権化時代と地域福祉」右田紀久惠 編『自治型地域福祉の展開』法律文化社、1993年、７～８頁
3）松端克文『地域の見方を変えると福祉実践が変わる－コミュニティ変革の処方箋』ミネルヴァ書房、2018年、19～20頁

参考文献

- 岡本栄一「場－主体の地域福祉論」『地域福祉研究』日本生命済生会、第30巻、2002年
- 岡本栄一「地域福祉の考え方の発展」福祉士養成講座編集委員会 編『新版社会福祉士養成講座７　地域福祉論 第２版』中央法規出版、2003年
- 全国社会福祉協議会『在宅福祉サービスの戦略』全国社会福祉協議会、1979年
- 永田幹夫『地域福祉組織論』全国社会福祉協議会、1981年、改訂版1985年
- 三浦文夫『社会福祉経営論序説－政策の形成と運営－』碩文社、1980年
- 大橋謙策「コミュニティワークからコミュニティソーシャルワークへの発展」福祉士養成講座編集委員会 編『新版社会福祉士養成講座７　地域福祉論』中央法規出版、2001年
- 右田紀久惠『自治型地域福祉の理論』ミネルヴァ書房、2005年
- 松端克文「（特集：地域福祉研究の今後のあり方）地域福祉研究方法の観点から」『日本の地域福祉』第32巻、日本地域福祉学会、2019年

第4章 地域福祉の発展過程とこれから

学習のねらい

地域福祉は、今日では、社会福祉の各分野共通の基本的な展開方向を示すものであり、社会福祉の行政施策も地域福祉の具体的展開を図る内容で進められるようになってきた。このような社会福祉における地域福祉の位置付けは、法制度がつくられ、それによって進んできたというより、社会の変化を背景に、地域福祉の実践やサービスの開発、地域福祉の推進主体の形成、地域福祉の理論的な整理・体系化、行政施策の進展などが互いに影響を与え合いながらつくり上げ、推進されてきたことが特徴である。

時代区分としては、第１期「地域福祉の準備・萌芽期　昭和20（1945）年～昭和44（1969）年」、第２期「地域福祉論の体系期　昭和45（1970）年～昭和54（1979）年」、第３期「地域福祉基盤形成期　昭和55（1980）年～平成元（1989）年」、第４期「地域福祉政策展開期　平成２（1990）年～今日まで」である。第４期は、地域福祉が社会福祉制度において主流化していく段階であり、今日では社会福祉にとどまらず社会全体が地域共生社会をめざす時代となっている。地域福祉はその推進役という新たな役割が期待される段階が訪れているといえよう。

そこで、４つの時代区分ごとに、社会の変化、地域福祉の実践やサービス、地域福祉の推進主体、地域福祉の理論、行政施策の進展などの視点から地域福祉の発展過程を見ることにしたい。

第1節　第１期 地域福祉の準備・萌芽期　昭和20（1945）年～昭和44（1969）年

1 第二次世界大戦敗戦後の国民生活疲弊、混乱期

昭和20（1945）年、第二次世界大戦敗戦により、戦災者、引き上げ者など大量の生活困窮者がちまたにあふれた。これらの人々の支援にあたることが当面の課題になった。しかし、公的支援は極めて限られたものであり、民間福祉団体の役割が大きかった。しかし、GHQ（連合国軍総司令部）が社会救済に関する覚書を出し、そこでは、①救済福祉における国家責任、②公私責任の完全分離、③無差別平等の原則が打ち出され、さらに昭和21（1946）年に公布された、日本国憲法第89条の規定「公金その他の公の財産は、（略）公の支配に属しない慈善、教育もしくは博愛の事業に対し、これを支出し、又はその利用に供してはならない」により、民間福祉事業への公的補助ができなくなった。このような公私分離原則の実施により、民間福祉事業に対する公的資金が打ち切られ、民間福祉事業は崩壊の危機に陥ったのである。

（1）共同募金

この民間福祉事業の危機的状況を救ったのは、昭和22（1947）年に創設された、民間社会福祉事業を支援する「国民たすけあい運動」**共同募金**であった。１回めの共同募金は５億9,300万円の寄付が集まった。現在の貨幣価値に換算すると約1,200億円にもなる巨額のもので、自身も疲弊しきっていたにもかかわらず、国民の助け合いの心が寄せられた尊いものであった。

昭和26（1951）年には社会福祉事業法（現 社会福祉法）が施行され、共同募金は民間活動ではあるが極めて公共性の高い事業であるとの理由により法に規定された。①毎年定期的に民間社会福祉のための募金が都道府県単位で行われる、②募金実施にあたっては、都道府県内の福祉施設、団体などから共同募金配分で行う事業を申請し、審査を行い、配分計画と募金目標を設定し募金を実施する「計画募金」として実施される、

③共同募金への寄付は税制優遇が受けられる等の制度化が行われた。

共同募金は、各都道府県の配分計画を適切に実施するために、都道府県内の社会福祉の意見を代表できる**社会福祉協議会（社協）**の結成を呼びかけ、運営費用の負担についても行うことを表明するなどのはたらきかけを行い、社協結成の後は、運営財源を支える役割を果たした。現在は共同募金の目標は社会福祉法により、「地域福祉の推進」とされ、地域福祉の推進組織として重要な役割を担っている。このときの共同募金の誕生は、現在から見れば、地域福祉の進展を財源面から支える地域福祉の推進組織の誕生ともいえよう。

（2）社会福祉協議会

現在、社会福祉法で社協は「地域福祉の推進を図ることを目的とする団体」と規定されている。

社協の創設は、昭和26（1951）年、中央社会福祉協議会（現 全国社会福祉協議会）として結成された。

結成の背景と経過を見ると、その第１は、公私分離原則の推進による民間福祉事業への公費補助停止という難局を乗り越えるため、「社会事業の各分野を有機的に総合包括する強力にして民主的な社会事業振興連絡機関を確立し、これが適切な発展を図ることが今日の急務である」（参議院厚生委員会「社会事業団体及び施設の振興に関する調査報告書」昭和24〔1949〕年）とされたように、社会事業の全国にわたる系統的で強力な民主的連絡組織をつくることが熱望されていた。

第２は、現代社会福祉事業の特性である、社会福祉への住民参加を進める組織が求められたことによる。社会福祉協議会準備中央会による「社会福祉協議会の基本要項および構想」（昭和25〔1950〕年）では、「社会福祉協議会は、一定の地域において、広く社会福祉事業の公私関係者や関心をもつ者が集まって、解決を要する社会福祉の問題について調査し、協議を行い、その実践に必要なあらゆる手段や機能を推進し以て社会福祉事業を発達せしめ、当該地域社会の福祉を増進する」とし、コミュニティオーガニゼーションの総合的推進を図る組織と位置付けたのである。

社協は、上記のように、社会事業の全国にわたる系統的で強力な民主的連絡組織づくりという現実的な必要性と、社会福祉への住民参加を進める組織の創設という理念が結び付き創設に至ったものである。その後、すべての都道府県、指定都市、市区町村に設置され、現在では、社協は地域福祉推進の中核的役割を担う組織と位置付けられている。

（3）民生委員・児童委員

民生委員制度は大正６（1917）年に岡山県で発足した「済世顧問制度」から始まり、翌大正７（1918）年に東京府（現 東京都）では「救済委員制度」、大阪府では「方面委員制度」として取り組まれるなど、地域ごとに名称や選任方法、配置、業務内容もまちまちであった。昭和11（1936）年に「方面委員令」が公布され、名称の統一及び全国一律の制度運営が行われるようになった。

第二次世界大戦後、民生委員令（昭和21〔1946〕年）により名称は方面委員から民生委員に改められた。半官半民的性格などがGHQから批判の対象になったが、関係者のはたらきかけの結果、制度は存続されることになった。

昭和22（1947）年に制定された児童福祉法により児童委員制度が定められ、民生委員は児童委員を兼務することとされ、**民生委員・児童委員**と称されることになった。昭和23（1948）年に民生委員法が制定され、社会奉仕の精神をもって保護指導を行うという任務や、厚生大臣（現 厚生労働大臣）の委嘱、任期３年など、現在まで続く基本的仕組みがつくられた。

民生委員・児童委員は、地域の中に深く根ざし、住民からの相談に応じ、地域の福祉活動やボランティア活動の支援を行うなど、草の根の地域福祉活動の推進者としての役割を果たしてきた。また、民生委員・児童委員と社協は発足当時から密接な関係にあり、現在まで協働して地域福祉の推進に取り組んできている。

（4）地域組織活動とボランティア

社協は、全国段階、都道府県段階については昭和26（1951）年の社会福祉事業法により規定され、全国に設置されたが、市町村については法的位置付けが行われなかった。そのような法的位置付けがない時期にあっても３～４年のうちに急速に設置が進み、昭和30（1955）年にはほぼ全国に市町村社協が設置された。しかし、市町村社協の実態は極めて脆（ぜい）弱（じゃく）なものであり、専任職員もおらず、福祉行政職員が担う状況が多く見られ、事業も行事中心の活動が多く見られた。

こうした状況を変えるために、昭和32（1957）年に全社協は「市町村社会福祉協議会当面の活動方針」を打ち出した。この中で、「福祉に欠ける状態の克服」を目標として打ち出し、地域福祉活動への取り組みが提起された。しかし、この時期の地域福祉活動は、地域住民が中心となる地域の組織化とはいえず、民生委員・児童委員が中心で行われる段階であった。

これを大きく変えたのは、「**保健福祉地区組織活動**」である。昭和34（1959）に発足した「保健福祉地区組織育成中央協議会」は、国民健康保険制度を支えるねらいをもって推進され、この活動は、生活に密着した圏域をモデル地区として、小地域における地域ぐるみの参加による蚊とハエをなくす運動や側溝改善、簡易水道設置など、地域の保健福祉の生活課題に全国で取り組んだ。この取り組みで使われた方法は、コミュニティオーガニゼーションであった。

保健福祉地区組織活動の広がりとともに住民参加推進の方法、専門職の役割と必要性、市町村社協の役割などが明らかになり、定着が図られていった。保健福祉地区組織活動の取り組みから明らかになったのは、専門家主導で住民が協力するという形では、活動の地域に根ざした展開や定着が生まれ難く、住民が主体になり、専門家が協力することこそが大切だという考え方であった。これはやがて「住民主体の原則」として、「社会福祉協議会基本要項」（昭和37〔1962〕年）に取り入れられることになる。

ボランティア活動は有力な住民参加の方法であり、社協は創設以降一貫してその推進に取り組んできた。昭和34（1959）年には「社会福祉のボランティア育成と活動推進のために」が全社協から発表された。しかし、この当時はボランティアという言葉は浸透せず、「外国語を使うな」といった声もあったほどである。それを大きく変えたのは、徳島県で始まった「**善意銀行**」の活動であった。

（5）社会福祉事業法の成立と社会福祉法人

昭和26（1951）年に、社会福祉事業法が制定された。第二次世界大戦後の混乱期を経て、社会福祉事業の共通事項を定めたもので、福祉事務所、社会福祉法人、共同募金、社協等の公私の社会福祉事業の組織、社会福祉施設などを規定した。これにより、戦後期の社会福祉事業推進の共通基盤がつくられた。この中で、民間社会福祉事業を担う主体として「**社会福祉法人**」が創設された。

憲法第89条の規定により、民間福祉事業への公費の支出ができなかったため、社会福祉法人への公の関与を強め、公共性の高い特別法人とすることにより、「公の支配」の下にある法人として、措置委託制度をはじめ公的な支援が行われるようになった。それにより社会福祉法人の事業は進展していったが、民間らしい創意工夫による取り組みには消極的になり、制度内の活動にとどまる傾向が強かった。

現在では、社会福祉法人は、地域福祉推進の有力な担い手と位置付けられるようになったが、それはかなり後になってのことになる。

2 高度経済成長と社会変動

この時期は日本経済が戦後の疲弊、混乱期を経て、高度経済成長期に入った時期である。昭和39（1964）年に開催された東京オリンピックは、その象徴ともいえる。好調な経済は所得を増加させ、生活水準を向上させた。

しかし、町村部から都市部へと大きな人口移動が発生し、過疎・過密が起こり、家族の縮小化や地域社会の空洞化等が進行した。こうした社会変動は、社会福祉の課題も大きく変化させた。貧困を主要な対象とする段階から、誰にでも生活上起こる福祉ニーズが大きな課題となる段階に変化し、在宅福祉サービスへの関心や地域社会づくりへの関心が惹起された時期である。

（1）「社会福祉協議会基本要項」策定と、国庫補助による福祉活動専門員配置

社協創設から10年間の経験をふまえ、昭和37（1962）年に「社会福祉協議会基本要項」が策定された。社協の性格を「一定の地域社会において、住民が主体となり、社会福祉、保健衛生その他生活の改善向上に関連のある公私関係者の参加、協力を得て、地域の実情に応じ、住民の福祉を増進することを目的とする民間の自主的な組織である」と規定した。

主要機能については、調査、集団討議及び広報の方法等により地域の福祉に欠ける状態を明らかにし、適切な福祉計画をたて、その必要に応じて地域住民の協働促進、関係機関・団体・施設の組織活動を行うことを主たる機能とするとした。これは、日本におけるコミュニティオーガニゼーションの内容を明らかにしたものといえる。

組織については、住民主体の原則に基づき市区町村地域を基本単位とし、都道府県及び全国の段階に系統的に組織されるとした。さらに、これらを進めるために事務局、専門職の役割が重要とし、専門職の意義を

明らかにしたことの意味は大きい。

昭和38（1963）年には、国庫補助により全社協に「企画指導員」、都道府県社協に「**福祉活動指導員**」の、さらに昭和41（1966）年には市区町村社協に「**福祉活動専門員**」の配置が始まった。昭和40（1965）年当時、社会福祉法人である市区町村社協は185か所、専任職員は1,606人であったが、福祉活動専門員配置の国庫補助の開始が契機になり、市区町村社協の社会福祉法人化が進められ、専任職員の配置が進展した。

（2）「善意銀行」発足、ボランティア活動普及へ

昭和37（1962）年に、徳島県社協で始められた「善意銀行」活動は、ボランティア活動になじみのない人も、「善意」を預かり、必要な人や団体に払い出すという仕組みがわかりやすく、大きな反響をよんだ。善意銀行は、次の年には全国530か所に設置され、その後も広がり続けた。

これが、昭和45（1970）年にボランティアセンターに改組された。善意銀行は、全国にボランティア活動を根づかせる上で大きな役割を果たしたのである。

また、この翌年には全社協は「福祉教育に関する中間答申」を発表し、福祉教育の概念化を行った。

（3）行政管理庁の共同募金に関する勧告

昭和42（1967）年に共同募金へ行政管理庁勧告が行われ、社協への事務費、人件費に共同募金を使用することが禁じられることになった。これにより、社協は事務費、人件費に使用できる制度的民間財源を失ってしまった。社協は行政補助金、委託金の増大によりしのいだが、社協の機能と体制に与えた影響は甚大であった。代表的民間財源である共同募金への制約は、他の民間財源にも及び、民間福祉活動の資金にさまざまな制約を持ち込み、社協だけでなくわが国の民間活動に長くマイナスの影響を与えることになった。

行政管理庁の勧告には、施設配分を重視すべきとの指摘もされていた。全社協はこれに対して、「社会福祉の目標が、救済から予防へ、さらに生活と福祉の向上へと進み、単に施設事業だけでなく家庭福祉、地域福祉の活動へ移転しつつある」と会長声明の中で指摘し、不十分であったが、在宅福祉、地域福祉の推進こそ重視すべきとの考えを打ち出した。その後、在宅福祉、地域福祉推進への取り組みが進められる契機になった。

第２節　第２期 地域福祉論の体系期 昭和45（1970）年～昭和54（1979）年

1 コミュニティづくりと社会福祉

1970年代に入ると、高度経済成長から低成長に移行し、多くの社会問題が発生し、住民運動などが広がり、社会福祉ニーズも拡大、変化した。保護、施設入所を中心とする福祉から、在宅福祉サービスや地域福祉の必要性が浮上してきた。背景には、人口の流動性が高まり、過疎・過密問題など、生活基盤としての地域社会の脆弱化が進行したこと、及び、家族が多世代同居型から夫婦と子どもからなる核家族化が急速に進行し、家族規模の縮小が、家族のもつ福祉機能を減退させたことがある。

昭和46（1971）年に、中央社会福祉審議会が「コミュニティ形成と社会福祉」について答申を行った。この中で社会福祉の基盤としてのコミュニティの概念を明確にし、社会福祉とコミュニティの関係を「コミュニティの形成なくして国民の生活福祉の向上を期することはできない」と、コミュニティを福祉成立の要件と位置付けた。これ以降、社会福祉の立場からもコミュニティづくりがめざされることになるとともに、地域福祉論体系化の起点にもなった。

2 在宅福祉サービスへの取り組みと在宅福祉サービスの理論化

1960年代後半から1970年代の前半、対人的なサービスを求める新しい福祉ニーズが増大し多様化したが、これに応える施策はなかなか進展しなかった。こうしたなか、在宅福祉サービスへの関心と必要性を提起したのが、昭和43（1968）年に全国の社会福祉協議会と民生委員・児童委員が行った「居宅ねたきり老人実態調査」である。

70歳以上の高齢者のいる世帯を訪問調査した結果、「寝たきり老人」が20万人を超えていた。一人でトイレに行ける老人は45％にすぎず、過半数は人手を借り、おむつが必要な老人は２割に達している、看病は半分が嫁、４分の１を配偶者が行っているなど、寝たきり老人の実態が明らかにされ、社会に大きな衝撃を与えた。民生委員・児童委員や市区町村社会福祉協議会が実際に寝たきり老人を訪ねたことが、ホームヘルプ等の支援策の必要や、友愛訪問などの在宅分野でのボランティア活動への動機づけになり、これを契機にさまざまな活動が進展した。

昭和51（1976）年、全社協は「全国地域福祉研究会議」を開催し、全国の在宅福祉サービスの取り組みを交流するとともに、在宅福祉サービスへの取り組みが社協にとって重要とする「市区町村社協のあり方に関する試案」を提案した。同会議は毎年開催され、全国に在宅福祉サービスへの取り組みが広がった。

しかし、実践は広がっていったが制度的規定がなされず、公私の役割分担、公的責任、インフォーマルの位置付けなどを明らかにする必要等の課題が明らかになった。こうした課題を明らかにするために、全社協に「在宅福祉サービス研究委員会」が設置された。研究者、行政、社協等幅広い関係者が参加し、研究が行われ、その報告書として昭和54（1979）年、『**在宅福祉サービスの戦略**』が刊行された。

報告書はニーズ論を展開している。貨幣的には表示し得ない生活上の諸障害に基づいて現れる要援護性を「非貨幣的ニーズ」とし、これが重大な生活問題になってきたことにより、福祉サービスはニーズの発生する場である家庭、地域社会に結び付けられる必要があり、ニーズの充足には在宅福祉サービスが必要になると整理した。また、政策的な推進策、社協の役割を具体的に示すことにより、その後の在宅福祉サービスの進展に大きな役割を果たした。

3 地域福祉論の体系化

地域福祉は、1970年代に入るころから理論化への取り組みが進められた。体系的な理論化を最初に成し遂げたのは**岡村重夫**（おかむらしげお）である。昭和45（1970）年に『地域福祉研究』[*1]、昭和49（1974）年に『地域福祉論』[*2]を出版した。岡村重夫は『地域福祉論』の中で、地域福祉概念を構成する要素として「①もっとも直接的具体的援助活動としてのコミュニティ・ケア、②コミュニティ・ケアを可能にするための前提条件づくりとして一般的な地域組織化活動と福祉組織化活動、③予防的社会福祉」と説明している。地域福祉は、対象ごとの社会福祉分野の一つではなく、社会福祉の全分野にわたるものであるとした。この考え方は、現在の社会福祉法が各分野の社会福祉の共通の展開方向として地域福祉を規定していることと同じである。

＊1
岡村重夫『地域福祉研究』柴田書店、1970年。

＊2
岡村重夫『地域福祉論 新装版』光生館、2009年。

＊3
永田幹夫『地域福祉論』全国社会福祉協議会、1988年。

全社協の事務局長を経験した永田幹夫の『地域福祉論』[*3]は、社協の実践と結び付き広く受け入れられた。永田は地域福祉の構成要素として、①在宅福祉サービス（予防的サービス、専門的ケア、在宅ケア、福祉増進サービスを含む対人福祉サービス）、②環境改善サービス（物的・制度的施策を含む生活・居住条件の改善整備）、③組織活動（地域組織化及びサービスの組織化、管理の統合運用によるコミュニティワークの方法技術）とした。

この時期、右田紀久惠、阿部志郎、三浦文夫、住谷磐などの地域福祉論が相次いで提起され、この時期は、地域福祉論の体系化の時期となった。

第３節　第３期 地域福祉基盤形成期 昭和55（1980）年～平成元（1989）年

この時期は高齢化が進展し、これに対応する在宅福祉サービスの施策がつくられていった。地域福祉推進の中核的役割を果たすものとして、昭和58（1983）年に市区町村社協が社会福祉事業法に規定された。地域福祉推進の方法として「地域福祉計画－理論と方法」が昭和59（1984）年、全社協から提案された。

さらに、昭和61（1986）年に国際社会福祉会議が「家族とコミュニティの強化」をテーマに東京で開催され、その中での問題提起を受けて、社会福祉士、介護福祉士資格が昭和62（1987）年に創設された。同じ年に、地域福祉研究の中心になる日本地域福祉学会が設立された。

地域福祉活動では、全社協が有料・有償の住民活動を「住民参加型在宅福祉サービスの展望と課題」として整理し発表、その後の活動の広がりに貢献した。

地域福祉推進施策に大きな影響を与えたのは、厚生省（現 厚生労働省）の福祉関係三審議会合同企画分科会の「今後の社会福祉のあり方について（意見具申）」（平成元〔1989〕年）であった。

さらに具体的施策推進の大きな力となったのは、平成元（1989）年に導入された消費税である。同年には、消費税導入理由であった高齢化社会への対応を具体化するための**「高齢者保健福祉推進十か年戦略」（ゴールドプラン）**がつくられ、在宅福祉サービスなどが強力に推進されることになった。このように、この時期は地域福祉の基盤形成期といえよう。

1 地域福祉推進における市区町村社会福祉協議会の法的位置付け

全国と都道府県の社協は、昭和26（1951）年、社会福祉事業法において法制化が行われたが、市区町村社協については、全国的に活動や組織の実態は浸透していたものの、法制化できないでいた。昭和58（1983）年、社会福祉事業法の一部改正として**市区町村社協の法制化**が実現した。これは政府提案ではなく、議員立法であった。実現のために760万を超える署名や、多くの都道府県や市町村自治体からの意見書の提出が国に行われて実現した。

法改正の提案理由は、これからは地域福祉の推進が必要であり、市区町村社協がその推進の中核的役割を果たすため、法律上位置付ける必要があるというもので、その後の社協の位置付けに大きな影響を与えた。初めて国会で地域福祉の必要性が議論され、法改正が行われたことの意義は小さくない。

2 地域福祉計画

市区町村社協の法制化を受けて、全社協で、地域福祉の推進を市区町[*4]村段階で計画的に行うための手法について研究が行われ、昭和59(1984)年に『地域福祉計画－理論と方法』[*5]が発刊された。提案された**地域福祉計画**の特徴は、策定、実施、評価の全過程に住民参加を必要とする活動・行動計画であり、公私協働の計画としたことである。

地域福祉計画の策定と推進は、法制化され、地域福祉推進の中核的役割を果たすと位置付けられた市区町村社協の役割を具現化する手法として考えられ、各地で地域福祉計画づくりが進められた。やがて、行政でも福祉計画策定が取り組まれるようになり、社会福祉の基本的展開方向が地域福祉であるとの認識が広がるにつれ、行政が策定する社会福祉計画を「地域福祉計画」とする自治体が増加した。

そこで、地域福祉計画を行政と社協いずれがつくるべきかなどの議論が行われるようになった。その背景には、社協では従来から、コミュニティオーガニゼーションにおけるプロセスにビルトインされた計画段階で作成される共同計画があり、これが地域福祉計画をさすとの理解がなされていたことがあった。この行政と社協２系列の計画を区別した上で統合化する必要性に応えたのが、東京都がまとめた「東京都における地域福祉推進計画の基本的あり方について」(平成元〔1989〕年）であった。それは東京都が「地域福祉推進計画」を策定し、地域福祉計画を区[*6]市町村行政が策定、地域福祉活動計画を区市町村社協が策定するというものだった。３つの計画は相互に補完し協働しつつ、地域福祉推進という共通の目標をめざすと整理した。

＊4
この場合の区は指定都市の区をさす。

＊5
全国社会福祉協議会 編『地域福祉計画－理論と方法』全国社会福祉協議会、1984年。

＊6
この場合の区は特別区(23区）をさす。

3 地域福祉の基盤整備

高齢化社会の本格的到来は、介護、扶養、健康維持、生きがいづくり、社会参加等の福祉課題を生み出し、社会福祉の新たな展開を求めた。こうした状況に対応し、厚生省（現 厚生労働省）の福祉関係三審議会合同企画分科会は「今後の社会福祉のあり方について（意見具申）」（平成元〔1989〕年）をとりまとめた。その中で、「次のような基本的考え方に沿って、新たな社会福祉の展開を図ることが重要である」とし、①市町村の役割重視、②在宅福祉の充実、③民間福祉サービスの健全育成、④福祉と保健・医療の連携強化、総合化、⑤福祉の担い手の養成と確保、⑥サービスの総合化・効率化を推進するための福祉情報供給体制の整備という６項目を示し、社会福祉のあり方を方向付けた。

この方向付けが、その後の施策で具体化されたが、特に在宅福祉サービスの整備は「高齢者保健福祉推進十か年戦略」（ゴールドプラン）の策定により、達成年度と具体的数値目標が設定され、強力に推進された。

第４節　第４期 地域福祉政策展開期 平成２（1990）年～今日まで

平成２（1990）年に、福祉関係８法改正が行われ、社会福祉は地域福祉を市町村段階で展開するものであることを理念上でも制度上でも明らかにした。新しい地域福祉時代にふさわしい、社協の新たな路線を示すべく、全社協では平成４（1992）年に「**新・社会福祉協議会基本要項**」を定めた。ボランティア活動も、国民の過半数が参加意向をもつようになり、ボランティア新時代ともいえる大きな変化が生まれた。

平成12（2000）年には社会福祉事業法が改正され、社会福祉法に変わり、措置制度から契約制度への変更が行われるという、基礎構造改革といわれるほどの、社会福祉制度の大改革が行われた。また、地域福祉が社会福祉の各分野の共通的、基本的な展開方法として社会福祉法で規定された。さらに、介護保険制度が創設され、地方自治においても、地方分権一括法が施行され地方分権化が進展した。

ボランティア活動も、阪神・淡路大震災を経て国民の理解が進んだ。平成10（1998）年には特定非営利活動促進法が施行され、市民が行政、企業と並んで社会を支える役割を果たす仕組みが整えられた。

一方、この時期は、少子高齢化社会が進行するとともに、人口減少が急速に進行し、地域社会の脆弱化や社会的機能が縮小した。人手不足、家族の縮小が進み、さまざまな生活課題が広がるとともに、社会的孤立の問題が広がり深まる社会になっていった。それにより、現行の制度では対応が困難な問題が広がった。これに対応する政策として、地域包括ケアの推進、生活困窮者自立支援制度の発足など、従来にはなかった施策に取り組まれるようになった。

平成28（2016）年６月、「**ニッポン一億総活躍プラン**」が閣議決定され、その中で「地域共生社会」の実現を政府をあげてめざすこととした。厚生労働省は、地域共生社会実現の具体化のため「我が事・丸ごと」の地域づくり、包括的支援体制の整備を進めるとし、法改正、予算化などが進められている。

1 福祉関係８法改正

平成２（1990）年に行われた**福祉関係８法改正**は、高齢者の保健福祉の推進等を図るため、住民に最も身近な市町村で、在宅福祉サービスと施設サービスがきめ細かく一元的かつ計画的に供給される体制づくりを目的に行われた。この中で、市町村及び都道府県での「老人保健福祉計画」の策定が義務付けられた。

８法の一つとして社会福祉事業法の改正が行われ、基本理念に「地域等への配慮」が規定された。社会福祉事業には在宅福祉サービスが加えられ、十分ではないが、地域福祉の推進が法的にも位置付けられた。

社協については、指定都市の区社協の法的位置付け、市区町村社協の事業に「社会福祉を目的とする事業の企画及び実施」が加えられた。それまで、社協が直接福祉サービス等の事業を実施することには議論があったが、社協が多くの在宅福祉サービスの開発を行ってきたことへの評価と、在宅福祉サービスの本格的推進が求められるなかで社協への期待が高まった結果と考えられる。

2 地域福祉の総合的推進を図る「ふれあいのまちづくり事業」

法改正を受けて、地域福祉の総合的推進のための国庫補助事業「**ふれあいのまちづくり事業**」が平成３（1991）年に予算化され、市区町村社協がこれを受けて事業を実施した。この事業は、専門職である地域福祉コーディネーターが、個々の住民の生活上の問題の相談に応じ、ニーズを把握し、関係機関などと連携してその問題の解決を図るというもので、その推進のなかで、ケアネットワークの形成、住民参加型の地域福祉活動の創設などが取り組まれた。

それまで、地域社会がよくなることでその構成員である個人の福祉も高まるという考え方と手法が主であったが、ふれあいのまちづくり事業を通じて開発されたのは、地域社会に生活している個人ないし家族の生活から出発するものであった。その生活の一部に地域があると考え、そのケースのニーズを充足するサービス、活動、取り巻く環境の改善に焦点を当てるという考えと方法である。これは、個からのアプローチと地域からのアプローチを統合させた機能をもつものになっている。

この事業で開発された手法、考え方は、いわば、社会福祉を地域福祉型福祉に変えるものであり、後に全社協から「**事業型社協**[*7]」（平成6〔1994〕年）として提案され広がることになった。

3 参加型福祉社会をめざす

ボランティア活動に少数者が参加する時代が終わり、国民の多数が参加する時代が始まった。「平成12年度国民生活選好度調査」（経済企画庁国民生活局）では、国民の66%が、ボランティア活動に積極的に、あるいは可能な限り参加すべきだと考えるようになってきたとしている。また、日本経済団体連合会を中心に社会貢献への取り組みも進められた。社会福祉は地域福祉をめざすなかで、住民の社会福祉への参加が不可欠のものとなってきた。

厚生省（現 厚生労働省）は、平成5（1993）年、「国民の社会福祉に関する活動への参加の促進を図るための措置に関する基本的な指針」（福祉活動参加指針）を大臣告示した。同年、全社協は「ボランティア活動推進7ヵ年プラン構想」を策定、厚生省の中央社会福祉審議会地域福祉専門分科会は「ボランティア活動の中長期的な振興方策について」をまとめた。これらに共通しているのは、参加型福祉社会をめざすために、市民が福祉活動に参加できる基盤を整備する方向を示すものであった。

これらの提案を受けて、平成6（1994）年に「広がれボランティアの輪」連絡会議が、経済・労働界、農協、生協、マスコミ、教育、福祉、ボランティア団体などが参加して結成され、国民の参加意欲をボランティア活動参加に結び付ける取り組みを協働して進めることになった。ボランティア活動の国民への広がりを示すものといえよう。

4 阪神・淡路大震災とボランティア活動、特定非営利活動促進法

平成7（1995）年に起こった阪神・淡路大震災には、極めて多くのボランティアが駆けつけ活躍した。この活動を通じて、行政とは別に市民が大きな力をもっていることが明らかになり、ボランティア活動の意義が国民の中に浸透した。このことにより「**ボランティア元年**」といわれるようになった。

この流れを受けて、平成10（1998）年に**特定非営利活動促進法**が施行

＊7
「『事業型社協』推進の指針」（全社協）では、「住民の具体的な生活・福祉問題を受けとめ、そのケースの問題解決、地域生活支援に素早く確実に取り組めるよう、①総合的な福祉相談活動やケア・マネージメントに取り組み、②各種の公的福祉サービスを積極的に受託し、それらを民間の立場から柔軟に運営しつつ、③公的サービスでは対応できない多様なニーズにも即応した新たな住民参加型サービスを開発・推進し、④小地域での継続的・日常的な住民活動による生活支援活動、ネットワーク活動、ケア・チーム活動等に取り組むとともに、その問題解決の経験をふまえて地域福祉活動計画の策定と提言活動の機能を発揮し、このような事業・活動を通して住民参加を促進し、福祉コミュニティ形成をすすめる市区町村社協」と定義した。

された。その結果、従来から有償の非営利の在宅福祉サービスを実施していた団体の一部が特定非営利活動法人（NPO法人）になり、活動を発展させていった。その後、介護保険制度が発足すると、これらから介護保険事業者となる団体も生まれた。住民組織が在宅福祉サービスの供給団体としても活動するようになったのである。

5 社会福祉基礎構造改革～社会福祉法の成立、地域福祉の明確な規定

平成12（2000）年に介護保険法が開始されるとともに、社会福祉事業法が改正され、社会福祉法となり施行された。この２つは、従来の社会福祉を基本的に変える、極めて大きな変革をもたらした。

介護保険制度では、社会福祉事業の基本的枠組みである「措置制度」という行政処分によって福祉サービスを受ける仕組みから、本人が選択し事業者との契約により福祉サービスを利用する仕組みに変わった。サービス供給主体の面でも多様なサービス供給主体の参入を認めた。

社会福祉法では、第１条「目的」で、「地域福祉」が各分野の福祉展開の共通の基本展開の方向であることを明確にした。その上で、第４条を「地域福祉の推進」とし、地域福祉の目的は「福祉サービスを必要とする地域住民が地域社会を構成する一員として日常生活を営み、社会、経済、文化その他あらゆる分野の活動に参加する機会が与えられるように」することであるとした。

地域福祉を誰が推進するかについては、①地域住民、②社会福祉を目的とする事業を経営する者、③社会福祉に関する活動を行う者が相互に協力して推進すると規定した。注目されるのは、地域住民と、社会福祉に関する活動を行う者を、地域福祉の推進者と位置付けたことである。福祉が行政や専門家のみによって行われる時代は終わったのだといえよう。

社協については「地域福祉の推進を図ることを目的とする団体」と規定した。共同募金については「地域福祉の推進を図ることを目的とする」募金と規定され、地域福祉活動の推進を財政面から支援する仕組みがつくられた。

6 新たな地域福祉の展開

社会福祉法による地域福祉の規定が行われて以降、地域福祉の推進を図るための研究や施策が実施された。平成12（2000）年の厚生省（現厚生労働省）「社会的な援護を要する人々に対する社会福祉のあり方に関する検討会」報告書では、社会的排除や孤立の強い者ほど制度から漏れやすいこと、発生している問題が見えにくい問題になっていると指摘した。これらの問題に対応するためには、発見機能や問題解決機能を向上させることと、今日的「つながり」の再構築が必要であると提言した。

平成20（2008）年、厚生労働省社会・援護局長の私的諮問委員会「これからの地域福祉のあり方に関する研究会」の報告書では、地域福祉の役割について、①現行の仕組みでは対応しきれていない多様な生活課題に対応する、②地域住民のつながりを再構築し支え合う体制を実現する、③住民と行政の協働による新しい福祉を実現するとした。基本的福祉ニーズは公的な福祉サービスで対応するという原則をふまえつつ、自身や家族による自助と市町村行政などによる公的な福祉サービスとの間に、地域の共助「新たな支え合い」を確立させることを提案した。

厚生労働省の安心生活創造事業は、平成21（2009）年から3年間、モデル事業として全国で取り組まれた。高齢者、障害者等のように対象を限定しないで、孤立、潜在化している人を漏れなく把握し、その中で定期的見守り等の基盤支援が必要な人とニーズをカバーする体制をつくるというものであった。孤立した生活が標準になってきた今日、安心生活を実現するために欠かすことのできない取り組みが行われた。

高齢者分野では介護保険法の改正により、平成27（2015）年から地域包括ケアの構築をめざす取り組みが本格的に開始された。注目されるのは、生活支援、介護予防サービスの充実である。単身世帯、高齢者世帯が増加し、生活支援などの軽度の支援を必要とする高齢者が増加しているが、専門職だけでは対応が困難であり、多様な主体による生活支援の必要性が高まっている。これに応え、ボランティア、NPO、民間企業などが生活支援・介護予防サービスに取り組んでいるが、なかでも、高齢者自身がこの役割を担うことが、生きがいや、介護予防につながるとして重視されている。外出支援、買い物、調理、掃除等の生活支援や健康づくり活動、サロン活動、見守り、安否確認、地域活動等、社会参加活動を広げ、助け合う地域づくりを、高齢者の参加で推進することがめざされている。

平成27（2015）年、**生活困窮者自立支援法**が施行された。生活保護に至っていない生活困窮者に対する「第２のセーフティネット」を全国的に拡充し、包括的支援体制の構築をめざすものである。目標とされているのは、①生活困窮者の自立と尊厳の保持、②生活困窮者支援を通じた地域づくりである。生活困窮者自立支援制度が地域づくりを不可欠なことと重視しているのは、生活困窮状態にある人が単に経済的困窮だけでなく、社会的に孤立状態に陥っていることが多いからである。生活困窮者の自立を支援するためには、本人が生きようとすることが土台になる。そのためには、社会関係を取り戻し、生活している地域の中で居場所や役割が確保されることが大切になる。

生活困窮者自立支援の実践の中で明らかになってきたのは、生活困窮者が抱える多様で複合化した課題に対応するためには、対象を限定せず、断らない相談の大切さである。生活困窮者自立支援制度の推進は、「これからの地域福祉のあり方に関する研究会」報告書が現在の地域福祉の役割として指摘した、現行の仕組みでは対応しきれていない多様な生活課題に対応することであり、地域福祉の新たな役割といえよう。

7 地域共生社会実現の推進の役割を担う地域福祉

平成28（2016）年、「**地域共生社会**」をめざすことが、閣議決定された「ニッポン一億総活躍プラン」で打ち出された。「子供・高齢者・障害者など全ての人々が、地域、暮らし、生きがいを共に創り、高め合うことができる『地域共生社会』を実現する」とした。このため、支え手側と受け手側に分かれるのではなく、地域のあらゆる住民が役割をもち、支え合いながら、自分らしく活躍できる地域コミュニティを育成し、福祉などの公的サービスと協働して助け合いながら暮らすことのできる仕組みを構築するとした。

厚生労働省は、この推進のため「我が事・丸ごと」の地域づくりを育む仕組みづくりを打ち出した。改革の骨格は、①地域課題の解決力強化、②地域丸ごとのつながりの強化、③地域を基盤とする包括的支援の強化、④専門人材の機能強化・最大活用、である。地域共生社会実現に向けて、工程表が作成され、平成29（2017）年に社会福祉法の改正が行われるなど、着実に進められた。

改正された社会福祉法では、本人だけでなく、所属する世帯に着目するとし、地域福祉の取り組むべき課題を狭い意味の社会福祉ではなく、住まい、教育、就労などを含む「**地域生活課題**」とした。また、「地域社会からの孤立」も取り組むべき課題とし、住民等は課題を把握し、課題の解決に資する支援を行う支援機関等との連携によりその解決を図るとした。

包括的支援体制の整備について、同法第106条の3第1項で規定し、市町村の努力義務とした。その内容は、日常生活圏を基礎圏域とし、制度的サービスとインフォーマルなサービスや活動とが協働し、対象を限定せず、潜在化しているニーズにも対応し、社会福祉を狭くとらえず地域生活課題ととらえ、協働の主体を広げ、自治体さらにその中の身近な地域を基礎に、ニーズに即して必要な福祉サービス、活動、地域を開発していこうとする内容である。

令和2（2020）年には、「地域共生社会の実現のための社会福祉法等の一部を改正する法律」が公布された。法改正の趣旨は「地域共生社会の実現を図るため、地域生活課題の解決に資する支援を包括的に行う市町村の事業に対する交付金及び国等の補助の特例の創設（中略）等の所要の措置を講ずること」とされた。社会福祉法第4条第1項では、「地域福祉の推進は、地域住民が相互に人格と個性を尊重し合いながら、参加し、共生する地域社会の実現を目指して行われなければならない」と規定し、地域福祉の推進は、地域共生社会の実現をめざして行われることを明確にした。地域福祉は「地域共生社会」の推進役としても大きな役割を担っているのである。

第5章 福祉行財政システム

学習のねらい

本章のねらいは、地域福祉を推進するための福祉行財政の実施体制とその果たす役割について理解することである。具体的には、国と地方自治体との関係、市町村、都道府県、国の役割、福祉行政の組織や専門職の役割、そしてそれらの活動の財源（財政）である。

こうした、実施体制を理解するには、これらを「不変なもの」として理解するのではなく、それらがどのようなニーズに応えるために創設され、現実にそれに応えているか、またどのような課題や新たな実践が求められているかという視点から理解しようとすることが重要となる。

第1節　福祉行財政システムの見方

1 福祉行財政とは

行政とは、政府の意図するところを具体化し、これを個別の事務・事業として最終的に国民社会に向けて実施する活動のことである[1)]。政府は、市町村、都道府県、国と分けて考えることができるから、それぞれに役割があり、それぞれの関係がある。また、財政はその活動の財源のことであり、行財政という場合には、この両者について学ぶということになる。

読者にとって身近な福祉制度を思い浮かべてみれば、おおむねどのような制度も国が法令を制定して制度の基本的な枠組みを定め、その実施にかかる費用の一定割合を負担するとともに、地方自治体がその実施を担うというおおまかな役割分担になっていることがわかるだろう。しかし、このように考えると、どうしても国がつくった制度を地方自治体が実施する仕組み、つまり上から下への方向で行財政システムをとらえてしまいがちになる。

ここで、一つ例をあげて考えてみよう。平成29（2017）年に高齢者と障害児・者が同一事業所でサービスを受けやすくするため、関係法が改正され、介護保険と障害福祉制度に新たに**共生型サービス**が創設された。改正の背景には、介護保険あるいは障害福祉のいずれかの指定を受ける事業所が、もう一方の制度の基準を満たしているとは限らず、障害者が65歳になると、使い慣れた事業所でサービスを利用できなくなってしまう場合があることや、地域の実情に合わせて、人材を有効に活用することが求められているといった事情があった。関係法令の改正によって、指定の基準や報酬といった枠組みが定められ、介護保険または障害福祉のいずれかの指定を受けた事業所がもう一方の制度における指定を受けやすくなった。共生型サービス事業所の指定は都道府県が行い、市町村は制度の運用とともに、2つの制度にまたがるサービスであることから、それぞれを所管する課が協力して「共生型」のケアをどのように根付かせていくか、各計画（介護保険事業計画や障害福祉計画等）に位置付けて推進方策を検討していかなければならない[＊1]。

＊1
共生型サービスについては、三菱UFJリサーチ＆コンサルティング「共生型サービスに係る普及・啓発事業報告書」（2018年）を参照。

2 福祉行財政システムと地域福祉

ところで、そもそも高齢者や障害児・者、子どもなどが対象者別に分かれた場所でケアを受けなければならないのだろうか。そのような疑問をもった人によって、平成５（1993）年に富山市で制度によらない民間デイサービスがつくられた[*2]。創設者らは、自分たちの病院勤務の経験から、高齢者が希望する最期を迎えることを支援したいと考えデイサービスをつくったのだが、当初、利用者は利用できるサービスが非常に限られていた障害児であったという。そこで、地域のニーズに応えるために、利用者の属性を理由に断らないことを理念にした結果、多様な利用者が集まる場が形成されていった。この理念に共感した多くの人たちによって、富山県内には同様の実践が多数生まれることになり、富山型デイサービスとよばれるようになった。当初は、制度ごとの縦割りの壁があり、行政からの補助を受けることができなかったが、次第にその実践が認められ、市や県が独自に補助を出す形で実践が広がっていった。その後、平成15（2003）年には富山県が[*3]富山型デイサービス推進特区の認定を受け、特例措置として、知的障害者や障害児も制度の中で介護保険の通所介護を利用することが可能になり、共生ケアを制度として利用する環境が整えられるようになった。平成29（2017）年の法改正には、こうした自発的な実践の地域での広がりが大きな影響を与えたのである。

このように、行政の活動をどの角度から見るかによって、福祉行財政は異なる現れ方をする。例えば、共生型サービスの法令を整備したのは国であり、その指定権限をもっているのは都道府県であるが、都道府県（事例では富山県）が先駆的な実践を認め、特区制度を活用してそれを後押しし、その実績に動かされて国は法令を整備したともいえる。

こうしてみると、制度はいきなり政治家や官僚の頭の中で構想され、実現されるのではなく、地域でのさまざまな実践者や当事者の葛藤、思いがあり、それが積み重なって実現されていくものであることがわかる。確かに、福祉行財政システムを学習することは、こうした実践が形になってからの実施体制を理解することになりがちであるが、私たちはそれがどのようなニーズに応えるために創設され、現実にそのことに応えているか、そして、そこからどのような新たな実践が求められているかを考えながら学ぶ必要がある。それが、社会福祉士及び精神保健福祉士の新たな養成科目である「地域福祉と包括的支援体制」の中に福祉行財政システムが位置付けられている意味だといえるだろう。

＊２
平成５（1993）年に富山県富山市で設立された「このゆびと一まれ」は、「地域で支援が必要な人を誰でも受け入れる」という理念のもと、「赤ちゃんからお年寄りまで利用可能なデイサービス」として運営されてきた。創設者の一人、惣万佳代子は、認知症の高齢者が子どもの世話をしたり、障害のある子どもも含めて子どもが一緒に遊ぶことは、「普通の生活をしているだけ」だという（惣万佳代子『笑顔の大家族このゆびと一まれ―「富山型」デイサービスの日々』水書坊、2002年を参照）。

＊３
特区制度には、構造改革特別区域制度（構造改革特区）、総合特区制度、国家戦略特区制度の３つの制度があり、特定の地域を限定して規制を緩和・撤廃する取り組みをいう。「富山型デイサービス推進特区」は、平成15（2003）年に構造改革特区として指定を受けた。構造改革特区制度では、地方自治体が自主申請し、実現の可能性がある計画を内閣府の構造改革特区推進本部が認定する。平成18（2006）年には「富山型デイサービス推進特区」において適用された特例措置が全国でも適用できるようになった。

第2節　国と地方自治体の関係

1 国と地方自治体の関係の基本的考え方

一般に先進国では、福祉国家の進展とともに行政機能が拡大してきた。同時に、この拡大は、国だけでなく**地方自治体**[＊4]の行政機能の拡大ももたらした。これは当然といえば当然で、社会福祉サービスに代表される対人サービスが増加しているからであり、このようなニーズに応じたきめ細かな対応が求められるサービスは、国が直接行うよりも対象者に身近な地方自治体が担うほうが理にかなっているからである。国が直接出先機関を設けて実施してもいいかもしれないが（実際にハローワーク＝公共職業安定所のような例もある）、そうすると、相互に関連している他の行政機能との連携がむずかしくなってしまうので、やはり地方自治体が総合的に担うほうが合理的だという考えが強くなる。こうしたことから、福祉行政にかかわる多くの事務は、地方自治体が実施している。

では、この場合の国と地方自治体の関係をどう考えればよいだろうか。その基本的な考え方を規定しているのが、地方自治法である。地方自治法は、国は「国際社会における国家としての存立に関わる事務」や「全国的に統一して定めることが望ましい国民の諸活動」「全国的な視点に立って行わなければならない施策及び事業の実施」を担い、住民に身近な行政はできる限り地方公共団体に委ねることが基本であると定めている（第１条の２）。つまり、国は、外交、防衛、金融政策等に加え、生活保護のようなナショナルミニマムを国民に保障するような政策を担い（生活保護についても市町村の窓口で実施していると思われるかもしれないが、これについては後で述べる）、住民に身近な行政はできる限り地方自治体が担うことを原則とするということである。

とはいえ、これは役割分担の基本原則であり、地方自治体が担う仕事の性質についてはふれていない。例えば、地方自治体が担う仕事（事務）には、その量だけでなく、内容や方法をどのくらい自分たちの裁量で決められるか（自律性）という側面がある。前者（仕事の量）が多くても、それが自律的に実施できているかどうかはわからない。あらゆることを国の指示どおりに行わなければならないとすれば、実際にはたくさんの仕事をしていても、自律性は低いということになる[＊5]。いろいろ任されているけれども、その子細がすべてマニュアルなどで決められてい

＊4
日本国憲法では市町村と都道府県を指して「地方公共団体」という。また、分権改革が進み、地方公共団体が国の下部機関ではなく地方の「政府」であると認識するならば、地方公共団体を「地方政府」とよぶべきだとする人もいる。本稿では、都道府県や市町村が、自己決定の主体であるという趣旨で、地方自治体とよぶことにし、市町村を基礎自治体、都道府県を広域自治体と位置付ける。

＊5
大森　彌『官のシステム』東京大学出版会、2006年、174頁。このような日本の国と地方自治体との関係を「集権的分散システム」とよぶ場合もある（神野直彦 編著『分権型税財政制度を創る－使え!!自主財源』ぎょうせい、2000年）。これは、決定権は国にある（集権）が、実施は地方自治体が行っている（分散）という意味である。

て、いちいち報告したり、監査を受けなければならないような仕事をイメージしてみればわかりやすいだろう。

従来、日本は中央集権的な行財政システムを取っており、福祉行政においても地方自治体の自律性は低かったといわれている。特に、ナショナルミニマムを全国一律に提供することが必要な場合には、こうした国の強い関与が必要になる。しかしながら、福祉に限らずさまざまな分野で「中央省庁主導の縦割りの画一的行政システム」を「住民主導の個性的で総合的な行政システム[2)]」へと転換すること、言い換えれば、一定の地域の住民とその政府（地方自治体）の自律性を拡充する地方分権が求められるようになっている。

そこで、以下では、近年の分権改革の流れを簡単に振り返り、国と地方自治体の関係がどのように変化したのか、また、そのことが福祉行政にどのように影響しているのかを見ることにする。

2 地方分権改革

平成5（1993）年に国会の衆参両院で全会一致による「地方分権の推進に関する決議」がなされて以降の国と地方自治体の関係を改革する取り組みは、**地方分権改革**とよばれている。ここでは、1990年代後半から2000年代はじめにかけての機関委任事務の廃止に代表される地方自治体の自律性を高める取り組みと三位一体改革とよばれる財源面での改革、さらにその後の地域主権改革ともよばれる法制度面での分権化の動向について解説する。

（1）第一次地方分権改革

第一次地方分権改革は、平成7（1995）年に成立した地方分権推進法に基づいて設置された審議会である地方分権推進委員会が中心になって行った改革のことをいう。この改革は、平成11（1999）年に制定され、平成12（2000）年に施行された地方分権の推進を図るための関係法律の整備等に関する法律（地方分権一括法）の制定に結実する。ここでの最も大きな変化（成果）は、機関委任事務の廃止であり、国と地方自治体との関係を「上下・主従」の関係から、「対等・協力」の関係に転換したことであると評価されている[3)]。この意味について考えてみよう。

ここで簡単に、地方自治体の仕事（事務）がどのように構成されているのかを見ておこう。平成12（2000）年以前の地方自治体の事務は、国との関係で機関委任事務と団体委任事務、行政事務に分けられていた[*6]。このうち、機関委任事務とは、都道府県知事や市町村長を中央省庁の一つの「機関」として位置付け、下部機関として大臣の指揮監督下において事務を「委任」するという制度である。つまり、住民や議会の意向とは関係なく、国（各省庁）は事務を画一的に行うよう機関である自治体の首長に命ずることができ、そのために細かい通達が定められてきた[*7]。機関委任事務が、「上下・主従」関係といわれるのはこのためである。この論理では、住民が選挙で首長を選出しても、機関委任事務の場合、国の機関である知事や市町村長は議会や住民ではなく国を見て仕事をしなければならなくなる。住民が選挙で選出したはずの首長は、大臣の指揮監督の下で仕事をしていることになり、議会も口を出せないのである[*8]。

こうした問題点から、561あった機関委任事務はすべて廃止されることになった。一部の事務は廃止されたり、国に返上され、残った地方自治体の事務は、自治事務と法定受託事務の２つに整理され、すべて「自治体の事務」となった。法定受託事務とは、国が本来果たすべき事務であるが、利便性や効率性の観点から地方自治体が受託して実施する事務のことである[*9]。社会福祉行政でいえば、生活保護法による保護の実施、社会福祉法人の認可、福祉関係手当（児童手当・児童扶養手当・特別児童扶養手当）の支給などがそれにあたる。また、自治事務は、「法定受託事務以外の事務」のことであり、当時の社会福祉行政でいえば、福祉各法の措置等が自治事務となった。すべての事務が自治体の事務となったため、地方自治体は法令に違反しない限り、条例[*10]を制定することができ、地方自治法が地方議会の権限として認めている議決権なども及ぶことになる。しかし、それはあくまで「法令に反しない限り」であり、法令によって制度の細部まで定められている場合には自治事務であっても条例で決めることができる余地は極めて小さくなってしまう[*11]。こうした法令による縛りを「義務付け･枠付け」（法令の規律密度ともいう）というが、この改革は第二次地方分権改革の課題として残された。

（2）三位一体改革とその後の分権改革

以上のように、第一次分権改革は、地方自治体が国の一機関ではなく対等な関係にあることを明確にしたが、財源面での改革は先送りされた。しかし、立場上対等な関係になったとはいえ、活動の財源に厳しい制約がつけられていては、自律的な活動はできない。そこで、次に着手されたのが、財源面の改革であり、これが**三位一体改革**である。この改革で

＊6
団体委任事務とは、機関委任事務とは異なり、都道府県知事や市町村長（機関）ではなく、都道府県や市町村（団体）に委任された事務をいう。団体に委任されているので、その団体（都道府県・市町村）の事務となり、その処理については、通常、委任する法令の中で定められていた。また、行政事務とは、地方自治体の事務のうち、住民に義務を課したり、権利を制限し、自由を規制するような事務（例えば、いくつかの自治体で制定されているごみ屋敷条例などはこうした要素がある）のことである。どちらの事務も地方分権一括法で廃止され、すべて自治事務に移行した。

＊7
立法府（国会）で定められた法律と国会以外の国家機関（政令や省令）が定める命令をあわせて、法令とよぶ。これに対して、中央省庁が発する行政内部の規則を定めたもの（行政規則）は通達、通知、要綱、要領などとよばれる。一般に機関委任事務においては、これらは中央省庁が管轄下にある機関（地方自治体の長）に対して発する命令という性格をもっており、通達行政などともよばれた。分権改革の結果、これらは助言（技術的助言という）に改められ、法令によらない命令は無効になった。

＊8
例えば、西尾は、機関委任事務制度を「『国の事務』を地方団体の費用負担と職員のマンパワーによって執行せし

は、平成16（2004）年度予算から平成18（2006）年度予算にかけて、税財源、地方交付税、国庫補助負担金の「三位」を一体的に改革することで、結論からいえば、地方交付税と国庫補助負担金が削減され、国から地方への税財源の移譲がなされた。改革されることになった3つの財源について考えてみよう。

まず、国庫補助負担金は、各省庁が特定事業を遂行するために支出している補助金、負担金、委託金などの総称である[*12]。一般的にいって、使い道が厳しく決められているお金には自律的に決定できる余地が少ない。買い物を頼まれて、何を買うか厳しく決められ、1円単位までとやかくいわれることをイメージしてみればよい。つまり、特定の目的のためだけに使えるお金である。単純化すると、地方分権の観点からいえば、これを減らすことが重要になるが、各省庁は自らの予算が少なくなるだけでなく、権限も手放すことになるのでそうしたくない場合が多い。ただし、生活保護費（国庫負担金として保護費の4分の3が国から支出される）のように、ナショナルミニマムを保障するために法定受託事務として地方自治体が担っている場合、これを減らすことは問題がある場合もある。三位一体改革では、各省庁とのさまざまな折衝を経て、国庫補助負担金の削減が図られることになった。

次に、地方分権の観点からいえば、地方自治体が自由に使えるお金が増えることが望ましい。国から移転される財源のうちで、自由に使える財源の一つに**地方交付税**がある。地方交付税は、標準的な公共サービスに必要な最低限の財源を保障するために、裕福な地域から貧しい地域へ財源を移転するという地域間再分配の機能をもっている。このため、国の税収の一定割合が、決められた計算式に基づいて地方自治体に交付される。地方自治体から見れば、非常に使い勝手のよい財源であるが、財源に余裕のある地方自治体には交付されない（不交付団体という）。本来、地方自治体はこれを減らしたくなかったが、三位一体改革ではこれも削減された。

そして、最も地方分権の観点から望ましいのは、税財源の移譲である。簡単にいえば、国に納めていた税金を減らし、都道府県や市町村に納める税金を増やすことで、地方自治体の自主財源（自由に使えるお金）を増やすことである。三位一体改革では、所得税（国に納める税）を住民税（地方自治体に納める税）に置き換える形で、税源を地方に移すことが実現した。

結局、この改革は、地方分権と財政再建という必ずしも両立しない目

めるという、国＝中央政府にとってはまことに便利な、虫のいい制度」（西尾　勝『地方分権改革』東京大学出版会、2007年、58頁）と表現している。

＊9
なお、都道府県と市町村の間の機関委任事務もあわせて廃止された。国と都道府県・市町村との関係における法定受託事務は「第1号法定受託事務」、都道府県と市町村との関係における法定受託事務は「第2号法定受託事務」とよばれる。

＊10
条例は、地方公共団体が制定する法で、議会の議決によって定められる。条例で規定できる事項は、地域における事務及びその他の事務で法令により地方公共団体が処理することとされるものに関することである。

＊11
逆にいえば、国と地方自治体は対等であるから、国は法令によらない限り、通達などで命令を行うことはできなくなったともいえる。

＊12
国庫補助負担金には、法律に基づいて事業に要する費用の一定割合を国が義務的に負担する負担金と事業を奨励するための補助金がある。

的のもとで行われたこともあり、分権的な改革（税源の移譲）が達成され、地方の自律性は高められた一方、総額では地方交付税や国庫補助負担金の削減により、歳入が大幅に減少する地方自治体もあった。[*13]ただし、機関委任事務の廃止に続いて、国が使途を明確に定めるいわゆる「紐付き」補助金が改革の対象となったことは、権限、財源両面において国の関与を減らし、地方自治体において総合的な行政を展開するという大きな方針が継続していることを示している。そのような意味で、総合的な行政を展開することがむずかしいとされる小規模市町村が問題視されるようになり、いわゆる[*14]**平成の大合併**が進展していくことになるのである。

（3）地域主権改革

その後、第一次地方分権改革を引き継いだ改革（第二次地方分権改革）として、平成19（2007）年に設置された地方分権改革推進委員会の一連の勧告に基づき、平成22（2010）年に地域主権戦略大綱が閣議決定され、平成23（2011）年から令和４（2022）年の第一次から第十二次までの一連の地[*15]方分権一括法が制定されている。地域主権改革ともよばれる一連の改革では、法令によって規制されていたいわゆる「[*16]義務付け・枠付け」の見直しが中心的な課題となった。第一次分権改革で、地方自治体の事務から国の事務をなくし、国が自治体に事務を義務付ける場合には法令によらなければならないとしたものの、地方自治体の事務の内容と執行方法が法令で縛られ、自分たちで決める余地が少なければ、実質的には現場の仕事の仕方は大きく変わらない。福祉分野では地方自治体が処理している仕事のほとんどは、国の個別法によって規律され（例えば、介護保険制度や障害者総合支援制度、子ども・子育て支援制度、生活困窮者自立支援制度などを想起してみれば、自治事務であっても国が定めたさまざまな基準があることがわかるだろう）、内容と執行の方法・体制に対する国の関与は大幅に残っている。[4)]

そこで、こうした法令によって規制されている「義務付け・枠付け」を「従うべき基準」「標準」「参酌すべき基準」に整理することを第一次から第十二次まで順次続けているのである（**表１－５－１**）。これは福祉関係者でも身近な問題である。例えば、最近の具体例でいうと、令和元（2019）年に成立した第九次地方分権一括法では、児童福祉法で規定されている放課後児童健全育成事業（いわゆる学童クラブ）に従事する者及びその員数の基[*17]準が「従うべき基準」から「参酌すべき基準」に見直された。[*18]これによって、実施主体である市町村は条例によって、基準

＊13
当時の小泉純一郎内閣総理大臣は、郵政民営化に代表されるように、小さな政府をめざした改革を行っていた。結果として、国庫補助負担金は約4.7兆円の削減、地方交付税交付金等が約5.1兆円の削減、国から地方への税源移譲は約３兆円となり、「分権よりも『小さな政府』実施の手段とされた」（神野直彦「福祉と三位一体の改革」『社会福祉研究』第96号、2006年、28頁）という見方もある。

＊14
平成11（1999）年に合併特例法が制定され、条件が有利な合併特例債による財政支援の期限が平成17（2005）年３月末までの申請、翌平成18（2006）年３月末までの合併成立となったため、駆け込み合併が相次いだ。平成11（1999）年４月に3,229あった市町村は、平成18（2006）年度末には1,821に減少した（令和４〔2022〕年３月現在、1,724）。

＊15
正式には、「地域の自主性及び自立性を高めるための改革の推進を図るための関係法律の整備に関する法律」。

＊16
地方分権改革推進委員会の第２次勧告（平成20〔2008〕年12月）によれば、「義務付け」とは、一定の課題に対処すべく、地方自治体に一定種類の活動を義務付けることをいい、「枠付け」とは、地方自治体の活動について手続き、判断基準等の枠付けを行うことをいう。

〈表1－5－1〉条例委任する場合の基準設定の類型

	「参酌すべき基準」型	「標準」型	「従うべき基準」型
法的効果	○「参酌すべき基準」とは、十分参照しなければならない基準 ○条例の制定に当たっては、法令の「参酌すべき基準」を十分参照した上で判断しなければならない	○「標準」とは、通常よるべき基準 ○条例の内容は、法令の「標準」を標準とする範囲内でなければならない	○「従うべき基準」とは、必ず適合しなければならない基準 ○条例の内容は、法令の「従うべき基準」に従わなければならない
異なるものを定めることの許容の程度	法令の「参酌すべき基準」を十分参照した結果としてであれば、地域の実情に応じて、異なる内容を定めることは許容	法令の「標準」を標準としつつ、合理的な理由がある範囲内で、地域の実情に応じた「標準」と異なる内容を定めることは許容	法令の「従うべき基準」と異なる内容を定めることは許容されないが、当該基準に従う範囲内で、地域の実情に応じた内容を定めることは許容
備　考	「参酌する行為」を行ったかどうかについて説明責任（行為規範） ⇒「参酌する行為」を行わなかった場合は違法 「参考とすべき基準」「斟酌すべき基準」「勘案すべき基準」「考慮すべき基準」も同じ	「標準」と異なる内容について説明責任 ⇒合理的な理由がない場合は違法 「準則」も同じ	「従うべき基準」の範囲内であることについて説明責任 ⇒基準の範囲を超える場合は違法 「定めるべき基準」「遵守すべき基準」「適合すべき基準」「よるべき基準」も同じ

（出典）地方分権改革推進委員会「第３次勧告～自治立法権の拡大による『地方政府』の実現へ」平成21（2009）年10月

と異なる内容を定めることもできるようになった。一方、こうした見直しに対しては、全国学童保育連絡協議会などが強く反発し、資格・常勤指導員の専任・複数体制の維持を求めて多数の請願署名を集めるなど、反対する声も大きかった。このように、総論では望ましいと考えられている地方分権も、各論になると議論が分かれることも珍しくない。この点については、次の項で考えてみたい。

（4）分権改革と社会福祉

福祉サービスは、生活に必要不可欠なサービスであると同時に、各人の状況に応じて提供される必要があるという点で、ナショナルミニマムが確保されなければならない側面と、地域や個人の実情に応じたきめ細かな対応が求められる側面の両方をもっている。先の学童クラブの例からもわかるように、地方分権によって自治体の自律性を高める改革（分権）は、自治体間の格差をある程度許容することにもつながるという点を理解しておく必要がある。

全国で同じ水準の支援が展開されなければならないという考え方は、国の強い権限に基づいたコントロールを求めることに帰結する。一方で、これを住民自治、つまりその区域内に居住する住民の総意によってコン

＊17
平成26年厚生労働省令第63号。

＊18
例えば、基準では、放課後児童支援員を、支援の単位ごとに２人以上の配置（うち１人を除き、補助員の代替可）が必要で、放課後児童支援員の資格は、保育士、社会福祉士等であって、都道府県知事等が行う研修を修了したものを配置することを「従うべき基準」としていた。一方、過疎地域では人材難により学童クラブの存続が危ぶまれたり、児童の人数が少ないときも多いときも２人の配置を行わなければならないことなどが課題としてあげられ、地域の実情に応じた柔軟な運営ができるよう求められていた。

トロールするというのが、地方分権の考え方である。そのため、地方自治体では分権化に伴ってよりいっそうの住民参加も求められることになる。いずれにしても、国と地方自治体との関係には、明確な基準はなく、生活保護のようにナショナルミニマムの維持が強く求められる性格の制度から、対人福祉サービスのように地方の実情に応じた展開が求められる制度があり、そのバランスを考えていくことが重要になる。

第3節　市町村の役割

1 市町村の種類

ここでは、市町村の役割について検討する前に、あいまいに理解していることが多い市町村の種類を確認しておこう。

市町村といっても、実際には、横浜市のような人口約370万人の市から、人口数百人の村までさまざまである。全国の市町村数は、令和５(2023）年４月１日現在、市は792、町は743、村は189、市町村全体で1,724となっている。

市は、町村よりも処理できる仕事（事務）の範囲が広く、例えば、町村では設置が任意となっている福祉事務所は、市では必ず設置しなければならないことになっている。

市には、**政令指定都市**（指定都市)、**中核市**といった制度があり、都道府県の権限の一部が委譲されている。指定都市とは、人口が50万人を超える市で、令和４（2022）年４月１日現在、20の市が指定されている。指定都市の中に設けられる区は、自治体ではなく、市の内部組織とみなされるため、区長は市長が任命する。また、中核市は、人口20万人以上の市で、必要な手続きを経ることで指定される。令和５（2023）年４月１日現在、62の市が中核市に指定されており、一般の市より多くの事務を処理できることになっている。[＊19]

なお、東京都に置かれる23の特別区は、他の指定都市の区とは異なって、区長も議会の議員も直接公選制であり、地方自治法でも基礎自治体として位置付けられ、一部を除き市に準ずる事務を担っている。本章では、市町村と表記しているが、これには基本的に特別区も含むと考えて差し支えない。

加えて、２つ以上の市町村が、事務処理を協働して行う場合に設立する一部事務組合や広域連合も福祉に関連した事務を処理する主体になっている場合がある。[＊20]

市町村（指定都市や中核市を含む）が、普通地方公共団体とよばれるのに対して、上記の特別区や一部事務組合、広域連合は特別地方公共団体とよばれる。

＊19
保健・福祉でいえば、保健所の設置や身体障害者手帳の交付、養護老人ホームの設置認可・監督等、保育所の設置認可・監督、介護サービス事業者の指定等の事務が都道府県から委譲される。

＊20
地方公共団体が団体の事務の一部を共同処理するために設ける組織を一部事務組合という。広域連合は、設立の手続きなどは一部事務組合と大きな違いはないが、もともとは国からの権限移譲を想定して制度化されたもの（関西広域連合等）で、広域にわたり処理することが適当である事務を処理するために設立する。また、広域連合の議会や長は、構成する地方公共団体の議会の選挙等によって選出されるなど、より民主的な仕組みが採用されている。介護保険の事務が一部事務組合や広域連合で行われている例は多い。

2 社会福祉の実施主体としての市町村

（1）福祉行政の中核的な第一線の現業機関

自分が住んでいたり、仕事をしている市町村の福祉に関する窓口を思い浮かべてみると、市町村によって名称の違いはあるものの、社会福祉課とか、高齢福祉課、障害福祉課、子ども課といった社会福祉に関する部署を設置して、社会福祉行政を実施していることが一般的だろう。ここでは、これらの社会福祉行政組織とその業務についてみておこう。

社会福祉6法（生活保護法、児童福祉法、母子及び父子並びに寡婦福祉法、老人福祉法、身体障害者福祉法及び知的障害者福祉法）に定められた援護、育成または更生の措置[*21]の事務を担うのは福祉事務所[*22]である。福祉事務所とは、昭和26（1951）年に成立した社会福祉事業法（現在の社会福祉法）に基づいて創設された機関であり、福祉行政の中核的な現業機関と位置付けられている。社会福祉各法の措置とともに福祉事務所の中心的な業務となっているのが生活保護である。生活保護は、日本国憲法第25条に規定された理念に基づいて、国が生活に困窮するすべての国民に対し、健康で文化的な最低限度の生活を保障する制度である。したがって、ナショナルミニマムを保障するために、国が定めた認定基準である保護基準や各種要領、通知等に基づいて事務が執行される法定受託事務である[*23]。

ところで、実際に市役所で「福祉事務所」という看板を見たことがないという人もいるかもしれない。本来、福祉事務所は、独立した機関として設置されることが想定されていたが、職員は職務の遂行に支障がない場合には他の社会福祉等に関する業務を行うことができるとされている（社会福祉法第17条）。そのため、福祉部（課）長等が福祉事務所長を兼務し、福祉事務所機能が高齢福祉課、障害福祉課、子ども課といった各福祉関係事務部局内に置かれるなど、行政組織に内部化されている場合が多いため、福祉事務所という看板が掲げられていないことも珍しくないのである[5)]。

（2）福祉サービス実施主体としての役割の拡大

2000年以降、社会福祉基礎構造改革及び地方分権一括法によって、多くの福祉サービスの実施主体は市町村となっており、市町村社会福祉行政の機能が拡大している。

まず、市町村は、介護保険、障害福祉、子ども・子育て支援といった

＊21
各法に定められた福祉事務所が実施する措置の例として、老人福祉法では、やむを得ない理由により介護保険による居宅サービスの利用ができない高齢者にサービス利用の便宜を供与すること（老人福祉法第10条の4）や、環境上の理由及び経済的理由により居宅において養護を受けることが困難な高齢者を養護老人ホームに措置すること（同第11条第1項）、やむ得ない事情により介護老人福祉施設等に入所することが著しく困難な高齢者を特別養護老人ホームに措置することなどが規定されている。高齢者虐待の場合や認知症等で身寄りのない高齢者、経済的に困窮し住居を確保できない高齢者などの場合、こうした措置を市町村が積極的に採ることで、住民の福祉を確保することが求められる。

＊22
福祉事務所の業務は、市部では福祉6法、都道府県が設置する郡部の福祉事務所では生活保護法、児童福祉法、母子及び父子並びに寡婦福祉法の3法を所管する。老人福祉法、身体障害者福祉法、知的障害者福祉法の3法の事務は、福祉事務所を設置していなくても町村が担っている。

＊23
ただし、いわゆるケースワークといわれる自立に向けた指導・助言に関する事務は自治事務である。

対象者別の福祉制度の実施主体であり、こうした制度を利用する場合は、市町村に申請し、要介護･要支援の認定や障害支援区分認定、教育・保育給付認定といったサービスの要否や必要量の認定を受ける必要がある。

一方、上記のようなサービスの給付は、契約制度が基本になっており、利用者は事業者との契約に基づいてサービスを受けることになる[*24]。多くの場合、市町村は直接のサービス提供とはなっておらず、民間の事業者がサービスを提供する場合が多くなっている。こうした意味では、サービス供給主体としての市町村の役割は小さくなっている。

また、実施主体である市町村は、こうしたサービスを計画的に整備していく主体でもある。先の例でいえば、市町村介護保険事業計画、市町村障害福祉計画・障害児福祉計画、市町村子ども・子育て支援事業計画といった計画を策定し、それぞれの事業の計画的な推進を図る必要がある。

＊24
認定こども園・地域型保育は、市町村の利用調整の下で施設・事業者と利用者の間の契約（公的契約）となるが、保育所については、利用者は市町村と契約する。

（3）相談支援における市町村の役割

これまで見たような市町村が行う現金や現物（サービスを含む）の給付は、具体的でわかりやすい。生活保護なら現金が、対象者別の各制度では介護サービス、障害福祉サービス、保育や子育て支援サービス等が提供される。しかし、制度による支援は現金と現物に単純に分かれているわけではなく、給付につなげるための計画策定（例えば、居宅介護サービス計画の策定は支援そのものではなく、支援のための計画策定である）、相談支援機関における相談支援や生活困窮者自立支援制度の自立相談支援事業のように、サービスの給付ではなく、さまざまなニーズを抱える個人の自立に向けたプロセスへの支援（手続的支援）や参加支援[*25]といわれるような、本人の自己実現のための社会参加に寄り添う支援が重視されるようになっている。このように、社会福祉行政業務が「金銭・サービス支給決定事務」中心から「相談支援･ソーシャルワーク業務」へと比重を移しつつあるという指摘もある[6)]。

上記のような相談支援に着目すれば、市町村は、地域包括支援センター（介護保険法）、基幹障害者相談支援センター（障害者総合支援法）、子ども家庭総合支援拠点（児童福祉法）、自立相談支援機関（生活困窮者自立支援法）といった各種相談支援の実施主体となっている。なおこれらの相談支援業務は、市町村が直接実施する場合（直営）もあれば、適切な機関に委託して実施される場合もある。

また、これらの相談支援機関における業務は、相互に協働すること

＊25
地域共生社会推進検討会では、参加支援を既存の属性ごとの制度の活用では社会へつながることがむずかしい者に対して、「既存の地域資源と狭間のニーズを持つ者との間を取り持つ機能」としている（地域共生社会に向けた包括的支援と多様な参加・協働の推進に関する検討会「地域共生社会推進検討会最終とりまとめ」2019年、15頁）。

（多機関協働）が求められるようになっている。８０５０（はちまるごーまる）問題[*26]やダブルケアの事例に代表されるような複合的な課題を抱えた世帯の問題に対しては、多機関が協働しなければ世帯の課題を包括的にとらえることができないからである。

市町村は、相談支援業務をそれぞれ実施するだけでなく、多機関協働の中核となる機能を強化し、包括的な相談支援体制を構築することが求められている。

（4）横断的な庁内体制の確立と包括的な支援体制の構築

地方分権改革では、各省庁別の縦割りによるさまざまな規制が、地方自治体の総合的な行政の展開を阻んでいることが指摘され、それを改革することが不十分ながらも進められてきた。一方、同じ厚生労働省の中でも、さまざまな施策をそれぞれ省内の別の局や課が所管しており、市町村の福祉行政もそれに合わせて縦割りになってしまう傾向がある。しかし、現場に最も近い市町村では、こうした縦割りの体制による弊害が指摘されるようになっている。例えば、複合的な課題を抱えた世帯への支援において、相互に連携が欠如していることで、悲惨な結果になってから実はさまざまな関係機関がかかわっていたことが判明するケースが明らかになったりした。[*27]こうしたことから、包括的支援体制の構築が求められているが、そのためには庁内横断的な連携体制を構築し、市町村の区域や住民に身近な圏域で相談を受け止める体制を工夫していくことが求められている。

また、市町村では、福祉以外にも、さまざまな複合世帯の問題を受け止める機能をもっている。例えば、消費者相談や水道、徴税、公営住宅の窓口や消防などは、世帯の困難な状況をいち早く察知している可能性もある。市町村の総合性をいかし、こうした福祉以外の部局とも連携することで、早期発見や早期対応につなげる工夫が求められる。

こうした工夫を積極的に行っている自治体の例をあげておこう。三重県名張市では、独自に「まちの保健室」という身近な地域における総合相談の窓口を小学校区ごとに設置し、専門職を２名配置している。[*28]愛知県豊田市では、支所の単位に行政職員と社会福祉協議会（社協）のコミュニティソーシャルワーカーを配置し、福祉総合相談窓口を設置している。[*29]

これらの仕組みは法令で定められているわけではなく、むしろ法令で設置することが定められている相談員や予算を活用し、市町村に合った

＊26
本書第１部第１章第２節１参照。

＊27
例えば、平成26（2014）年に千葉県銚子市内の県営住宅で、母親が心中を図り、中学２年の娘の首を絞めて殺害した事件では、県や市の複数の担当課でこの世帯の課題を把握していながら、十分な連携がとれていなかったことが指摘されている。

＊28
詳しくは、永田 祐『住民と創る地域包括ケアシステム－名張式自治とケアをつなぐ総合相談の展開』ミネルヴァ書房、2013年を参照。

＊29
詳しくは、永田 祐「包括的な支援体制を目指す市町村地域福祉行政の再編」上野谷加代子編著『共生社会創造におけるソーシャルワークの役割－地域福祉実践の挑戦』ミネルヴァ書房、2020年を参照。

仕組みに加工しているのである。例えば、豊田市の福祉総合相談窓口に配置されている社協の職員は、生活困窮者自立支援制度と生活支援体制整備事業の財源に社協の独自財源を足し合せて配置されている。これからの福祉行政は、国の制度を縦割りに実施するだけでなく、横断的に協議し、市町村にあった形に加工する総合行政としての力量が求められているのである[＊30]。

＊30
「加工」という表現については、平野隆之『地域福祉マネジメント』有斐閣、2020年を参照。

3 地域づくりにおける市町村の役割

課題の複合化の背景に、家族や地域社会、安定した雇用などとうまくつながることができずに社会的孤立に陥る人の課題があることが次第に明らかになるなかで、さまざまな制度による支援だけでなく、社会的孤立の発生や深刻化を予防し、同時に多様な社会参加の場となる地域づくりに向けた支援の重要性が指摘されるようになっている。地域づくりは、従来、市町村が支援をしつつ、主に社協が中心になって進めてきた取り組みであるが、過疎地域などでは人口減少により地域の担い手が疲弊していたり、都市部では職住分離が進むなかで、地域のつながりが希薄になっており、特定の活動者に頼った地域福祉の推進には限界も見え始めている。

そのため、市町村には、多様な住民同士の出会いの場や居場所の確保、住民同士の交流･参加、学びの機会を生み出すコーディネート機能の確保といった役割が期待されるようになっている。もとより、地域福祉は、地域住民や社会福祉法人、その他さまざまな関係者によって推進されるものであり（社会福祉法第４条）、市町村は、こうした地域福祉推進の基盤を整備していく必要がある。特に、平成28（2016）年の社会福祉法改正で、「地域における公益的な取組」を求められるようになった社会福祉法人との連携を強化していくことや、[＊31]地方創生の取り組みと連携していくことが重要だろう。

地域づくりは住民やさまざまな民間の創意と工夫によってつくり出していくものであり、市町村は、その主体性を尊重しながら新たな出会いをつくり出し、活動が生まれる環境整備を行っていくことが重要な役割になるだろう。住民の暮らしは市町村や専門職の縦割りにそって構成されるものではなく、そもそも包括的なものである。市町村は、分野を横断した多様な出会いによって地域づくりを進めていくという発想をもつ必要がある。

＊31
地域の活力を維持し、東京への一極集中傾向に歯止めを掛けるとともに、少子化と人口減少を克服することをめざした総合的な政策の推進とその司令塔となる本部として、平成26（2014）年にまち・ひと・しごと創生本部が閣議決定により内閣に設置され、「まち・ひと・しごと創生法」が成立した。同法に基づき、国は「まち・ひと・しごと創生総合戦略」を策定し、平成27（2015）年度を初年度とする５か年の政策目標や施策の基本的方向、具体的な施策を取りまとめている。都道府県及び市町村は、国の総合戦略を勘案して、それぞれ「都道府県まち・ひと・しごと創生総合戦略」及び「市町村まち・ひと・しごと創生総合戦略」の策定に努めなければならないとされている。こうした一連の政策を地方創生とよんでいる。

4 住民自治と市町村の役割

ここまで見てきたとおり、福祉行政における市町村の役割は多岐にわたる。市町村の種類によって若干の違いはあるものの、社会福祉法で定められた援護等の措置は、市町村が最後の砦として住民の暮らしを守る機能である。また、福祉行政機能の拡大に伴って、対象者別の福祉サービスの運営管理における市町村の役割も増大している。そして、各法に規定された相談支援の実施だけでなく、その包括化に向けた取り組みが市町村には求められている。そのために、庁内で横断的に協議し、対象者別の制度を包括化していく工夫が必要になる。さらに、社会的孤立が深刻化するなかで、困難な状況にある人の社会関係を再構築するためには、地域の中で多様な活動者が出会い、新たな活動を生み出していく環境整備も進めていかなければならない。

前節「国と地方自治体の関係」で見たように、分権化が進むなかで、市町村は国から求められる事務を正確に執行する役割から、自ら創意工夫をこらし、地域の実情に応じて実施していくことが求められるようになっている。地方分権を正当化する根拠は、市町村が住民に最も身近な基礎自治体であるという距離の近さだけでなく、その住民の意思によって運営されているという住民自治の側面にある。市町村は、さまざまな形で住民と話し合う機会をつくり、住民の投票によって選出された首長や議会が協力しながら、地域の実情に合った社会福祉行政を生み出していかなければならない。その際に重要な羅針盤となるのは、市町村地域福祉計画[*32]である。

＊32
本書第1部第6章第2節参照。

第4節　都道府県の役割

1 社会福祉の実施主体としての都道府県

地方自治法では、都道府県は、市町村を包括する広域の地方公共団体として、広域にわたるもの、市町村に関する連絡調整に関するもの及びその規模又は性質において一般の市町村が処理することが適当でないと認められるものを処理するとされている（第２条第５項）。すでに見たように、社会福祉の実施主体は、住民に身近な市町村が中心となっているが、上記にあたるような事務については都道府県が担っている。

まず、援護等の措置の実施において、都道府県は福祉事務所を設置し、福祉事務所を設置していない町村の生活保護法、児童福祉法、母子及び父子並びに寡婦福祉法についての援護等の措置を行っており、それ以外の老人福祉法、身体障害者福祉法、知的障害者福祉法については市町村の連絡調整や助言･支援を行う役割となっている。一般に都道府県が設置する福祉事務所は、福祉事務所が設置されていない町村を担当することになるから、都道府県をいくつかのブロックに分け、その単位に設置されていることが多い。

また、福祉事務所等での現業機能に加え、都道府県の役割として、福祉事務所や市町村では対応することがむずかしい課題、広域での支援や調整が求められる生活課題への対応として、児童福祉法に基づく児童相談所、身体障害者福祉法に基づく身体障害者更生相談所、知的障害者福祉法に基づく知的障害者更生相談所、困難な問題を抱える女性への支援に関する法律に基づく女性相談支援センター、配偶者暴力防止法に基づく配偶者暴力相談センター、発達障害者支援法に基づく発達障害者支援センターなどの相談所を設置することになっている。また、生活困窮者自立支援制度の実施主体は、福祉事務所設置自治体であるから、福祉事務所を設置していない町村の区域では、都道府県が生活困窮者に対する支援を行う場合が多い。

これらの相談は、市町村で対応することがむずかしい課題に対するバックアップや広域での支援や調整が求められる生活課題に対応する機能として都道府県が実施している。市町村における包括的な支援体制の構築が求められるなか、都道府県による広域の相談機能と市町村の相談機能の役割分担や連携の強化も重要な課題である。

2 都道府県による事業者の指導監督等の役割

上記のように広域にわたる対応が必要であったり、市町村の規模によって実施がむずかしい事務（福祉事務所や生活困窮者自立支援制度）に対する対応は、一般に都道府県庁（本庁）とは別に設けられたセンター等で実施されていることが多い。一方、都道府県の事務部門では、社会福祉法人の認可・監督[*33]、施設や事業の設備・人員・運営等に関する基準の制定[*34]、施設や事業所の設置・開設許認可、指定と監督[*35]といった規制行政に中心的な役割を果たしている。こうした事務が都道府県の役割とされてきたのは、法人や事業、利用者が市町村をまたいで広域的に存在することが根拠になっていると考えられるが、政令指定都市や中核市はほぼ同等の権限をもち、一部は市町村にも委譲されており、都道府県のみの役割ではない場合もあるので注意が必要である[*36]。

3 都道府県による福祉行政の広域的調整

都道府県は、市町村が実施する福祉各制度の計画的な推進を支援したり、都道府県全体でのサービス整備目標の設定などを行うことで、広域的な調整の役割を果たしている。都道府県が策定する福祉計画には、先の市町村福祉計画と対応させてみると、都道府県介護保険事業支援計画・老人福祉計画、都道府県障害福祉計画・障害児福祉計画、都道府県子ども・子育て支援事業支援計画等がある。これらの計画は、それぞれの事業の供給体制が確保されるように広域的な見地から市町村に対する支援や調整を行うとともに、市町村が策定する諸計画に基づいて都道府県全体のサービス整備目標量を定めている。また、サービスの供給体制の確保を目的とする計画ではないが、広域での取り組みや市町村支援などを規定する計画としては、都道府県地域福祉支援計画や障害者基本法に基づく都道府県障害者計画がある。

4 都道府県による地域福祉の推進

これまで見てきたように、都道府県は市町村で対応することがむずかしい課題に対するバックアップや広域での支援や調整が求められる生活課題への対応、市町村の各種福祉サービスの供給体制の確保に向けた支

*33
都道府県知事は、事業が複数の市町村にわたる社会福祉法人、町村部のみで活動する社会福祉法人の所轄庁となる。ただし、市部のみで活動する法人は市長、主たる事務所が指定都市にあり、同一都道府県内で2以上の市町村にわたる事業を行っている場合は指定都市長が所轄庁となる。

*34
都道府県は、国の策定した基準をふまえて施設や事業所の設置・開設許認可や指定、監督の際の根拠となる設備・人員・運営基準等を条例で制定する。

*35
都道府県は、＊34の基準に基づいて、施設や事業所の設置・開設許認可や指定を行う。事業開始後は、基準に基づいて施設・事業に対する監査を行い、基準違反が疑われる場合には、調査、改善命令、業務停止命令、指定取消し等の処分が順次行われる。

*36
例えば、介護保険制度では、保険者機能強化の観点から、指定居宅介護支援事業者の指定権限が市町村に移譲されており、市町村が厚生労働省令に基づいて運営基準等を定め、それに基づいて監督等を行う。また、地域密着型サービス事業者、指定地域密着型介護予防サービス、指定介護予防支援事業者についても、同様に市町村が厚生労働省令に基づいて運営基準等を条例で定め、それに基づいて指定・監督を行っている。

援などが主な役割である。一方、都道府県が積極的に独自事業を開発して、市町村の地域福祉推進を支援する事例も見られる。

例えば、高知県は、平成21（2009）年から国の交付金事業を活用して、既存の福祉制度の枠組みを超えて、子どもから高齢者まで、年齢や障害の有無にかかわらず、誰もが１か所で必要なサービスを受けられる小規模多機能支援拠点を整備する「あったかふれあいセンター事業」を創設した[＊37]。センターは、「集いを軸とした多様なサービスの提供」「地域の見守りネットワークの構築」「生活支援」の３つの機能を必須機能とし、コーディネーター１名とスタッフ２名を配置することになっている。令和４（2022）年４月１日現在、県内34市町村のうち、31市町村、56拠点が整備されており、県内全域に広がっているという。

＊37
この事業は、国の交付金事業が終了した平成24（2012）年度からは県の単独事業として実施されている。実施主体は市町村で、県は事業費の1/2を補助する。詳しくは、川崎端女「あったかふれあいセンターの役割」『月刊ケアマネジメント』30（5）、環境新聞社、2019年を参照。

冒頭の事例でも紹介した富山県の富山型デイサービスの支援もこうした事例の一つといえるだろう。このように、都道府県が単独事業を展開することで、その区域の中で必要だと考えられる実践を他市町村にも普及させる取り組みは、都道府県が広域的な視点から行う重要な役割である。

5 審議会等を活用した政策形成

社会福祉法では、都道府県、指定都市、中核市に**地方社会福祉審議会**を設置することを定めている（社会福祉法第７条第１項）。地方自治体が設置する審議会等とは、法律もしくはこれに基づく政令または条例で定められた事項について審議等を行う合議制の機関のことをいう。地方社会福祉審議会は、社会福祉法で定められた審議会であり、都道府県知事、指定都市もしくは中核市の長の監督に属し、その諮問に答え、関係行政庁に意見を具申する。こうした都道府県等に設置される審議会は、運用も形式的で、自治体の政策形成に関して積極的なはたらきはしていないという指摘[7)]もあるが、福祉諸計画の策定や政策形成において、審議会のもとに分科会をおいて積極的な議論を行ったり、協議の内容から政策形成につなげている事例はある。例えば大阪府が先駆的に取り組んできたコミュニティソーシャルワーク機能配置促進事業は大阪府社会福祉審議会の答申を受けた大阪府地域福祉支援計画の中で実現した取り組みである。

また、地方社会福祉審議会は法で定められた審議会であるが、市町村でも条例で審議会を設置し、さまざまな福祉課題を協議している場合があり、地方自治体が社会福祉や地域福祉の推進にこうした協議の機会を積極的に活用していく姿勢が重要であるといえるだろう。

第5節　国の役割

1 法令の制定

これまで述べてきたように、国は、全国的に統一して定めることが望ましい国民の諸活動や、全国的な規模や視点に立って行わなければならない施策及び事業の実施を行う。市町村･都道府県の役割で見たように、地方自治体は、国が制定した法令に基づいて社会福祉行政を展開しており、この法令の制定や改正が国の重要な役割である。

法令には、法律（憲法と法律）と命令（政令、省令、告示）がある。行政の活動は、立法機関である国会の議決を経て制定や改正が行われる法律に基づいて行わなければならない。一方、命令は、内閣や各省庁が定めるルールで、前者は政令、後者は省令とよばれる。一般に、政令は法律を施行するための手続きなどを定め、省令はさらに当該事務を円滑に実施するためのより細かいことを規定する内容になっている。例えば、特別養護老人ホームの設備の基準などについて定めた「特別養護老人ホームの設備及び運営に関する基準」という厚生労働省令は、介護保険法に基づいて定められた省令である。こうした基準などをすべて法律（介護保険法）に規定すると法律が膨大になってしまうため、細かいことは政令や省令に委任するという形式を取っているのである。こうした命令の「義務付け･枠付け」の程度がそれぞれに定められていることについては、本章第２節２（３）で説明したとおりである。

また、実務では、厚生労働省の通知や要領，要綱といった文章を目にすることも多い。これらは、行政規則とよばれるもので、行政内部での役割分担を定めるものである。地方分権改革によって、地方自治体を国の機関とする機関委任事務は廃止されたので、法令によらない国から地方への助言等は通知や要領，要綱という形で示される。簡単にいうと、こうしたらよいのではないかというお知らせ（通知）やマニュアル（要領，要綱）である。

また、市町村や都道府県の役割で見たような各種福祉計画の策定にあたって、国が基本指針を策定することが法律で定められている場合が多い。こうした指針は、法律同様、官報等で告示される。都道府県や市町村は、この方針に則してそれぞれの計画を策定することになっており、国は、全国的な視点に立った施策や事業の実施の方向性を定めているのである。

2 国の組織

国の中で、主に社会福祉行政を担う中央省庁は、厚生労働省である。厚生労働省には、10の局が設置されており、そのうち主に社会福祉行政を担うのは、社会･援護局、老健局の２局である。例えば、社会・援護局地域福祉課（本課）の所掌事務は、**表１－５－２**のようになっている。

また、厚生労働省には複数の審議会が置かれている。審議会とは、重要事項に関する調査審議などを行うため、学識を有する者等によって構成される合議制の機関のことをいう（国家行政組織法第８条)。社会福祉に密接に関連している審議会としては、社会保障審議会があり、所管行政分野ごとに多くの分科会、部会、専門委員会、特別分科会などが設置されている。社会福祉関係法の改正にあたっては、こうした機関での議論が重要な役割を果たしている。例えば、平成27（2015）年４月に施行された生活困窮者自立支援法では、社会保障審議会に「生活困窮者の生活支援の在り方に関する特別部会」が設けられ、この報告書が法の成立に大きな影響を及ぼした。加えて、同じく省庁が設置する諮問機関として、検討会等が設けられる場合もある。検討会等は、法令に根拠をも

〈表１－５－２〉厚生労働省社会･援護局地域福祉課の所掌事務

組織の名称	地域福祉課
所掌事務	・地域における社会福祉の増進に関する企画及び立案並びに調整に関すること。 ・社会福祉に関する事業（社会福祉事業を除く。）の発達、改善及び調整に関すること。 ・社会福祉に関する事業に係る福祉サービスの利用者の支援に関すること。 ・消費生活協同組合の事業に関すること。 ・生活福祉資金の貸付事業に関すること。 ・公営住宅に関すること。 ・住宅地区改良法（昭和35年法律第84号）第36条の規定による協議に関すること。 ・地方改善事業に関すること。 ・生計の途がなく、かつ、一定の住居を持たない者で、野外において生活しているものの保護及び更生に関すること。 ・上記に掲げるもののほか、国民生活の保護及び指導に関すること。 ・社会福祉法第89条第１項に規定する基本指針（同条第２項第４号に掲げる事項に係る部分に限る。）の策定に関すること。 ・地域における社会福祉に係る計画に関すること。 ・社会福祉協議会に関すること。 ・民生委員に関すること。 ・地域における社会福祉の増進に関すること。

（出典）厚生労働省ホームページ

たず、大臣や局長等、府省内の決裁のみで設置することができ、ときどきの政策課題に応じて多数設置されている。本書でもしばしば言及されている市町村の包括的な支援体制構築に向けて具体的方策を検討した「地域共生社会に向けた包括的支援と多様な参加・協働の推進に関する検討会」はその一例である。

さらに、令和５（2023）年４月のこども家庭庁の創設に伴って、内閣府子ども・子育て本部が所掌していた子ども・若者育成支援及び子どもの貧困対策に関する事務と、厚生労働省子ども家庭局が所掌していた事務（婦人保護事業を除く）、同じく厚生労働省障害保健福祉部が所掌する障害児支援に関する事務が、同庁に移管された。これにより、社会福祉行政のうち、これらの事務に関してはこども家庭庁の所管となる。

加えて、厚生労働省以外にも、内閣官房（孤独・孤立対策）、内閣府（防災対策、高齢社会対策）、法務省（更生保護事業、成年後見制度）、文部科学省（社会教育、特別支援教育）、経済産業省（医療・福祉機器産業政策）、国土交通省（福祉有償運送）といったさまざまな省庁が、福祉行政に関連した事務を管轄している。行政組織としての地方自治体と国の大きな違いは、地方自治体の場合、それ自体が一つの組織であるのに対し、中央省庁は、府省ごとに人事、予算が決められている点にある。そのため、府省ごとの縦割り構造が顕著で、これまでもそれが地方自治体の縦割り構造に影響していると指摘されてきた[8)]。市町村や都道府県が地域共生社会の実現や包括的な支援体制の構築に向けて、福祉行政内部での連携のみならず、幅広い省庁の所管分野と連携しようとするとき、国においても厚生労働省内はもとより府省間での連携を強化することが求められる。

3 分権化時代の国の役割

地方分権が進み、国や厚生労働省が定めたことを都道府県や市町村がその下部組織として実行するという時代ではなくなった。このため、国や厚生労働省は、法令によってナショナルミニマムを確保しつつ、地方自治体の自発的な創意工夫を促していくようなかかわり方が求められている。

具体的には、研修などを通じて施策の趣旨を伝えていくことや好事例の紹介、普及などが重要になる。例えば、厚生労働省のホームページから個別施策のページを見ていくと、市町村の好事例などを紹介するページが多くあることに気付くだろう。地方自治体に「命令」するという形ではなく、「モデルになる事例」を示すことで施策の趣旨を共有していくという方法である。

また、モデル事業という方法もしばしば活用される。「手あげ方式」ともよばれるが、意欲がある地方自治体から参加を募り、好事例を生み出し、それを普及させたり、必要な法改正に結び付けるという手法である。例えば、包括的な支援体制の構築に向けて「多機関協働による包括的な支援体制構築事業」や、「地域力強化推進事業」といったモデル事業が行われている。

そして、こうした方法に共通しているのが、地方自治体や現場の関係者と協議しながら進めていくということの重要性である。地方分権化が進む中で、厚生労働省をはじめとした国の職員たちが積極的に地域に出向き、上意下達ではない多様な地域の状況に配慮した福祉行政を展開していく必要がある。

BOOK 学びの参考図書

- 永田　祐『包括的な支援体制のガバナンス－実践と政策をつなぐ市町村福祉行政の展開』有斐閣、2021年。
  多様な機関や人とともに包括的な支援体制を構築していく、市町村福祉行政の新たな役割の理論と実践についてまとめられている。本章で学んだ自治体福祉行政が果たす役割をさらに一歩進めて考えることができる。

引用文献

1）西尾　勝『行政学の基礎概念』東京大学出版会、1990年、1頁
2）地方分権推進本部「スタート！　地方分権」2000年、2頁
3）西尾　勝『地方分権改革』東京大学出版会、2007年、57頁
4）大森　彌『変化に挑戦する自治体－希望の自治体行政学』第一法規、2008年、385頁
5）岡部　卓「福祉事務所のゆくえ」『社会福祉研究』第101号（2008年）、鉄道弘済会、28頁
6）畑本裕介・黒田有志弥「市町村における組織体制と職員配置－変遷と課題」遠藤久夫・西村幸満 監修、国立社会保障・人口問題研究所 編『地域で担う生活支援－自治体の役割と連携』東京大学出版会、2018年、45頁
7）山口道昭ほか 編著『福祉行政の基礎－社会福祉行政の基礎力を修得する』有斐閣、2016年、76頁
8）今村都南雄『官庁セクショナリズム』東京大学出版会、2006年、146頁

第6節　福祉行財政の組織及び専門職の役割

1 社会福祉の実施体制

（1）社会福祉の実施機関と専門職

❶主な機関と専門職

社会福祉の実施責任は国及び地方公共団体にある。社会福祉法第6条第1項には「国及び地方公共団体は、社会福祉を目的とする事業を経営する者と協力して、社会福祉を目的とする事業の広範かつ計画的な実施が図られるよう、福祉サービスを提供する体制の確保に関する施策、福祉サービスの適切な利用の推進に関する施策その他の必要な各般の措置を講じなければならない」と、国及び地方公共団体の責務が明記されている。

第3節で説明したように、今日の社会福祉の実施の役割分担は、国を中心とした体制から市町村を中心とした体制へと変化してきている。

表1－5－3は、社会福祉関係法に基づいて地方公共団体が設置して

〈表1－5－3〉福祉の事業の実施を担っている主な行政機関

機　関	設置主体	根拠法
福祉事務所	市・特別区（必置）	社会福祉法
	町村（任意）	
	都道府県（必置）	
児童相談所	中核市・特別区（任意）	児童福祉法
	指定都市（必置）	
	都道府県（必置）	
身体障害者更生相談所	指定都市（必置）	身体障害者福祉法
	都道府県（必置）	
知的障害者更生相談所	指定都市（必置）	知的障害者福祉法
	都道府県（必置）	
精神保健福祉センター	指定都市（必置）	精神保健及び精神障害者福祉に関する法律
	都道府県（必置）	
婦人相談所　※	指定都市（任意）	売春防止法
	都道府県（必置）	

※令和4（2022）年に制定された「困難な問題を抱える女性への支援に関する法律」により、婦人相談所は女性相談支援センターに変更される（令和6〔2024〕年4月1日施行）。
（筆者作成）

〈表1－5－4〉主な行政機関の業務に従事する福祉の職種

職　種	職種に求められる資格	機　関
福祉事務所の査察指導員・現業員（社会福祉主事）	任用資格	○都道府県、市、福祉事務所を設置する町村 ・その他の町村
児童福祉司	任用資格	○児童相談所
身体障害者福祉司	任用資格	○身体障害者更生相談所 ・市町村福祉事務所
知的障害者福祉司	任用資格	○知的障害者更生相談所 ・市町村福祉事務所
精神保健福祉相談員	精神保健福祉士、その他政令で定める資格を有する者	・精神保健福祉センター ・保健所　など
婦人相談員　※2	市町村長・都道府県知事からの委嘱による	○婦人相談所　※3 ・市町村

※1　「機関」の前の○は、当該の職種を「置かなければならない」とされている機関を示す。
※2　令和6（2024）年に施行される「困難な問題を抱える女性への支援に関する法律」により、婦人相談員は女性相談支援員に変更される。
※3　令和6（2024）年より、婦人相談所は女性相談支援センターに変更される。
（筆者作成）

いる機関である。これらの機関は、表に示したそれぞれの法律に定められた業務を担っている。この中で社会福祉を必要とする人の身近にあって、福祉に関する分野を横断的に担っている機関が福祉事務所である。福祉事務所は、市と都道府県には設置が義務付けられている。町村については任意となっている。行政の福祉部門は、横断的に業務を担う福祉事務所と、都道府県が設置する児童相談所などの専門機関との連携によって担われている。

表1－5－3にあげた行政機関には、**表1－5－4**に示したように福祉分野の専門性を有する職員が配置されている。そうした行政の福祉部門を担う専門職の多くは任用資格である。任用資格とは、公務員の中で一定の資格をもつ者を特定の職に就かせるものをいう。その要件は、大学等で関係する専門の科目を修めていることなど、職種ごとに規定されている。

〈表1－5－5〉行政機関からの委嘱により地域に配置されている委員

	選任方法	根拠法
民生委員・児童委員	厚生労働大臣からの委嘱	民生委員法、児童福祉法
身体障害者相談員	市町村・都道府県からの委託	身体障害者福祉法
知的障害者相談員	市町村・都道府県からの委託	知的障害者福祉法
保護司	法務大臣からの委嘱	保護司法

（筆者作成）

❷行政委嘱型の相談員等

さらに、**表1－5－5**に示したように、行政機関から選任されて相談員等として社会福祉の実施に協力する民間の人々がいる。これらの人々は、特別職非常勤の地方公務員や国家公務員の身分で役割を担っているが、実費弁償等以外の報酬は受け取っていないため、行政委嘱型ボランティアとよばれている。

（2）地域の中にある相談機関

❶行政からの委託による運営

（1）で説明した国・地方公共団体が設置・運営している機関（**表1－5－3**）とは別に、**表1－5－6**に示したように地域の中に設置されている相談機関がある。これらは、設置・実施主体は地方公共団体であるが、多くの運営は民間の組織が担っている。

地域の中に民間組織運営による相談窓口を開設することによって、社会福祉を必要とする人が身近な場所で気軽に相談や支援のできる体制を整備している。

地方公共団体が設置・実施する機関の運営をどのような組織に委ねる

〈表1－5－6〉主な福祉分野の相談機関（行政機関を除く）

機　関	設置・実施主体	運営主体	根拠法等
児童家庭支援センター	地方公共団体、社会福祉法人等	地方公共団体、社会福祉法人等	児童福祉法
こども家庭センター（子ども家庭総合支援拠点と子育て世代包括支援センターを見直し）	市町村	市町村、市町村が認めた者等	児童福祉法、母子保健法
子ども・若者総合相談センター	地方公共団体	地方公共団体等	子ども・若者育成支援推進法
母子家庭等就業・自立支援センター	都道府県、指定都市、中核市	母子・父子福祉団体、社会福祉協議会、公益社団法人家庭問題情報センター、社会福祉法人、ＮＰＯ法人、職業紹介等を行う企業等	母子家庭等就業・自立支援事業実施要綱
（障害者）基幹相談支援センター（地域生活支援事業）	都道府県、指定都市、市町村	実施主体が適当と認める団体等	障害者の日常生活及び社会生活を総合的に支援するための法律
発達障害者支援センター	都道府県、指定都市	社会福祉法人等	発達障害者支援法
地域包括支援センター	市町村	市町村、医療法人、社会福祉法人、公益法人、NPO法人　等	介護保険法
生活困窮者自立相談支援機関（生活困窮者自立相談支援事業）	福祉事務所設置自治体	法人格を有する団体	生活困窮者自立支援法
ひきこもり地域支援センター	都道府県、指定都市	社会福祉法人、NPO等	ひきこもり対策推進事業実施要領

（筆者作成）

ことができるかは、それぞれの法律や通知等に定められている。その多くは社会福祉法人である。ただし、なかには、行政とNPO法人など民間組織とが共同で運営している子ども・若者総合相談センターなどもある。あるいは、職業紹介等を行う株式会社が運営する母子家庭等就業・自立支援センターもある。

このように民間といっても、非営利組織である場合もあれば、営利を目的とする組織であることもあり、地域の中にある相談機関は多様な組織によって運営されている。

❷行政と民間、地域の協働

歴史的に見ると、1940年代なかば以降、行政から委託されて運営主体の役割を担ってきたのは社会福祉法人であった。しかし、2000年代以降は、NPO法人、民間企業なども運営主体の役割を担うようになり、運営主体は多元化する傾向にある。

令和２（2020）年に社会福祉法が改正され、第４条第１項に「地域福祉の推進は、地域住民が相互に人格と個性を尊重し合いながら、参加し、共生する地域社会の実現を目指して行われなければならない」が追記された。これによって、今後は地域住民等によって組織される諸団体も社会福祉運営の担い手となることが予想され、多元化はさらに進むと考えられる。従来の行政と社会福祉法人という協働体制から、行政、民間、地域の協働による実施体制へと再編することが今後の課題となる。

なお、ここでは狭義の社会福祉分野に限定して機関を紹介したが、人々の生活にかかわる分野は、保健・医療、住宅、防災、防犯など広範囲にわたる。これらの分野とのいっそうの連携が求められている。

2 包括的支援体制の構築と専門職の役割

（1）社会福祉の実施体制の課題

表１－５－３～６に示したように、現状では実に多くの相談機関・専門職が設置・配置されており、各相談機関は専門分化され、専門性を有した専門職が配置されており、相談機関が設置されている圏域は、都道府県、市町村、さらに市町村よりも狭いエリアである行政区・中学校区などさまざまである。

ところが、これまで整備してきた体制では、下記のような点から、今日の複雑化・多様化した生活課題に対応しきれないことが明らかになっている。

❶アクセシビリティ（接近性）

社会福祉を必要とする人から見ると、このような実施体制は複雑でわかりにくい面がある。専門分化された実施体制は、「縦割り」とよばれるような限界をもっている。支援を必要とする人が、自分の困りごとをどこに相談に行けばよいのかがわからず探した末に、ようやく見つけた窓口で、他の窓口を紹介されるという事例も少なくない。このような「たらい回し」とよばれるような状況を経験するうちに、相談すること自体をあきらめてしまうような場合も見受けられる。

また、なかには「8050問題」や「ダブルケア」とよばれる複合的な課題を抱える家族もある。例えば、高齢者を介護をしながら子育てをしている人は、一つの相談機関では課題が解決できず、複数の相談機関を訪れなければならないということもある。さらには、ひきこもり状態の人などで、自ら相談機関を訪れることのできない人への支援が十分にできないという現状もある。そのような人には、支援する側から課題を抱えている人のもとにアクセスしていくような支援、すなわちアウトリーチが必要になる。

❷制度の「狭間（はざま）」

福祉サービスの利用は、申請主義を原則としている。つまり、福祉サービスを必要な人が自ら相談窓口に出向き申請すれば、提供されるという仕組みである。

社会福祉の行政機関は、窓口で申請を受け付けた後、その人の状況を調査し、サービス利用の基準に合うかどうかを審査し、支給が決定する。例えば、障害者サービスを利用する場合には、まず障害支援区分の認定を受け、認定された後に事業所にサービス利用を申し込む。高齢者が介護保険サービスを利用する場合には、要介護認定を受け、認定された後に事業所に利用の申込みをする。いずれの場合であれ、調査や認定などのプロセスにある程度の時間がかかることは想像できるだろう。

申請する人は困った状態で相談に行くのであるから、福祉サービスをすぐに利用したいと思っている。ところが、サービスを利用するまでに「待ち時間」ができる。その間をどうしのいだらよいかという課題が生まれる。

また、社会福祉の実践の場では、多くの制度が整備されているにもかかわらず、利用できなかったり、そもそも利用できる制度がなく、困った状態が解決できずにいる人々が少なくない。このような状態を「制度の狭間」とよんでいる。制度を綿密につくるほど「狭間」は生まれてしまうものでもある。

❸生活ニーズ

行政機関が法律や通知等に基づいて提供しているサービスでは解消できない日常生活を送る上でのニーズもある。１つめは、孤立・孤独など関係性をめぐるニーズである。例えば、ひとり暮らしをしている知的障害者が休日を一緒に過ごす人がいないのでつまらないと感じている、「ダブルケア」で疲れている人が愚痴を言える話し相手や相談する相手がいないのでストレスがたまっている、などである。

２つめは、狭義の社会福祉にはあてはまらないが現在暮らしている場所で暮らし続けるためのニーズである。例えば、高齢者が自動車免許を返納したために買い物に行けなくて困っているということなどがある。

これらのすべてに行政が対応することは困難であろうし、ニーズによっては行政がすべきことなのかと疑問をもつ人もいるだろう。しかし、当事者からすると困っていることには違いがない。人々のウェルビーイングを高めることを目的とするソーシャルワークの視点に立てば、これらのニーズを見逃すことはできない。

（2）地域を中心にした実施体制へ～専門職の役割

❶包括的な支援体制

複雑化・多様化した課題に対応できる社会福祉の実施体制にするためには、課題を抱える個人・家族の身近なところでの、相談・支援する体制をさらに整備することが求められる。**図１－５－１**は、これまでの社会福祉の実施体制にこれから追加が必要となる部分を示したイメージ図である。市町村のエリアとそれよりも狭いエリアに個人・家族の相談を総合的に受け止められるような窓口（ここでは、「総合相談窓口」とよぶ）を設置し、複合的な問題を相談できるアクセシビリティと、困った人を発見できるようなアウトリーチの機能を発揮し、個別のニーズに対応し得る社会福祉の実施体制を構築することをめざす。

加えて、生活ニーズを受け止め、解決を図るためには、その人が暮らしている地域の中に新たな社会資源をつくり出していく仕組みを設けることも必要となる。それを「社会資源開発」とよぶことにしよう。社会

〈図1－5－1〉これからの福祉の実施体制（イメージ図）

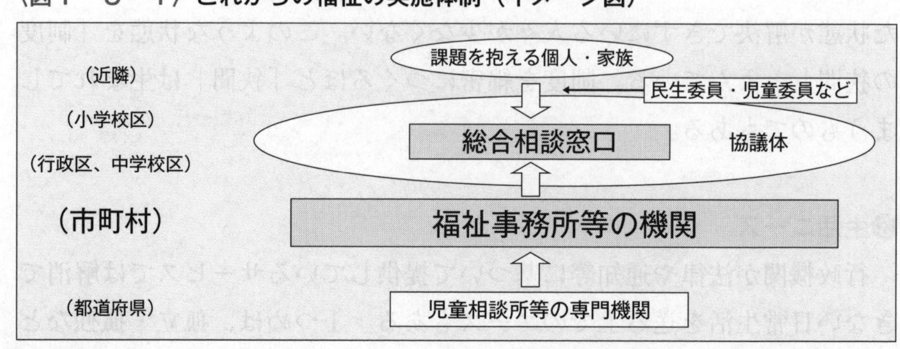

（筆者作成）

福祉法第４条第３項にもあるように、地域生活課題の解決に向けた社会資源開発においても、地域住民、社会福祉の事業者など、地域に関係する人々等が連携して取り組むことが期待されている。

社会福祉法
第４条　（略）
２　（略）
３　地域住民等は、地域福祉の推進に当たっては、福祉サービスを必要とする地域住民及びその世帯が抱える福祉、介護、介護予防（要介護状態若しくは要支援状態となることの予防又は要介護状態若しくは要支援状態の軽減若しくは悪化の防止をいう。）、保健医療、住まい、就労及び教育に関する課題、福祉サービスを必要とする地域住民の地域社会からの孤立その他の福祉サービスを必要とする地域住民が日常生活を営み、あらゆる分野の活動に参加する機会が確保される上での各般の課題（以下「地域生活課題」という。）を把握し、地域生活課題の解決に資する支援を行う関係機関（以下「支援関係機関」という。）との連携等によりその解決を図るよう特に留意するものとする。

❷専門職の役割

これまで見たように、社会福祉の実施体制では多様かつ複雑化する生活課題を受け止める総合相談窓口と、社会資源開発に取り組む体制を含んだ包括的支援体制に再構築することが求められている。そのためには、福祉専門職に次のような役割が期待される。

１つめは、地域福祉計画の策定への関与である。専門職は、社会福祉の実施体制をどのように再編するかをデザインし、それを実施する過程を動かしていく役割が期待される。したがって、専門職にはプランニン

〈図１－５－２〉豊田市の総合相談体制の仕組みのイメージ

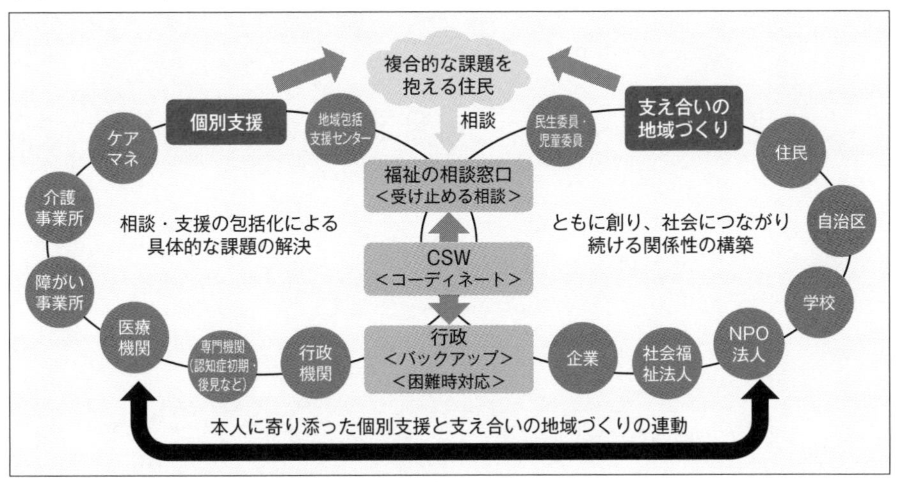

（出典）『第２次豊田市地域福祉計画・地域福祉活動計画』2020年

グの技術が必要となる。

図１－５－２は、愛知県豊田市の第２次地域福祉計画で検討された総合相談体制のイメージ図である。このように、それぞれの市町村には地域の社会資源の配置や住民組織、ネットワークの実態に合わせて包括的支援体制を構築することが求められており、福祉専門職においては、こうした取り組みに関与していくことが期待される。

２つめには、多職種との連携である。複雑・多様化する生活課題を解決するためには、社会福祉の関係機関に所属する福祉の専門職は、他機関に所属する福祉専門職との連携にとどまらず、福祉以外の専門職との連携が求められる。さらに、機関レベルでの多機関連携も必要になる。その中で福祉専門職には、地域ケア会議やケースカンファレンスなど、多職種が参加して検討・協議する場でのコーディネーターとしての役割も期待される。

３つめには、行政区・中学校区あるいは小学校区という圏域で、社会資源開発に取り組むことができる体制づくりである。その体制を協議体（プラットフォーム）とよんでいる。協議体（プラットフォーム）は、その圏域にかかわる「地域住民等」（社会福祉法第４条第２項）で構成される。福祉専門職には、これらの人々の協力体制をつくるためのコーディネートの技術が必要となる。

参考文献

- 厚生労働統計協会 編『国民の福祉と介護の動向 2019/2020』厚生労働統計協会、2019年
- 厚生労働省『平成30年版 厚生労働白書』2019年

第７節　福祉における財源

1 公的福祉財源

（1）国と地方の役割分担

❶国と地方の財源

国・地方公共団体が実施主体となっている社会福祉事業の財源の多くは公費（税金）でまかなわれている。国と地方公共団体の財源の役割分担は、地方財政法に基づいて行われている。同法第10条において、生活保護、精神保健及び精神障害者の福祉、介護保険など、保健・医療・福祉分野について国の負担義務が明記されている。

国から地方公共団体に対して支出される財源を国庫支出金という。国庫支出金は、国庫負担金、国庫補助金、国庫委託金に分類されている。

国庫支出金の場合には、国が負担する割合が法律で定められている。例えば、生活保護費の場合には、国が４分の３と定められているので、地方公共団体が実施した生活保護費の４分の３にあたる額が国から地方に交付される。国庫補助金は、地方公共団体が主体となって実施するものに対して国が支援をするという性格の財源である。国庫委託金は、国の代わりに実施するという意味であり性格が異なる。

国・地方を通じた目的別歳出額の分類で、社会福祉の費用は、社会保障関係費の中の民生費に区分されている。歳出の中で社会保障関係費は最も大きな割合を占めているが、その多くが民生費で占められている。**図１－５－３**は、令和３（2021）年度の民生費の目的別内訳を都道府県と市町村に分けてみたものである。民生費は、社会福祉費（総合的な福祉対策に要する経費）、老人福祉費、児童福祉費、生活保護費、災害救助費（被災者への応急救助、緊急措置に要する経費）に区分されている。市町村の民生費は都道府県の2.74倍となっており、市町村の担っている役割が大きいことがわかる。

❷介護保険

介護保険は、介護保険法に基づいて提供される介護サービスの財源である。介護保険サービスの財源には、被保険者からの保険料という、税金とは別の収入が含まれている。介護保険では、市町村及び特別区が保険者と定められており、保険者には特別会計を設けることが義務付けら

〈図1－5－3〉民生費の目的別内訳　（令和3年度）

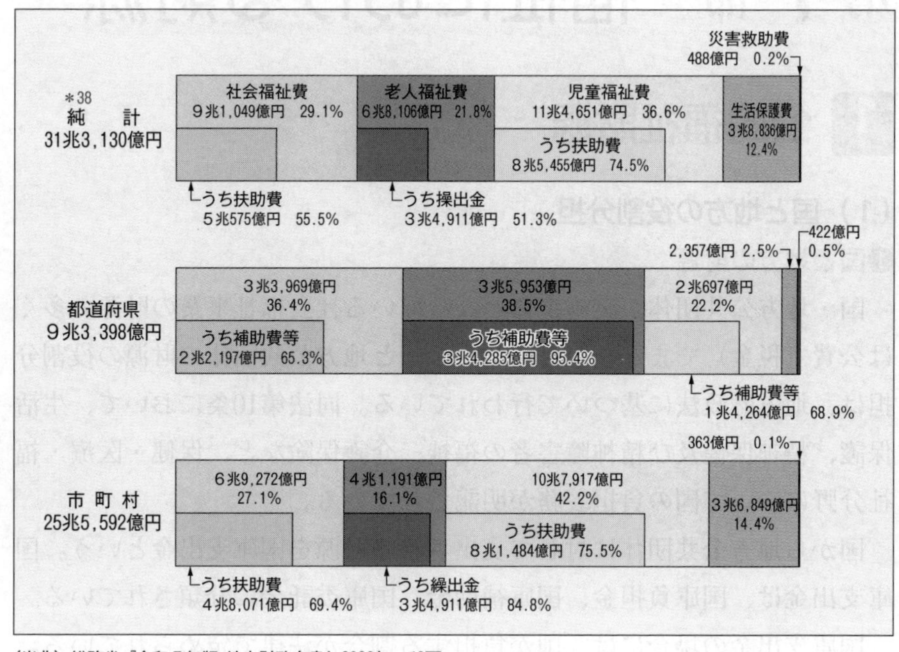

（出典）総務省『令和5年版 地方財政白書』2023年、42頁

＊38
実質上の財政規模を示すもので、歳入歳出額の単純合計額から、会計相互間、勘定間等の重複額（財源繰入れなど）を控除したものをいう。

れている。市町村の全体の予算の中で一般会計は他の分野の費用との調整で福祉予算に割り当てられるのに対して、特別会計は財源の調達の目的が明確にされており、その目的のために支出される仕組みになっている。

介護保険の財源は、税金（50%）と保険料（50%）で構成されている。税金でまかなわれる部分は、市町村（12.5%）、都道府県（12.5%）、国（25%）の割合で負担することとなっている。ただし、包括的支援事業等については、市町村が19.25%、都道府県が19.25%、国が38.5%の割合を負担する。[＊39]

＊39
本双書第3巻第3章第3節1（1）参照。

❸重層的支援体制整備事業の財源

国からの委託費はもちろんのこと、補助金についても使途が制約されている。そのようななか、属性や世代を問わず複合的な課題に包括的に対応したり、制度の狭間に対応する補助の仕組みが求められた。

そこで、令和2（2020）年に社会福祉法が改正され、重層的支援体制整備事業が新設された。これにより、介護保険法、障害者の日常生活及び社会生活を総合的に支援するための法律、子ども・子育て支援法、生活困窮者自立支援法に基づく相談事業等を、市町村が一体的に実施することができるようになり（第106条の４）、事業を実施するための財源についての規定も設けられた。

重層的支援体制整備事業の費用は、国・都道府県からの交付金をもとに（第106条の８、第106条の９）、市町村から支出される（第106条の７）。そのために市町村は、介護保険の財源を一般会計に繰り入れて支出したり（第106条の10）、各法に基づく事業のための費用から重層的支援体制整備事業に要する費用を調達するための読替えをすることになる（第106条の11）。これらにより市町村は、任意ではあるものの、多様な財源をもとに重層的支援体制の整備[＊40]に取り組み始めている（令和３〔2021〕年４月施行）。

＊40
重層的支援体制整備事業の実施にあたって市町村は、実施計画を策定することや、関係者による会議を組織することも求められるようになった。詳細は、本書第２部第１章第２節参照。

（2）市町村による福祉の財源調達～包括的な支援体制の財源

社会福祉法第106条の３では、市町村が包括的な支援体制を整備することに努めることとされている。市町村は、（1）で説明した公費（税・保険料）を財源にして各種社会福祉事業を実施しているが、社会福祉関係法に基づいて実施する事業だけでは、地域のニーズに十分に対応できないことも想定される。その場合に市町村には、地域のニーズに対応するための独自の事業を実施することが求められる。

市町村の独自事業の財源の調達方法は、一つには市町村の一般予算から捻出することが考えられる。しかし、決まった予算の中から独自事業のための予算を確保しようとすると、それ以外の分野の予算の配分を見直さなければならなくなるので自ずと限界がある。

したがって、市町村にはそれ以外の確保の方法も開発することが期待されるようになっている。多くの市町村が取り組んでいる方法の一つに、国・都道府県による助成事業に申請し、助成金を獲得する方法がある。ただし、助成事業は期間が限定されているため、助成期間終了後にも事業を継続するには、ほかの方法で財源を調達しなければならないという課題ももっている。

また、市町村では寄付、基金、ふるさと納税といった方法で、独自に財源を調達する試みが広がっている。これらは市町村がその資金の使途を示し、それに賛同した人々が協力するという方法である。市町村には人々の共感が得られる事業を企画できるかどうかが問われることになる。

2 民間福祉活動の財源

（1）共同募金

＊41
本書第１部第２章第３節３、及び同第１部第４章第１節１（1）参照。

共同募金運動[＊41]は、第二次世界大戦後間もなくの昭和22（1947）年に、生活に困窮する人々を支援するために開始され長い歴史をもっている。その後、助け合いの精神を受け継ぎながら、地域福祉を推進するための財源をつくり出す運動へと発展してきた。

今日の共同募金は、社会福祉法に規定された第一種社会福祉事業として位置付けられ、毎年10月から翌年３月にかけて募金が行われている。集められた募金は、都道府県共同募金会に設置された配分委員会によって、福祉活動に取り組む民間の組織・団体に配分されている。

共同募金は、自治会・町内会など地域住民が深くかかわっており、市町村共同募金委員会が支援し、展開されている。共同募金の活動は、単なる財源集めではない。募金活動を通して、地域福祉への理解・関心を高め、地域の人々の関係を深めていくという意義をもっている。

（2）多様な財源の調達へ

民間の福祉の財源の調達は、共同募金以外にも、寄付、会費といった形で集める方法や、企業や財団法人などに申請して助成金を獲得するなど、さまざまな方法で取り組まれている。一例をあげると、独立行政法人福祉医療機構では、社会福祉法人、医療法人、NPO法人など営利を目的としない社会福祉活動を行っている法人に対する助成（WAM助成）を行っており、多くの法人に活用されている。

ただし、これらによって行われている事業の財源は、必ずしも十分であるとはいえないのが実態である。今後、人々のニーズに合わせた社会資源開発を進めるには、財源の確保が不可欠である。それには、クラウドファンディングなどの新たな財源の調達方法を見出していくことも課題となる。

第 1 部　地域福祉の基本的な考え方

第6章
福祉計画の意義と種類、策定と運用

学習のねらい

今日、地域生活課題が多様化・複雑化するなかで、将来の望ましい姿（目標）を描き、現状と照らし合わせて、中・長期的な視点から、その目標に到達するための手段や方法、その段階等を構想し、提示する計画が、福祉の各分野で策定されている。

本章では、まず、福祉行財政との関係や歴史を含め福祉計画の意義を学ぶとともに、高齢者福祉、障害者福祉、児童福祉などの各分野で策定されている福祉計画について概観する。

次に、各福祉計画の上位計画として位置付けられる地域福祉計画について、その機能や諸計画との関係について学ぶとともに、全国における地域福祉計画の策定・改定の状況及び課題について学ぶ。

福祉計画は、中・長期にわたる施策推進のガイドラインとしての計画書（plan）の役割が重要である一方、計画を策定・実施し、評価する、いわゆる「計画の過程」（planning）も重要である。このため、福祉計画の策定過程と方法、計画の実施と評価について、地域福祉計画を中心に学びたい。

第1節　福祉計画の意義と種類、策定と運用

1　福祉計画の意義・目的と展開

（1）福祉行財政と福祉計画の関係

昭和44（1969）年、地方自治法が改正され、「市町村は、その事務を処理するに当たっては議会の議決を経てその地域における総合的かつ計画的な行政の運営を図るための基本構想を定め、これに即して行うようにしなければならない」とする規定が盛り込まれた[*1]。これにより、市町村の多くで、基本構想・基本計画・実施計画という三層構造の体系をもつ総合計画が策定されるようになっていく。市町村における計画行政の本格的始まりである。

都道府県や市町村といった地方自治体は、法令に基づき事務を処理する。この法令自体、分野・領域ごとに分かれている。いきおい自治体行政の施策も分野・領域ごとに分類され、担当部署も分野・領域ごとに分類され組織される。行政組織の縦割りがもたらされるゆえんである。

地方自治体の予算にしても、「予算の会計年度独立の原則[*2]」により、一部例外を除いて一会計年度の予算はその年度内に執行し完結する、いわゆる「予算の単年度主義」が存在する。

このため地方自治体において総合的・計画的に行財政を運営するための計画が求められるのである。このことは福祉行財政分野においても同様であり、福祉の計画化が要請される。

（2）福祉計画の歴史

わが国行政における計画の歴史は、戦後すぐに実施されてきたものの、その中心は国の開発政策であり、市町村行政における計画の取り組みは、その一環としてのものが主であった。戦後の市町村計画は市町村の財政力の強化を主目的とした昭和28（1953）年の町村合併促進法に基づく新町村建設計画に端を発し、これに昭和31（1956）年の新市町村建設促進法による新市町村建設計画が続く。その後、各都道府県で県勢振興計画の策定が行われ、これを市町村単位に具体化するために市町村計画が作成されたが、昭和40（1965）年に新市町村建設促進法が廃止され、市町

＊1
国の地域主権改革の下、平成23（2011）年5月2日、地方自治法が公布され、基本構想の法的な策定義務がなくなった。しかし、同日付けで総務大臣から、改正法の施行後も「引き続き現行の基本構想について議会の議決を経て策定することは可能である」ことが通知（総務大臣通知「地方自治法の一部を改正する法律の公布について」平成23〔2011〕年5月2日／総行行第57号・総行市第51号）で示された。この通知に基づき、条例を根拠にして市町村では基本構想を策定している。

＊2
会計年度独立の原則とは、会計年度ごとに歳入歳出を区分し、各会計年度における歳入をその年度の歳出に充てるという原則である（地方自治法第208条第2項）。

村計画について法律上の規定が空白になったことから、昭和44（1969）年、地方自治法の改正により、市町村は基本構想を定めることが義務付けられた。

これ以降、市町村では、基本構想・基本計画・実施計画からなる総合計画の策定が一般化する。市町村における福祉計画は、この総合計画の一分野を構成するところから始まったのである。

昭和37（1962）年、全国社会福祉協議会は、「社会福祉協議会基本要項」に地域福祉計画づくりを市町村社協の基本機能に位置付けるなど、その後の民間における福祉計画づくりをリードしてきた。

昭和59（1984）年に発行された『地域福祉計画－理論と方法』（全社協）は、社協におけるそれまでの地域福祉計画に関する研究や実践をふまえ、市区町村社協が主体となって策定するものを念頭に取りまとめられたもので、それ以後、これにそった考えが各都道府県・指定都市社協に広まり、独自の策定マニュアルづくりや、市区町村社協における実際の計画策定の取り組みが急速になされていく[*3]。

平成元（1989）年、国の福祉関係三審議会合同企画分科会は、「今後の社会福祉のあり方について」と題する意見具申を行った[*4]。同年末、厚生・大蔵・自治（当時）３大臣の合意により**「高齢者保健福祉推進十か年戦略」（ゴールドプラン）**が策定され、これにより数値目標をもって、在宅福祉事業が積極的に進められるとともに、これを円滑に推進するため、平成２（1990）年に老人福祉法等福祉関係８法が改正され、全市町村及び都道府県に「老人保健福祉計画」を策定することが義務付けられた。

なお、同時に改正された社会福祉事業法では、第３条が改正され、基本理念として、「社会福祉事業その他の社会福祉を目的とする事業の広範かつ計画的な実施」が盛り込まれた。

こうした動きはその後、介護保険事業計画、障害福祉計画、子ども・子育て支援事業計画、地域福祉計画等の計画につながっていく。

（3）福祉計画の意義

今日、地域住民の抱える地域生活課題は多様化し、複雑化している。こうした課題に対応するためには、そのときどきの場当たり的な対応によるのではなく、望ましい未来の姿（目標）を描き、現状と照らし合わせて、中・長期的な視点から、その目標に到達するための手段や方法、そしてその段階等を構想し、提示することが求められる。

また、現状を正しく把握するためには、既存の統計データの活用や、

＊３
平成元（1989）年に東京都地域福祉推進計画等検討委員会が発表した、「東京都における地域福祉推進計画の基本的あり方について」は、東京都が策定する「地域福祉推進計画」、区市町村の策定する「地域福祉計画」、住民が主体的に策定する「地域福祉活動計画」の「三相」の計画による構成を提案した。これ以降、全社協では、民間による地域福祉の計画を「地域福祉活動計画」とよぶこととした。

＊４
同意見具申では、社会福祉の新たな展開を図るために、①市町村の役割重視、②在宅福祉の充実、③民間福祉サービスの健全育成、④福祉と保健・医療の連携強化・総合化、⑤福祉の担い手の養成と確保、⑥サービスの総合化・効率化を推進するための福祉情報提供体制の整備、を基本的考え方としてあげている。

各種の調査が必要となる。福祉計画の策定にあたっては、これらのデータをもとに合理的な意思決定がなされることとなる。

あわせて、今日の福祉の主体は、行政や社会福祉法人・福祉施設、民間事業者にとどまらず、協同組合や企業、NPO・ボランティア、地域住民や地域の住民組織など多様化・多元化している。多様な関係者の利害は必ずしも一致しているとは限らず、計画策定プロセスを通じ話し合いを重ねることで異なる意見を調整し合意形成を図る意義は大きい。

福祉計画の多くが、計画を作成するための委員会への参加のほか、さまざまな形での計画策定プロセスへの地域住民の参加を規定している[*5]。福祉計画における住民参加は、その意見を計画に反映させるだけにとどまらず、その分野における地域住民の理解と関心を高め、活動や支援への参加など、地域住民の主体形成にもつながるものである。

今日、福祉計画の多くが数値目標を記載し、公表している。計画の期間中、進捗状況を管理し、結果や成果を取りまとめ、評価・分析し、公表することは説明責任（アカウンタビリティ）を果たす上で重要となる[*6]。

（4）福祉計画の種類

❶老人福祉計画

老人福祉計画は、老人福祉法に定められた行政計画であり、第20条の8に**市町村老人福祉計画**、第20条の9に**都道府県老人福祉計画**が規定されている。市町村老人福祉計画は、老人居宅生活支援事業及び老人福祉施設による事業の供給体制の確保に関する計画、都道府県老人福祉計画は、市町村老人福祉計画の達成に資するため、各市町村を通ずる広域的な見地から、老人福祉事業の供給体制の確保に関する計画である。

先述のとおり、国は平成元（1989）年、「高齢者保健福祉推進十か年戦略」を策定し、翌平成2（1990）年度より、その推進に着手することとした。この十か年戦略に基づくサービス提供体制の整備を市町村及び都道府県において進めるため、平成2（1990）年の福祉関係8法改正により、老人保健計画、老人福祉計画を一体化した老人保健福祉計画づくりが全国の市町村及び都道府県において進められることとなった。

それぞれの計画は、老人保健法、老人福祉法と根拠法を異にするが、「寝たきりなどの高齢者のニーズは、単一の福祉サービスや保健サービスによって充足される場合は少なく、保健、福祉などの分野をまたがる複数のサービスを適切に組み合わせることによって満たされることが少なくない」ため、保健・医療・福祉の十分な連携を「計画作成段階から

＊5
例えば、「介護保険事業に係る保険給付の円滑な実施を確保するための基本的な指針」（令和3〔2021〕年1月29日／厚生労働省告示第29号）では、市町村介護保険事業計画作成委員会等を設置するにあたって、公募その他の適切な方法による被保険者代表者としての地域住民の参加への配慮のほか、被保険者としての地域住民の意見を反映させるため、地域における聞き取り調査の実施、公聴会の開催、自治会を単位とする懇談会の開催等の工夫を図ることが重要としている。

＊6
平成30（2018）年4月に施行された改正社会福祉法では、第107条の市町村地域福祉計画、第108条の都道府県地域福祉支援計画それぞれに、「定期的に、その策定した地域福祉（支援）計画について、調査、分析及び評価を行うように努める」ことが明記され、PDCAサイクルをふまえた進行管理の必要性が示された。

担保するために、（略）一体の計画として作成すべきことが法律上特に明記され」たのである。[＊7]

平成17（2005）年の介護保険法の改正により、この老人保健福祉計画は、介護保険事業計画と一体のものとして作成されなければならないとされた。さらに平成20（2008）年、老人保健法はその目的や趣旨を踏襲しつつ、それを発展させるものとして、「高齢者の医療の確保に関する法律」へ改正され、それまで老人保健法により実施されていた一部事業が健康増進法等に盛り込まれ継続して実施されることとなった。これにより、市町村老人福祉計画は介護保険事業計画と、都道府県老人福祉計画は都道府県介護保険事業支援計画と一体のものとして作成されることとなった。[＊8]

❷介護保険事業計画

介護保険法において、市町村は**市町村介護保険事業計画**を、都道府県は**都道府県介護保険事業支援計画**を定めるものとされている（同法第117、118条）。それぞれ３年を１期に国が定める基本指針に則して策定することが義務付けられている。この基本指針は国が介護保険事業に係る保険給付の円滑な実施を確保するためのもので、市町村が介護サービス量を見込むにあたり参酌する標準等を示すものである（同法第116条）。

市町村介護保険事業計画は、日常生活圏域の設定を行うとともに、各年度における介護給付等対象サービスの種類ごとの量の見込み、各年度における地域支援事業の量の見込み、被保険者の地域における自立した日常生活の支援、介護予防・重度化防止、介護給付の適正化への取り組み及び目標等が盛り込まれるとともに、これらに基づき保険料の設定が行われる。

なお、第９期（令和６〔2024〕～８〔2026〕年度）の基本指針のポイントとして、①介護サービス基盤の計画的な整備、②地域包括ケアシステムの深化・推進に向けた取り組み、③地域包括ケアシステムを支える介護人材確保及び介護現場の生産性向上の推進について記載の充実が示されている。[＊9]

❸障害者計画

わが国における最初の障害者施策に関する長期計画は昭和57（1982）年に策定された。[＊10]これは1981年の「国際障害者年」、翌1982年の「国連・障害者の十年」（1983年～1992年）が国連において宣言されるなど

＊7
厚生省大臣官房老人保健福祉部長通知「老人保健福祉計画について」（平成４〔1992〕年６月30日／老計第86号）。

＊8
高齢者の医療の確保に関する法律第９条第６項では、都道府県医療費適正化計画と都道府県老人福祉計画と一体のものとして作成される介護保険事業支援計画との調和が保たれたものでなければならないことが示されている。また、国が定める介護保険事業に係る保険給付の円滑な実施を確保するための基本的な指針では、健康増進法第８条第１項に規定される都道府県健康増進計画及び同条第２項に規定される市町村健康増進計画と、都道府県介護保険事業支援計画、市町村介護保険事業計画との調和への配慮が示されている。

＊9
社会保障審議会介護保険部会（第107回 令和５〔2023〕年７月10日）資料。

＊10
「障害者対策に関する長期計画」と題するこの計画は、中央心身障害者対策協議会からの提言「国内長期行動計画の在り方について」の趣旨をふまえ、昭和58（1983）年度から平成４（1992）年度の10年間のわが国における障害者施策について示したものである。

国際的な動きに対応したものである。

国による長期計画はその後、「障害者対策に関する新長期計画」（平成5〔1993〕年度から14〔2002〕年度）及び「障害者基本計画」（平成15〔2003〕年度から24〔2012〕年度）が実施されることとなる。

平成5（1993）年、心身障害者対策基本法が全面的に改正され、法律名称も「障害者基本法」に改められた。同法第11条では、国は障害者の福祉等に関する施策の総合的かつ計画的な推進を図るため、障害者基本計画を策定しなければならないとし、都道府県及び市町村においても障害者計画の策定に努めなければならないとした。なお、「障害者対策に関する新長期計画」は、この法改正における「障害者基本計画」として取り扱われることとなった。

平成16（2004）年、障害者基本法の改正が行われ、都道府県及び市町村に**障害者計画**の策定を義務付けた。[*11] 平成23（2011）年の同法改正では、障害者基本計画の実施状況を監視し、勧告を行う機関として、障害者政策委員会が新たに設置された。同委員会は、翌平成24（2012）年、「新『障害者基本計画』に関する障害者政策委員会の意見」を提出。第3次（平成25〔2013〕年度から29〔2017〕年度）の基本計画は、この意見をもとに計画期間を5年とした。その後、第4次（平成30〔2018〕年度から令和4〔2022〕年度）、第5次（令和5〔2023〕年度から令和9〔2027〕年度）の基本計画が同委員会の意見に即して作成されている。

＊11
平成16（2004）年6月4日に障害者基本法が改正され、都道府県障害者計画の策定が義務化されるとともに、市町村障害者計画についても、平成19（2007）年4月1日に策定が義務化された。

❹障害福祉計画、障害児福祉計画

平成17（2005）年、障害者自立支援法が成立し、国の定める基本指針に則して、市町村及び都道府県は、障害福祉サービスや地域生活支援事業等の提供体制の確保に関する計画（**障害福祉計画**）を定めることが義務付けられた。

平成24（2012）年6月、「障害者の日常生活及び社会生活を総合的に支援するための法律（障害者総合支援法）」が成立した。同法は、平成23（2011）年に改正された障害者基本法をふまえ、障害者自立支援法の目的規定を改正し、基本理念を創設するとともに、名称を改めたものである。

障害福祉計画は、平成25（2013）年4月の法施行に伴い、①障害福祉計画に「サービスの提供体制の確保に係る目標」等を必ず定める事項に追加するとともに、②基本指針や障害福祉計画について定期的な検証と見直しを法定化、③市町村は障害福祉計画を作成するにあたってニーズ把握等を行うことが努力義務化された。

市町村障害福祉計画は児童福祉法第33条の20第１項に規定する市町村障害児福祉計画と、都道府県障害福祉計画は児童福祉法第33条の22第１項に規定する都道府県障害児福祉計画と、それぞれ一体のものとして作成することができるとされている（障害者総合支援法第88条第６項、第89条第５項）。

障害児福祉計画は、平成28（2016）年の改正児童福祉法に盛り込まれたもので、国の基本指針に則して、市町村及び都道府県は、障害児のサービスに係る提供体制の計画的な構築を推進するため、障害児福祉計画を策定することが義務付けられ、平成30（2018）年４月より施行された。

❺子ども・子育て支援事業計画

子ども・子育て支援事業計画は、平成24（2012）年８月に成立した「子ども・子育て支援法」に盛り込まれた行政計画である。「**市町村子ども・子育て支援事業計画**」（同法第61条）、「**都道府県子ども・子育て支援事業支援計画**」（同法第62条）の２層からなる。平成27（2015）年４月以来、５年を１期とする計画づくりが全国の市町村、都道府県で進められている。

市町村は、国の基本指針（同法第60条）をふまえ、潜在ニーズを含めた地域での子ども・子育てに係るニーズを把握した上で、市町村内における給付・事業の需要見込量、提供体制の確保の内容及びその実施時期等を盛り込んだ「市町村子ども・子育て支援事業計画」を策定する。

国の基本指針は、教育・保育及び地域子ども・子育て支援給付や事業、仕事・子育て両立支援事業の円滑な実施の確保、その他子ども・子育て支援のための施策を総合的に推進するための基本的な指針である。内閣総理大臣は、市町村及び都道府県計画が則する基本指針の制定や改変にあたっては、大学生や子育て当事者をメンバーに含むこども家庭審議会の意見を聞かなければならないとされる。

なお、市町村、都道府県においては同法第72条に、「子ども・子育て会議」を設置するよう努めることとされている。子ども・子育て会議では、地域の子どもや子育て家庭の実情を十分ふまえなければならないとされ、計画策定の審議を行うとともに、継続的に点検・評価・見直しを行っていく役割が期待されている。

前述①～⑤及び地域福祉計画の根拠法等の比較を**表１－６－１**にまとめているので、確認してほしい。

〈表１－６－１〉福祉計画の比較

	老人福祉計画	介護保険事業計画	障害者計画	障害福祉計画	障害児福祉計画	子ども・子育て支援事業計画	地域福祉計画
根拠法	老人福祉法第20条の８、９	介護保険法第117、118条	障害者基本法第11条	障害者総合支援法第88、89条	児童福祉法第33条の20、22	子ども・子育て支援法第61、62条	社会福祉法第107、108条
概要 ※１	老人居宅生活支援事業及び老人福祉施設による事業（「老人福祉事業」）の供給体制の確保に関する計画	介護保険事業に係る保険給付の円滑な実施に関する計画	当該市町村における障害者の状況等をふまえた、当該市町村における障害者のための施策に関する基本的な計画	障害福祉サービスの提供体制の確保その他この法律に基づく業務の円滑な実施に関する計画	障害児通所支援及び障害児相談支援の提供体制の確保その他障害児通所支援及び障害児相談支援の円滑な実施に関する計画	教育・保育及び地域子ども・子育て支援事業の提供体制の確保その他法律に基づく業務の円滑な実施に関する計画	地域福祉の推進に関する事項を一体的に定める計画
策定義務	あり	あり	あり	あり	あり	あり	あり（努力義務）
策定主体	市町村、都道府県	市町村、都道府県	国、市町村、都道府県	市町村、都道府県	市町村、都道府県	市町村、都道府県	市町村、都道府県
計画期間	－	３年を１期	障害者基本計画は５年を１期	３年を１期	３年を１期	５年を１期	－
計画事項 ※１	・当該市町村の区域において確保すべき老人福祉事業の量の目標 ・老人福祉事業の量の確保のための方策	・区域（日常生活圏域）の設定 ・区域ごとの当該区域における各年度の認知症対応型共同生活介護、地域密着型特定施設入居者生活介護及び地域密着型介護老人福祉施設入所者生活介護に係る必要利用定員総数その他の介護給付等対象サービスの種類ごとの量の見込み ・各年度における地域支援事業の量の見込み ・介護予防・重度化防止等の取組内容及び目標　等	・障害者の自立及び社会参加の支援等のための基本的施策（医療・介護、年金、教育、療育、職業相談、雇用の促進、住宅の確保、公共的施設・情報利用におけるバリアフリー化、相談、経済的負担の軽減、文化的諸条件の整備、防災及び防犯、消費者としての障害者の保護、選挙等における配慮、司法手続における配慮　等）※２	・障害福祉サービス、相談支援及び地域生活支援事業の提供体制の確保に係る目標に関する事項 ・各年度における指定障害福祉サービス、指定地域相談支援又は指定計画相談支援の種類ごとの必要な量の見込み ・地域生活支援事業の種類ごとの実施に関する事項　等	・障害児通所支援及び障害児相談支援の提供体制の確保に係る目標に関する事項 ・各年度における指定通所支援又は指定障害児相談支援の種類ごとの必要な見込量　等	・教育・保育提供区域 ・区域における各年度の特定教育・保育施設に係る必要利用定員総数、特定地域型保育事業所に係る必要利用定員総数その他の教育・保育の量の見込み、教育・保育の提供体制の確保の内容及びその実施時期 ・区域における各年度の地域子ども・子育て支援事業の量の見込み、地域子ども・子育て支援事業の提供体制の確保の内容及びその実施時期 ・子どものための教育・保育給付に係る教育・保育の一体的提供及び当該教育・保育の推進に関する体制の確保の内容 ・子育てのための施設等利用給付の円滑な実施の確保の内容　等	・地域における高齢者の福祉、障害者の福祉、児童の福祉その他の福祉に関し、共通して取り組むべき事項 ・地域における福祉サービスの適切な利用の推進に関する事項 ・地域における社会福祉を目的とする事業の健全な発達に関する事項 ・地域福祉に関する活動への住民の参加の促進に関する事項 ・包括的な支援体制の整備に関する事項

※１　この表では、各福祉計画の概要と計画事項を比較するため、市町村計画について掲載している。
※２　障害者基本法には計画に盛り込むべき事項が示されていないので、同法第14～30条に定められた地方公共団体に求められる「障害者の自立及び社会参加の支援等のための基本的施策」を列記した。
（筆者作成）

第2節　市町村地域福祉計画、都道府県地域福祉支援計画

戦後、わが国における地域社会の変化[*12]の結果、「地域福祉の主流化」ともいえる状況が生まれた。地域住民の住み慣れた地域での自立生活支援が重視されるなかで、個別の生活支援を計画的に実施することが求められ、また、高齢者福祉、児童福祉、障害者福祉といった縦割りではなく、領域横断的な地域福祉の考え方が社会福祉の世界で重視されるようになった。このような状況下、平成12（2000）年の社会福祉法において、地域福祉を推進するために、地方自治体において策定される計画（行政計画）として地域福祉計画が規定された。

＊12
地域社会の変化と多様化・複雑化した地域生活課題については、本書第１部第１章参照。

地域福祉計画は、市町村地域福祉計画及び都道府県地域福祉支援計画からなり、従来からの社会福祉の「総合化」と「住民参加」をその基本的な考え方とする計画として構想されてきた。そのため、この計画は、地域福祉推進の主体である地域住民等の参加を得て、地域生活課題を明らかにするとともに、その解決のために必要となる施策の内容や量、体制等について、庁内関係部局はもとより、多様な関係機関や専門職も含めて協議の上、目標を設定し、計画的に整備していくことを総合的に示す内容となる。

1 市町村地域福祉計画及び都道府県地域福祉支援計画の定義、機能

平成29（2017）年の社会福祉法の一部改正（「地域包括ケアシステムの強化のための介護保険法等の一部を改正する法律」）により、地方自治体では、①住民相互の支え合い機能を強化、公的支援と協働して、地域課題の解決を試みる体制の整備、②複合課題に対応する包括的相談支援体制の構築、③地域福祉計画の充実、が図られることになった。さらに、令和２（2020）年にも社会福祉法が改正され、計画に記載すべき事項として、「地域生活課題の解決に資する支援が包括的に提供される体制の整備に関する事項」が盛り込まれた。これらにより、市町村地域福祉計画（法第107条）と都道府県地域福祉支援計画（法第108条）について、**表１－６－２**のような見直しが行われた。

〈表１－６－２〉地域福祉計画に関する主な改正のポイント
（平成30〔2018〕年・令和３〔2021〕年施行）

○策定の努力義務化	地域福祉計画の策定について、任意とされていたものが**努力義務**とされた。
○福祉分野の上位計画としての位置付け	「地域における高齢者の福祉、障害者の福祉、児童の福祉その他の福祉の各分野における共通的な事項」を記載する**「上位計画」**として明確に位置付けられた。
○「包括的支援体制」の整備	地域共生社会の実現に向けて包括的支援体制の整備などの計画的な実施や展開を図る観点などから、**「地域生活課題の解決に資する支援が包括的に提供される体制の整備に関する事項」**が計画に盛り込むべき事項とされた。
○定期的な調査、分析及び評価による計画の見直し	策定した地域福祉計画については、定期的に調査、分析及び評価の手続きを行い、**必要に応じて見直しを行うよう努める**こととされた。

（出典）厚生労働省資料をもとに筆者作成

（１）市町村地域福祉計画

❶地域福祉計画の内容

社会福祉法の第107条第１項において、「市町村は、地域福祉の推進に関する事項として次に掲げる事項を一体的に定める計画（以下、「**市町村地域福祉計画**」という。）を策定するよう努めるものとする」と規定されている。[*13]

＊13
社会福祉法に定められた事項をより具体化し、地方自治体での地域福祉計画の策定や改定の促進と支援を図るため、地域福祉計画策定ガイドラインが厚生労働省により定められている（「地域共生社会の実現に向けた地域福祉の推進について」厚生労働省４局長通知、令和３〔2021〕年３月31日改正）。

「次に掲げる事項」として、以下の５つの事項を掲げている。

1. 地域における高齢者の福祉、障害者の福祉、児童の福祉その他の福祉に関し、共通して取り組むべき事項
2. 地域における福祉サービスの適切な利用の推進に関する事項
3. 地域における社会福祉を目的とする事業の健全な発達に関する事項
4. 地域福祉に関する活動への住民の参加の促進に関する事項
5. 地域生活課題の解決に資する支援が包括的に提供される体制の整備に関する事項

１は、この計画が、高齢者福祉、障害者福祉、児童福祉などの各分野の「上位計画」として、「共通して取り組むべき事項」（**表１－６－３**）を定め、各種計画の「総合化」を図る「福祉分野の総合計画」としての位置付けを表すものである。このため、計画の策定にあたっては、各種計画との調和を図るとともに、計画を推進していく観点から、地方自治体における総合計画などの自治体行政全体を内容とする行政計画にこの計画の内容を盛り込むことなども考えられる。

計画策定の手法との関連においては、各種計画との一体的な策定や策

〈表１－６－３〉地域における高齢者の福祉、障害者の福祉、児童の福祉その他の福祉に関し、共通して取り組むべき事項

①福祉以外のさまざまな分野との連携（まちおこし、商工、農林水産、土木、防犯・防災、社会教育、環境、交通、都市計画等）
②各福祉分野のうち特に重点的に取り組む分野
③制度の狭間の課題への対応
④各分野横断的に関係する者（生活困窮者等）に対応できる体制
⑤分野横断的な福祉サービス等の展開（共生型サービス等）
⑥居住に課題を抱える者への横断的な支援
⑦就労に困難を抱える者への横断的な支援
⑧自殺対策の効果的な展開も視野に入れた支援
⑨地域づくりの観点もふまえた権利擁護（市民後見人等の育成や活動支援、判断能力に不安がある者への金銭管理、身元保証人等）
⑩高齢者、障害者、児童等の虐待への統一的な対応、家庭内で虐待を行った養護者または保護者が抱えている課題にも着目した支援
⑪保健医療、福祉等の支援を必要とする犯罪をした者等への社会復帰支援
⑫地域住民等が集う拠点の整備や既存施設等の活用
⑬地域福祉を進めるための圏域の整合化（地域住民等が主体的に地域生活課題を把握し解決に取り組むことができる地域づくりを進めるための圏域と、各福祉分野の圏域や福祉以外の分野の圏域との関係の整理）
⑭寄附や共同募金等の取り組みの推進（地域づくりにおける官民協働の促進や地域福祉への関心の喚起も含む）
⑮補助事業等を有効に活用した連携体制（地域づくりに資する複数の事業の一体的な実施）
⑯全庁的な体制整備

（出典）地域福祉計画策定ガイドラインより筆者作成

定委員を同じくすること、検討や見直しの時期をそろえることなどが、各種計画との調和と、福祉計画の総合化を図る上で有効である。

５は、包括的な支援体制の整備に関する事項であり、法第106条の３に規定される「地域住民等及び支援関係機関による、地域福祉の推進のための相互の協力が円滑に行われ、地域生活課題の解決に資する支援が包括的に提供される体制を整備する」ことなどを、地域福祉計画に位置付けることを示すものである。

このような事項を内容とする地域福祉計画は、地域住民に最も身近な行政主体である市町村が、地域福祉推進の主体である地域住民等の参加を得て、地域生活課題を明らかにするとともに、その解決のために必要となる施策の内容や量、体制等について、庁内関係部局はもとより、多様な関係機関や専門職も含めて協議の上、目標を設定し、計画的に整備していくことを内容とするものである。

❷住民の参加と意見の反映

法第107条第２項では、「市町村は、市町村地域福祉計画を策定し、又は変更しようとするときは、あらかじめ、地域住民等の意見を反映させるよう努めるとともに、その内容を公表するよう努めるものとする」と規定し、計画策定への地域住民等の参加と意見の反映を求めている。

地域福祉の推進においては、具体的な実践を展開するための計画内容としていくことはもとより、計画策定のプロセスそのものを地域住民等は地域生活課題を理解・共有する機会、あるいは、今後の活動や実践の創出や活性化に結び付けていく場としていくという視点も必要となる。

❸計画期間、評価及び公表等

法第107条第３項では、「市町村は、定期的に、その策定した市町村地域福祉計画について、調査、分析及び評価を行うよう努めるとともに、必要があると認めるときは、当該市町村地域福祉計画を変更するものとする」と規定し、計画期間、評価及び公表等を定めている。計画期間については、法律上の記載はなく、策定ガイドラインにおいて「概ね５年とし３年で見直すことが適当である」とされている。

従来、この規定は、計画期間及び公表等に関する事項を規定していたが、平成30（2018）年４月施行の改正社会福祉法により、「評価」が明確に位置付けられた。つまり、これまで以上に地域福祉計画による地域福祉の推進プロセスにおける「進行管理」と「評価のあり方（指標を含む)」の重要性があらためて認識されたことを意味している。

❹地域福祉計画と諸計画との関係

地域福祉計画の範囲と内容については、地方自治体が、地域住民等とともに地域福祉を推進するための計画であることをふまえると、行政の権限が及ぶ範囲に限定されるものではない。公私の役割分担などを明確にした上で、行政の権限が及ばない範囲や分野についての取り組みを促進する、あるいは、地域福祉を推進するための条件整備を図るための計画としてその範囲と内容を定めていくこととなる（**図１－６－１**）。

また、計画の策定プロセスについては、地域福祉の推進プロセスの一環として認識することが必要である。特に、今後の包括的支援体制の構築や拡充及び、重層的支援体制整備事業[＊14]の実施等に向けて、地域住民とともに、社会福祉法人や相談支援機関などの専門職等の積極的な参画を得て、社会福祉法人の「地域における公益的な取組」の促進や多機関協働・多職種連携などの基盤やネットワークづくりを進め、地域生活課題に対する支援と具体的な実践の展開を図ることが求められている。

そして、地方自治体においては、これらの条件整備を進める地域福祉計画の策定主体としての役割と機能をいっそう発揮していくために、計画の策定プロセスにおいて、福祉部門内のみならず、保健・医療、住宅、

＊14
「重層的支援体制整備事業実施計画」の策定にあたっては、市町村の包括的支援体制を構築するための一手法として、地域共生社会の理念等に関する事項等の共通部分については地域福祉計画に記載し、具体的な事業実施内容等を記載するものとされている。

〈図１－６－１〉地域福祉計画の位置付け：地域福祉計画と諸計画の関係性・イメージ

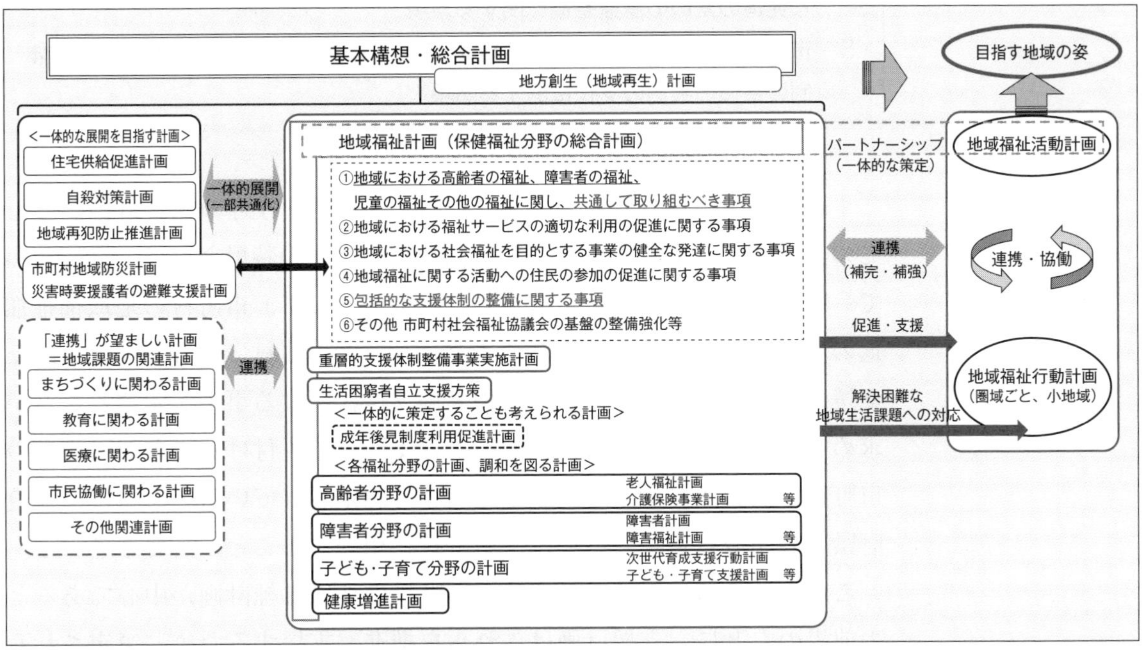

基本構想・総合計画
地方創生（地域再生）計画
目指す地域の姿
＜一体的な展開を目指す計画＞
住宅供給促進計画
自殺対策計画
地域再犯防止推進計画
一体的展開（一部共通化）
市町村地域防災計画
災害時要援護者の避難支援計画
「連携」が望ましい計画＝地域課題の関連計画
まちづくりに関わる計画
教育に関わる計画
医療に関わる計画
市民協働に関わる計画
その他関連計画
連携
地域福祉計画（保健福祉分野の総合計画）
①地域における高齢者の福祉、障害者の福祉、児童の福祉その他の福祉に関し、共通して取り組むべき事項
②地域における福祉サービスの適切な利用の促進に関する事項
③地域における社会福祉を目的とする事業の健全な発達に関する事項
④地域福祉に関する活動への住民の参加の促進に関する事項
⑤包括的な支援体制の整備に関する事項
⑥その他 市町村社会福祉協議会の基盤の整備強化等
重層的支援体制整備事業実施計画
生活困窮者自立支援方策
＜一体的に策定することも考えられる計画＞
成年後見制度利用促進計画
＜各福祉分野の計画、調和を図る計画＞
高齢者分野の計画　老人福祉計画　介護保険事業計画　等
障害者分野の計画　障害者計画　障害福祉計画　等
子ども･子育て分野の計画　次世代育成支援行動計画　子ども・子育て支援計画　等
健康増進計画
パートナーシップ（一体的な策定）
地域福祉活動計画
連携（補完・補強）
連携・協働
促進・支援
解決困難な地域生活課題への対応
地域福祉行動計画（圏域ごと、小地域）

（出典）全国社会福祉協議会「地域共生社会の実現に向けた地域福祉計画の策定・改定ガイドブック」（厚生労働省 平成30年度生活困窮者就労準備支援事業費等補助金 社会福祉推進事業 地域での計画的な包括支援体制づくりに関する調査研究事業）2019年、49頁に一部加筆

教育、さらにまちづくりなどの各部門との部局横断的な体制（庁内連携体制）を構築、強化していくことが期待されている。あわせて、地域福祉計画及び施策等の実効性を担保するための公費財源の確保、民間財源や社会資源の確保・拡充のための検討・取り組みも求められる。

（2）都道府県地域福祉支援計画

都道府県地域福祉支援計画は、社会福祉法の第108条第１項において、「都道府県は、市町村地域福祉計画の達成に資するために、各市町村を通ずる広域的な見地から、市町村の地域福祉の支援に関する事項として次に掲げる事項を一体的に定める計画（以下、「都道府県地域福祉支援計画」という。）を策定するよう努めるものとする」と規定されている。

また、「次に掲げる事項」として、以下の５つの事項を掲げている。

1　地域における高齢者の福祉、障害者の福祉、児童の福祉その他の福祉に関し、共通して取り組むべき事項
2　市町村の地域福祉の推進を支援するための基本的方針に関する事項
3　社会福祉を目的とする事業に従事する者の確保又は資質の向上に関する事項

4　福祉サービスの適切な利用の推進及び社会福祉を目的とする事業の健全な発達のための基盤整備に関する事項
5　市町村による地域生活課題の解決に資する支援が包括的に提供される体制の整備の実施の支援に関する事項

1では、市町村地域福祉計画と同様に、「福祉分野の総合計画」としての位置付けを示している。地域福祉支援計画の特徴として、2において、都道府県圏域における広域の行政機関として、市町村の地域福祉推進の支援に関する基本的方針、また、5では市町村における「包括的な支援体制の整備に関する事項」の実施支援に関する事項を定めることが求められている点である。広域による支援を位置付けることで、複数の市町村が広域的に事業を実施する場合も想定されているとともに、都道府県内の圏域設定においては、市町村と相談することが必要とされる。

これらは、地域福祉の推進は、市町村の地域福祉計画が中心であるとの前提のもとに、支援計画はこれらを推進、支援するために策定されるべきことを明らかにしているものといえる。

3の福祉人材の確保・育成については、市町村地域福祉計画にはない事項である。また、4についても、市町村が実施する福祉サービスの相談支援体制及び供給体制の確立のための基盤整備の促進等を内容とし、都道府県において実施するものとされている。医療的ケアを必要とする子どもやドメスティック・バイオレンス（DV）被害者、刑務所出所者、犯罪被害者への支援など、市町村圏域では対応し難い、もしくは本人が望まない場合における地域生活課題に対する支援体制を整備していくことが広域行政を担う都道府県の役割として期待されている。さらに、成年後見制度、日常生活自立支援事業、苦情解決制度等の権利擁護の仕組みについても、広域的な実施体制の確保を図ることも求められる。

なお、法第108条第２項では、市町村と同様に、「都道府県は、都道府県地域福祉支援計画を策定し、又は変更しようとするときは、あらかじめ、公聴会の開催等住民その他の者の意見を反映させるよう努めるとともに、その内容を公表するよう努めるものとする」と規定し、地域住民等の参加と意見の反映を定めている。

計画期間、評価及び公表等についても市町村と同様とされている。

2 地域福祉計画の策定・改定の現状と課題

（1）市町村地域福祉計画

❶策定状況

厚生労働省「市町村地域福祉計画策定状況等の調査結果」（令和４〔2022〕年４月１日時点）によると、全1,741市町村（特別区を含む）における地域福祉計画の策定状況については、1,476市町村（84.8%）で「策定済み」である。人口規模の大きな市町村ほど策定率が高い傾向にあり、50万人以上のすべての自治体で策定され、５万人以上の自治体の策定率も96%を超えている。一方、市区部・町村部別の策定状況を見ると、町村部での策定は75.7%と策定は進みつつあるが、人口規模の小さい町村部での策定促進が課題となっている。

また、進行管理の実施状況を見ると、計画を定期的に点検しているのは970市町村（65.7%）であり、そのうち600（61.9%）の市町村で評価実施体制が構築（評価委員会等を設置）されている。

なお、地域福祉計画を策定している市町村（1,476）の状況を見ると、社会福祉協議会（社協）が中心となって策定する地域福祉活動計画と「連動させて策定している」市町村は約半数であり、「一体的に策定している」「課題は把握、ニーズ調査は一体的に行っている」「連動させて策定している（整合性を図っている）」のいずれか１つを実施している市町村は約８割ある。

❷現状と課題

地域福祉計画の策定状況を見ると、平成30（2018）年の改正社会福祉法の施行以前から、包括的支援体制の構築に向けた取り組みなど、地方自治体の創意工夫と努力のもとに計画の策定と推進が進められてきた。

一方、地域福祉計画の策定について「未定」としている市町村が180あり、その理由は、「計画策定に係る人材やノウハウ等が不足している」が最も多く約８割の148市町村で課題とされている。

今後、計画の策定を促進していくためには、地方自治体の現状や抱えている課題等に応じながら、すでに策定した自治体のノウハウの提供と合わせて地域福祉計画の意義や必要性の理解を図るとともに、計画づくりを進めるために課題となっているマンパワー不足や計画づくりの財源確保等について、国及び都道府県などが総合的な支援対策を具体的に講じていくことも必要とされている。

(2) 都道府県地域福祉支援計画

厚生労働省「市町村地域福祉計画策定状況等の調査結果」(令和4〔2022〕年4月1日時点) によると、47都道府県のすべてで「策定済み」とされている。

都道府県別の市町村地域福祉計画の策定状況を見ると、21府県 (44.7%) が100%を達成している。100%未達成の26都道県においても、14の自治体で目標年度を定めての策定促進が図られている。市町村計画の策定促進に向けて、市町村職員を対象とした説明会や研修会等の実施、また、市町村の個別のヒアリングや助言、さらに先行事例や優良事例を提供するなどの取り組みにより、策定支援が展開されている。

都道府県の役割の一つとして、市町村地域福祉計画の策定促進の支援等をいっそう進めていくことが期待されている。

(3) 地域共生社会の実現に向けた地域福祉計画のあり方～課題と展望

地域福祉計画の策定と推進のむずかしさは、定型がなく、地方自治体の創意工夫のもとに進められることにある。そのため、各地方自治体の地域特性を背景とする地域の課題や地域生活課題に応じて地域福祉を構想し、その推進を計画化していくことになる。

❶地域住民等の「参加」のさらなる展開・方向性

これまでの地域福祉計画における地域住民や民生委員・児童委員、ボランティア等の地域福祉にかかわる活動を行う者の「参加」というそれぞれの地域での蓄積と福祉文化をもとに、今後はさらに、社会福祉法人や相談支援機関等の「地域生活課題の解決に資する支援を行う関係機関」(支援関係機関) の参加、そして、行政庁内・組織の職員の参加といった3つの主体の参加という視点が求められる。

そのため、地域の主体性を高め、専門職が地域と連携できるような仕組みや仕掛けをデザインすることにより、地域住民等の参加をいっそう促進することも地方自治体の重要な役割となる。

さらに、参加を促進していくためには、地域住民により身近な圏域を含めた圏域の重層化とネットワーク化が不可欠となる。地域福祉の推進において重要なのは、一定の圏域ごとの課題設定と活動にある。地域福祉は住民に身近な圏域が基礎単位となり、それは自治会等のレベルから、小学校区や中学校区、さらには、行政区域や市町村域へ広がることで、地域福祉の重層性が増していく。このため、地域福祉を推進する圏域を重層化して考えなくてはならない。

住民に身近な圏域を考える場合、自治会などの圏域、民生委員・児童委員等の活動圏域など、地域には、さまざまな圏域が存在している。さらに、高齢者、障害者、児童等の福祉計画において異なる圏域設定がなされていることもある。このため、地域福祉計画における圏域設定は、地域福祉を推進するためにこれらの諸圏域を包括化する、いうなれば整合を図るものとして設定される必要があるということである。

次に、専門職と地域との連携を強化するため、専門相談機関や福祉サービスを提供する社会福祉法人等の福祉施設・事業所の専門職が、市町村域及び住民により身近な圏域での協議体などに参加し、地域生活課題等への対応が積極的に図られていくべきであろう。

❷「総合化」と「包括化」のさらなる展開・方向性

地域福祉計画が諸計画の「上位計画」としてあらためて位置付け直されたことをふまえ、福祉の分野別計画の「総合化」や「包括化」をさらに進めるとともに、地域福祉計画と地域福祉に関係する諸計画を体系的に整理し、関係性を明確化することなどにより、さまざまな施策を包括化しながら、地域での暮らしを支えていくことが必要となる。

さらに複雑化・多様化する地域生活課題を包括的に支援していくためには、「成年後見制度利用促進」や「自殺対策に係る計画」「住宅セーフティネット法による供給促進計画」「地方再犯防止推進計画」「市町村地域防災計画」など、地域住民の暮らしや福祉にかかわる諸計画と地域福祉計画の関係性を体系的に整理し、計画の一体化や連携・協働関係の明確化が図られるべきであろう。

これらの取り組みの総体により、地域福祉計画は地域生活課題に対応する施策等を総合的かつ包括的に進めていくための基盤ともなる。

地域福祉計画においては、地域福祉の推進にかかわる目標の設定や体制・組織、仕組みや資源の整備などの「行動群の提案」とともに、地域の課題や地域生活課題をふまえた、めざす地域などの「未来性」、そして、他機関協働や多職種連携を含めた「行動群の相互関連性」を示す必要がある[*15]。そして、これらは、地域共生社会の実現に向けた、今後の地方自治体における包括的支援体制や重層的支援体制の整備において不可欠な要素であるともいえる。

地域福祉を推進していくためには、地方自治体とともに、地域住民等

＊15
計画活動とは、未来の人間行動について相互関連性の高い一群の行動案を提案する活動であり、計画（Plan）に一般に共通している要素は、①未来の事象にかかわること、②行動群の提案であること、そして、③提案される行動群が相互関連性の高いものであることなどである（西尾勝『行政学』有斐閣、1993年）。

が、地域の実情について十分に理解した上で、限られた資源を有効活用しつつ、その地域における福祉の水準をどのように設定していくかについて、幅広い合意が形成される必要がある。そのためには、その地域における福祉全体を俯瞰（ふかん）する道具が必要であり、この道具こそが地域福祉計画であるともいえる。

特に、公的支援と地域づくりの双方にはたらきかけるという点においては、地域福祉計画の策定、あるいはその策定プロセスが有用であり、計画の策定が地域のシステム転換の契機となっていくことが考えられる。

3 地域福祉活動計画との関係

（1）地域福祉活動計画とは

地域福祉活動計画は、地域福祉の推進を目的として、社協の呼びかけにより、地域住民等と相互に協力して策定する民間の活動・行動計画である。*16

平成14（2002）年の「市町村地域福祉計画及び都道府県地域福祉支援計画策定指針の在り方について（一人ひとりの地域住民への訴え）」（社会保障審議会福祉部会）では、地域福祉の推進を目的として地方自治体が策定する計画を「地域福祉計画」、市町村社協が中心となって策定する地域住民等の福祉活動計画を「地域福祉活動計画」としている。

*16
全社協では、「社会福祉協議会が呼びかけて、住民、地域において社会福祉に関する活動を行う者、社会福祉を目的とする事業（福祉サービス）を経営する者が相互協力して策定する地域福祉の推進を目的とした民間の活動・行動計画」であるとしている。「地域福祉活動計画策定指針」全国社会福祉協議会地域福祉部、2003年、6頁参照。

（2）地域福祉計画（行政計画）との相互連携、一体的な策定

地域福祉活動計画も地域福祉の推進をめざす計画であることから、地方自治体が策定する地域福祉計画と一体的に策定したり、その内容を一部共有したり、地域福祉計画の実現を支援するための施策を盛り込んだりするなど、相互に連携を図ることが求められている。

そのため、それぞれの計画の策定や推進、また、評価にあたっては、地域福祉推進の基本理念とともに、地域生活課題や社会資源の状況等について共通理解を図ることが必要である。また、地域住民等の参加による福祉活動やその支援策、さらに、地域福祉活動の基盤となる「圏域」についても共通化して位置付けるなど、その相互連携の実効性を担保することになる。

（3）地域住民に身近な圏域と小地域福祉活動計画

従来から、地域福祉にかかわる諸活動において、班や組、自治会・町

内会や小・中学校区における、見守りや支え合い活動、居場所づくり、さらに防犯・防災活動等の意義と重要性が指摘されてきたところである。いわばお互いに顔の見える環境づくりにより、それができるような圏域が自ずと地域福祉活動の圏域となっていくのである。

そこで、地域住民に身近な圏域単位での活動計画として「小地域福祉活動計画」[＊17]の策定を進めていくことが全国各地でめざされている。

これにより、圏域における地域福祉活動が促進されるとともに、市町村内で圏域が重層化されることによって、身近な圏域での地域生活課題が、より広い圏域で共有化され、地域全体での支援が図られ新たな実践も生まれていく。

このような実践が展開され、地域住民が自らの生活との関連の中で、地域生活課題を知り、ともに考えていくきっかけになり、地域共生社会が文化としてその地域に根づいていくことにつながっていくであろう。

＊17
地区福祉（活動、行動）計画など、さまざまな名称が使用されているが、日常生活圏域において地域住民等により策定、推進される計画をいう。

第3節　福祉計画の策定過程と方法

1 福祉計画の基本的な策定過程

福祉計画の過程は、計画の策定から実施、評価、見直しといった一連のプロセスの積み重ねや計画の進行管理のマネジメントなどからなる「計画サイクル」と、策定や評価などの「計画プロセス」ごとの具体的な方法、実施手順などの双方から理解される。

「計画サイクル」は、一般的にマネジメントサイクルといわれる「Plan（計画）→Do（実施）→See（評価）」や「Plan（計画）→Do（実施）→Check（評価）→Act（改善）」を繰り返す「PDCAサイクル」として考えられている。

計画を策定し、その目的・目標を達成するための施策や政策、また、事業や活動等を推進していく上で、計画に基づき実行し、実行内容をモニタリング（進捗確認、中間的な点検等を実施）しながら結果を評価することを通じて、これらに基づき改善やはたらきかけを行うことにより、計画の策定や改定などの次の段階へ進んでいくという循環過程＝サイクル[*18]が基本的な過程とされている。

*18
福祉計画の「ローリング(Rolling)方式」ともいわれる。

2 地域福祉計画の策定過程と留意点

（1）策定プロセス（Plan）

福祉計画の策定においては、通常、法令に基づき策定委員会などの策定組織（協議体）が設置される。地域福祉計画においては、地域福祉計画策定委員会[*19]がこれにあたり、地域住民等が計画策定に積極的にかかわる機会を確保する観点などから、委員は公募等により選任される。

*19
計画の一貫した推進や進行管理を図るため、地域福祉計画評価委員会とあわせて、地域福祉計画推進委員会等の名称で設置する地方自治体もある。

また、委員会への参画のみならず、住民アンケート（ニーズ）調査や住民座談会の開催等を通じて、地域生活課題に精通する者や地域福祉に関心の深い者などからの意見聴取の場を設けるなどの取り組みを進める地方自治体もある。

地方自治体における策定組織の設置・構成にあたっては、計画の策定のみならず、その推進や進行管理、さらに評価等と計画の改定・見直し等による次のステージを見据えながら、戦略的な方針の明確化やメンバー構成、住民の意見等を反映する仕組みづくりなどが求められる。

実際、法令に基づく福祉計画においては、地域住民等の意見の反映（策定への参加、策定委員会での公聴等）や計画の提出や公表について、その実施に努めることや必須（義務化）としているものが多い。

❶準備段階

計画の準備段階では、法令とともに地域特性や地域社会の課題等に応じて、地域福祉計画の趣旨の確認や合意を図ることになる。また、地域生活課題を把握するための各種データの収集や分析とあわせて、地域の社会資源（サービス関係機関・団体等、活動状況）の把握がなされる。ここでは、後の地域福祉計画の目標の設定、また、目標設定において必要となるめざす地域の姿を描き出すために必要となる地域生活課題等を把握し分析していくことになる。そのため、準備段階において、地域福祉をどのように推進・展開していくのか具体的に構想していくことになる。

❷策定組織での計画策定

地域福祉計画策定委員会等では、地域住民の自主的な協働活動や包括的支援体制等の構築に向けて、地域生活課題の実態把握等に必要となる調査活動の企画・実施を始め、計画書の策定に向けた協議と取り組みを進めることになる。

地域生活課題の実態把握等の結果については、地域住民等に周知し解決活動の動機付けに活用するほか、計画に位置付ける地域生活課題と優先順位や計画の目標の決定に反映されなくてはならない。

❸地域福祉計画の目標決定

地域福祉計画の目標については、めざす地域の姿や地域福祉のビジョンを共有しながら、「何を実現するのか」を決定することとなる。つまり、活動の理念や目的をつくることになる。

地域福祉の推進を具体化するための個別施策については、地域生活課題に関する調査（ニーズ調査）、必要とされるサービス量や実態の調査（社会資源調査等）により、地域生活課題への対応の必要性や緊急性を明らかにしつつ、地域住民等との協議のもとに目標を定めていく。

目標は、計画の達成状況を地域住民等に明示するとともに、計画の評価（Check）における評価指標等にも関係するものであり、具体的かつ達成度の判断がしやすいものとして示される必要がある。

❹計画化（計画書の作成）と公表

地域生活課題に基づく地域福祉活動等の計画化において、その成果となるのが「計画書」である。ここでは、目標とともに、「実際に何を、どこが（誰が）、いつまでに、どのようにやるのか」を明示することになり、地域住民等が具体的な事業・活動をイメージし、共有できる内容とすることになる。また、事業・活動とともに、達成度の評価指標や方法についても、あわせて検討し、明示されることが望ましい。

なお、計画書については、関係団体等からのヒアリングの実施やパブリックコメント[＊20]の実施など地域住民等の意見を十分に反映した上で、策定組織の合意を得て、公表されるものであり、地方自治体の広報誌やインターネット等の多様な媒体の活用や「地域住民説明会」を開催するなどの工夫を通じて、広く理解と共感を得ていくことが求められる。

＊20
国や地方自治体といった行政機関が政省令や行政計画などの案をあらかじめ公表し、広く国民等から意見や情報を募集する手続き。

（2）実施プロセス（Do）

地域福祉計画の実施プロセスでは、策定組織であった委員会等は、進行管理などの計画の推進や評価等の実施のための組織としてその目的がシフトしていく。これが地域福祉計画の推進・評価委員会となる。

地方自治体における庁内体制についても、計画の策定から推進にシフトしていくことが効果的な推進体制づくりには不可欠である。行政機関が一体となって、個別施策の推進と必要な財源の継続的な確保、また、地域の専門職等の確保や体制整備に努めていくことになる。

委員会では、計画に位置付けた個別施策の進捗状況や課題等について、地域住民や専門職等からのヒアリングなどを実施しながら計画の推進を図ることになる。

計画に基づく個別施策を進めるなかでは、新たな課題を発見することや社会資源の創出が必要となることも少なくない。そこで、地域福祉の推進や包括的支援体制等の整備・拡充に必要となる既存の事業・活動の活性化、そして新たな事業・活動の開発については、委員会のもとに分科会やワーキングチームをプロジェクトチームとして設置し、集中的な協議や事業・活動とノウハウの開発を図るなど、施策等の推進方法を工夫する取り組みも進められている。

（3）評価・改善プロセス（Check・Act）

地域福祉計画の期間は、「概ね５年とし、３年で見直すことが適当」であるとされている。推進・評価委員会や庁内検討会等では、計画の年度ごとの評価や中間評価（３年目)、そして、計画期間における総括と次期計画の策定（改定等）に向けた評価を実施することになる。

年度ごとの進行管理（進捗管理や評価等）に基づき、計画期間中の個別施策等を実施し、計画の目標達成に向けた取り組みが進められる。

計画の進捗確認や評価においては、どのように個別施策が進められたか（Do）に着目するのみならず、適宜「評価」(Check）し、どのように「改善」したか、あるいは「修正」できたか（Act）といった視点をもって、計画期間中のPDCAサイクルを継続していくことになる。

評価の実施にあたっては、その結果や成果などの数値（量的な把握）のみならず、計画を進めるプロセスにおける個別施策の進捗状況やこのプロセスを通じて、地域や地域住民の生活にどのような変化が生じたか（質的な把握）を確認していくことに留意すべきであろう。つまり、定量化になじむ事項となじまない（定性的な）事項の相違やそれぞれの意義をふまえながら評価を進めていくべきである。

評価結果等に基づきながら、地域福祉計画の見直しや改定（Act）を進めることになるが、複雑化・多様化し続ける地域生活課題を的確にとらえ、これまでの計画の到達点と課題を明確にしながら、具体的な取り組みを進めていくことになる。

これらのプロセスは、段階的に進む場合もあれば、並行して進む場合もある。さらにフィードバックを繰り返しながら、相互に展開されていくものでもある。

地域福祉計画を地域共生社会の実現やそれぞれの地域住民等がめざす地域の姿に近づけていくためには、地域福祉の推進における促進要因と阻害要因を明らかにした取り組みを図ると同時に、包括的支援体制等の整備・拡充に向けて重点的に取り組む事項等を計画に位置付けていくなど、この間の地域福祉計画の単なる延長ではないさらなる進化・深化が求められるのである。地域福祉計画の策定プロセスを活用しながら、包括的な支援体制を担う主体の機能や役割とともに、どのように体制を整備していくかを考え、関係者の総意と創意工夫により具体化し、展開していくことが期待されている。

そして、これらの計画的かつ継続的な取り組みが、それぞれの地域に適した、地域福祉の推進に結び付いていくのである。

第4節　福祉計画の評価

1 福祉計画の評価

（1）福祉計画の評価

行政計画である福祉計画には、何か年かの計画期間を設定したものであると同時に、未来の目標が数値・図面・地図などの目標と実績のずれを客観的に測定することができる形式、または行動群の相互関連性が詳細に規定されている。

この「目標と実績のずれを客観的に測定」すること、あるいは「行動群の相互関連性」の変化やその社会に及ぼした影響等を把握、分析することが福祉計画の評価である。

つまり、福祉計画の評価とは、国の行政機関や地方自治体が主体となり、福祉計画の効果に関し、測定または分析し、一定の尺度に照らして客観的な判断を行うことにより、福祉計画の企画立案やそれに基づく実施を的確に行うことに資する情報を提供することであると考えられる。

そのため、福祉計画の評価においては、以下の視点と取り組みが必要となる。

・福祉計画の効果に関する情報・データを収集し、合理的な手法を用いて測定または分析すること
・測定または分析された結果について、福祉計画の目的や目標などの一定の尺度に照らして検討し、客観的な判断を行うこと
・政策の企画立案やそれに基づく実施を的確に行うことに資する情報を提供すること。また、その情報を地域住民等に対しても公表すること
・福祉計画の推進主体（行政、地域住民、専門職、学識者等）の幅広い参画のもとに評価プロセスを展開すること

特に、福祉サービスの提供にかかわる福祉計画であれば、利用者や供給主体の意見の反映や参画を可能な限り求めることになる。また、地域住民等の参加と協働を重視する地域福祉計画であれば、地域住民等の計画推進にかかわるさまざまな主体への評価情報の公表、さらに、この評価プロセス自体への参画を幅広く求めることが重視されている。

（2）評価の意義と必要性

このような福祉計画の評価については、評価により得られた情報を的

確に企画立案やそれに基づく実施に反映させ、計画の質の向上につなげていくことが求められる。このため、「計画サイクル」（「Plan〔計画〕→Do〔実施〕→Check〔評価〕→Act〔改善〕」を繰り返す「PDCAサイクル」）において、計画の実施過程（Do）におけるモニタリングとともに、制度化された仕組みとして位置付けられ、実施される必要がある。

このような福祉計画の評価の目的は、以下の３つの視点からとらえることができる。

第１に、行政の説明責任（アカウンタビリティ）の徹底である。計画の評価を通じて、行政と地域住民等の間の「**情報の非対称性**[*21]」が改善され、行政の透明性が確保されることにより、地域住民等の行政に対する信頼性の向上が期待される。また、評価結果を公表することは、計画の実施状況が「見える化」され、行政機関における政策効果の最大化や効率化の誘因（インセンティブ）もはたらくようになる。

さらに、地域住民等の生活に深くかかわる福祉計画においては、計画の評価過程を通じて、計画の内容、実施状況、改善の必要性等を確認することで、計画のあり方について地域住民等の議論が幅広く喚起されるとともに、計画への理解や共通認識が深まることも考えられる。

第２に、効率的で質の高い行政の実現である。評価を通じて、計画内容については重点化・適正化が図られ、地域住民等が求める質の高い行政サービスを必要最小限の費用で提供する効果的・効率的な政策運営の実現が図られることになる。また、行政機関にとっては、評価の継続的な実施を通じて得られる知識・経験を蓄積していくことにより、政策形成能力が向上し、地域生活課題等の変化に的確に対処し得る行政能力が形成されていくことに結び付いていく。

第３に、成果と過程重視の行政への転換である。従来は、福祉計画を実施するための財源や人材等の投入資源（インプット）により、よりどれだけのサービス等の量を生み出したか・提供したかという産出（アウトプット）という指標が重視されてきた。現在は、これらのみならず、サービス等を提供した結果として地域住民等に対して具体的にどのような効果や成果（アウトカム）をもたらしたのかが、政策の有効性という観点から、これらの指標の重要性が高まっている。さらに、地域福祉計画のような行政と住民等との協働による計画の推進においては、計画の実施過程における、サービス等の実施過程（プロセス）や関係性の変化や成果も重要な指標となる。

このように、成果（アウトカム）や過程（プロセス）を重視する福祉

＊21
行政と地域住民等との間に見られる情報の偏在のこと。

計画の評価を通じて、行政機関の意識改革が進み、地域住民等の生活向上をより重視する行政運営への転換にも結び付いていくのである。

（3）評価の実施と進行管理

福祉計画の評価は、「計画サイクル」（PDCAサイクル）の中で、どの時点で評価を行うかによってその意義も異なってくる。一般的には、「事前」（PlanやAct段階）及び「事後」（Checkの段階）、そして、実施プロセス（Doの段階）における途中（中間）の評価がある。[＊22]

評価といった場合には、多くは事後評価のことをさし、計画期間の終了時点において、一定の尺度に基づいて、目標の達成度や計画により実現された状況や変化等を評価することにある。また、計画の準備段階や策定段階において実施される事前評価は、現状分析や将来見込みなどに基づき、計画に盛り込む目標や施策等の検討や複数の目的や施策等の中から適切に選択する（優先順位等を検討する）ために有効であると考えられており、その結果を計画策定に反映させやすいという利点もある。

そして、地域福祉計画などの継続的に実施される施策、事業・活動等を目的とする福祉計画の評価において重要とされているのが途中（中間）の評価、いわゆるモニタリングや進行管理である。

進行管理は、計画の途中（プロセス）における継続的な評価であり、計画の進捗状況や、計画の目的や目標の達成状況等を定期的に把握することとなる。そして、これらに基づき、計画期間中においても、課題や取り組みの方向性を常に検討、再設定することにより計画の的確・着実な実施の推進に資することとなる。さらに、計画の内容によっては、地域生活課題等の変化や深刻化等をふまえた改善・見直しを行うために活かされていくことにもなる。

2 福祉計画の評価方法と留意点～地域福祉計画を中心に

（1）評価方法

福祉計画の評価については、主に「業績評価」と「総合評価[＊23]」という方法がある。また、総合評価において有効な技法とされているのが「**プログラム評価**[＊24]」である。その他、「事業評価」などの方法が評価の目的や対象、そして、改善・見直し等に向けてどのような情報を得たいのかといった観点から用いられる。

＊22
ただし、実際の福祉計画においては、具体的にどの段階がそれぞれの時点に当たるかについては、計画の内容や性質によって明確に区分し難い面もあることに留意が必要である。

＊23
ときどきの課題に対応するために、特定のテーマを設定し、さまざまな角度から総合的に評価を行い、施策等の効果を明らかにすることなどを主眼とするものである。

＊24
総合評価の一つとして有効な技法とされている。地域生活課題等の解決のためのプログラム（事業・プロジェクトなど）を対象とし、人々のよりよい福祉（well-being）をもたらす施策等の評価を行う。

実際には、これの評価方法の特色や利点などを総合的に勘案し、福祉計画の評価が展開されることになる。もちろん、これらの方法がそれぞれ用いられる場合もあるが、計画の評価の目的に応じて組み合わせて活用することで、評価の効果や効率性が高まることも考えられている。

一方、福祉サービスの評価については、「福祉サービス第三者評価事業」があり、社会福祉法人等の提供する福祉サービスの質について、利用者調査等の手法を活用しながら、事業者及び利用者以外の公正・中立な第三者機関（評価調査者）が専門的かつ客観的な立場から評価する。

（2）評価における留意点

❶計画による事業・活動の展開と評価プロセスの重視

福祉計画が全体として目的と手段の関係による体系を形成していることを考えると、評価の対象となる施策や活動の目的及びどのような手段によって達成が図られるのかを基本に据えつつ、評価対象の位置付けを明らかにすることでより的確な評価を行うことが可能となる。

例えば、福祉サービスの供給基盤を整備することをめざす計画であれば、地域の福祉ニーズ（需要）との比較の中での具体的なサービスの供給量や機能が十分であるか、つまり、福祉ニーズが充足されているのか評価することが必要となる。

また、地域福祉計画のように地域住民等のさまざまな関係者の連携・協働による活動や支援の展開をめざす計画であれば、具体的な活動の展開状況はもとより、そのプロセスや関係者の意識や意欲の向上、そして、地域にどのような変化や効果がもたらされたのかといった点にも着目して評価していくことが求められよう。

そのため地域福祉計画の評価にあたっては、相談件数等の定量的な変化やうまく進んでいないことのみに着目するのではなく、支援を必要とする者や支援者等、地域住民や関係機関の意識や行動にどれほどの変化を与えたのか、地域にどれほどの変化を与えたのか、連携がどれほどまでに動くようになったのかなど、直接的な成果として得られてきたものやその広がり（影響）にも着目し、そこを伸ばしていくという視点も重要となる。

また、地域福祉計画については、「計画」自体の評価とともに、計画によって推進がめざされる「活動」に着目して評価していくことが重要であるとされている。

このため計画と活動の進行管理により、計画の推進プロセスや活動を常にモニタリングし、効果的なものであるように工夫や改善をしていくことになる。また一つの活動を通して、新たな活動を構想していくことも生じてくることが地域福祉計画の特徴であり、このような計画の推進プロセスに着目して評価を考えていくことが必要となる。

そのため、活動の進行管理にあたっては、いくつかの複数の視点から評価していくことが望ましく、また、活動に携わるメンバーはもとより、活動の対象となる側の声、活動を客観的に見ている側の声などをふまえることが重視される。当初の目標等が達成できているか、活動が常に開かれていたか、活動に広がりが出ているか、また参加者自身の学びや成長を確認することも重要となるのである。

❷包括的な評価の視点

福祉計画の評価は、計画を推進することによる効果に関し、一定の尺度に照らして検討し、客観的な判断を行うことになる。この尺度にあたるものとして、計画の目的や目標があるほか、評価の観点や評価基準などを設定していくことになる。

福祉計画の評価を行う際には、あらかじめどのような観点から評価するか、あるいはどのような基準（指標）に基づいて検討し、判断するかについても明らかにしておくことが求められる。目標が定量化されるなど測定可能な形式で明示されている計画においては、その達成度を把握するという形で、評価が比較的容易となる。

しかしこのことは、別の観点から見れば、計画の目的ないし判定基準を極度に単純化していることを意味することにもなる。福祉計画において達成されるべき目標は計画書に明記されている事項のみならず、関連するさまざまな目標や目的の集合体であるとの理解も必要であり、このことは福祉サービスの提供に際して重視される価値や理念が数多くあることにも由来する。

定量化された目標の設定によって、計画によって実現される関係性や地域住民等の意識、そして、地域社会の変化といった質的な側面が捨象されてしまう。また、目標は一定の地域生活課題などを標準化し明示するものである。ここで課題となるのは、標準化されない地域生活課題、つまり、一人ひとりの地域住民の生活課題の多様性や個別性を十分に含むことができないということである。

一方で、定量化による単純化や標準化による課題を解決しようとして、多様な目的や目標を福祉計画に用いることは、適切な評価を困難にし、手段の有効性の判断をもむずかしくしてしまう点にも留意しなくてはならない。

そこで、福祉計画の評価において評価指標を設定する場合には、評価指標における内容やテーマの重点化（選択、優先順位の明確化）を図りつつ、福祉計画の目的にそったプログラム評価や参加型評価[＊25]といった評価方法を用いながら、定量的な視点と定性的な視点を含む包括的な基準や指標のもとに評価を実施していくことが求められる。

プログラム評価や参加型評価は、成果（アウトカム）に向けた包括的な視点を有すること、また、プログラムの評価において関係者の参加と協働といったプロセスを重視することなどから、地域福祉計画などの地域住民等の参加や多様な関係機関等の協働を重視する福祉計画の評価において、計画の推進という観点からも有効な手法であると考えられよう。

＊25
評価プロセスに、利害関係者（ステークホルダー）が参加し、対話を重視した評価を通じて、プログラムの理解や関係者の協働の促進、当事者のエンパワメントとあわせてプログラムの改善をめざすアプローチ。

参考文献

- 武川正吾『地域福祉の主流化－福祉国家と市民社会Ⅲ』法律文化社、2006年
- 大島　巌・源　由理子・山野則子・贄川信幸・新藤健太・平岡公一 編著『実践家参画型エンパワメント評価の理論と方法－CD‐TEP法：協働によるEBP効果モデルの構築』日本評論社、2019年
- 新川達郎・川島典子 編著『地域福祉政策論』学文社、2019年
- 社会保障審議会福祉部会「市町村地域福祉計画及び都道府県地域福祉支援計画策定指針の在り方について（一人ひとりの地域住民への訴え）」2002年
- 全国社会福祉協議会 編『地域福祉計画－理論と方法』全国社会福祉協議会、1984年
- 全国社会福祉協議会「住民参加による地域福祉推進に向けた人材養成のあり方」2003年
- 全国社会福祉協議会「地域福祉活動計画策定指針」2003年
- 全国社会福祉協議会「地域共生社会の実現に向けた地域福祉計画の策定・改定ガイドブック」2019年
- 総務省・政策評価の手法等に関する研究会「政策評価制度の在り方に関する最終報告」2000年
- 武川正吾 編『地域福祉計画－ガバナンス時代の社会福祉計画』有斐閣、2005年
- 平野隆之『地域福祉マネジメント－地域福祉と包括的支援体制』有斐閣、2020年
- 牧里毎治・野口定久 編著『協働と参加の地域福祉計画－福祉コミュニティの形成に向けて』ミネルヴァ書房、2007年
- 源　由理子 編著『参加型評価－改善と変革のための評価の実践』晃洋書房、2016年

第2部　地域共生社会の実現に向けた包括的支援体制

第1章

包括的支援体制の構築

学習のねらい

「地域共生社会の実現」は、支え手と受け手が固定化しない、すべての人が活躍し出番のある双方向型の社会をめざしている。また、8050問題やダブルケアなどの複合的な課題や制度の狭間の問題に対応していく支援も求められている。

地域包括ケアシステムや生活困窮者自立支援制度、コミュニティソーシャルワーク等の地域福祉実践が包括的支援体制の背景となっていることを理解することによって、制度に当てはめるのではなく本人のニーズに基づいた支援を行うことの重要性を学ぶ。包括的支援体制は、公的相談機関の総合化・包括化だけではなく、地域住民の支え合い活動や多機関連携でネットワークを構築する地域づくりも重要となる。

こうしたことをふまえ、第１節では、包括的支援体制を構築する考え方とその背景について学習する。第２節では、包括的支援体制の構築を進めるための具体的な事業の一つである「重層的支援体制整備事業」について、「相談支援」「参加支援」「地域づくりに向けた支援」の考え方等を学習する。

第1節　包括的に支援することの意義

＊1
ニッセイ基礎研究所「セルフ・ネグレクトと孤立死に関する実態把握と地域支援のあり方に関する調査研究報告書」（平成22年度老人保健健康増進等事業）2011年。

＊2
内閣府「若者の生活に関する調査報告書」2016年。

＊3
警察庁「令和３年における行方不明者の状況」2022年。

＊4
厚生労働省「令和３年度 児童相談所での児童虐待相談対応件数<速報値>」2022年。

1　制度に当てはめる支援から本人のニーズを起点とした支援へ

（1）求められる多問題・複合的課題への対応

厚生労働省が掲げている「**地域共生社会**の実現」という政策目標は、「社会的孤立や社会的排除」といった課題の解決と密接な関係にあり、８０５０（はちまるごーまる）問題やダブルケア、障害者の高齢化、孤立死年間約３万件[＊1]の発生や、いわゆる「ごみ屋敷」、ひきこもり者の増加（推計約115.4万人[＊2]）、認知症者行方不明者増加（年間17,636人[＊3]）、児童虐待通告件数の急増（令和３年度 207,659件[＊4]〔速報値、前年比1.3％増。全国225か所の児童相談所が虐待対応した件数〕）など、多問題を抱える世帯や家族が増加してきたことがその背景には存在する。

つまり、このような地域ニーズをいかに発見し、地域で解決していくのかが問われている。それが、社会福祉法第４条第２項に「地域生活課

〈図２－１－１〉地域共生社会の実現に向けた包括的支援体制

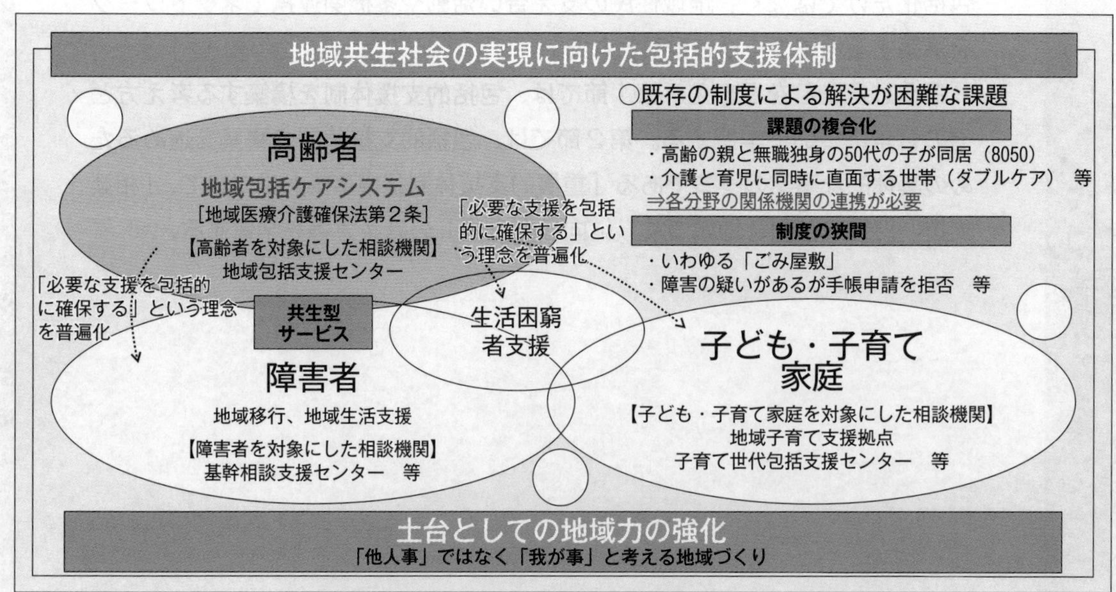

（出典）厚生労働省資料

題」として新たに規定されたゆえんである。[*5]

今日、包括的支援体制の構築が求められているのは、地域包括ケアシステムと生活困窮者自立支援制度の影響が大きい。これらの政策の実施によって、**図２－１－１**のように多問題・複合的課題を抱える人々の問題が顕在化し、一つの分野・領域のみでは課題解決にはつながりにくいことが明確となってきたからである。8050問題に象徴されるように、高齢の親に介護保険で対応できても、同居している無職・独身の子の支援を介護保険で行うことはむずかしい。また今日は、子が１人か２人の長男長女時代であり、初婚年齢が30歳前後である場合には40歳になると高齢の親と10歳前後の子どもの両方を抱えるダブルケアの状況となる。このような多問題・複合的課題や制度の狭間（はざま）の問題に取り組んでいくことが求められている。

＊5
令和２（2020）年６月の社会福祉法改正により第４条第３項に繰り下げとなった。

（２）地域包括ケアシステムの構築と生活困窮者自立支援制度が可視化した包括的支援の必要性

平成15（2003）年６月、高齢者介護研究会（座長：堀田（ほった） 力（つとむ）［さわやか福祉財団理事長］）が、「2015年の高齢者介護－高齢者の尊厳を支えるケアの確立に向けて－」と題する報告書をまとめ、地域包括ケアシステムの考え方が示されている。また、地域包括ケアシステムの定義については、平成21（2009）年５月の「地域包括ケア研究会報告書－今後の検討のための論点整理－」では、「ニーズに応じた住宅が提供されることを基本とした上で、生活上の安全・安心・健康を確保するために、医療や介護のみならず、福祉サービスを含めた様々な生活支援サービスが日常生活の場（日常生活圏域）で適切に提供できるような地域での体制」としている。まさに、ニーズに基づいて住宅、医療、介護、福祉サービスを含めた生活支援サービス等が日常生活の場で包括的・総合的に提供される考え方が示されている。[*6]

＊6
本双書第３巻第４章第１節参照。

一方、平成25（2013）年12月に生活困窮者自立支援法が成立し、生活困窮者自立支援制度について、厚生労働省は、「生活保護に至っていない生活困窮者に対する『第２のセーフティネット』を全国的に拡充し、包括的な支援体系を創設するものである」とし、新しい生活困窮者支援の形として、①包括的な支援、②個別的な支援、③早期的な支援、④継続的な支援、⑤分権的・創造的な支援、の５つを示している。ここでも、制度の意義として「包括的な支援体系を創設する」ことが提示され、その方法としても、「包括的な支援」として「生活困窮者の課題は多様で

＊7
本双書第７巻第４章参照。

複合的である。『制度の狭間』に陥らないよう、広く受け止め、就労の課題、心身の不調、家計の問題、家族問題などの多様な問題に対応する」としている[＊7]。ここで示されている「制度の狭間」については、後に述べる厚生労働省『これからの地域福祉のあり方に関する研究会報告書』において取り上げられてきた地域福祉の視点と課題である。この「制度の狭間」が生活困窮者自立支援制度の創設時に取り上げられていることは、「地域福祉の制度化」を意図したものであることを示している。

また、この２つの福祉政策の方向性とあわせて、社会的孤立が社会問題化し、地域づくりがあらゆる分野で必要とされている。これらをまとめると、「本人のニーズを起点とした支援」と「地域づくり」が必要であり、この両者を一体的に実施していくための包括的な支援体制の構築が求められているのである。

2 措置制度から契約制度への転換とケアマネジメントの制度への導入

（1）包括的支援体制が求められる背景

ここでは、地域共生社会の実現に向けた包括的な支援体制がなぜ必要とされてきたのか。その背景を述べるとともに、その内容について整理していくこととしたい。

第二次世界大戦後の日本は、日本国憲法のもと福祉３法、福祉６法時代において、措置制度に基づいて、選別主義として限られた障害者や貧困者に限定してサービスが提供されていた。この措置制度においては、個人や家族のニーズに基づくのではなく、個人や家族の課題が法制度に該当するかどうかが支援を行う判断基準とされた。そのため、身体障害者手帳の有無や預貯金の有無、ひとり暮らしといった世帯構成等サービス給付要件が実施要綱等に記載されており、それに合致するかどうかが重要視された。つまり、個々のニーズに基づいて支援の必要性が判断されるのではなく、制度に該当するかどうかが相談窓口で判断されたのである。それは、制度から漏れる人、制度では支援できない人を多く生み出すこととなった。その制度から漏れる人々を地域福祉では、ボランティア活動や住民参加型在宅福祉サービス等で支援せざるを得なかったのである。

また、ケアマネジメントの考え方が浸透するまでは、個々のサービスの意味と役割が明確化されず計画的な支援が行われていなかったため、例えば、ホームヘルプサービスと訪問看護が同じ内容の支援を提供してしまうことがあった。しかし、平成2（1990）年に福祉関係8法改正が行われ在宅福祉サービスが法定化されると、従来、個別サービスごとに提供されていたサービスは、各自治体の地域特性に応じて、個別ニーズに基づいて、ホームヘルプサービスやデイサービス、ショートステイや訪問看護サービス等がケアマネジメントの考え方に基づいて、プラン作成によってサービスの役割と支援内容が明確化され、支援が計画的に実施されるようになった。それは、平成2（1990）年の社会福祉事業法改正によって、同法第3条の2において、「国、地方公共団体、社会福祉法人その他社会福祉事業を経営する者は、社会福祉事業その他の社会福祉を目的とする事業を実施するにあたっては、医療、保健その他関連施策との有機的な連携を図り、地域に即した創意工夫を行う」と規定されていることに象徴される。

この方向性は、社会福祉基礎構造改革を経て、社会福祉の対象が社会的弱者から全国民へと変わり、措置制度から契約制度へと移行するなかで、支援方法は大きく転換されていくこととなる。2000年代には、高齢者分野では介護保険におけるケアプラン作成等のケアマネジメントの導入や地域包括支援センターの創設、障害者分野においても支援費制度から障害者自立支援法を経て障害者総合支援法におけるケアマネジメントの導入やサービス等利用計画の実施及び基幹相談支援センターの創設、児童福祉法における社会的養護等におけるケースマネジメントの導入等として発展してきた。平成12（2000）年の社会福祉法施行により、社会福祉法第5条では、福祉サービス提供の原則として「社会福祉を目的とする事業を経営する者は、その提供する多様な福祉サービスについて、利用者の意向を十分に尊重し、かつ、保健医療サービスその他の関連するサービスとの有機的な連携を図るよう創意工夫を行いつつ、これを総合的に提供することができるようにその事業の実施に努めなければならない」と規定した[*8]。

つまり、近年、各分野の支援においては、包括的・総合的な支援が一定程度整備されてきたといえる。しかし、その支援は、制度に該当することが前提とされることが多く、一つの制度だけでは収まらないケースや制度から漏れる人は、支援を受けられないという「制度の狭間」の問題があることが指摘されるようになるのである。

＊8
改正社会福祉法の平成30（2018）年4月施行により、同法第5条に「地域福祉の推進に係る取組を行う他の地域住民等との連携を図り、」が追記された。

（2）制度の狭間の問題とコミュニティソーシャルワーカーの配置

大阪府では、この制度の狭間の問題に対応するため、大阪府地域福祉支援計画に基づき、平成16（2004）年度からコミュニティソーシャルワーカー配置事業を実施し、全国知事会からも「優秀政策（ベストプラクティス）」として選定されるなど高い評価を受けた。大阪府福祉部地域福祉推進室地域福祉課は、平成23（2011）年に「市町村におけるCSWの配置事業に関する新ガイドライン－市町村における地域福祉セーフティネットの構築に向けて－」を作成し、**表2－1－1**のように「制度の狭間の事案」を定義している。

この大阪府の「制度の狭間の事案」に関する定義は明確であり、行政機関が制度の狭間を認めた貴重なガイドラインである。この「既存の福祉制度だけでは対応しきれない事案又は既存の公的福祉サービスで定められているサービス給付要件に該当しない事案」という文言が重要である。これは、行政が定めた制度や給付要件には該当しない人がいることを示しており、大阪府におけるコミュニティソーシャルワーカー配置事業は、包括的な支援の必要性を考える上で重要な示唆を与えている。

また、平成20（2008）年３月に、厚生労働省のこれからの地域福祉のあり方に関する研究会報告書「地域における『新たな支え合い』を求めて－住民と行政の協働による新しい福祉－」（以下、「あり方委員会報告書」という）がまとめられた。このあり方委員会報告書は、公的福祉サービスの限界と制度の狭間の問題を指摘した上で、地域の課題は多様であり「共助の拡大」を重要なポイントとしている。さらに、「Ⅳ 地域福祉を推進するために必要な条件とその整備方策」として、６点指摘している。第１に、住民主体を確保する条件があること。第２に、地域の生活課題発見のための方策があること。第３に、適切な圏域を単位とし

〈表２－１－１〉市町村におけるCSWの配置事業に関する新ガイドライン

＜制度の狭間の事案とは＞
ひきこもり、ごみが放置されている家等既存の福祉制度だけでは対応しきれない事案又は既存の公的福祉サービスで定められているサービス給付要件に該当しない事案。 その他以下のような人も「制度の狭間」にある要援護者であると考えられる。 ア　必要な経費が負担できないためにサービスの利用を躊躇する人 イ　本人の意思で生活保護等公的福祉サービスの適用そのものを拒んだり、外形的な所得判定要因ではとらえられない生活上の課題が生じているケース ウ　公的な福祉サービスに関する情報があっても理解や活用が難しく、かつ、家族や友人など身近な人々の手助けが期待できない状態にある人 エ　病気や怪我により、一時的に支援を要する状態にある人

（出典）大阪府福祉部地域福祉推進室地域福祉課「市町村におけるCSWの配置事業に関する新ガイドライン」2011年

ていること。第４に、地域福祉を推進するための環境。第５に、核となる人材。第６に、市町村の役割、を提示している。そのなかで、地域福祉を推進するための環境の一つとして、「地域福祉のコーディネーター」の必要性を明記している[1)]。

これは、その後の厚生労働省地域福祉モデル事業である「安心生活創造事業」による孤立死防止や見守り・買い物支援を軸とした行政と多様な地域組織・団体が連携したアウトリーチ型支援として、地域福祉推進市町村の多くの優秀な地域福祉実践を生み出した。生協では、買い物支援による自治体との「地域見守り協定」を、46都道府県の94生協で自治体などと976協定を締結している[＊9]。また、安心生活創造事業を契機に法人後見を行う社協は、平成21（2009）年の実施社協20か所から平成29（2017）年に実施社協473か所と約24倍に増加している。

＊９
平成29（2017）年３月現在、「生協の社会的取り組み報告書2018」。

（３）地域福祉政策の進展と全世代・全対象型地域包括支援体制の構想

このような基礎自治体と地域組織・団体が連携・協働して潜在的なニーズの発見や解決に取り組む地域福祉のコーディネーター（コミュニティソーシャルワーカー）の配置に取り組む実践は、「地域支え合い体制づくり事業」や「生活困窮者自立支援制度における地域づくり」へと継続・発展していくこととなる。「地域支え合い体制づくり事業」は、厚生労働省老健局において地域包括支援センターを中心として展開された事業であるが、東日本大震災のサポートセンターの創設へとつながり、サポートセンターでは総合相談が展開されることとなった。

また、生活困窮者自立支援制度においても、福祉事務所設置自治体において自立相談支援機関が設置義務化され、総合相談が展開されるとともに、生活困窮者を孤立させない地域づくりが重要な施策とされた。これらの取り組みは、いずれも支援が必要な個人を包括的に支援することの必要性から生まれた制度である。

これらの取り組みは、平成27（2015）年に公表された厚生労働省「**誰もが支え合う地域の構築に向けた福祉サービスの実現－新たな時代に対応した福祉の提供ビジョン－**」（平成27〔2015〕年９月17日、厚生労働省・新たな福祉サービスのシステム等のあり方検討プロジェクトチーム報告書〔以下、福祉提供ビジョン〕）につながり、後の地域共生社会の実現という政策の起点となる「全世代・全対象型地域包括支援体制の構築」をめざしていく方向性が示された（**図２－１－２**）。これは、今日の「**相談支援包括化推進員**」の構想にもつながるものである。この福祉提供ビジョンは、「(本人のニーズを起点とする新しい地域包括支援体制の構築) これは、高齢者に対する地域包括ケアシステムや生活困窮者に対する自立支援制度といった包括的な支援システムを、制度ごとではなく地域というフィールド上に、高齢者や生活困窮者以外に拡げるものであり、『制度の狭間』という日本の福祉制度に最後に残った欠片を埋める営みでもある」とする。さらに、「ここで重要となるのは、対象者を制度に当てはめるのではなく、本人のニーズを起点に支援を調整することである。こうした考え方に立って、高齢者、障害者、児童、生活困窮者といった別なく、地域に暮らす住民誰もがその人の状況に合った支援が受けられるという新しい地域包括支援体制を構築していく。こうした取組は、個人のニーズに合わせて地域を変えていくという『地域づくり』にほかならない」と重要な指摘をしているのである。

また、福祉提供ビジョンは、本人のニーズを起点にすることとあわせて、次のように、包括的支援体制の構築につながる、地域の支え合いについて言及している。

「また、これを進めるに当たっては、個々人の持つニーズのすべてを

〈図2－1－2〉　**新たな時代に対応した福祉の提供ビジョン**
(厚生労働省「新たな福祉サービスのシステム等のあり方検討プロジェクトチーム」報告書〔平成27年9月〕)

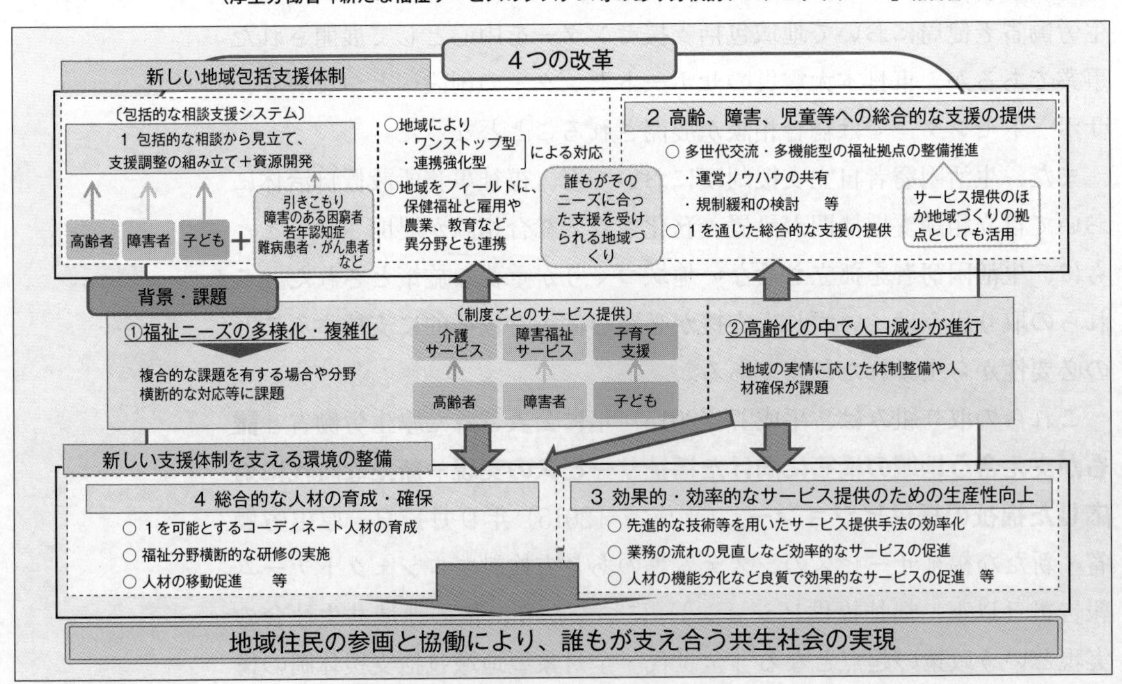

(出典) 厚生労働省資料

行政が満たすという発想に立つのではなく、住民を含む多様な主体の参加に基づく『支え合い』を醸成していくことが重要である。地域のことを自ら守るために行動し、助け合いを強めていく住民・関係者と、包括的なシステムの構築に創造的に取り組む行政とが協働することによって、誰もが支え、支えられるという共生型の地域社会を再生・創造していく」[2)]。

以上のように、福祉提供ビジョンは、ソーシャルワークの必要性を新たな包括的支援体制の構築に盛り込むような内容を提示している。「制度に本人を当てはめるのではなく、本人のニーズを起点とすること」は、行政機関にとっては社会福祉基礎構造改革と同じようなインパクトをもつものである。このような考え方と地方創生、人口減少社会とが結び付いて、地域共生社会の実現という政策目標が現実のものとなったと筆者は考える。これまで、福祉制度は本人のニーズを起点とするのではなく、実施要綱など制度の枠組みに合致するかどうかによって判断されることが多かった。そのため、「制度から漏れる」や「制度の狭間」という言葉が生まれた。しかし、この「本人のニーズを起点とすること」と「支え合いの醸成」が包括的支援体制を構築する基礎となる考え方である。

この福祉提供ビジョンは、「ニッポン一億総活躍プラン」にまとめられ、「**地域における住民主体の課題解決力強化・相談支援体制の在り方に関する検討会（地域力強化検討会）**」での議論を経て、包括的な支援体制の整備を盛り込む社会福祉法改正へとつながっていくこととなるのである。

3 改正社会福祉法と包括的な支援体制の整備

（1）包括的支援体制がめざすもの

本節の冒頭で包括的支援体制は、地域包括ケアシステムと生活困窮者自立支援制度という２つの政策の影響を受けていることを指摘した。そして、ケアマネジメントの導入と制度の狭間の問題にふれ、地域福祉の先進的な実践から包括的な支援を行う意義が顕在化してきたことを述べた。ここでは包括的支援体制とは何をめざすのかについて述べていきたい。

平成29（2017）年12月12日、厚生労働省の子ども家庭局長、社会・援護局長、老健局長の３局長連名で局長通知が発出された。「地域共生社会に向けた地域福祉の推進について」である。「地域包括ケアシステムの強化のための介護保険法等の一部を改正する法律」により、社会福祉法の一部が改正され、平成30（2018）年４月１日に施行された。

改正社会福祉法による改正内容として、第１に、地域共生社会の実現に向けて、地域福祉の推進の理念として、地域住民等は、福祉サービスを必要とする地域住民及びその世帯が抱えるさまざまな分野にわたる地域生活課題を把握し、その解決に資する支援を行う関係機関との連携等によりその解決を図る旨を追加すること。第２に、市町村は、地域住民等及び地域生活課題の解決に資する支援を行う関係機関の地域福祉の推進のための相互の協力が円滑に行われ、地域生活課題の解決に資する支援が包括的に提供される体制を整備するよう努めるものとすること。第３に、市町村及び都道府県は、それぞれ市町村地域福祉計画及び都道府県地域福祉支援計画を策定するよう努めることとするとともに、計画の記載事項として福祉に関し共通して取り組むべき事項を追加すること等があげられた。

社会福祉法改正後の社会福祉法第106条の３第２項の規定に基づき、社会福祉法に基づく市町村における包括的な支援体制の整備に関する指針が告示され[*10]、「①社会福祉法改正の趣旨、②社会福祉法に基づく市町村における包括的な支援体制の整備に関する指針に関する補足説明、③社会福祉法改正による記載事項の追加等を踏まえて改定した市町村地域福祉計画及び都道府県地域福祉支援計画の策定ガイドライン等について」が通知された。

＊10
平成29（2017）年厚生労働省告示第355号。

そして、社会福祉法改正により第106条の３（包括的支援体制の整備）が創設された（**図２－１－３**）。この条文では、「市町村は、次に掲げる事業の実施その他の各般の措置を通じ、地域住民等及び支援関係機関による、地域福祉の推進のための相互の協力が円滑に行われ、地域生活課題の解決に資する支援が包括的に提供される体制を整備するよう努めるものとする」とされた。その内容は、以下のように整理できる。

①地域福祉に関する活動への地域住民の参加を促す活動を行う者に対する支援
②地域住民等が相互に交流を図ることができる拠点の整備
③地域住民等に対する研修の実施
④その他の地域住民等が地域福祉を推進するために必要な環境の整備に関する事業
⑤地域住民等が自ら他の地域住民が抱える地域生活課題に関する相談

〈図２－１－３〉地域における住民主体の課題解決力強化・包括的な相談支援体制イメージ

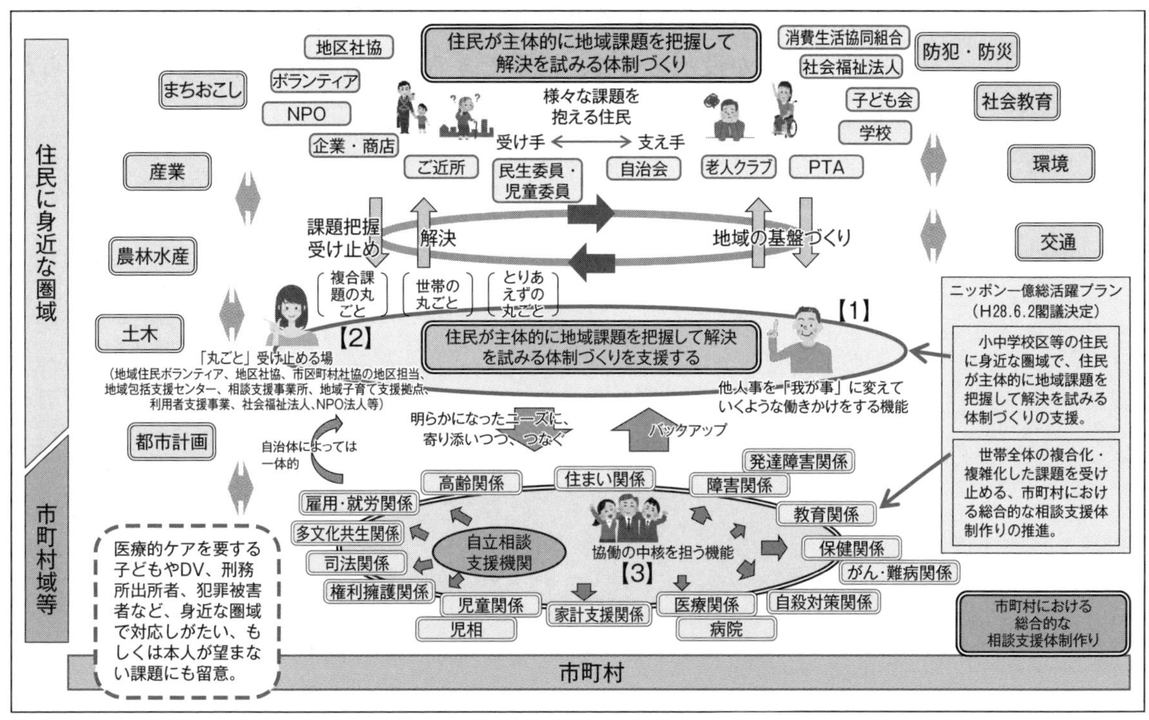

（出典）厚生労働省資料

に応じ、必要な情報の提供及び助言を行い、必要に応じて、支援関係機関に対し、協力を求めることができる体制の整備に関する事業

⑥生活困窮者自立相談支援機関が、地域生活課題を解決するために、相互の有機的な連携のもと、その解決に資する支援を一体的かつ計画的に行う体制の整備に関する事業

⑦厚生労働大臣は、①～⑥の事業に関して、その適切かつ有効な実施を図るため必要な指針を公表するものとする。

（２）誰もが出番があり活躍できる社会へ

先に述べた厚生労働省３局長による通知「地域共生社会の実現に向けた地域福祉の推進について」（平成29〔2017〕年12月）が発出された背景には、少子高齢・人口減少社会というわが国が抱えている大きな課題として、わが国全体の経済・社会が存続の危機に直面しており、地域の力を強化し、その持続可能性を高めていくことが必要と考えられるからである。地域力強化を考えるにあたっては、福祉の領域を超えた地域全体が直面する課題を、あらためて直視する必要がある。こうした考えのもと、地方創生や、一億総活躍社会の実現に向けた取り組みが進められ

＊11
本書第1部第4章第4節7及び本書第2部第4章第1節2参照。

ており、「ニッポン一億総活躍プラン」[＊11]（平成28〔2016〕年6月2日閣議決定）で述べられているとおり、支え手側と受け手側に分かれるのではなく、誰もが役割をもち、活躍できる、地域共生社会の実現が求められているのである。

BOOK 学びの参考図書

- 加山　弾・熊田博喜・中島　修・山本美香『ストーリーで学ぶ地域福祉』有斐閣、2020年。
  地域福祉を初めて学ぶ人を対象に各章にストーリーを挿入し、登場人物の疑問や関心と読者の学びを連動させた図書。QRコードによる動画視聴を可能としたり、全章にコラムをつけるなど、実践的な学びの新たな試みをしている。

引用文献

1)厚生労働省・これからの地域福祉のあり方に関する研究会「地域における『新たな支え合い』を求めて－住民と行政の協働による新しい福祉」2008年、42～48頁
2)厚生労働省・新たな福祉サービスのシステム等のあり方検討プロジェクトチーム「誰もが支え合う地域の構築に向けた福祉サービスの実現－新たな時代に対応した福祉の提供ビジョン」2015年、5～6頁

参考文献

- 内閣府「生活状況に関する調査（平成30年度）」2019年
- 日本生活協同組合連合会 編「生協の社会的取り組み報告書2018」2018年
- 全国社会福祉協議会「日常生活自立支援事業の動向」2018年
- 地域包括ケア研究会「地域包括ケア研究会報告書－今後の検討のための論点整理（平成20年度老人保健健康増進等事業）」2009年

第２節　包括的支援体制と重層的支援体制整備事業

1 包括的な支援体制の整備～平成29年社会福祉法改正

第１節でふれたように包括的な支援体制の整備について、具体的にその考え方を示したのは、平成27（2015）年９月の「新たな時代に対応した福祉の提供ビジョン」[*12]であった。現在の高齢者、障害者、子どもといった分野ごとの福祉施策、福祉サービスを、包括的な相談から見立て、支援調整を行う体制を構築すること、さらに、現状の支援では不足する場合には必要な資源開発も行う包括的な相談支援システムや、対象を限定しない福祉拠点の整備推進を含む新しい地域包括支援体制を提示している。

その後、地域力強化検討会での議論を経て、社会福祉法に第106条の３が新設され、包括的な支援体制の整備が市町村の努力義務とされた。市町村には、既存の社会資源がつながり連携することで支援を面として整備する事業や、地域住民等が課題発見や解決に向けた取り組みを行う地域をつくっていく事業などの実施により、包括的な支援体制を整備していくことが、法律上も求められることとなった。この努力義務の法定化と並行して、平成28（2016）年度から令和２（2020）年度まで包括的な支援体制を構築するためのモデル事業[*13]が行われた。モデル事業実施市町村では、各市町村の地域特性、それまでの福祉サービスや住民活動の状況に応じて、地域づくりと相談支援の包括化に取り組まれた。このモデル事業による実践をはじめとする、各地での試行錯誤の積み重ねとその検証が、次の令和２（2020）年の社会福祉法の改正につながっている。

2 地域共生社会推進検討会

市町村による包括的な支援体制の整備の全国的な展開に向けた方策と、中長期的な視点での今後の社会保障制度のあり方を検討するため、令和元（2019）年５月に「地域共生社会に向けた包括的支援と多様な参加・協働の推進に関する検討会」（地域共生社会推進検討会）が設置された。

＊12
厚生労働省・新たな福祉サービスのシステム等のあり方検討プロジェクトチーム「誰もが支え合う地域の構築に向けた福祉サービスの実現－新たな時代に対応した福祉の提供ビジョン」平成27（2015）年9月17日。

＊13
平成28（2016）年度から、市町村において地域における包括的な支援体制の構築を進めるため、年度ごとに事業内容を見直しながら、以下の２つの事業による事業（モデル事業）が行われた（平成28〔2016〕年度は②のみ）。
①地域力強化推進事業：住民に身近な地域において地域生活課題を把握し、解決を試みる体制づくりを行う。
②多機関協働による包括的支援体制構築事業：複合化・複雑化した課題に対応するために支援関係機関の連携をコーディネートし総合的な相談支援体制づくりを行う。

同年12月26日に公表した最終とりまとめ[*14]では、中長期的な社会保障制度のあり方として、今後の福祉政策では、複雑かつ多様な問題を抱えながらも、社会との多様なかかわりを基礎として、一人ひとりが自立的な生を継続していくことを支援する機能の強化が必要とされた。専門職による対人支援においては、これまでの福祉施策における中心的な支援方法である「具体的な課題解決をめざすアプローチ」に加えて、「つながり続けることをめざすアプローチ」をより重視し、２つのアプローチを両輪として組み合わせていくことが必要であるとされている。こうした福祉施策の実現に向けて、市町村における包括的な支援体制の整備をさらに進めるために、①断らない相談支援、②参加支援、③地域づくりに向けた支援の３つの支援を含む新たな事業の創設が必要だと提言された。

*14
地域共生社会推進検討会（座長：宮本太郎中央大学法学部教授）最終とりまとめでは、めざす社会のあり方として地域共生社会の理念についてあらためて整理した。地域共生社会の理念は、福祉の政策領域だけではなく、対人支援領域全体、さらには地方創生やまちづくり、住宅、地域自治、環境保全、教育など他の幅広い政策領域に広がるとしている。

3 重層的支援体制整備事業の創設～令和２年社会福祉法の改正

地域共生社会推進検討会の最終とりまとめを受けて令和２（2020）年６月、社会福祉法が改正され[*15]、新たな事業として**重層的支援体制整備事業**が創設された（令和３〔2021〕年４月１日施行）。同事業は、前回社会福祉法改正において市町村の努力義務とした包括的な支援体制の整備を行う一つの選択肢として位置付けられたものであり、包括的な支援体制を整備する手段は同事業のみではない。全国の市町村において包括的な支援体制の整備を推進するために、各地域で積み重ねられてきた実践がより展開されやすくなるよう、多様な取り組みを後押しすることを目的とする事業とされている。

重層的支援体制整備事業は、市町村を実施主体とする任意事業として、社会福祉法に条文を新設（第106条の４）して創設された。任意事業とされたのは、その実施に向けた準備をていねいに行うことが重要であり準備が整った自治体から実施すべきとの考え方によるものである。既存の事業をはじめとする地域の状況を把握し、新たな機能をどのように整備することが包括的な支援体制につながるのか、自治体内部で、さらに支援関係機関と議論し、考え方を共有しながら体制整備を進めることが必要になる。

準備に手間がかかる一つの要因は、財源の整理と調整である。重層的支援体制整備事業に含まれる相談支援、地域づくりの事業は、他の法律に基づく既存事業を一体的に取り組むものとされている。同事業では、

*15
「地域共生社会の実現のための社会福祉法等の一部を改正する法律」
重層的支援体制整備事業の創設による市町村の包括的な支援体制の構築の支援、地域の特性に応じた認知症施策や介護サービス提供体制の整備等の推進、医療・介護のデータ基盤の整備の推進、介護人材確保及び業務効率化の取り組みの強化、社会福祉連携推進法人制度の創設等の所要の措置を講ずるため、社会福祉法、介護保険法等の改正を行った（令和２〔2020〕年３月６日提出、６月５日成立、６月12日公布）。

既存事業をベースとして新たな機能を整備するとともに、法定されていない他の事業とも連携して包括的な支援体制を整備することが求められている。これは新事業を創設した背景の一つにも重なる。ニーズに対応して対象別・分野別の既存事業を充実させ、事業ごとに財源を確保し実施してきた社会福祉制度の構造が、複数分野の事業を一体的に実施することを妨げる要因にもなっていた。それは、高齢（介護）・障害・生活困窮等の各制度の財源を組み合わせた分野横断的な相談窓口を設置する自治体に対する会計検査に表れていた。具体的には、職員の人件費を事業ごとに明確に区分しているかの確認がなされたり、特定の財源が充てられている職員は「当該事業以外の業務に従事させてはならない」と指摘されたりした例がある。また、そうした指摘を見越して相談窓口の費用を事業ごとに案分するために、配置された職員の業務を２か月間にわたりタイムスタディをした自治体もあった。このような既存事業の財源使用における、制約や過大な手間が強いられる状況が、全世代型の（属性を限定しない）総合的な支援を行う取り組みが進めにくくしていた。

厚生労働省では、平成29（2017）年の社会福祉法改正に合わせて、５課長連名通知「地域づくりに資する事業の一体的な実施について」（平成29〔2017〕年３月31日）を出し、地域づくりに資する事業については、分野や財源が異なる場合であっても、総費用を合理的に按分すれば、複数の財源を一体的に使用してよいとした。しかし、分野ごとの財源を一体的に使用する取り組みは期待されたほど広がらなかった。自治体からは、上述のような会計検査での指摘を受けた先例もあり、法に基づいて支弁される財源を、課長通知を根拠に一体的に使用する判断はできないといった意見も寄せられていた。そのため、新たな事業を創設することにより、一つの事業（重層的支援体制整備事業）のための費用として補助金等が交付される仕組みを社会福祉法に位置付けた。それにより、分野ごとに異なる財源から国が支弁する事業費を自治体が一体的に使うのではなく、自治体が財源として国から受け取る段階から一体化したのである。

4 重層的支援体制整備事業の機能

重層的支援体制整備事業は、地域共生社会推進検討会で提起された３つの支援をベースに、①相談支援、②参加支援、③地域づくりに向けた支援を一体的に実施することにより、相乗効果を発揮し、重層的な支援

〈図２－１－４〉重層的支援体制整備事業の全体像

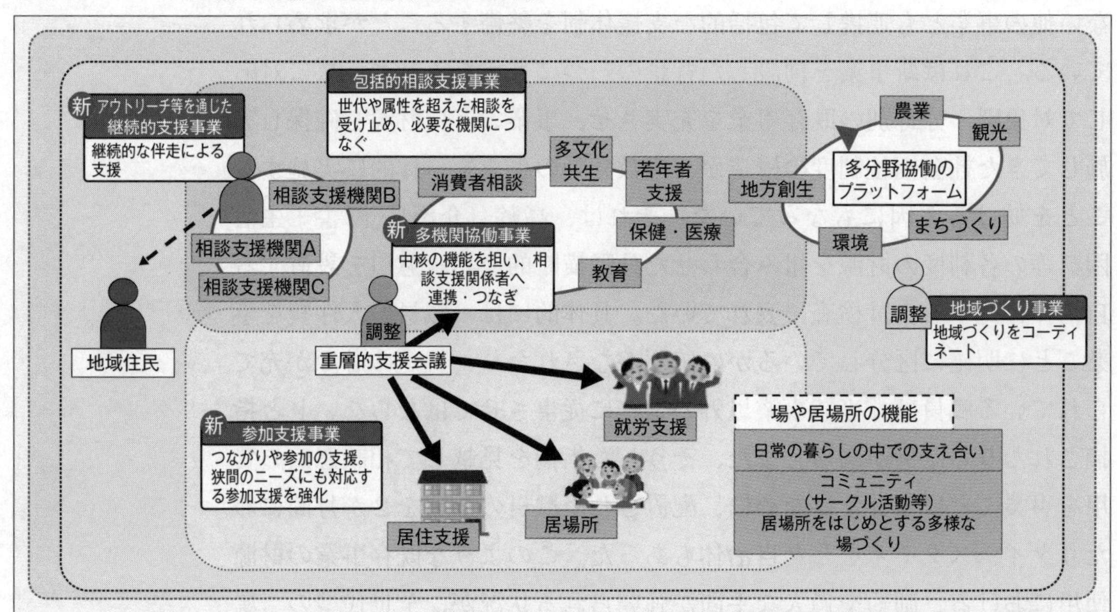

（出典）厚生労働省資料

が行われる体制を構築するものである（**図２－１－４**）。

この事業の考え方は、平成29（2017）年社会福祉法改正から通底しており、その本質は地域づくりすなわち、地域共生社会の実現にある。一人ひとりの暮らしを支える地域にしていくために、多様な地域の居場所やつながりが必要であり、その充実や活性化を図り、それと並行して、地域生活課題を解決するための支援関係機関や専門職、行政による包括的な支援体制を地域の状況に応じて整備するという考え方である。その上で、以下３つの機能をどのように事業化しているのかを概括する。

❶相談支援

地域生活課題を抱える地域住民及びその家族その他の関係者からの相談に包括的に応じ、情報提供や支援関係機関の連絡調整など必要な支援を行うため、既存の分野ごとに整備された相談支援の事業を一体的に行う事業となる。法律上は、４分野の相談支援が含まれる事業（**表２－１－２**参照）ではあるが、対応する課題は４分野に限られるものではない点が肝要である。一方で、既存の相談支援機関が単独であらゆる相談を受け止め、対応することを求めるものでもない。既存制度による相談支援機関の状況から、より強化すべき機能として、多機関が協働する際の中核を担う機能と、アウトリーチによる支援を担う機能を新たな事業と

〈表２−１−２〉重層的支援体制整備事業（社会福祉法 第106条の４ 第２項）の各事業

事業名	分野	包括される分野ごとの事業名
包括的相談支援事業（第１号）	介護	地域包括支援センターの運営（介護保険法第115条の45第２項第１～３号）
	障害	障害者相談支援事業（障害者総合支援法第77条第１項第３号）
	子ども	利用者支援事業（子ども・子育て支援法第59条第１号）
	困窮	生活困窮者自立相談支援事業（生活困窮者自立支援法第３条第２項） 福祉事業所未設置町村による相談事業（生活困窮者自立支援法第11条第１項）
参加支援事業（第２号）	新規	なし
地域づくり事業（第３号）	介護	一般介護予防事業（介護保険法第115条の45第１項第２号）のうち地域介護予防活動支援事業
	介護	生活支援体制整備事業（介護保険法第115条の45第２項第５号）
	障害	地域活動支援センター機能強化事業（障害者総合支援法第77条第１項第９号）
	子ども	地域子育て支援拠点事業（子ども・子育て支援法第59条第９号）
	困窮	生活困窮者支援等のための地域づくり事業（補助事業）
アウトリーチ等継続的支援事業（第４号）	新規	なし
多機関協働事業（第５号）	新規	なし
支援プラン作成（第６号）	新規	なし

（出典）厚生労働省資料

して創設している。既存の分野別に配置された相談支援機関が、各事業で培ってきたそれぞれの事業、取り組みの強みをいかしつつ、分野にとらわれず少しずつ視野を広げ、アウトリーチ等事業で対応する。把握した課題が複雑であれば、多機関協働事業によりチームで対応する。こうした支援の実践を積み重ねていき、各支援機関の支援力を高めていくことにより、支援につながらない狭間を狭められることが期待される。

❷参加支援

課題がある者が地域社会に参加していくため、地域の資源を発掘したりコーディネートすることで支援につなげる事業となる。これまでのモデル事業をはじめとする各地での福祉支援、特に相談支援の取り組みにおいて、支援を必要とする人に適応する地域資源（サービス、場、機会等）がないために、課題を把握した相談員がかかわり続けなければならない状況が起こっているとの声から、相談支援とは別に、一つの事業として創設された。相談支援で受け止めた就労や居住など社会に参加する上でのあらゆる課題について、既存のサービスに適切につなぐことに加え、既存のサービスでは対応できない場合には、福祉分野に限らず地域にある資源を有効に活用したり、掘り起こしたりすることで参加の機会につなげるコーディネートを行う事業である。

例えば、福祉サービスであれば、福祉施設の空き部屋を利用した一時的な住まいの支援や、制度に基づき行っている就労支援を、制度による対象以外の者にも提供する取り組みがある。福祉以外の分野では、農業の仕事を業務分解し、短時間の作業に切り分けることで、長時間の作業を行うことがむずかしい者や、できる作業が限られている者でも働けるよう農家と就労経験のない若者の間を調整することなどの例がある。

❸地域づくりに向けた支援

地域に居場所や地域住民の活動場所を確保し、その活動をコーディネートする機能を整備することで、地域の住民の暮らしを支え、多様な社会参加を実現するための地域をつくっていく事業となる。財源と事業内容の考え方は、❶相談支援と同様であり、既存の分野ごとの事業を一体的に行うことで財源を確保しつつ、属性や分野を限定せずに実施する事業としている（**表2－1－2**参照）。

事業の進め方は、包括化する各分野の事業の機能は維持することを前提として、これらを単につぎはぎするだけではなく、地域全体・住民全体にとって必要な地域における活動の場と機会、多様で重層的なつながりを整備することを事業内容としている。また、課題解決型の地域づくりにとどまることなく、一人ひとりの暮らし、社会参加を支えるため、やりたいことを実現するという視点も重要である。多様なつながりを生み出し、地域にある活動の発展や継続を促し、重層的に確保するためには、福祉に限らない多様な分野の主体がつながるプラットフォームが形成されるよう環境を整備し、コーディネートすることも事業の一つとされている。

第２部　地域共生社会の実現に向けた包括的支援体制

第2章

包括的支援とソーシャルワーク

学習のねらい

包括的支援とは、具体的にどういう実践をさすのだろうか。「包括的」とは「丸ごと」と言い換えることができる。すなわち、個人やその世帯も含めて、彼らが抱える課題を丸ごと支えていくことであり、そのために必要な関係者が丸ごと（＝総出で）、彼らの周囲に集まり支援していくものである。そしてさらに、課題を抱える本人を地域の中で見出し、彼らが生活していくための地域づくり（入口としての地域づくり、出口としての地域づくり）も含め、これらを一体的に取り組むことである。

こうした取り組みを構築していくためには、屋上屋を重ねるのではなく、既存の社会資源や仕組みが、その領域・分野を超えてつながることが求められる。社会福祉法に規定された包括的支援体制とは、各種制度に規定された役割・機能の枠を超えたソーシャルワークの実践を、施策としても後押ししようとするものともいえる。

包括的支援体制は、先駆的実践をもとに構築された考え方であり施策である。第１節では、包括的支援体制に求められる機能と第２節にある18の各事例との関係を紹介する。第２節では、18の先駆的実践事例から、包括的支援体制が何をめざし、何をどのように実践していくものなのかを感じとっていただきたい。そして第３節では、事例から学ぶ意義を理解した上で、あらためて包括的支援体制とは何か、求められるソーシャルワーク機能とは何かを考えてほしい。

第1節　包括的支援の実践事例の全体像

1 社会福祉法における包括的支援体制

平成29（2017）年５月の社会福祉法改正により、「地域共生社会」は施策として展開されることになった。

具体的には、同法第４条第２項[*1]において、地域福祉をどのように展開していくかを示し、行政の責務について第６条に明記した。第５条及び第106条の２においては、福祉サービス提供者や住民に身近な圏域に存在する相談機関が留意すべき点を加え、第106条の３においては、地域共生社会の構築に向けた市町村における包括的支援体制の具体策と、その体制整備に向けた市町村への努力義務を規定した。さらに第107条と第108条で、地域福祉（支援）計画を他の福祉計画の上位計画として位置付けるべく、各福祉分野に共通する事項を同計画に記載することを定め、さらにPDCAサイクルを展開するよう規定した。[*2]

これらの中核ともいえる第106条の３第１項では、

・第１号において、他人事を「我が事」としてとらえていくようなはたらきかけをする機能の整備を、

・第２号では、住民に身近な圏域において、「複合課題丸ごと」「世帯丸ごと」、相談する先がわからない課題でも「とりあえず丸ごと」受け止める体制の整備を、

・第３号では、複雑・複合化した地域生活課題を、多機関協働のネットワークにより解決する体制の整備を、

それぞれ掲げ、こうした体制の整備を市町村の努力義務として課した。

＊1
令和２（2020）年６月の社会福祉法改正により、第４条第３項に繰り下げ。

＊2
さらに、令和２（2020）年６月の社会福祉法改正では、同法第４条第１項において新たに「地域福祉の推進は、地域住民が相互に人格と個性を尊重し合いながら、参加し、共生する地域社会の実現を目指して行われなければならない」と規定され、地域共生社会は理念としても明記されることとなった。

2 包括的支援体制と各事例との関係

地域共生社会を実現するための方策の一つである「包括的支援体制」の構築にあたっては、地域の実情に応じながらも、さまざまな角度からの展開が求められる。そのような体制整備に向けて、具体的な支援の取り組み・先駆的な実践から学ぶことは非常に重要である。

〈図２－２－１〉地域における住民主体の課題解決力強化・包括的な相談支援体制のイメージ

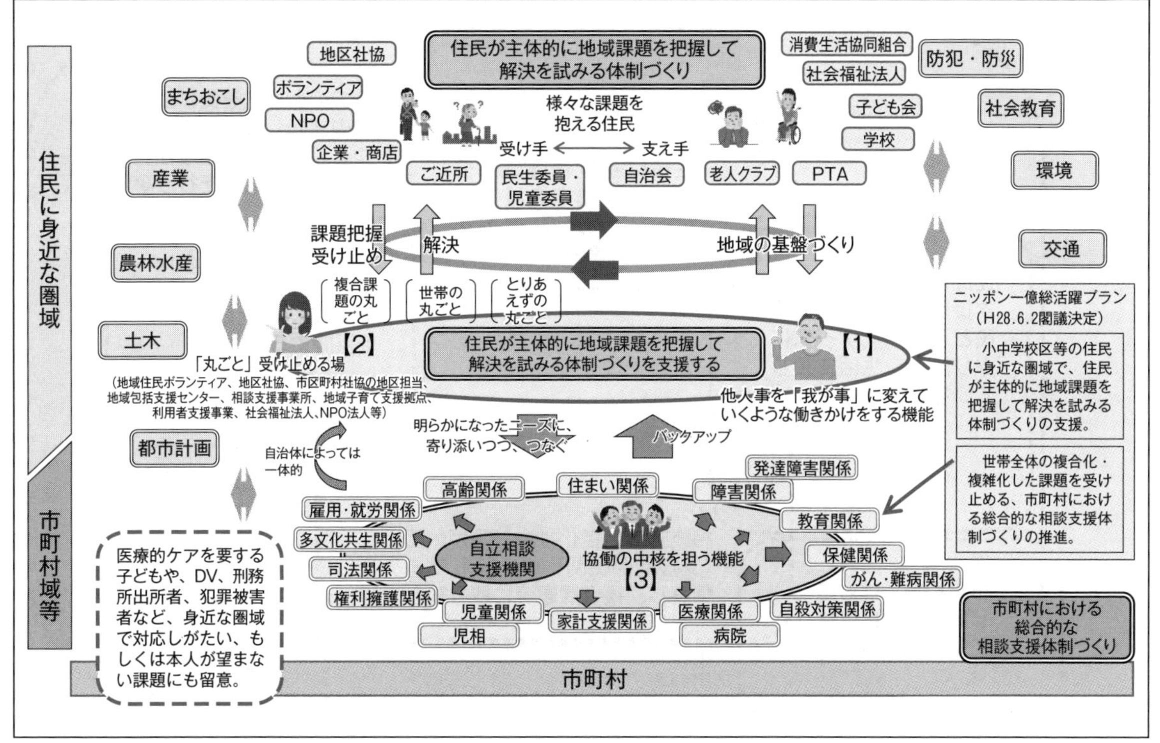

（出典）厚生労働省資料

第２節の18の実践事例から、支援及び実践のポイントや留意点を考えていただきたい。

前述の社会福祉法第106条の３第１項の第１号から第３号は、それぞれ「機能」として考える必要があり（**図２－２－１**の【１】～【３】）、それに即して第２節において、具体的な実践事例として紹介していくこととする。

また、地域において面としての包括的支援体制を構築していくためには、各々の組織・団体等が、地域全体を俯瞰（ふかん）しながらも、自組織の機能を向上させたり、災害時等の危機の最中においては機能を維持していく力も求められる。こうした活動の実践事例も用意した。

なお、各事例と、包括的支援体制の各機能（法条文）との関係についてのおおまかな整理は、**図２－２－２**のとおりである。

〈図2－2－2〉包括的支援体制と第2節の各事例との関係

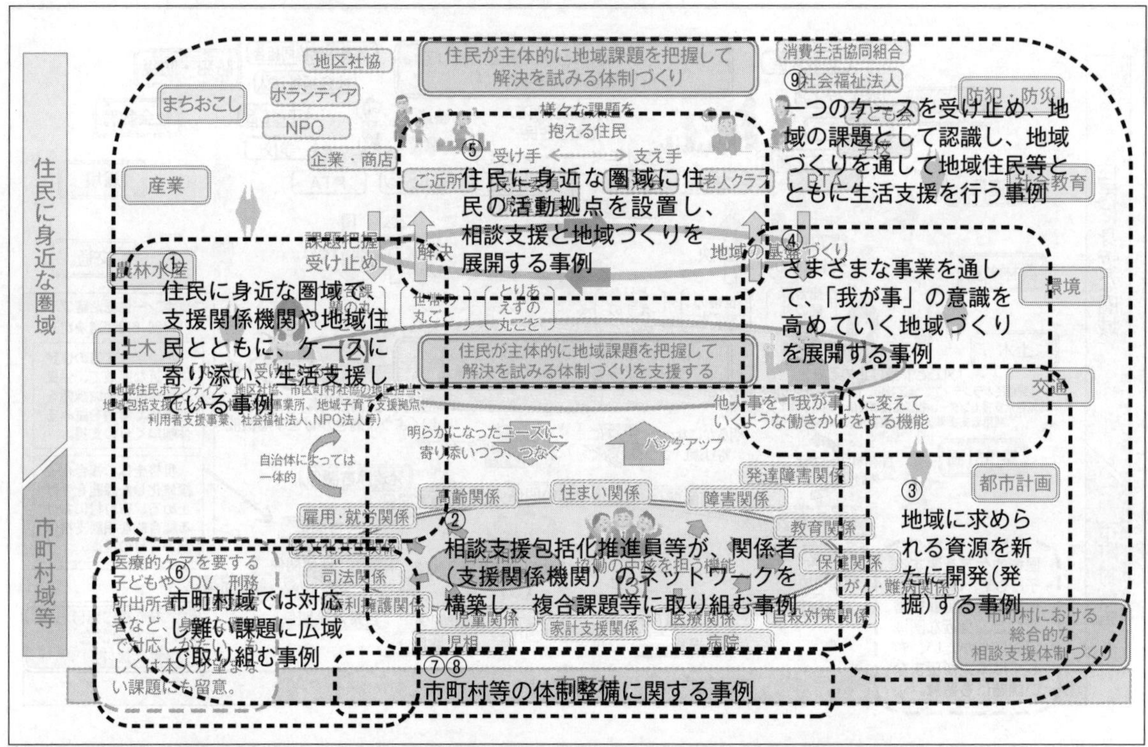

	第2節の事例	事例の概要	社会福祉法上の法的根拠
①	事例１～６	住民に身近な圏域で、支援関係機関や地域住民とともに、ケースに寄り添い、生活支援している事例	第106条の３ 第１項第２号関係
②	事例７～９	相談支援包括化推進員等が、関係者（支援関係機関）のネットワークを構築し、複合課題等に取り組む事例	第106条の３ 第１項第３号関係
③	事例10・11	地域に求められる資源を新たに開発（発掘）する事例	第106条の３ 第１項第３号関係
④	事例12・13	さまざまな事業を通して、「我が事」の意識を高めていく地域づくりを展開する事例	第106条の３ 第１項第１号関係
⑤	事例14	住民に身近な圏域に住民の活動拠点を設置し、相談支援と地域づくりを展開する事例	第106条の３ 第１項第１・２号関係
⑥	事例15	市町村域では対応し難い課題に広域で取り組む事例（社会福祉法に基づく市町村における包括的な支援体制の整備に関する指針）	厚生労働省告示第355号 第４関係
⑦	事例16	包括的支援体制を構築していくための、市町村における庁内連携等の体制整備の事例	第106条の３ 第１項関係
⑧	事例17	コロナ禍における社協組織のマネジメントの事例	第109条
⑨	事例18	一つのケースを受け止め、地域の課題として認識し、地域づくりを通して地域住民等とともに生活支援を行う事例	第106条の３ 第１項関係

（出典）厚生労働省資料をもとに筆者作成

第2節　包括的支援の実践事例

1 事例1「生活困窮に至る背景にさまざまな事情を抱えてきた人をエンパワメントしていく支援」

〔キーワード：生活困窮者支援、多重債務、ストレングス〕

（1）事例の全体像

経済的に逼迫（ひっぱく）した生活状況に家賃債務保証会社の社員が気付いて自立相談支援機関の相談支援員につないだところから始まった。弱体化した家族機能の中での育ちや、予期せぬ職場システムの変化、SOSを的確にキャッチできなかった過去に訪れた相談窓口での不十分な対応に対する不信感など、さまざまな事情が重なって生活困窮に陥った本人に、根気強く寄り添い、地域に居場所を得ていく経過を支える事例である。

この事例を、自分自身を**生活困窮者自立支援制度**[*3]の**自立相談支援機関**[*4]の相談支援員の立場に置き換えながら読んでみよう。

（2）支援前～支援の始まり

〈家賃債務保証会社の社員がAさんの状況を知り、自立相談支援機関に連絡が入る〉

ひとり暮らしをしているAさんは、アパートの家賃を２か月滞納しており不動産会社からは立ち退きを要求されている。水道光熱費の支払いも遅れがちで、督促状や供給停止予告が届いていた。借金を返すために借金をすることを繰り返していたAさんは、結果的に多重債務状態に陥っていた。

家賃の件でアパートを訪ねた家賃債務保証会社の社員が、Aさんの状況を知り、自立相談支援機関につないだ。

（3）支援の経過

相談支援員が家賃債務保証会社社員とともにAさん宅を訪問すると、Aさんはやや散らかった部屋でカーテンも閉め切ったまま過ごしていた。あちこちからの請求書や督促の電話に追い詰められて絶望や孤立感を強く感じているようで、警戒心が強く、なかなか相談支援員に心を開いてくれなかった。

地域の概要
I市は人口約27万人。財政力指数が高く、製造品出荷額全国有数の、日本を代表する工業都市。さらに商業圏、田園地域、渓谷も擁する広範で多様な都市。

＊3
本双書第７巻第４章参照。

＊4
自立相談支援機関は、生活困窮者自立支援制度の中核となる機関。相談を包括的に受け、制度の支援プロセスによる個別支援の実施と地域づくりを行う。次の３職種が配置され、専門性をいかしたチーム支援を展開する。
主任相談支援員：支援業務のマネジメントと社会資源開拓など地域へのはたらきかけを担う。
相談支援員：相談支援全般とプラン作成業務を担う。本人とともに課題の整理をし、目標達成に向けたはたらきかけをする。さまざまな分野との連携力も求められる。
就労支援員：キャリアコンサルティングや求人開拓、マッチング、ハローワークとの連携など、就労に特化した支援を行う。

〈エコマップ〉

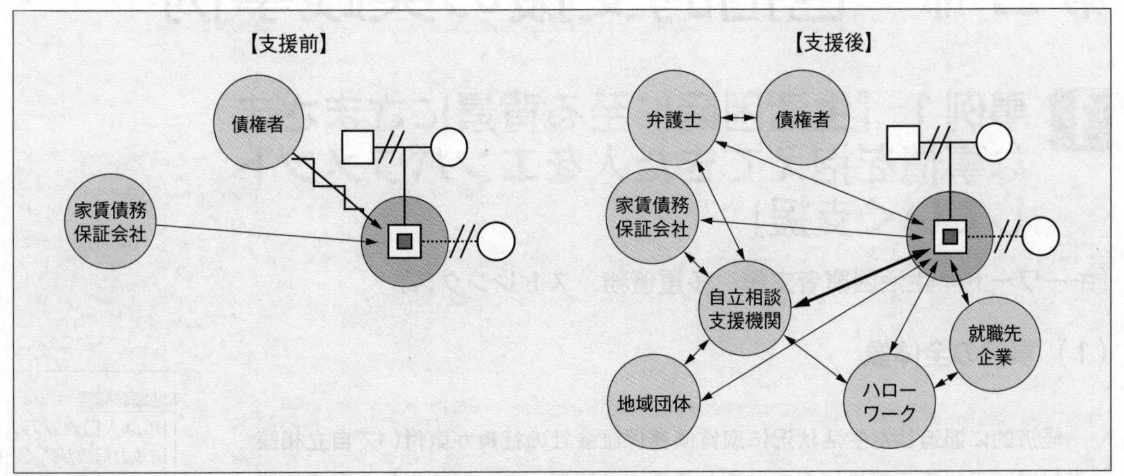

（筆者作成）

相談支援員は、まずしっかりと話を聞いてAさんとの間に援助関係を構築しようと心がけた。Aさんは焦りやいらだちを相談支援員にぶつけることもあったが、その気持ちの揺れを受け止め、自立相談支援機関全体で情報共有し、本人像や状況、支援方法を繰り返し検討していった。

相談支援員はAさんの状況を聞くなかで、だんだんとこれまでの生活状況がわかってきた。Aさんは高校卒業後、地元を離れ製造業に従事してきた。30代なかばで結婚したが、その後、工場のオートメーション化に伴う営業職への配置換えがあった。新しい部署でうまくなじめなかったAさんは結局リストラにあい離職することとなった。しばらくは失業給付を受けながら生活していたが再就職がうまくいかず、生活費をめぐって夫婦間のいさかいが絶えなくなり、やがて離婚するに至った。両親はAさんが中学生のころに離婚しており、父親は所在不明、父親からのDVを受けていた母親は体調を悪くして働けず、生活保護を受給して生活していた。そのため、母親に頼ることは考えられなかった。

単身になってからは、派遣業で何とかその日暮らしをする毎日が続き、足りない生活費は借金をしてまかなった。仕事は真面目にがんばっていたが、人の良さに付け込まれて割の合わない仕事を押し付けられることも多かった。あるとき、派遣先の上司から嫌がらせを受け、耐えかねたAさんは仕事を辞めたという経過であった。

相談支援員は、まず、現住居から立ち退かなくても済むよう、住居確保給付金[*5]を活用して家賃補助を得ることを提案した。また、フードバンクに協力を求めしばらくの間の食料を確保した。生活費については、多

＊5
本双書第7巻第4章第1節3（1）参照。

額の債務があるため生活福祉資金等の貸付[*6]は活用できなかったが、幸いAさんは健康であったため単発アルバイトの情報を提供し、一時的な収入を得て生活費をつないでいくこととした。

同じ自立相談支援機関に所属する就労支援員は、ハローワークの就労ナビゲーターと協力し、職業適性や資格、社会保険などさまざまな視点から安定して勤められる常用就職先を探した。自己アピールが苦手なAさんは面接の場面では「熱意がない」と誤解されやすいようで、求職活動で不採用が続くと落ち込む場面もあったが、そのつど、就労支援員や就労ナビゲーターが一緒に振り返りをして気持ちの立て直しを支えていった。

あわせて、相談支援員は債務に関して法律扶助を活用して弁護士につなぎ債務整理を支援した。カード会社からの督促が止まると、Aさんはホッとした様子を見せ、弁護士とともに多重債務に陥った経過を振り返るなかで、今後の家計計画について考える冷静さを取り戻していった。

＊6
本双書第７巻第５章第１節参照。

（4）支援者としての視点

①本人が過去の経験から相談機関に不信感を抱いている場合がある
②信頼関係の構築を焦らない
③本人の困りごとに対応し、本人の負担感を軽くする
④本人のストレングス（強み）をいかせる場を見つける
⑤地域の人々がAさんに出会う機会をつくる

（5）支援者としてのかかわり

❶本人が過去の経験から相談機関に不信感を抱いている場合がある

Aさんは自立相談支援機関につながる以前に、いくつかの公的窓口に相談をしていた。しかし、有効な支援を受けられなかった経験があり、相談機関への不信感をあらわにしていた。相談支援員はそのような心情を理解する必要がある。

❷信頼関係の構築を焦らない

Aさんと話し合いながら具体的な解決策を提案したり、関係機関に同行して必要な手続きを一緒に進めたり、これまでの本人なりの努力を認め、しっかりと話を聞いて生活再建に向けた一つひとつの意思決定を支えることで、Aさんとの間に援助関係を構築しようと心がけた。Aさんは焦りやいらだちを相談支援員にぶつけることもあったが、相談支援員は、自立相談支援機関全体で情報共有し、本人像や状況、支援方法を検

討しながら、Aさんの気持ちの揺れを受け止めていった。

❸本人の困りごとに対応し、本人の負担感を軽くする

債務整理により負担が軽減すると、Aさんには前向きな変化が見て取れた。相談支援員は、そのような変化を評価し、さらにAさんが現実的な生活再建のイメージをもつことができるよう、面談の中でていねいな振り返りを重ねていった。

❹本人のストレングス（強み）をいかせる場を見つける

就労支援員は、日常的に職場開拓をするなかで、地元の中小企業に人手不足が生じていること、経験者以外でも受け入れてくれる余地があること、働く人たちの個別の事情や背景を理解してくれる雇用主がいることを把握していた。そのような企業での見学会など、Aさんの実直さや体力面の強みなどを伝えやすい機会をつくることで、求職活動を後押ししていった。また、就職そのものよりも職場定着が重要であるため、就労支援員はアフターフォローを欠かさず行い、安定した生活基盤の構築を支えた。

❺地域の人々がAさんに出会う機会をつくる

仕事面での安定が見えてくると、相談支援員は、意図的に地域のイベントや会合の場にボランティアとしてAさんに参加協力を求め、職場以外の地域住民とのかかわりの場をつくり出していった。

（6）支援の留意点

生活困窮の支援では、経済的に逼迫した状態で相談をもち込まれる事例が多く、緊急性への対応が求められる。一方で、しっかりと腰を据えて、本人とともに生活困窮に至った背景をひもとき、困難な事柄に向き合い、本人が自己理解を深めていく取り組みを、同時進行で行うことも必要となる。

また、例えばAさんの場合には、弱体化した家族機能の中での育ちや、予期せぬ職場の変化、SOSを的確にキャッチできなかった相談機能の不十分さなど、生活困窮の要因は本人のみにあるのではなく、環境や社会の側にあることも多い。ソーシャルワーカーとして「個別支援」とそこから見えてくる「環境改善」や「地域課題」の双方へのはたらきかけが求められる。

2 事例２「8050問題を抱える世帯を支えるソーシャルサポートネットワークの構築」

〔キーワード：8050問題、世帯丸ごと、ソーシャルサポートネットワーク〕

（１）事例の全体像

いわゆる８０５０（はちまるごーまる）問題[*7]とよばれる課題を抱える世帯を支える、本人主体のソーシャルサポートネットワークの構築に取り組み、世帯を丸ごと支援することへと展開した事例である。

入口は、一人の高齢者への支援だった。さらに、そこで出会った同居する息子の将来への不安に真摯（しんし）に耳を傾け、つながりを紡いできた。また、世帯をめぐって距離を置いてきた近隣住民など地域のまなざしがあたたかいものへと変化していくまで、多機関・多職種にはたらきかけ、地域包括支援センターのソーシャルワーカーとして伴走し続けた。

地域の概要
K市は人口約45万人。県庁所在地でもある中核市である。城下町としての歴史と文化が息づいている。市のほぼ中央に位置するT地区は旧市街地で、人口約12,000人、高齢化率は約34%。古くからの住民が多く、小地域での熱心な支え合いが根付いているが、後継者不足など課題も多い。

この事例を、自分自身を地域包括支援センターのソーシャルワーカー（以下、SW）の立場に置き換えながら読んでみよう。

＊7
本書第１部第１章第２節１参照。

（２）支援前～支援の始まり

〈高齢者の相談を入口に、同居の家族のニーズを発見する〉

Ａさん、80代、女性。約１か月前に、坂の途中にある自宅前で、自らが押していたシルバーカーごと転倒し、腰椎圧迫骨折の診断を受けた。かかりつけの整形外科の主治医からの電話相談を受け、地域包括支援センターSWが訪問にて相談面接を行った。

Ａさんの主訴は、転倒骨折後の買い物とゴミ出しについての不安だった。約10年前に夫を亡くし、遺族年金で生活するＡさんは、腰痛を抱えながらも家事のすべてを担ってきた。

SWとの相談面接の中で、Ａさんがいつも心配するのは同居している障害のある一人息子（Bさん、50代）のことであった。遠方の大学へ入学したが、間もなく人間関係がうまくいかず、中退した。自宅に戻ってからは無職で、昼夜逆転の生活をしていた。19歳で一度精神科を受診、発達障害の診断を受けている。大柄で無精ひげという容ぼうのBさんは、通りがかりの人に向かって大声で「うるさい、殺すぞ」とわめくことがあり、近隣住民から恐れられていた。

（3）支援の経過

〈Aさんの支援の展開、進まないBさんの支援〉

Aさんは、当初は躊躇（ちゅうちょ）していたものの、自身の困りごとである買い物については介護保険制度を利用、ごみ出しは地域の力を借りることとし、SWが調整役となった。申請した要介護認定の結果は、要支援1だった。Aさんはヘルパーや地域のボランティアの支援の力をじょうずに活用し徐々につながりを広げていった。

支援経過が進むと、Aさんは、息子のBさんについての思いを繰り返しSWに語り始めた。幼少時代に、飲酒しては暴力をふるっていた亡夫から守れなかったことで、Bさんに対して罪悪感を強く感じていた。一方でこのままではいけないという気持ちもあり、自身の亡き後のことを考えると眠れない日々が続いているとも語った。

面接を重ねていくなかでAさんは、息子の自立のために、別々に暮らす道を選び、将来に向けてケアハウスへの入居申し込みを決めた。

Aさんへの支援を展開するなかでSWとBさんとのかかわりも徐々に増えていき、日常会話を交わせる関係ができてきた。それでもBさん自身の意向を聞き出せず、支援にはつながらない時期がしばらく続いた。

〈エコマップ〉

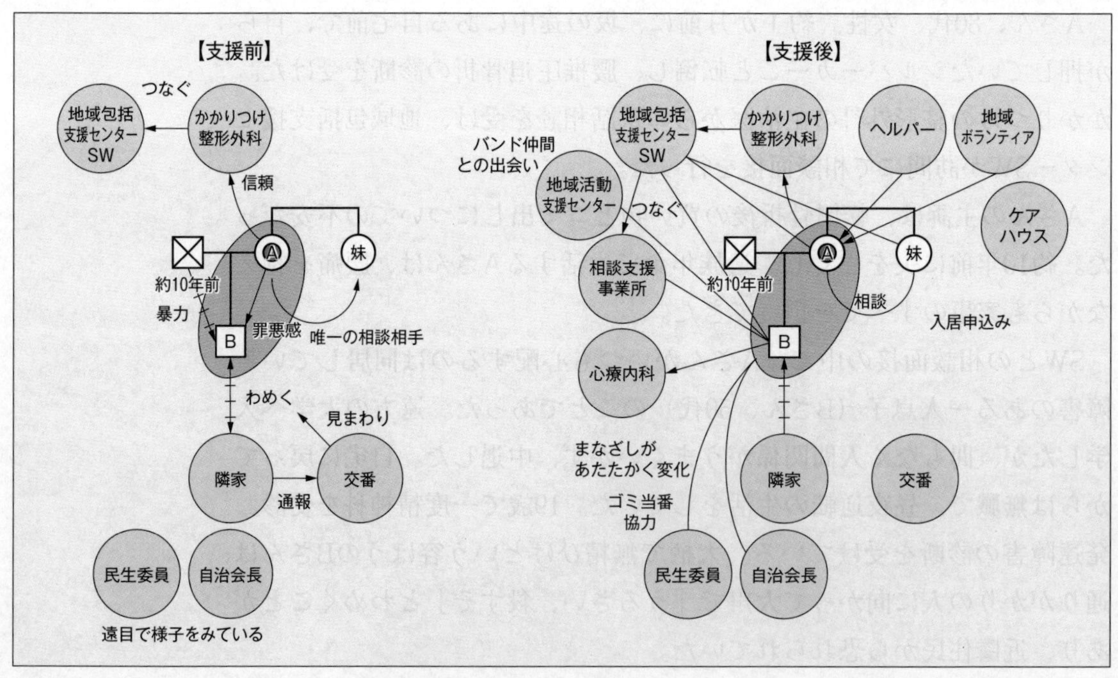

（筆者作成）

〈近隣トラブルをきっかけに地域ケア会議を開催、動き出す世帯支援〉

このようななかで、隣家とのトラブルが発生した。Bさんが、隣家の自転車を倒し大声で罵倒したことで、警察に通報された。このことをきっかけに、SWは世帯を支援することを目的とした**地域ケア会議**[*8]を開催した。会議には、近隣住民のほか、将来のBさんの支援に向けて、医療や障害福祉関係者にも参加を依頼した。会議ではSWが進行役となり、まずは世帯の歴史をたどりながら、Aさんの状況や思いを共有した。さらに、Bさんの言動の背景にある障害特性の理解を得て、Bさんの生きづらさにも心を寄せていった。会議により何かが劇的に解決したわけではなかったが、近隣住民からこの世帯への理解が広がり、まなざしにはあたたかい変化が見られた。

また、Aさんがケアハウスへの入居申し込みをする際に、親としてBさんへの思いを伝え、お互いの自立に向けた一歩を踏み出そうと話したことをきっかけとして、Bさんが経済的自立のために障害年金申請に関心をもつようになった。SWはそのタイミングで相談支援専門員[*9]の支援につないだ。数か月後、SWがBさんに会った際には、地域活動支援センターに通い始め、そこで自分の好きな音楽のバンド仲間との出会いがあったと、話してくれた。

＊8
本双書第3巻第4章第2節5参照。

＊9
本双書第4巻第3部第1章第3節参照。

（4）支援者としての視点

①Aさんの気持ちに寄り添いながら、Aさんの意思決定プロセスを支える

②世帯丸ごとの支援に向けた**ソーシャルサポートネットワーク**を築く

（5）支援者としてのかかわり

❶Aさんの気持ちに寄り添いながら、Aさんの意思決定プロセスを支える

Aさんは、信頼を置く医師にすすめられても、当初、SWの支援を拒んでいた。聞くと、自宅訪問への抵抗感をくみ取れたため、診療所の一室を借り、面接を重ねた。その中で明らかになったのが、Bさんへの気がかりだった。Bさんが拒否するに違いないというAさんに、SWからBさんに直接説明することを提案し、初めての自宅への訪問面接を試みた。SWがAさんの家事支援の必要性を率直に説明したところ、Bさんからも「母も高齢ですし、僕はいいですよ」という言葉が聞かれた。支援の入口が開かれた瞬間だった。

支援が開始された後も、SWはAさんとの面接を続けた。Aさんは生

活歴の中で培われた息子への罪悪感から、Bさんの面倒をみるのは自分の責任だととらえていた。SWは面接の中で、Aさんと一緒に、Aさん亡き後のBさんの自立生活のシミュレーションを試行した。

後日、Aさんは、SWと書いた面接時の記録を親族で唯一の相談相手であった自身の妹に見せ、さらに２人で話し合っていたことがわかった。今後の生活の居所を決めるための施設見学は、Aさんの妹にも同行してもらい、Aさんの意思決定をチームで支えていった。

❷世帯丸ごとの支援に向けたソーシャルサポートネットワークを築く

地域包括支援センターのSWは、Bさんの抱える近隣トラブルの相談を民生委員から受け、AさんとBさんの世帯支援に向けた地域ケア会議を開催した。

その際、苦情を発信している近隣住民や民生委員といったインフォーマルサポートを中心に参集した。さらに、フォーマルサポートであるAさんの支援者たちと、今後のBさんの支援の担い手としての期待から、後にBさんの支援担当者となる医療や障害福祉関係者にもSWから声をかけた。

当日の会議の進行はSWが担当。近隣住民から見える困りごとを受け止めた上で、後半では話し合いの視点を転換し、Bさんから見た際の困りごとやBさんのもつ障害特性の理解とその対処法を共有した。この会議の参加者は、後にこの世帯を丸ごと支援するソーシャルサポートネットワークの礎となった。

（6）支援の留意点

SWが働く職場環境は、多くの場合、制度や法律に依拠しており、SWはある一定の枠組みの中に置かれる。法律に定められた支援対象や業務内容があることで、同じSWでもそれぞれの立場から見える景色も違ってくることもある。しかしながら、所属する組織や担当する業務の違いこそあれ、目の前の本人主体の支援にこだわるSWとして果たすべき役割と機能は共通する。

さらに、いわゆる8050問題をはじめとした、世帯全体を支援の対象とする事例では、SW自身が自らの限界を超えていく発想をつながりの中で模索していくことを求められる。多職種・多機関とつながるネットワークを構築していくために、互いの限界を超え、可能性を広げるための姿勢と覚悟が必要となる。

3 事例３「地域住民と専門職の協働による伴走型支援とケアマネジメント」

〔キーワード：障害者手帳を有しない者、生活課題の予防、伴走型支援〕

（1）事例の全体像

昔ながらのつながりのある地域で暮らしてきた人が、地域の関係が希薄化していくなかで、はたからは一見困っているように見えなくても、生活上の困難を抱えている場合がある。

さまざまな支援のバリエーションをもつ社会福祉協議会[*10]が、このような地域で孤立しそうな人・困っている人について、専門職・非専門職にかかわらず、分野・立場を超えての情報共有を行い、早期に発見し個別支援（ケアマネジメント）を行った事例である。

地域の概要
H市は人口約12万人。江戸時代中期から本格化した醸造業の成長とともに、港湾都市として発達。内陸部に住宅地が広がり、埋立地は主に工業地域、丘陵部は農業地域となっている。

この事例を、自分自身を社会福祉協議会のサテライト相談窓口の社協職員の立場に置き換えながら読んでみよう。

＊10
本書第１部第２章第２節参照。

（2）支援前～支援の始まり

〈地域住民にとってふだんから気になる人が、ある日、自ら社協のサテライト相談窓口に来所する〉

この地域の住民にとって、Ａさんはふだんから「気になるおばあさん」だった。

九州の某県で出生。兄姉は多く、末っ子であった。Ａさんは「勉強が大嫌い」で、学校の成績は常に最下位であった。実家は「とても貧乏だった」ので、中学卒業後は仕事を求めて関西へ。水商売などの仕事を転々としたが、20歳過ぎに社員寮のある町工場に就職した。職場で同郷の夫と知り合い結婚。子どもはおらず、夫と２人で仲むつまじく生活し、夫婦ともに定年まで勤め上げた。家事は主に夫が担っていた。その夫とは10年前に死別、それ以降ひとり暮らしである。

Ａさんは「軽度の知的障害」と推察されたが、障害者手帳の交付を受けたことはない。障害福祉サービスはもとより、介護保険サービスの利用経験もない。収入は年金のみであるが、質素な生活ぶりで、少しだが預貯金もある。今も亡夫と長年過ごした古いアパートに住んでいる。玄関まで物であふれており、いわゆる「ごみ屋敷」の一歩手前である。炊事の経験はあまりなく、外食中心。手押し車を使って外出することが多い。携帯電話を所持しているが、Ａさんには操作がむずかしいようである。

行動パターンはいつも同じで、月曜日はショッピングモールのフードコート、火曜日は接骨院、水曜日（隔週）は内科クリニック、木曜日は近所のお好み焼き屋にいる……といった感じである。外出時に不自然な身なりをすることはないが、たまに尿臭がすることがある。

想定外の出来事が発生すると、「どうしよう！　どうしよう！」と大騒ぎになる。役所等から届いた書類の意味がわからず、あちこちの人に尋ねて歩くことがよくある。Aさんをよく知るお好み焼き屋の店主は、「長年の常連さんだしね。何かあったら“包括さん”（地域包括支援センター。社協が受託）に連絡するわ」と見守り役を買って出てくれた。

（3）支援の経過

ある日、Aさんは社会福祉協議会のサテライト相談窓口に来所。ここはNPO法人が経営する喫茶店と併設しており、社協の“アウトリーチ前線基地”である。Aさんは内科を受診する日であったが、「腰が痛くて医者に行けない」と、ここに助けを求めてきたのである。数日前、地域包括支援センター職員と介護予防に関する面談をこの場で行っており、「ここに来れば助けてくれる人がいる」と判断したらしい。サテライト相談窓口はAさんの自宅から徒歩数分の距離であったので、何とかたどり着けたようである。

Aさんは腰の痛みが引かず、歩くことができない様子であった。サテライト相談窓口の担当職員はAさんと相談し、病院に行くためにタクシ

〈エコマップ〉

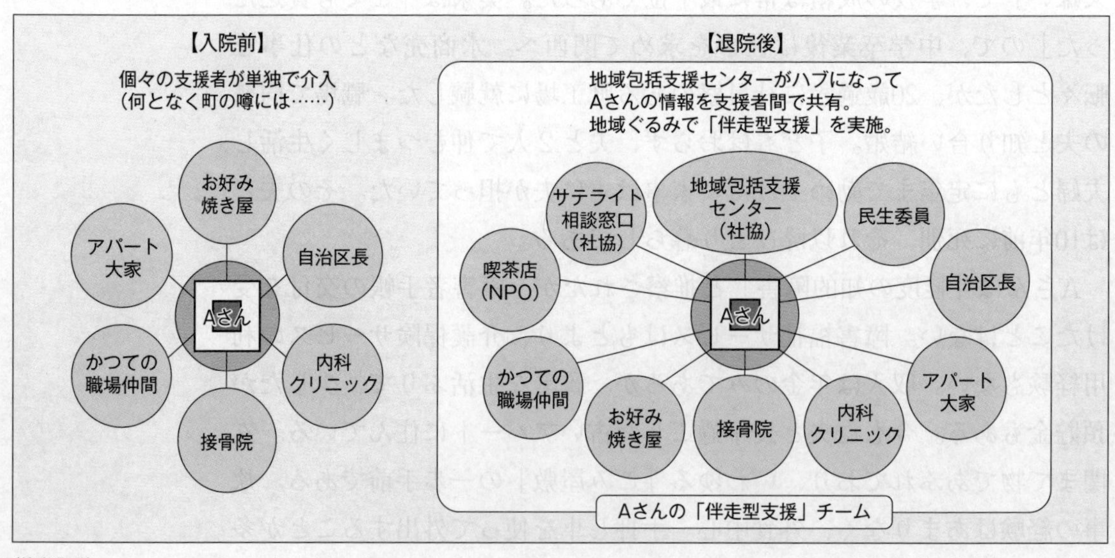

（筆者作成）

ーを呼んだ。駆けつけた地域包括支援センターの職員に伴われ、Aさんは整形外科を受診し、そのまま入院となった。

（4）支援者としての視点

①制度に該当しない人の、制度の隙間に落ちる可能性
②昔からのご近所付き合いやつながり
③これから起こり得る生活課題とその予防／分野の垣根を超えた情報共有

（5）支援者としてのかかわり

❶制度に該当しない人の、制度のすき間に落ちる可能性

Aさんは、夫の死去を境に生活上の不自由さが出てきたが、要介護認定や障害程度区分に該当するものではなかった。このような「制度のすき間に落ちる（可能性がある）人」にこそ、包括的支援体制が必要であると考え、Aさんの「退院後の生活支援」を関係者間で検討した。

❷昔からのご近所付き合いやつながり

地域住民によるAさんへの支援は、お好み焼き屋の店主だけで担っているわけではなく、民生委員や自治区の役員をはじめ、かつて一緒に工場で働いていた仲間も気にかけてくれていた。これは、Aさんが夫と一緒にご近所付き合いを続けていた賜物である。

そこに社協職員が目を付け、「昔から知った人だから」と、さまざまな情報のやりとりをスムーズに行った。

❸これから起こり得る生活課題とその予防／分野の垣根を超えた情報共有

一方で専門職は、Aさんの身に起こり得る生活課題の“予防”を考えた。今後、消費者被害や生活困窮に陥る恐れがないとはいえない。認知症など加齢に伴う健康面のリスクもある。主治医をはじめ、分野の垣根を超えた情報共有を密に行うこととした。なお、地域住民と専門職の支援に共通することは、「Aさんに寄り添う支援（伴走型支援）」であった。

（6）支援の留意点

Aさんのように、「困っていない」ように見えて実は生活上の困難を抱える（可能性の高い）人は少なくない。生活課題も「早期発見、早期対応」が効果的である。個人情報保護の重要性は言うまでもないが、こ

れに過剰反応し過ぎると本質を見誤る。特に地域から孤立している人の支援においては、“その人”を知ること（アセスメント）であり、そこから糸を紡ぐように支援を広げていく必要がある。既存の制度やフォーマルサービスだけではなく、地域における支え合いも支援に組み込んでいくことがケアマネジメントの本質といえるだろう。

また、伴走型支援のポイントとして、①“その人”の生活圏域にある社会資源の活用、②分野を超えた専門職ネットワークとアウトリーチの２点があげられる。地域住民の“関係の希薄化”が課題とされているが、地域住民や専門職が少しずつ歩み寄りながら「我が事・丸ごと」の支援を実施していくことが必要である。相互理解と多職種連携によって「大難を小難に」「困ったときは、お互いさま」の文化が熟成されていくのだろう。こうした実践の積み重ねが「重層的支援体制」の基盤となるのではないだろうか。

4　事例４「精神障害のあるハイリスク妊産婦の出産を丸ごと支援」

〔キーワード：精神障害者、ハイリスク妊産婦、本人参加型の支援会議〕

（１）事例の全体像

地域の概要
U町は人口約１万1,000人。北海道の太平洋沿岸に位置し、海洋性気候の影響で夏は涼しく、冬は温暖である。基幹産業はサラブレッドの生産・育成と漁業。

統合失調症のあるAさんの、妊娠から出産までの経過に精神科診療所のソーシャルワーカーがかかわる事例である。生活も安定せず、妊娠すら誰にも相談できずに孤立状態に陥っていたAさんが、専門職による訪問や食料支援など具体的・直接的支援を受け、人とのつながりの再確認をすることとなった。そのようなかかわりの経過の中から、自らの希望を表現することができるようになっていく事例である。

この事例を、自分自身を精神科診療所（無床）のソーシャルワーカー（以下、SW）の立場に置き換えながら読んでみよう。

（２）支援前〜支援の始まり

〈総合病院の医療ソーシャルワーカーから、支援が途切れていた患者が産婦人科受診のため来院したとの連絡が入る〉

Aさん、40代、女性。中学卒業後に上京し、美容師の見習いとして働く。その後、16歳で結婚し、第１子・第２子を出産したが、夫婦関係が破綻し離婚。実家のある他県に帰郷するも、間もなく、幻聴体験、被害妄想などの症状があり、統合失調症を発病し精神科を初診。このときに初回の入院となった。

退院後は、当事者活動などへの参加を求めU町に移住。子どもと３人で生活を始めるものの、生活環境は不安定で、間もなく子どもたちは児童養護施設で暮らすこととなる。その後、症状の安定や日常生活の立て直しをめざし、グループホームや就労支援事業所、精神科デイケアなどさまざまな支援機関とつながるものの、ギャンブルと浪費による金銭問題、異性関係等さまざまな問題が繰り返されていた。

数年前に、入居していたグループホームから突然姿を消し、知人を頼って隣町に転居したが、その後の連絡は取れなくなっていた。

そして、Ａさんが姿を消して１年後、産婦人科のあるU町総合病院の医療ソーシャルワーカー（MSW）から精神科診療所のSWに、Ａさんの受診と妊娠の連絡が入ってきた。

（3）支援の経過

MSWからの情報提供によれば、Ａさんはすでに妊娠８か月であった。精神科の服薬中断により体感幻覚と関係妄想が混在し現実感に乏しく、幻聴体験も明らかであった。パートナーの存在についてもあいまいであった。精神科の服薬を中断したのは「おなかの子どものことを考えてのこと」とＡさんは話し、「子どもが生まれても自分では育てられない」と、出産したら姉の養子にするつもりであるとも打ち明けたという。

週に１回、産婦人科に通院するようにと医師の指示があったが、翌週には行かなくなった。役場の保健師とMSWがともにＡさん宅へ訪問支援を行ったところ、深刻な生活困窮状態に陥っていて、通院できないことが判明した。その背景には、Ａさんの浪費とギャンブルへの依存が原因で生活費を工面できない状況が繰り返されていたことがある。見かねた姉が通帳を管理することになったが、その姉自身も生活に困っており、Ａさんのお金を使い込むような状態に陥っていることがわかった。

Ａさんは、食料も底をつき、日中は寒さから逃れるため毎日を役場のロビーで過ごしていた。Ａさんに、もう一度、希望する生活を尋ねたところ、「もう一度U町に戻って生活したい。あたたかくきれいな環境で安心して子どもと一緒に暮らしていきたい」と話した。

（4）支援者としての視点

①訪問により、人とのつながりと食料を届ける

〈エコマップ〉

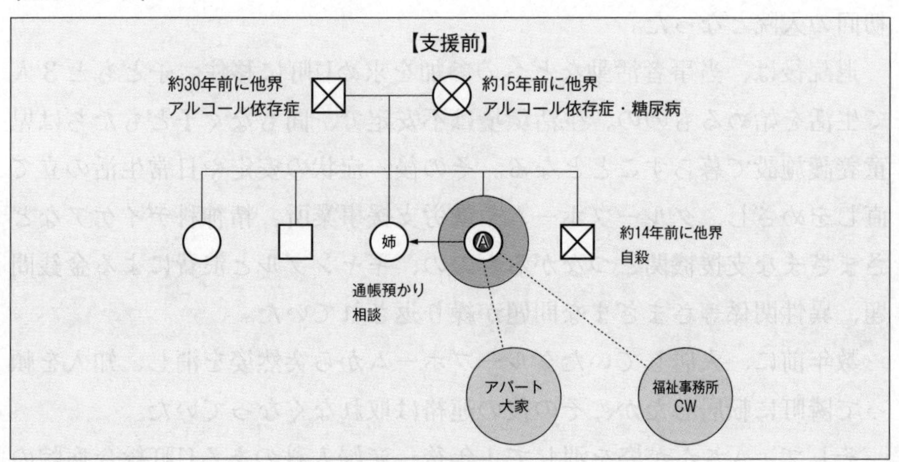

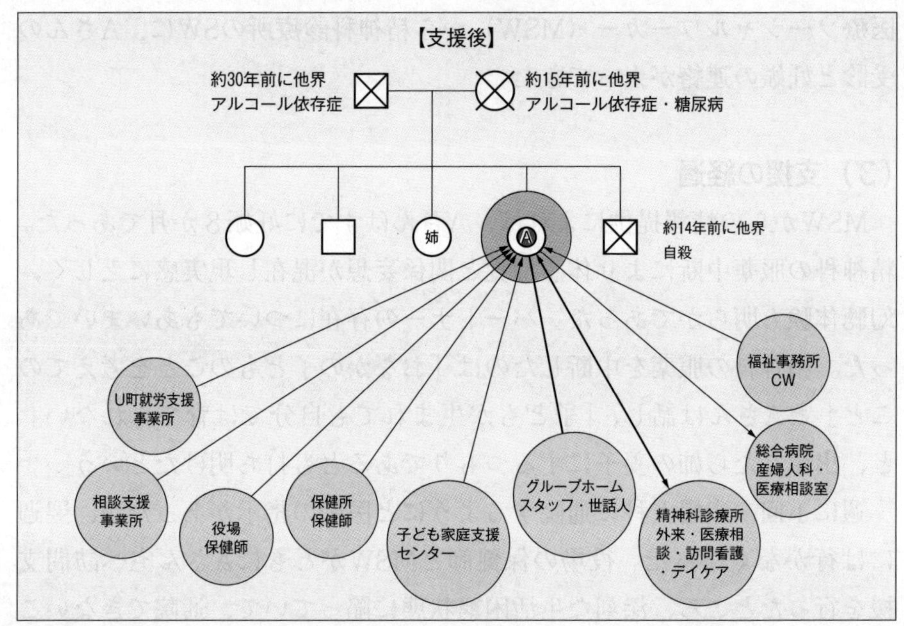

(筆者作成)

②支援者だけでなく、本人が参加する"応援ミーティング"
③本人の意向にそって役割分担を具体的に話し合う
④緊急的に環境調整を行い、安全な分べんに備える

(5) 支援者としてのかかわり

❶訪問により、人とのつながりと食料を届ける

訪問の翌日、訪問による食料物資支援を行った。即席で食べられるような食料、飲み物、果物、栄養補助食品などで十分な栄養を確保できる食料を「おなかの子どものために」と伝え、手渡した。Aさんは、とて

も驚き、喜びの表情を見せ、それらを受け取った。

❷支援者だけでなく、本人が参加する“応援ミーティング”

訪問から5日後、Aさん本人が参加する“応援ミーティング”が実施された。参加機関は、U町総合病院のほか、転居前のAさんにかかわり、Aさんのことをよく知るU町の就労支援事業所、子ども家庭支援センター、相談支援事業所、福祉事務所の生活保護担当、保健所、役場、当院である精神科診療所である。

Aさんからは「無事に子どもを出産したい。U町に転居してきれいであたたかい住居に住んで、周囲の応援を受けながら可能な限り自分の手で子どもを育てていきたい」と、あらためて将来への希望が伝えられた。

❸本人の意向にそって役割分担を具体的に話し合う

応援ミーティングでは、各関係機関の役割も具体的に話され、支援がすぐに始まった。福祉事務所のケースワーカーは、まずAさんに同行し、Aさんと姉が話し合う場に同席し、通帳を手元に取り戻した。相談支援事業所は、借金状況の整理と確認を行い、交通費や生活費の仕分けなど金銭関係の整理を行った。

役場の保健師とMSWが連絡を取り合い、バスの乗り降りを含めた産婦人科への確実な受診受療援助を行った。当方の精神科への通院も再開し、精神科医による精神状態の見極めや薬物療法への対応がなされた。

❹緊急的に環境調整を行い、安全な分べんに備える

精神科診療所のSWが所属する法人内に、ちょうどそのころ、U町にて開設準備を進めていたグループホームがあった。出産が間近に迫っているが安定した住環境が整っていなかったAさんの事情を鑑み、そのグループホームで例外的に緊急的受け入れを決定してもらった。

出産予定日までには数日あったものの、万が一に備え、即日転居という異例の対応を取った。居室には緊急連絡用の電話を用意し、入院に備えタクシー代の確保、職員のサポート体制など安全な分べんへの備えを行った。転居した日の夜、予定日より数日早く陣痛が始まり、翌朝、元気な男の子を無事に出産することができたのである。

（6）支援の留意点

生活も安定せず、妊娠すら誰にも相談できずに孤立状態に陥っていた

Aさんが、専門職による訪問や食料支援など具体的・直接的支援を受け、人とのつながりの再確認をすることとなった。そのようなかかわりの経過の中から、自らの希望を表現することができるようになっていく。

また、当事者が参加しない処遇検討会議ではなく、Aさん本人が参加し、各関係機関の支援者に、自らの希望する暮らしを表現する“応援ミーティング”が開催された。本人のいる場で、本人が本当に望む形の支援になるかどうかの意向を確認しながら役割分担を決めていくというこのミーティングは、現実的な話し合いにつながる。連携により、それぞれの専門性が確実に生かされることが可能となった。

SWとしては、まずは母体と胎児の安全を第一に考え、食料支援による栄養確保をめざした。同時に、本人が安心してこれからの人生のことを考えることができるように、一人ではないこと、支援者がいることを家庭訪問を継続することで伝えた。その結果、本人が、当初語っていた内容とは大きく異なる希望を語れるようになり、それにそってグループホームでの緊急受け入れと転居の実現という迅速な対応が行えた。

本事例には、親族からの経済的虐待への対応、孤立と困窮生活からの脱却、しばらく途絶えていた精神科治療の再開、ハイリスク妊娠に対するケアなど複合的な課題があった。いったいどこから介入するのがよいのか判断にとまどうようなことも、本人の声を聴くことから始めて、必要性に応じて柔軟に判断し、支援を行っていくことが大切である。

5 事例5「子どもとその家族を丸ごと支援」

〔キーワード：ＤＶ被害を受け生活困窮状態にある母子世帯、学習支援、将来を見通した支援〕

（1）事例の全体像

地域の概要
T区は、約270万人の指定都市にあり、人口約8万人。ターミナル駅を有し、戸建て住宅やアパート等の低層住宅は一部地域を除くと少なく、ビルやマンションなど土地の高度利用が進んでいる。

母子生活支援施設を退所した母親と子どもを、施設職員がアウトリーチをしながら見守り、学習支援での主任児童委員との出会いをきっかけにつながりが地域に広がり、この世帯を支えるさまざまな関係者のネットワークができていった事例である。母子だけでは親子の関係が行き詰まって問題解決ができないところを、さまざまな関係者がかかわることで、母子それぞれが自分の課題解決に向き合うことができ、親子の関係を断絶させることなく世帯を支えることができた。

この事例を、自分自身を母子生活支援施設[*11]の職員の立場に置き換えな

＊11
本双書第５巻第２部第５章第２節２（７）参照。

がら読んでみよう。

（2）支援前〜支援の始まり

〈母子生活支援施設退所後も見守っているなか、子どもの高校受験の際に生活困窮の問題が発生した〉

B君は、母親Aさんと兄との３人暮らし。小学３年生のときにDVと生活困窮が理由で母子生活支援施設に入所した。B君が小学６年生のときに、施設の近隣に退所した。しかしその後、母親の生活リズムが整わず、たちまち、きょうだいともに不登校になった。このとき、かつて入所していた母子生活支援施設の職員は、Aさん宅に出向き、B君の登校支援を主任児童委員と一緒に行った。その後もきょうだい２人の支援を通して母親のAさんが抱えている課題も把握しながら、継続してアフターケアを行ってきた。

Aさんはアルコールを多量に摂取しては、日常的にトラブルを繰り返していた。またB君は、母親とのトラブルから家庭内暴力を度々起こしては、児童相談所が介入していたが、この家庭は、生活保護以外の制度にはつながっていなかった。

B君は、母子生活支援施設を退所後は、無料学習塾に通っていた。そこで主任児童委員と出会い、親しくなり、高校進学を希望して勉強をしていた。進学をあきらめかけたこともあったが、だんだんと見通しがもてるようになった。

しかし、B君の高校受験の日が迫った際、母親と口論になり暴力をふるう出来事が起こった。B君がクラス担任に相談したところ、担任はすぐに児童相談所と福祉事務所に連絡を入れた。「B君の将来にかかわることである。どうはたらきかけたらいいか」とのことで、中学校の担任、主任児童委員、施設職員が話し合うことになった。

（3）支援の経過

B君は、高校受験日が迫ってきて緊張していることもあって、母親の飲酒の姿を見ると暴力をふるってしまう。B君は自ら、「僕、試験が受けられないようになる」と、担任に不安な気持ちを伝えた。そこで、受験の前後４日間を主任児童委員宅や施設に宿泊することを提案し、B君とAさんの同意を得て、皆でB君の受験を支えることとなった。

職員は、このときのB君の不安な気持ちを察知し、料理を一緒につくったり、ちょっと焦げた餃子を笑いながら食べるなど、団らんの時間を

〈エコマップ〉

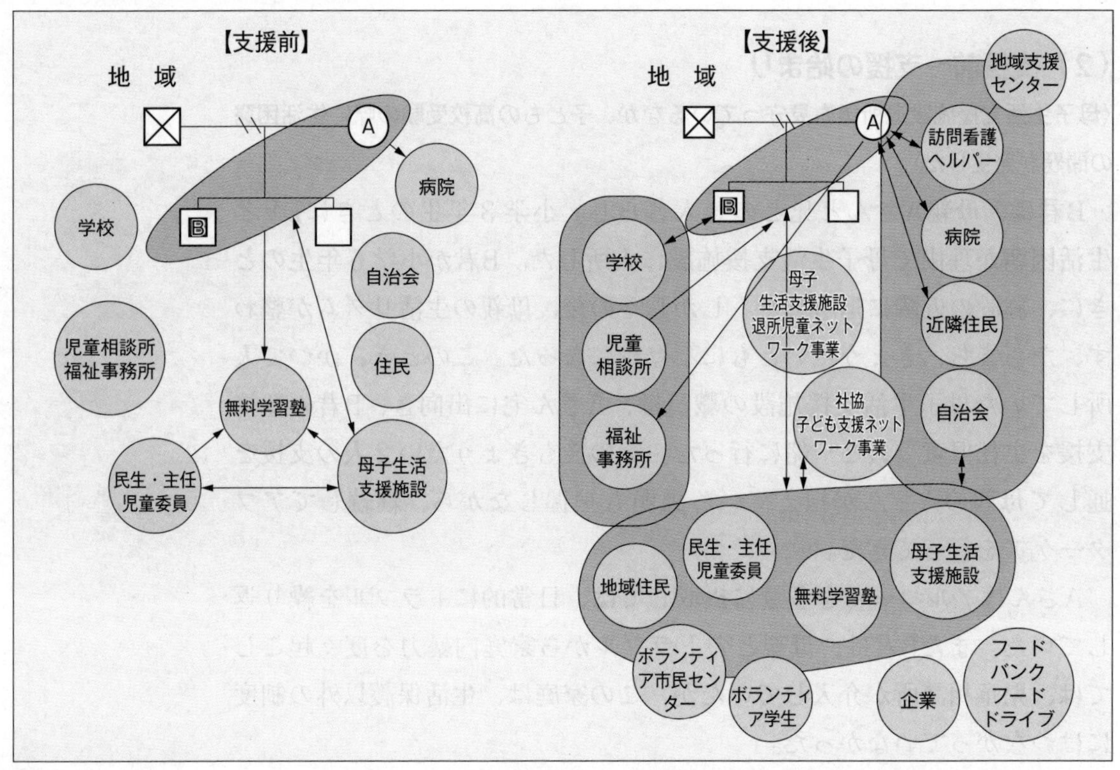

（筆者作成）

ともに過ごした。翌朝、B君は職員と一緒に朝食を食べた後、神社に合格祈願して、無事に試験が終わることを願った。

主任児童委員や施設職員、その他の人々が連携・協働したことで、B君は無事に合格し、受験を終えた。B君は、面接で「この学校でやりたいことはありますか」と質問されたとき、「ほかの受験生は皆『（やりたいことは）ないです』と口にしたが、『僕は、この学校に入って自分を変えます』って言った」とのことであった。4日間滞在していた部屋を掃除し、笑顔で頭を下げて自宅に帰るBくんの姿から、一歩前に踏み出せた満足感のようなものが伝わってきた。

一方、母親Aさんは、飲酒は止められないでいた。身寄りのないAさんにとって、主任児童委員や施設との家族的な付き合いが、子どもたちの生活の安定につながっている。Aさんは、親として子を思う気持ちをもち合わせており、B君が宿泊でお世話になる前には、ていねいに「よろしくお願いします」と施設に電話を入れてきた。またB君の帰宅後にも、「助かりました」とお礼の電話を施設にしていた。B君が受験で留守中、Aさん宅に福祉事務所から保健師の訪問があった際にも、拒否せず受け入れて話をしている。

（4）支援者としての視点

①施設を退所した後の家族を支える
②学習支援の場が子どもの未来を拓（ひら）く
③日常生活の営みをともに過ごしながら応答のコミュニケーションで支える
④子どもの成長を親と分かち合う

（5）支援者としてのかかわり

❶施設を退所した後の家族を支える

母子生活支援施設を退所したAさんとB君きょうだいが、家族として関係性を保ちながら機能していくプロセスを退所後も見守り続ける視点が必要である。高校受験というB君のライフイベントを、家族全員の力を合わせて何とか乗り切りたいところであったものの、母親の常習飲酒やB君の暴力などがいつでも起こり得る状況であった。家族の暮らしが安定的に地域で実現できるように、長いスパンで見守る人が必要であると考える。

❷学習支援の場が子どもの未来を拓く

地域における学習支援の場は、単に勉強を教えてもらう場ではなく、「高校に行きたい」と子ども自身が自らの将来を夢見たり、希望を抱くことにつながっていく。また、さまざまな人との出会いと体験の場となっており、そこで出会う大人たちとの交流や、そこでかけられる大人からの言葉によって、子ども自身が自分の生きる意味や存在価値を見つけるきっかけを得ることとなる。

❸日常生活の営みをともに過ごしながら応答のコミュニケーションで支える

施設職員は、その後もB君と一緒に食事をしたりするなど、生活の一部をともに過ごした。B君が安心してこれからの自分の将来を考えることができるような機会をつくることを心がけた。生活の中に当たり前にある思いや感情を受け止め分かち合うなど、親子の間で普通にある応答のコミュニケーションを意識したかかわりを行った。

B君は、だんだんと自分の正直な気持ちを表出するようになり、「この学校で、自分は変わりたい」と語った。職員は引き続き「言葉にしたことは、実現するから」と応答の会話を重ね、B君自身が自分のことを考えることができる機会となるよう心がけた。施設職員は、常に、子どもが自分の状況をどう見ているか、どこを見ようとしているかに関心をもちながら、感情に結び付く言葉や行動を逃さないようキャッチし、常に子どもの立場に立って理解をする力量が求められる。

❹子どもの成長を親と分かち合う

施設職員は、B君が高校進学への希望を語る姿を母親に伝え、B君の成長を母親とともに分かち合うことを行った。子どもが成長する姿を親が認めていくことを支援するアプローチは、家族支援においては重要なことである。

実際、Aさんのアルコール摂取は完全には止められないが、子どもが自立していく姿はAさん自身が自分に向き合うきっかけになる。そのときに、母親への支援が必要となる。

（6）支援の留意点

子どもとその家族を支えるには、専門職だからこそ介入できる課題もあるが、一方で、子どものそばにいる大人の誰もが、子どもの何らかの気付きや変化をとらえて、手を差し伸べる必要がある。そのような環境づくりに地域全体で取り組むことが求められている。①施設の専門性を活かしたアウトリーチ、②地域の社会資源とともに、継続したアプローチ、③子どもを中心にとらえて、子どもの成長・主体性を促し、自身の力を醸成する意図的なかかわり、以上３点は、地域を基盤としたソーシャルワークの重要なポイントである。

6 事例６「地域家族会との連携を通じて家族・本人との信頼関係構築から支援が進んだ事例」

〔キーワード：ひきこもり状態、家族会、生活困窮者自立支援事業を通じた社会参加、就労支援〕

地域の概要
K区は人口約36万人。都心へのアクセスは比較的便利であり、区内のほとんどの住宅地が駅からの徒歩圏内にあることから住宅団地も多い。

（1）事例の全体像

ソーシャルワーカーが日ごろから、ひきこもり状態にある人の地域家族会の活動に参加していたことで、支援を必要とする本人や家族と出会いやすい環境となっていた。家族の理解が整い、本人が支援を受けたいと思ったタイミングで、ソーシャルワーカーが本人とうまくつながることができ、家族会と協働で支援した事例である。

この事例を、自分自身を社会福祉協議会が受託している生活困窮者自立支援制度の自立相談支援機関の相談支援員の立場に置き換えながら読んでみよう。

（2）支援前〜支援の始まり

〈地域家族会活動で知った社会福祉協議会に、ある日母親が息子とともに訪れる〉

Aさんは、高校卒業後から正社員として勤務していた会社を、過労によるストレスと上司からのパワハラが原因で離職し、20代なかばから自宅に約10年以上ひきこもり続けていた。閉所でのパニック発作や対人緊張も強く、近所の目を恐れて外出できずにいた。

ひきこもって２年くらいがたったころに、母親は息子のAさんから「こんな自分は死んだほうがましだ」と告げられた。不安を覚えた母親が地域の保健師に相談したところ、地域家族会を紹介された。

家族会に参加した母親は、「不安を抱えているのは自分だけじゃないとわかって安心した。焦りや不安が息子にも伝わっていたのかもしれない」と気付いた。三世代同居の５人家族で、母親は息子のことや夫の両親の介護、自治会の手伝いなどで多忙な日々を過ごしながら、本人がひきこもった原因は自分にあるとずっと強い自責感も抱えてきていた。

しかし、家族会に参加してからは、母親自身が精神的に落ち着き、まずAさんにとって家庭が居場所となるよう、安心できる環境をつくることを大切に考えるようになった。親としてどうかかわるか、ほかの家族の体験的知識や家族会と協働する専門家のアドバイスを受けながら、母親は本人の生きる意欲を回復させる環境づくり（間接的支援）に取り組んでいた。

Aさんも自宅で安心して過ごしながら、自由に動ける意欲を回復していった。40代になったときに転機が訪れた。Aさんの中で将来の孤独への不安が強まったのである。「親亡き後、一人で生活していけるだろうか」と母親に告げたところ、母親は、家族会と日ごろから連携している社会福祉協議会（社協）が受託している生活困窮者自立支援制度の自立相談支援機関（以下、相談センター）に相談することを提案した。

〈エコマップ〉

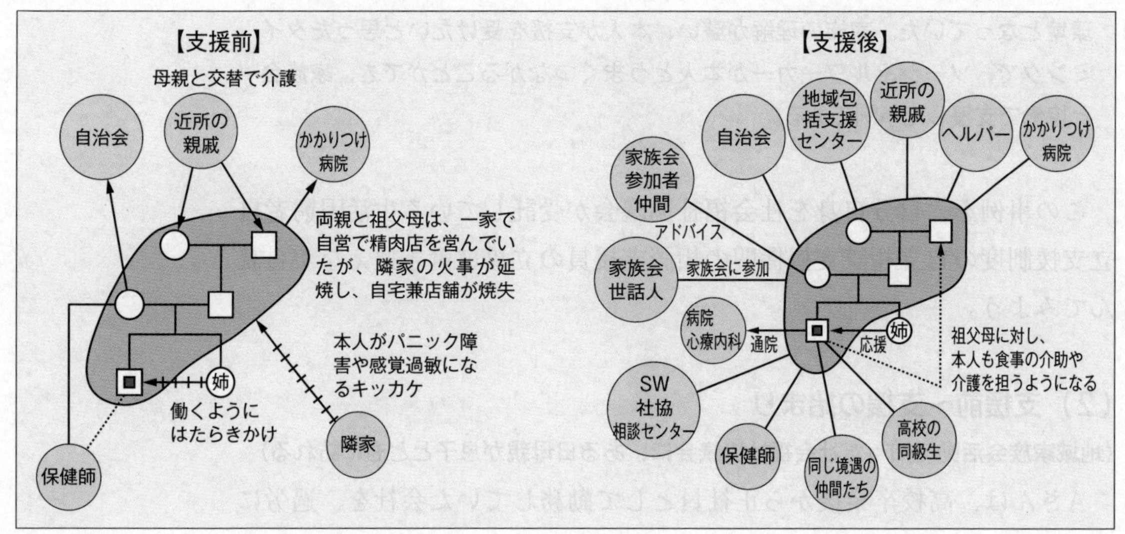

（筆者作成）

（3）支援の経過

母親は、これまでの家族会の活動で相談センターのソーシャルワーカー（以下、SW）と出会っており、すでに顔見知りの関係であった。母親は、相談センターのSWのことを「いつも笑顔の人だよ」とAさんに話した。

AさんもSWに会いたいと思った。すでに母親がSWと家族会において顔の見える関係を築いていたことで、Aさんも母親も社協に足を運ぶことに抵抗が少なかったといえる。いきなり窓口に行く状況よりも、不安感は少なかった。

SWは、Aさん自身の特技や強み、配慮すべきこと（感覚過敏）を尊重するかかわりを心がけた。Aさんは自分の年齢のことを考えて再就労をあきらめていたが、自分にあった求人も多くあることを知った。また、そこで同じ境遇の仲間とも出会った。

SWは、母親、家族会の世話人、保健師を交えたケース会議を設け、本人の意思にそった柔軟な支援を検討した。Aさんのやる気や興味関心にそった機会を提供し、やってよかったという体験が重なったことで、Aさんは自ら再び就労への意欲をもてるようになった。また、母親は近所に住む親戚と助け合いながら現在介護にあたっているが、SWの提案で地域包括支援センターともつながり、家庭での負担が少なくなり、Aさんの就労後も地域のサロンに参加している。

SWの支援で自信とやる気を回復し、Aさんが再就労を果たして1年半が経過。職場ではリーダーを任されるようになった。

（4）支援者としての視点

①本人の強みが発揮できる場面をつくり、フィードバックを心がける
②本人の強みを生かし、弱みも共有し、そこを支える関係性をつくる
③専門職と家族会が顔の見える関係を築き、協働して世帯を支える

（5）支援者としてのかかわり

❶本人の強みが発揮できる場面をつくり、フィードバックを心がける

SWは、Aさんに、地域住民が主催する催し物へスタッフとして一緒に参加することを提案した。本人は作業が遅いことを気にしていたが、スタッフから、子どもたちへのゲームの教え方がていねいでわかりやすいことをほめられ、「お年寄りにもていねいに根気強くかかわってもらえた」と感謝された。

SWが、その強みをアピールポイントとしてフィードバックするとともに、相談センターで業務分解を行い、**中間的就労**[＊12]の場を創出した。本人が得意なことで自信を取り戻すかかわりを重ね、本人も自分の強みに気付いていった。そして、母親も本人を無理に就労へ駆り立てるのではなく、ペースを見守っていくかかわりを保った。

＊12
本双書第7巻第4章第1節3（1）参照。

❷本人の強みを生かし、弱みも共有し、そこを支える関係性をつくる

SWとの初回面談から1年が経過し、相談センターが就労準備支援事業として行っている自己PR、面接ロールプレイの講座を自主的に受講する意欲がAさんの中で芽生えていった。SWが問題解決をしたり一方的に教えるのではなく、本人の強みを生かし、弱みを支えるという視点で支援を行った。

特に、強みも弱みも共有し合えるフラットな関係づくりを心がけた。本人のペースを大切にし就職を焦らない支援が、Aさんに安心感を感じさせ、意欲向上につながった。

❸専門職と家族会が顔の見える関係を築き、協働して世帯を支える

SWと家族会が連携していく上での役割分担として、SWが本人への自立支援やエンパワメントを担当し、家族会は家族のケア（気持ちの安定）、母親による本人へのかかわり方への助言を担当した。

（6）支援の留意点

ひきこもり支援は、本人への直接支援と考えられやすいが、本人にアプローチできるまでに時間がかかる場合もある。特に本人がすぐに動き出せるエネルギーがない場合、まずは家の中で自由に動けることが第一歩となる。周囲にいる家族や支援者が対応を急ぎ過ぎると、本人が支援に不安を感じ、途絶の要因となりやすい。かかわりながら、しっかりと家族全体のアセスメントをすることが重要である。

本事例では、SW自身が家族会への参加活動を通じ、まずは家族と面識をもち、信頼関係を築いていった。家族の理解が整い、本人の状態が安定してきて、自らの意思で支援を受けたいと思ったタイミングで、SWは本人とうまくつながることができた。SWは、日ごろからさまざまな地域資源との関係づくりを構築し、ひきこもりに関する理解を促す啓発活動を家族会とともに地域で行いながら、必要なタイミングで、支援が必要な世帯全体を包括的に支援していくことが求められる。

7 事例７「相談支援包括化推進員がかかわる複合的な課題を抱える世帯への支援を通した多機関協働の取り組み」

〔キーワード：多機関協働、相談支援包括化推進員、就労支援、家計支援〕

（1）事例の全体像

複数の課題や困難を同時に抱える世帯に対し、社会福祉協議会の相談支援包括化推進員が、多機関協働を図りながら伴走している事例である。多機関協働では、福祉関係者のみならず、商工業者、地域住民、雇用や住まい等の多様な機関・対象と協働を図る視点が求められる。

地域の概要
T村は約3.8万人が暮らす人口の多い村。財政力指数は1.44と高い。高齢化率25.7%。

この事例を、自分自身を市区町村の社会福祉協議会の相談支援包括化推進員[*13]（以下、推進員）の立場に置き換えながら読んでみよう。

＊13
厚生労働省のモデル事業として平成28（2016）年から開始された「多機関の協働による包括的支援体制構築事業」に位置付けられた専門職。各市町村における包括的な支援体制の整備をめざし、複合的な課題のアセスメントや社会資源の開発、地域におけるネットワーク構築を主たる役割としている。

（2）支援前〜支援の始まり

〈さまざまな相談を抱えて総合相談窓口に現れた母親が推進員につながる〉

本世帯は、母親（65歳）・長女（30代）・長男（30代）の３人暮らし（持ち家）。母親が総合相談窓口に自身の体調不良、経済的不安、子どもたちの将来を悲観して相談に訪れたことが始まりである。複合的な課題を抱えていると思われたため、推進員が相談に入り、アセスメントを行った。

アセスメントの結果、おおまかな生活課題としては、①母親の体調不良（複数）、②長女のひきこもり、③母親と長女の関係性の不和、④長男のひきこもり、⑤父親の失踪による経済的不安等が明らかになった。

（3）支援の経過

推進員は、アセスメントで明らかになった課題に対し、解決に向けて複数の機関へのアプローチを開始した。

母親は、毎日のように「髪が抜ける」「耳が聞こえない」「目が見えなくなっている」「胃が痛い」といった不調を訴え、医療機関を受診していたが、原因を特定することはできなかった。複数の医師から、「精神的不調からくるものではないか」との指摘を受け、障害者基幹相談支援センターへつなぎ、精神科を受診した。その後、統合失調症との診断を受け入院加療をすることになり、約３か月入院した。

母親と推進員との関係性が構築されてから、自宅を訪問するようになったが、長女は姿を見せても目を合わせることはなく、明らかに推進員を拒絶していた。しかし、母親の体調不良が重なり、車の運転も困難になったことを機に、少しずつ推進員にも心を開くようになった。その際、母の入院時の家庭内での役割等（買い物、送迎等）の提案を行うなど、本人の役割取得を意識した。母親が入院したことにより、長女の心情にも変化が芽生え、不和は自然と解消していった。

長男は、中学時代にいじめを理由として不登校となっており、高校に合格したが通学することなく退学し、以後約10年以上自室にひきこもる生活をしていた。人間不信があり、外に出ることに対する抵抗感が強かったものの、自分のお金で好きなコミック本を買いたいというニーズがあったため、家でできる内職の紹介を行うことにした。このようなニーズは、他のひきこもりに関する相談でも共通するニーズであった。

そこで、推進員は、村の商工会の協力を得て、村にある企業に対し内職提供の有無に関するアンケート調査を実施し、提供できる内職を精査していった。現代は、インターネットも普及し、内職や在宅ワークはいくらでも見つけられるが、詐欺まがいのものも多いことを他の相談者の経験から知っていた。また、内職作業物品は、単に郵送でのやりとりとせず、直接の受け取りによる対人関係スキルや経験の蓄積を企図し、業者にも理解を求めた。

さらに、内職が軌道に乗り徐々に外出の機会が増えてきたことを受け、

〈エコマップ〉

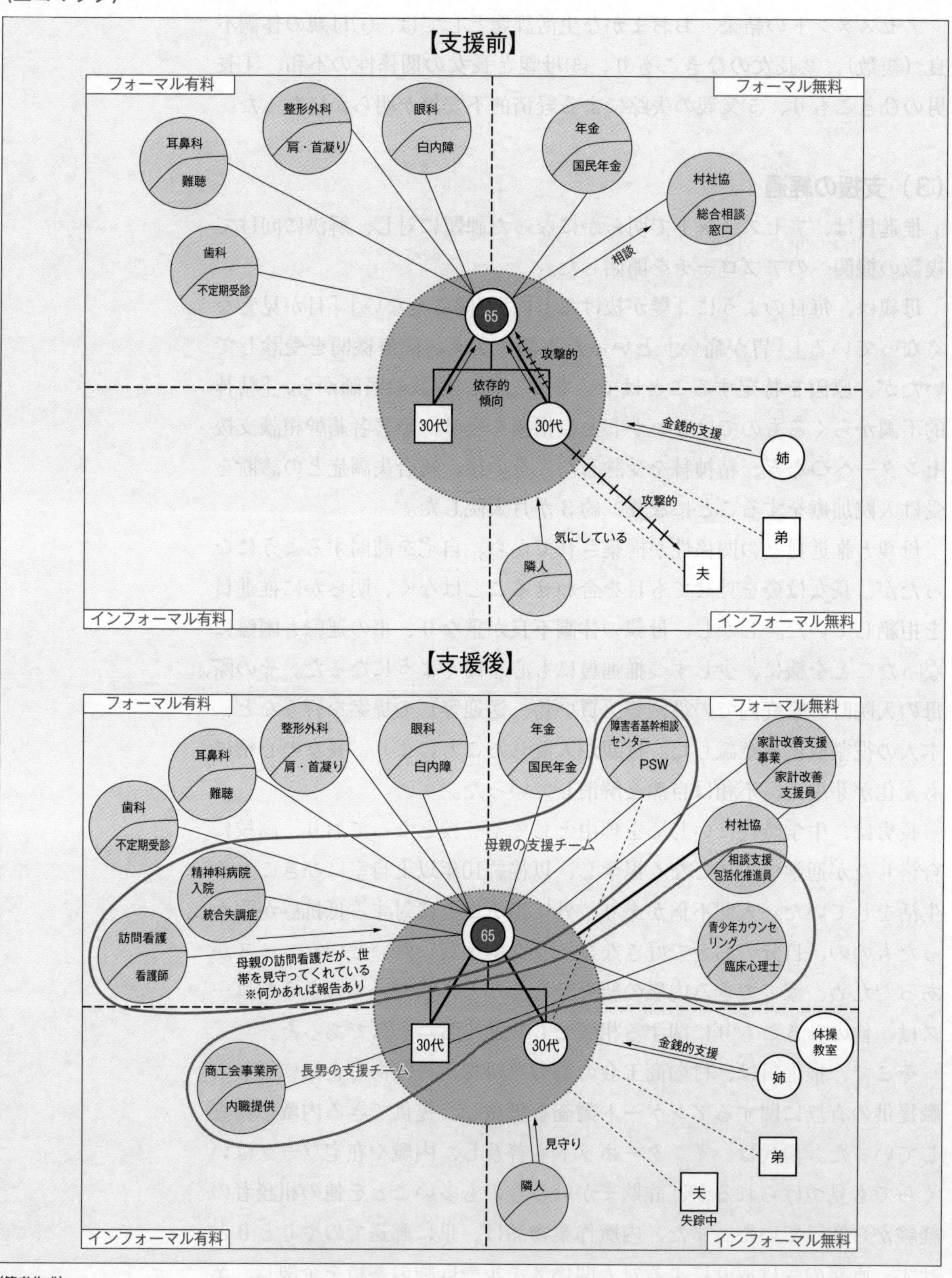
【支援前】
フォーマル有料
フォーマル無料
耳鼻科
難聴
整形外科
肩・首凝り
眼科
白内障
年金
国民年金
村社協
総合相談
窓口
相談
歯科
不定期受診
65
攻撃的
依存的
傾向
30代
30代
金銭的支援
姉
攻撃的
弟
気にしている
夫
隣人
インフォーマル有料
インフォーマル無料
【支援後】
フォーマル有料
フォーマル無料
整形外科
肩・首凝り
眼科
白内障
年金
国民年金
障害者基幹相談
センター
PSW
家計改善支援
事業
家計改善
支援員
耳鼻科
難聴
歯科
不定期受診
村社協
相談支援
包括化推進員
母親の支援チーム
精神科病院
入院
統合失調症
訪問看護
看護師
65
青少年カウンセ
リング
臨床心理士
母親の訪問看護だが、世
帯を見守ってくれている
※何かあれば報告あり
30代
30代
体操
教室
金銭的支援
姉
商工会事業所
内職提供
長男の支援チーム
見守り
弟
隣人
夫
失踪中
インフォーマル有料
インフォーマル無料

（筆者作成）

対人恐怖について臨床心理士によるカウンセリングにもつないでいった。

父親は２年前に失踪しており、今でも居場所はわかっていない。失踪の要因としては、家族関係の不和が大きいと母親らは考えている。父親は、自らの通帳やキャッシュカードをもって出ていったため、母親の年金（約６万円／月）のみで生活を支えていかなければならなかった。

相談時には、ある程度の貯金もあり、月々の収入は生活保護上の最低生活費を下回っているが、生活保護には該当しなかった。そこで、長男・長女の就労や自立に向けた支援を多機関で行うプランを示すことにより、不安の軽減を図っていった。また、家計改善支援員[*14]につなぎ、定期的な預金残高の確認や家計状況の確認も支援プランに加えた。

＊14
本双書第７巻第４章第１節３（１）参照。

（4）支援者としての視点

①世帯の抱える課題をアセスメントする

②個々の問題解決にふさわしい支援者やネットワークにつないでいく

（5）支援者としてのかかわり

❶世帯の抱える課題をアセスメントする

本世帯の抱える課題をアセスメントした後、母親に対しては、精神科病院、訪問看護、相談支援専門員等によるチーム支援となるようバックアップしていった。

❷個々の問題解決にふさわしい支援者やネットワークにつないでいく

長男に対しては、内職の業者や臨床心理士から、適宜本人に変化等があった際はつないでもらうような仕組みになっている。

地域に対しては、母親の病状悪化により、それまでの自治会活動への参加等がむずかしくなっていることをふまえ、本人らの了解を得た上で近隣住民への声かけを行い、自治会活動には参加できなくともごみ出し等の継続や、見守りを依頼し、ソーシャルサポートネットワークの構築をめざしていった。また、体調が回復してからは、地域の体操教室にも参加できるよう橋渡しを行い、地域の中で信頼できる人を少しずつ増やせるようはたらきかけを行った。

（6）支援の留意点

多機関協働というと、福祉関係者のみで協働しようとする場合がある。しかし、ソーシャルワーカーには、福祉関係者のみならず、商工業者、地域住民、雇用や住まい等の多様な機関・対象と協働を図る視点が必要である。そのためには、日頃から地域の資源に目を向け、つながる努力を惜しんではならない。

また、必要とする資源やネットワークがない場合、創出することも役割の一つとなる。ソーシャルワーカーは一生、相談者とともにいることはできない。将来にわたり、相談者が地域の一員として暮らし続けることができるネットワークづくりや資源開発を展開する視点と行動力が求められる。

8 事例8「行政と社会福祉協議会の協働の仕組みづくり」

〔キーワード：丸ごと相談、アウトリーチ、多職種連携、行政と社協の連携・協働〕

（1）事例の全体像

地域の概要
富山県氷見市は、人口約4.2万人。人口は平成20（2008）年をピークに急減している。海から里山まで広がる豊かな自然に恵まれ、主な産業は漁業と農業。高齢化率39.6%。

市社会福祉協議会職員として、地域における個別支援活動から見えてきた地域生活課題や地域福祉を取り巻く環境に対する課題に対して、多職種の連携による支援の実現を図るために、行政と協働して仕組みづくりを実現させた実践である。地域福祉活動の協力者である住民から寄せられた声を地域福祉計画に反映させ、市役所内の総合相談支援窓口の開設など、包括的支援体制構築の契機としていった。

この事例を、自分自身を市区町村の社会福祉協議会の職員（以下、市社協SW）の立場に置き換えながら読んでみよう。

（2）実践のきっかけ

〈住民が行う地域福祉活動（ケアネット活動）から見えてきた課題〉

市内では、地区社協[*15]を中心とし、日常生活の中で支援が必要な人（世帯）の見守り・声かけ、ちょっとした身の回りのお世話（ごみ出し、雪かき等）を複数の住民がチームで行う地域福祉活動（以下、ケアネット活動）を実施している。

ケアネット活動に協力している人々から、支援が必要な世帯を行政や専門機関と連携する際の課題として、「どこに相談すればいいかわからない」「相談窓口が多過ぎる」「窓口をたらい回しにされた」など多くの意見が寄せられた。その声を地域福祉計画に反映させ、解決するための

*15
本書第1部第2章第3節6参照。

〈図2－2－3〉「ふくし相談サポートセンター」開設当初の相談支援の流れ

（平成26〔2014〕年5月）

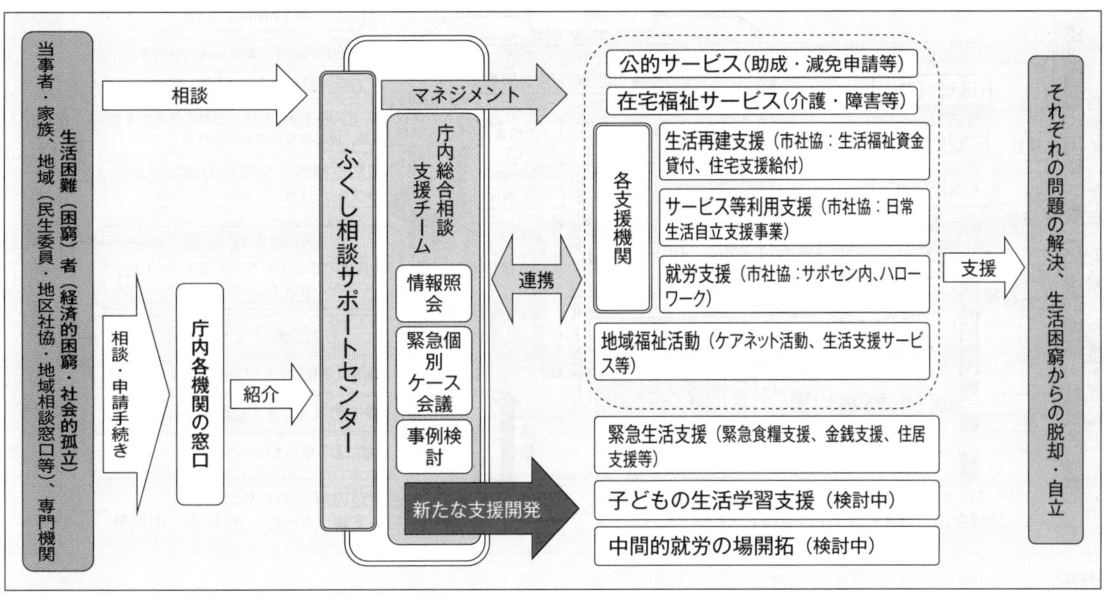

（筆者作成）

プロジェクトチームで協議し、福祉の総合相談支援の窓口を市役所庁舎内に開設させた。

開設から2年が経過したころ、相次いで孤独死の事例が起こり、支援を拒否する世帯や地域から孤立している世帯への対応として、「ふくし相談サポートセンター（以下、サポセン）」機能のさらなる拡大が求められていると感じ、機能強化と既存の見守りネットワークの整理を行い、包括的支援体制の構築を進めた（**図2－2－3**）。

（3）実践の経過

ケアネット活動から見えてきた課題である総合相談支援機能の確立などを、地域福祉計画の重点施策として位置付け、地域リーダーや専門機関、行政の協働により策定した。その後、策定メンバーを重点施策ごとに振り分け、計画を実現させるためのプロジェクトチームを立ち上げた。

総合相談支援機能については、4年間の議論を経て、市庁舎移転のタイミングに合わせて、サポセンを開設し、市福祉介護課、子育て支援課と市社協が協働で運営することとなった。

開設当初から行政内部から回ってきた相談や来庁者の相談が全体の8割を超える状態の中、相次いで独居死の事例が起こり、相談に来ない

〈図2－2－4〉重層的支援体制整備事業導入後の氷見市の相談支援の全体像

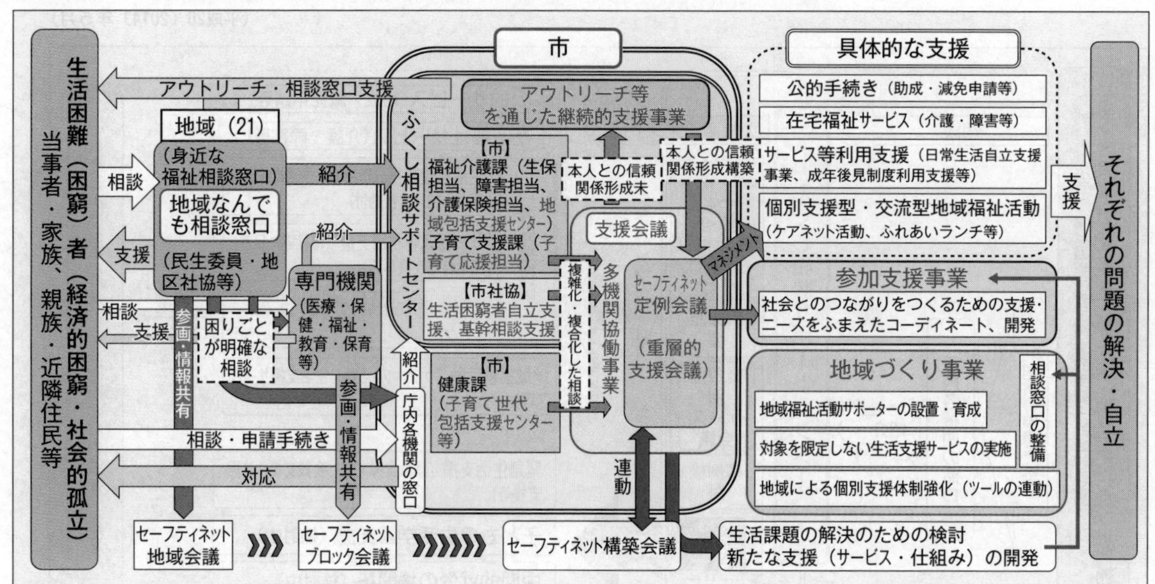

（筆者作成）

（支援を拒否している）世帯や来ることができない世帯への対応を考えるきっかけとなり、ケアネット活動や専門職による定期訪問などの既存の取り組みを整理し、それぞれの活動を結び付ける新たな仕組み等をまとめた「セーフティネット構想」を掲げた。この構想では、多職種が連携して支援するための調整や、訪問（アウトリーチ）により支援が必要な世帯を把握する専門職を配置し、地域住民が把握した段階でサポセンにつないでもらう仕組みをつくった。

さらに、地区社協が身近な地域で相談を受ける窓口を設置し、孤立の深刻化を防ぐとともに、孤立の予防を目的とした「地域福祉活動サポーター」を地区社協単位で選出し、市社協で育成している。このほか、小学校区・中学校区・市それぞれの単位で個別事例を地域住民と専門職が検討する会議を設けている。

この構想を定着させるため、新たに重層的支援体制整備事業を導入し、包括的支援体制を整備している（図2－2－4）。

（4）実践を進める上での視点

①ケアネット活動から見えた課題を地域福祉計画へ

②計画実現のプロジェクトチームの協議の進行役

③セーフティネット構想の検討とその実現

（5）実践のポイント

❶ケアネット活動から見えた課題を地域福祉計画へ

ケアネット活動には20年以上前から取り組み、最新の実績では824チーム、延べ1,846人の協力を得て進められている。市社協SWは、協力者からの声を聞く機会を地区社協単位で設け、どのようなことに当事者世帯が困り、協力者が苦慮するところはどこなのか、聞き取りをしていった。

聞き取った内容を整理し、その解決策を議論するために、地域福祉計画の策定の場を選び、行政と市社協が合同事務局で策定することになった。市社協が各会議の進行役を任されて、解決策を検討していった。

❷計画実現のプロジェクトチームの協議の進行役

計画策定時の体制を継承し、計画を実現させるためのプロジェクトチームでの協議を進めた。ここでも進行役は市社協SWが担い、先進事例の情報収集なども行った。行政では、協議で見えてきた方向性から庁舎内でのサポセン設置について、内部の了解を得ることや、市社協がサポセン機能の一部を担うための新たな財源の確保に動き、開設が実現した。

❸セーフティネット構想の検討とその実現

合同事務局や目標を具体化するための会議も定着し、その方法で議論を進め、市社協SWは、社会的孤立状態に陥っている世帯（孤立する恐れのある人を含む）の把握のため、民生委員・児童委員へ簡易調査を実施し、88世帯126人を把握することができ、これを会議メンバーと共有して、新たな取り組みを検討していった。

（6）実践上の留意点

一人ひとりの「困った」を解決するだけでは、真の解決にならない場合がある。それは、一人の後ろには同じような課題を抱えた世帯がたくさんひそんでいるからである。したがって、「予防」「早期発見」の視点が重要であり、そのためには「仕組み（受け皿）」（本事例では、サポセン）がないと実現できない。仕組みをつくるためには、行政計画である地域福祉計画に盛り込むことが近道である。さらに、そのためには、行政とどう協働するかがカギとなる。常に、行政に現場の声を届ける仕組み（会議等）が機能すれば、包括的支援体制構築へと近づいていく。

9 事例９「単身世帯の支援における市役所の庁内と関係機関との連携」

〔キーワード：ひきこもり、庁内連携を核にした多機関協働、孤立防止〕

（１）事例の全体像

地域の概要
Y市は人口約５万人。市の基幹産業は、米づくりを中心とする農業と大規模な電気機械器具製造業等の工業。高齢化率26.56％。

両親が死亡後、単身生活となり、約５年間自宅にひきこもっていた人が、自宅前で倒れ、病院に緊急搬送されたことで市に連絡があり、支援につながった事例である。単身世帯に対してさまざまな制度を活用して支援を行う際に、市役所内の関係各課や、専門家、関係機関の連携や協力がなければ解決できない。市民生活相談課が中心となって支援チームをつくり、市役所、専門家、関係機関が協力して支援を行った。

この事例を、自分自身を市役所市民生活相談課の相談員の立場に置き換えながら読んでみよう。

（２）支援前～支援の始まり

〈救急搬送された病院から市役所市民生活相談課につながり、病院に面談に行く〉

Aさん（40代・女性）は、小・中学校のころ、不登校が繰り返しあった。中学校卒業後は、ほぼ自宅にひきこもり、家族以外の交流はなかった。両親の死亡後はひとり暮らしになり、食料や日常生活品は通信販売で購入し、月１・２回金融機関でお金を引き出したり、コンビニに買い物に行く程度の外出で、ほぼ自宅でのひきこもり生活であった。

ある日、自宅前で倒れているのを地域住民が発見し、救急車で病院に搬送、病院から市役所に連絡があったことで市民生活相談課につながった。

（３）支援の経過

市民生活相談課の相談員が病院に出向き、Aさんと面談。それまでの生活状況や家族、親族について聞き取りをした。

倒れた原因は糖尿病の悪化によるものであったが、歩行が困難で車いすが必要な状況であった。また、入院中に手術が必要な病気が見つかるが、頼れる身内がいないため、手術の同意や、入院転院等の手続きや手伝い、通帳の管理、退院後の生活設計などを相談できる人がなく、さまざまな課題に直面していた。

Aさんの承諾を得て自宅に通帳や財布を取りにいったところ、屋内はいわゆる「ごみ屋敷」状態であり、お風呂や台所は全く使用できる状態ではなかった。

こうした状況であったが、Aさんには両親の残した貯金があり、40代でもあるため、生活保護、高齢者や障害者等の行政機関のかかわりはどこにもなかった。そこで、市民生活相談課が中心となって支援することでAさんの了解を得て、あわせて個人情報の共有についても同意を得た。

病院関係者、市役所関係課の職員が集まって協議をし、Aさんの主な課題として、「判断能力」「お金の管理」「退院後の生活」について検討。これらの情報をもとに支援方針とプランを考えて、Aさんにかかわる支援チームをつくった。

以下が活用した支援メニューである。

①日常的金銭管理サービスの活用	社会福祉協議会
②特定疾病による介護保険申請	高齢福祉課
③介護サービスの利用	ケアマネジャー
④無料低額診療の活用	病院地域医療連携課
⑤手術等に関する説明の同意	市民生活相談課
⑥法律相談及び遺言書の作成	司法書士
⑦精神科の医療受診	医療ソーシャルワーカー
⑧障害年金の申請	社会保険労務士
⑨身体障害者手帳の申請と交付	障がい者自立支援課
⑩成年後見制度の検討	地域包括支援センター、司法書士
⑪自宅屋内の清掃	NPO法人
⑫敷地の草取り	地域住民、シルバー人材センター
⑬困りごと相談	市民生活相談課

プランに基づき、市の高齢福祉課に要請し病院に訪問調査をしてもらった結果、特定疾病により要介護が認定されたことで相談できるケアマネジャーが決まった。また、社会福祉協議会に依頼し、金銭管理サービス（日常生活自立支援事業）の活用により通帳預かりや現金引き出しが可能となったこと、医療費の自己負担を軽減する無料低額診療の決定も下りたことで、Aさんの安心につながった。

手術等については、市民生活相談課職員が同席して説明を受け同意した。万が一を考え、司法書士が病院にて法律相談を実施し、遺言書作成につなげた。

さらに、Aさんの退院後の生活を考えて、入院中に医療ソーシャルワーカーと連携して精神科の受診に結び付けたところ、知的障害と診断された。このことで、社会保険労務士に依頼し障害年金受給につなげた。

自宅屋内については、NPO法人に依頼し清掃した。事情を知った地域住民が心配し市役所に協力を申し出てくれ、自宅の郵便物の管理や敷地の草取りなどを助けてくれた。退院後、Aさんは、介護サービスを活用しサービス付き高齢者向け住宅に入居した。現在、成年後見制度の保佐人申立ての準備を始めている。

（4）支援者としての視点

①本人が人とのつながりを実感できるかかわり
②死後のかかわりまでを想定して支援をする覚悟
③市役所内外とチーム支援ができる関係づくり

（5）支援者としてのかかわり

❶本人が人とのつながりを実感できるかかわり

Aさんは、長期にわたるひきこもり状態であり、特に両親の死亡後は、誰かと会話することもなかった。しかしながら、病院で面談したときに、幼少のころから現在に至るまでの状況について詳細に話をしてくれて、市役所がかかわることについて快く承諾をしてくれた。

このように理解してくれた要因としては、入院生活中、「おはよう」「食事はおいしい？」「おやすみなさい」など医師や看護師から毎日声かけや会話があり、孤独だったAさんにとって社会との接点となり、人とのつながりを実感したからだろう。退院時、医師や看護師らが見送ってくれる様子に、Aさんは涙を流していた。

❷死後のかかわりまでを想定して支援をする覚悟

万が一を考えて、死亡後の事務手続きのため、遺言書を作成する必要を伝えたとき、「手術を選択する」という重要な決定だけでなく、自分の死後までを決めなければならないAさんのつらさに、どこまで寄り添えるのか、死後のかかわりまでを想定して支援をする覚悟が必要であった。Aさんは、「遺言書をつくろうと思っていた」と言ってくれたが、支援には、信頼関係をしっかり構築しておくことの大切さを痛感した。

❸市役所内外とチーム支援ができる関係づくり

また、さまざまな制度を活用して支援を行ったが、市役所の関係課や、専門家、関係機関の連携協力がなければ、市民生活相談課だけでは解決できず安心してかかわることができなかった。支援者としてのかかわりには、チーム支援ができる関係づくりが何よりも必要なことである。

（6）支援の留意点

Aさんのような単身世帯の課題として、異変に気付きにくい、緊急時対応ができない、賃貸住宅や入所等の保証人がいない、死亡後の事務手続きができない、などがある。何よりもつらいのが、「相談できる人がいない」ことだ。さらにAさんは、長年のひきこもり状態で地域との接点がなかった。玄関前で倒れていたから発見できたが、屋内ならば異変に気付くことができず最悪の事態になっていたかもしれない。

支援が必要な人に必要な支援を届けるためには、地域との接点づくりと、その接点と行政や支援機関がつながる仕組みが求められる。

10 事例10「医療的ケア児の実態調査を通じたソーシャルアクションとしての資源開発」

〔キーワード：医療的ケア児、医療と福祉の連携、社会資源開発、ソーシャルアクション〕

（1）事例の全体像

医療的ケア児を訪問診療で支えている医師からの依頼で、医療的ケア児とその家族を支援する包括的支援体制の整備に取り組んだ事例である。医療機関からの退院後は地域に埋もれてしまう、医療的ケア児とその家族のニーズを把握するための実態調査を行い、資源開発につなげていった実践である。

地域の概要
東京都世田谷区は人口約92万人。都内有数の住宅密集地域である。

この事例を、自分自身を社会福祉施設の職員の立場に置き換えながら読んでみよう。

（2）実践のきっかけ

〈多くの医療的ケア児を訪問診療で支えている医師から、支援を依頼される〉

医療的ケア児は、周産期等の医療技術の進歩が生み出した新しい社会課題である。ある者は呼吸を人工呼吸器に依存し、またある者はミルクや食事を口から摂ることができずに経管で栄養を体内に入れる。その際に、医療及び医療的ケアができる支援者が必要になる。その支援者が見つからなければ、家族が支援を一身に背負う。

社会福祉法人むそうは、平成25（2013）年、多くの医療的ケア児を訪問診療で支えている医師からの依頼で、東京都世田谷区において、医療的ケア児を支援する包括的支援体制の整備に着手した。区内にある医療機関のレベルの高さから、医療的ケア児への支援が日本で最も必要な地域であろうと仮定して、全国のモデルとなる包括的支援体制を構築したいと考えた。

まず、看護師が常駐する児童発達支援事業所[*16]を開設。その上で、医師がかかわっている医療的ケア児への家庭訪問、周産期母子医療センターがある医療機関や訪問看護ステーション等への協働依頼と事業紹介などを行うことで、医療的ケア児とその家族とに出会う機会を増やしていった。その結果、医療機関から退院後に支援を受けることができず、ほとんど家族介護で生活している医療的ケア児を区内で20人ほど見出した。

*16
本双書第４巻第２部第４章第１節２（1）、及び第５巻第２部第７章第３節２参照。

区に、それらの医療的ケア児に必要な支援と暮らしの実態を事例ベースで伝えたところ、区は医療的ケア児の実数やその暮らしの実態について早急に把握し対策を立てたいとして、平成26（2014）年、区と当法人との協働事業として実態調査を行った。結果、当時人口約87万人の区内において、０歳から18歳までの医療的ケア児127人を把握することができた。

（３）実践の経過

「医療的ケアを必要とする障害児・者等に対する生活実態調査」と名付けた調査であったが、区役所もどこにどのくらいの医療的ケア児がいるのかわからないという状態からの調査であったため、当初から関係者を集め、どこに存在するか、どのようにしたら調査票が届けられるかという議論から始めた。

世田谷区医療連携推進協議会・障害部会に医療的ケア児に関係する区内の専門家及び機関を集め、医療的ケア児に関しての情報の共有を図った。そして、医療的ケア児がつながっていると考えられる専門家及び機関から複数の調査表が届いてもよいと考え（返送は１通になるという見通しで、潜在化している対象者にとにかく届くことを優先した）、医療的ケア児とその家族だと思われる対象者に手渡しも含めて調査表を配布してもらうことにした。

結果として、1,027の調査表が配布され、204件（18歳未満127件、18歳以上77件）回収された。任意の記名欄は、そのほとんどが記名されていた。自由記述欄には、医療的ケア児とその家族の切迫した生活実態がびっしりと書き込まれていた。

その中から、年齢層や医療的ケアの状態像などを勘案して、対面調査を10例行い、その内容をもとに現状と合わせて理想の社会資源があると仮定しての理想のケアプランを作成することで、不足している社会資源を明確化した。そして、存在しない社会資源について、どうしたらいいのかを区や障害部会等の関係者と議論を重ねた。

（4）実践を進める上での視点

①生活実態調査による課題の明確化
②実態調査が当事者をエンパワメントする
③自分のできることは何かをそれぞれ考え提案する

（5）実践のポイント

❶生活実態調査による課題の明確化

生活実態調査で浮き彫りになった課題は、以下の４点に集約された。

①相談支援体制の課題。外出が困難な状態の医療的ケア児が多いなか、当事者が窓口に行かないと対応してもらえない相談機関しかない。医療的ケアの知識も不足。
②暮らしを支える身近な医療機関と専門的な医療機関の使い分けをしたいが、とりわけ身近な往診や訪問診療を地域で行う医療者が不足。
③医療的ケアに対応できる生活支援サービスがない。福祉や保育等の領域の人材が医療的ケアに関する専門性をもたないため、利用を断られる。
④孤立しがちな介護・看護者の問題。睡眠もきちんと取れない状況で健康を損なう介護者。

❷実態調査が当事者をエンパワメントする

調査は、声をどこに上げていいかわからないと思っていた当事者をエンパワメントした。調査表の回収率を上げるため、当事者家族が学習会等を開き、お互いの声かけ等を強めていった。この機会に出会い、つながった当事者家族も多かった。

調査表を手渡しする過程で、専門家及び機関が、医療的ケア児とその家族に直接アプローチして、この生活実態を垣間みたことも大きな変化を生んだ。

〈図２－２－５〉医療的ケア児・支援・相談・移行イメージ

（筆者作成）

❸自分のできることは何かをそれぞれ考え提案する

調査が進むにつれて、部会のメンバーが自然と自分のできることは何かをそれぞれ考え、障害部会などで提案をするようになった。

一方、実態が数値化されたことで、メディアに発信され、区議会で議題となった。そして、検討の結果、保育所に区単独で看護師を配置して医療的ケア児を受け入れる、医療的ケア児の支援事業所設置を区が計画的に行う、高齢者を往診していた医師や訪問看護が医療的ケア児も対象にするなど、さまざまな支援者や社会資源が開発された（**図２－２－５**）。

（６）実践上の留意点

医療的ケア児の多くは、知的障害がない、あるいはとても軽い。しかし、医療依存度は、とても高い場合もある。

学力やコミュニケーション力等のもって生まれた能力を最大化するための合理的配慮により、医療依存度が高くても、普通の保育園、普通の学校、普通の学童保育への通園・通学になると考える本人・家族が増えている。よりインクルーシブな場での参加を保障すべく、障害福祉施策を超え、母子保健、子ども・子育て支援、教育、医療等、幅広い連携が必要となっている。

11 事例11「住民の身近な圏域で生活を丸ごと支える実践」

〔キーワード：生活を丸ごと支える、社会資源開発、入口と出口の地域づくり〕

（1）事例の全体像

単身高齢者の多い地域において、制度化された在宅福祉サービスの利用だけでは対応できないニーズに応えるために、社会福祉協議会が必要なサービスの開発と提供に取り組んだ事例である。この実践から、社会福祉協議会には、単にサービスを提供するというだけでなく、生活の全般にかかわる相談に応じて、福祉以外の医療や住宅関連など地域生活に必要な支援をつなぐ機能が求められることがわかる。

地域の概要
香川県仲多度郡琴平町は人口約8,000人。県庁所在地までは1時間以内の距離。金刀比羅宮の門前町として、観光が主産業。高齢化率40.6%。

この事例を、自分自身を市町村の社会福祉協議会の職員の立場に置き換えながら読んでみよう。

（2）実践のきっかけ

〈事業として整備せざるを得なくなっていく地域生活総合支援サービス〉

琴平町は主要産業が観光業であることや生活の利便性から、単身高齢者が多く住む地域である。こうしたひとり暮らし高齢者が支援の必要な状態になっても地域で自立した生活が送れるよう、多様な在宅福祉サービスの提供が求められた。琴平町社会福祉協議会は、制度化された在宅福祉サービスの利用だけでは対応できない場合には必要なサービスの開発と提供をするように取り組んできた。

この「地域生活総合支援サービス（まるっと安心サービス）」は、町内に住む単身者で親族等からの支援が得られない人を対象に、本人からの申し出により、その人の「最期」までを支えるサービスである。社会福祉協議会と本人との間で委任契約[*17]を結び利用が始まる。本人からの申し出もあるが、各種相談の中からこの契約につながることもある。また、民生委員・児童委員や自治会長など地域の関係者からの連絡により契約につながる場合もある。

＊17
本双書第13巻第1部第2章第3節2（2）❼参照。

契約により、金銭管理や介護保険サービス、生活支援サービスなどを組み合わせ、その人の状態に応じたサービスの開始になる。民間サービスや施設サービスなど、本人の希望を聞きながら、サービス利用料は本人負担で利用している。

時間経過によりサービス内容も変化するが、本人の意思を尊重して、死後事務を含め最期まで支援する仕組みである。

本人に資産がない場合や収入面での不安がある場合も多いが、支援を断ることはない。本人との十分な協議の上で目標設定をし、計画的金銭管理により支援することとしている。

このサービスでは、社協が単にサービス提供するというだけでなく、生活の全般にかかわる相談に応じて、福祉以外の医療や住宅関連など地域生活に必要な支援をつなぐことが求められる。そのためには、地域の中で関係者による連携と支援体制の構築が不可欠である。

町社協では昭和58（1983）年からホームヘルパー派遣事業（当時、家庭奉仕員派遣事業）を実施している。この当時から、ヘルパーが身寄りのいないひとり暮らし高齢者への声かけや安否確認訪問などを派遣訪問の合間に実施していた。平成８（1996）年から実施した「ふれあいのまちづくり事業」[*18]で取り組んだ小地域ネットワーク活動では、自治会長らのひとり暮らし高齢者への関心やかかわりが増え、日常の中で制度では対応できない支援が求められるようになった。

また、町内での「医療・保健・福祉関係者連絡会」の開催により、健康生活への配慮や服薬確認など自立生活を支える支援が始まった。生活の身近なところから求められるサービスとして社協が担うべき活動であった。

*18
本書第１部第４章第４節２参照。

（3）実践の経過

専門領域からの求めにも応じ、一人ひとりの生活を支える取り組みを続けてきたなかで本人の意思による遺贈もあり、サービスの必要性と期待に応える活動であることがわかってきた。そして、一人ひとりの置かれている状況や思いを受け止めるなかで、入退院支援や死後対応が必要な事案が次第に増えてきたことから、制度として整備せざるを得なくなった。その際、地域関係者はもとより弁護士にも参加してもらった意見交換の中で地域としての体制づくりをめざすこととした。

死後対応の中では、遺骨の取り扱いや埋葬の問題など避けることのできない課題も生じた。町内にある13の寺に取り組みの説明と理解を求める目的で呼びかけ、協力が得られることとなった。

最近、経済的にも問題なく、自宅に居住しながら行旅死亡人としての取り扱いをせざるを得ない事案が生じた。不慮の場合、想定が及ばないこともある。新たな展開による解決が必要となり、その財源として遺贈を活用することとした。その場合、社会福祉法人会計から一定の自立性をもったものとする必要があると考えている。

（4）実践を進める上での視点

①本人の意思と思いを聞き取る
②専門職がもつべき、問題をキャッチするアンテナ機能
③住民の身近なところで見守り活動をする
④本人の意見によりサービス利用が進められる

（5）実践のポイント

❶本人の意思と思いを聞き取る

支援者としては、本人の意思と思いを聞き取る努力が必要である。面接式の相談や会話ではむずかしくとも、なにげない会話の中に本人の苦しみや悩みが隠されていることが多い。

❷専門職がもつべき、問題をキャッチするアンテナ機能

本人とのかかわりの中から、しっかりと問題をキャッチするアンテナ機能の重要性について、社協の相談窓口だけではなく、ヘルパーや配食担当者、地域包括支援センター職員にも伝えている。

❸住民の身近なところで見守り活動をする

「地域生活総合支援サービス（まるっと安心サービス）」は、委任契約によるとはいえ双方の信頼関係が不可欠であり、それを維持するための努力は重要である。「頼れる人がいない、不安だけれどどうしたらいいか」「最期まで安心して暮らしたい」など、社会関係性が乏しく孤立しがちで自分の置かれている状況がうまく説明できない人たちもいる。かつて町では、旅館の女将さんらが、このような従業員に対し、退職後も、可能な支援を続けることが多くあった。そうしたつながりがなくなった現在、社会福祉協議会が受け止めて支援につなぐ相談支援が必要となっている。

民生委員・児童委員だけでなく、自治会長や自治会で選出されている福祉委員など、住民の身近なところで見守り活動をする人々の協力も不可欠である。

❹本人の意見によりサービス利用が進められる

担当する職員がパターナリズムに陥らないよう、本人の意思確認の大

切さを確認し合っている。支援には多様な専門職とチームを組む場合もあり、そうしたときの役割を認識することも必要である。

どのようなサービスを利用したら、どのような状況になるかを本人がイメージできるように説明ができ、本人の意見によりサービス利用が進められることが重要である。

（6）実践上の留意点

「地域生活総合支援サービス（まるっと安心サービス）」は、日々の生活支援や相談だけでなく入退院時の支援や死後対応まで行うものである。しかし、それはその人の意思を支え、社会の一員としての存在を支えることでもある。まさに、個人の尊厳、人間性の尊重にかかわることである。このサービス費用は、利用者からの遺贈をもとに進めることもあり、第三者委員会を設置し、そのサービスチェックと評価を得ることとしている。

12 事例12「小中学生や多様な人を交えた計画づくりを通しての地域づくり」

〔キーワード：福祉教育、地域課題の共有化・焦点化、住民との協働による地域福祉計画の策定〕

（1）事例の全体像

地域の概要
宮崎県都城市は人口約16万人。県内第２位の人口を擁する主要都市。５本の国道をはじめ主要地方道が整備され、空港も近い。日本有数の農業地域でもある。

社会福祉協議会がかかわる計画づくりの策定プロセスにおいて、住民が主体的に地域課題を把握し、圏域内の関係者で課題を共有し、解決のために誰が、いつから、どのように、役割分担や協働で、行動（アクション）を始めるかという合意形成の機会を重視して取り組んだ実践である。参加者の「真っ先に取り組まなければならない地域の課題」をテーマにしたワークショップを繰り返し、地域課題の共有化・焦点化を進め、計画となったものである。

この事例を、自分自身を市区町村社会福祉協議会の職員の立場に置き換えながら読んでみよう。

（2）実践のきっかけ

〈「地区計画」の策定にあたり、住民が主体的に取り組むようなかかわりに努めた〉

宮崎県都城市では、令和２（2020）年３月「第３期都城市地域福祉計画」を策定した。第１期計画は平成14（2002）年度、地域福祉計画策定が社会福祉法に新たに規定され、法施行される前に全国のモデル地区として取り組んだものである。当時の特徴は、地域福祉圏域（中学校区）ごとの「地区計画」を策定したことである。策定プロセスでは、住民が主体的に地域課題を把握し、圏域内の関係者で課題を共有し、解決のために誰が、いつから、どのように、役割分担や協働で、行動（アクション）を始めるかという合意形成の機会となった。

地区計画の策定では、地域の多様な人的資源で構成される策定委員会を組織した。全11地区を共通に組織化するのではなく、地区ごとの風土やしきたりを重んじ、委員の選出から地区に委ねた。そこで選出されたのが、小学生、中学生、学校教諭、PTA、駐在所、施設職員、行政職員など多彩なメンバーであった（**図2－2－6**）。

計画づくりでは、「真っ先に取り組まなければならない地域の課題」をテーマにワークショップを繰り返し行った。回を重ねるごとに地域課題の共有化が進み、何に取り組まねばならないのか焦点化も進んで、計画となった。

（3）実践の経過

地区策定委員会は、開催回数や時間の制約を最初に設けた。それは、全体のスケジュール管理のためであるとともに、策定メンバーのモチベーションを保つためである。委員には小中学生もいるため、参加可能な日程調整にも配慮した。すると、途中で友だちを誘い「私も参加させてください」と名乗り出る生徒も出てきた。

初回は、開会セレモニー（委嘱状交付や役員選出）、趣旨説明、地域福祉の説明、２回目以降はカードワークの実施から「すぐにできること」「将来できること」など取り組みの体系化、それを計画策定シートを使って第１～３段階の実施計画にするよう話し合った。最後は、これまでの意見や提言をもとに文章化し、計画の素案としてまとめ、出来上がりのイメージを共有し分筆・分担を確認して終了した。全日程終了後に、計画書の起草や編集を地区策定委員とともに行った。

計画づくりでは、地域で困っている住民の存在を知り、排除や対立の実態を目の当たりにする。その解決のために話し合うことは、あらゆる世代がかかわる福祉教育であり、「地域の課題」が「私たちの課題」に転換していくプロセスとなった。また、地域で起こっている課題は、行政施策のように縦割りで整理できるものではなく、福祉のみならず教育・環境・交通・文化などのあらゆる分野が関係しているため、幅広い

〈図2－2－6〉中学生だったある策定メンバーのその後

平成15（2003）年３月に策定された「小松原地区地域福祉活動計画」の表紙。
イラストは、策定委員で当時の小松原中学生の田代くるみさんが寄稿。

平成31（2019）年１月、地元新聞に彼女が東京から帰省し、起業して活躍する姿が報道されたことを機に、中学時代の計画づくりへの思い出を尋ねてみた。

「15年以上前のことでイラストを寄稿したことがすっかり記憶から抜け落ちてしまっていたのですが、インターネットで検索して『そうだ！』と記憶を掘り起こしたところです。

私も一時は大学進学で東京に憧れ、都心で楽しくメディアの仕事をしていましたが、『いつか自分の故郷から発信できるようになりたい！』という思いはずっと心の中に、私の『夢』として大事にしまっておりました。

今、こうして地元に戻り情報発信の仕事ができているのは、間違いなく社会福祉協議会さんをはじめ、学生時代から街の方々と一緒に自分の住む場所を見つめる機会をいただけたからだと思います」
とのコメントが添えられた。

（出典）都城市資料

内容の計画となった。

次第にメンバー間の結束は強まり、チームが生成されていった（**図2－2－6**）。

（4）実践を進める上での視点

①メゾ・マクロの支援を意識する
②策定委員会は住民と行政と社協とのパートナーシップを形成する場
③地域住民が地域を俯瞰的にとらえられるようにヒントを出す
④地域住民の手づくりの地区計画は自治的な地域福祉を推進する

（5）実践のポイント

❶メゾ・マクロの支援を意識する

計画づくりの過程では、とりわけ「メゾ」「マクロ」の支援を意識した。組織レベルでは、策定委員会の組織化、地区計画の意義、行政内手続きなどに配慮した。全体のスケジュール・時間管理として、年間・月間スパンで見通しを立て、一会議ごとの必要な議題設定を入念に行った。また、諸機関との調整やネゴシエーション[*19]、会運営がスムーズに進むよ

＊19
本双書第10巻第４章第８節１参照。

うな規約づくりなどに努めた。

❷策定委員会は住民と行政と社協とのパートナーシップを形成する場

事務局は、行政職員と社協職員がチームとなった。職場文化や専門分野の違いをお互いにフォローし合い、チームが同じ方向に進むよう腐心した。また、策定委員会は、行政と住民と社協とのパートナーシップ形成の場となった。そこで社協は、住民と行政をつなぐパイプ役としての役割を果たすよう心がけた。

❸地域住民が地域を俯瞰的にとらえられるようにヒントを出す

地域住民は、意外に自分の地域を客観的に把握していないこともあり、地域アセスメント・地域診断を適正に行い、俯瞰的に地域をとらえるようヒントを出すことも心がけた。例えば、地域力は高いものの専門職のかかわりがあまりないような地域もあり、「少し専門職に手伝ってもらいましょうか？」と投げかける場面もあった。

❹地域住民の手づくりの地区計画は自治的な地域福祉を推進する

行政計画の中に地区計画を位置付けた最大の理由は、地域福祉が施策として根付くことにある。地域住民の手づくりの地域福祉には、行政が否定できるような要素がない。むしろ、自治的な地域福祉を推進することにつながり、施策としての地域福祉が充実していくことになった。

（6）実践上の留意点

計画づくりにおける支援では「地域アセスメント」「住民参加」「我が事への変換」「福祉教育」等々、策定プロセスでも十分な意義がある。しかしながら、これからの課題は計画を「つくる」段階から「実行する」段階への手法研究が必要である。また、それらの進行管理システムや評価の指標など、課題は数多く残っている。とはいえ、地域住民と「ワイワイ」言い合いながら夢を語るひとときが、一番楽しい。今後も地域住民とともにつくり続けたい。

13 事例13「計画策定や福祉教育プログラムに外国人が参加する多文化共生の地域づくり」

〔キーワード：多文化共生、ストレングス視点での福祉教育、地域福祉活動計画の策定〕

（1）事例の全体像

地域の概要
愛知県名古屋市港区は人口約14.3万人。うち約9,100人の外国人が暮らしている。国際貿易港を擁する工業地帯がある一方、農業振興地域が広がる米作地域もある。

社会福祉協議会が地域福祉活動計画を策定する際に、外国人に作業部会メンバーとして参加してもらい、文化の違いやお互いを理解するプロセスを取り入れることで、作業部会が日本人と外国人とが理解し合う福祉教育の場として機能し、メンバーのストレングスを地域の力としてつなげていった事例である。

この事例を、自分自身を市区町村社会福祉協議会の職員の立場に置き換えながら読んでみよう。

（2）実践のきっかけ

〈ボランティア活動などをしている外国人の存在に気付いていた社協職員が、彼らに地域の力になってもらえないかと考え始めた〉

本区には人口約14万3,000人のうち、約9,100人の外国人が暮らしている。町内会や集合住宅では、ゴミの出し方や騒音、町内会活動への参加に関してトラブルも生じている。地元では外国人が増えることを「問題」としてとらえている人たちもいる。地域福祉の関係者ですら、言葉の壁もあって、外国人との間に距離を感じていた。

一方でボランティア活動をしたり、災害義援金を寄付する外国人もいる。外国人を困った人たちととらえるのではなく、地域の力になってもらうことができれば、外国人とのかかわり方にも変化が起こるのではないかと考えた。

（3）実践の経過

＊20
本書第１部第６章第２節３参照。

そこで、社会福祉協議会が地域福祉活動計画[＊20]を策定する際に、作業部会メンバーとして外国人にも参加してもらうことにした。計画策定の中では、文化の違いやお互いを理解するプロセスを取り入れた。

地域福祉活動計画の作業部会メンバーになってもらった外国人のAさんから、自国ではゴミの分別習慣や町内会という仕組みがないことや、日本での生活の中で、子どもや親が病気で仕事を休むとすぐに職を失ったり、学校からの文書もほとんど理解できない親も多い現状を聞いた。あわせてAさんが学区の子ども会や防災活動で活躍し、祖母からの教えで隣近所と助け合うことや高齢者を大事にしていることなども話してもらった。

Aさんの国の習慣や日本での生活を知った後、作業部会メンバーで話し合った。その際に、外国と日本の違いだけではなく、Aさん自身に着目して、自分との共通点や住民としてもつ同じ視点について深めた。

こうして、地域で生じているトラブルの原因を理解し、自分との共通点に気付き、外国人だけの問題ではないというとらえ直しをした上で、そのような状況の人が多く住む地域の中でどのようなことができるかを作業部会メンバーで考えていくことになった。それによって外国人を同じ地域に住む住民としてとらえ直し、その上で自分たちにできることは何かを検討するという、福祉教育的な機能を取り入れた。

できあがった地域福祉活動計画の中には、さらに身近な町内や集合住宅単位での取り組みや、外国人も含めたさまざまな人に活躍してもらうプロジェクトも盛り込まれることになった。

この計画策定を通した福祉教育[*21]のプロセスは作業部会メンバーからスタートし、徐々に日本人と外国人とが理解し合う場となり、他の地域活動者にも裾野を広げ、波及効果をもたらすこととなっていく。

作業部会メンバーの協力を得ながら、Aさんと知人のイスラム教信者のBさんに先生役になってもらい、高齢者給食会や子ども食堂、サロンなどを主催しているボランティアに自国の料理を教えてもらいながら、交流と理解を深めた。今後、外国人がサロンや給食会などに来たときにも一緒に楽しむことができるということを実感してもらった（**写真２－**

＊21
本書第１部第２章第４節２（３）参照。

〈写真２－２－１①〉
活動計画作業部会

〈写真２－２－１②〉
民生委員・児童委員研修の様子

2－1①）。

さらには民生委員・児童委員の研修として区役所の協力のもと、７人の外国人の協力を得て「食べ物」「家族」「日本人とのかかわり」などの身近な話を聞きながら小グループ単位で交流と理解を深めた（**写真２－２－１②**）。その後、民生委員・児童委員からは心配な外国人がいるとの相談が入るようにもなった。

（4）実践を進める上での視点

①ふだんかかわる機会が少ない者同士が、身近に話をすることを重視する

②さまざまなワークを通してとらえ直しやストレングス視点を取り入れる

③プログラムのつくり込みよりも臨機応変さを重視する

（5）実践のポイント

❶ふだんかかわる機会が少ない者同士が、身近に話をすることを重視する

取り組みの中では、ふだんかかわる機会が少ない外国人と住民が、実際に身近に話をすることを重視した。その中で、総論として「外国人と共生する」ということよりも「Aさんと理解し合う」ことの積み重ねを心がけた。いずれのプロセスも、単に外国の文化を知り楽しく交流するというだけではなく、摩擦が生じている問題に向き合う機会を設定した。

❷さまざまなワークを通してとらえ直しやストレングス視点を取り入れる

さらには、ワークなどを通してAさんの「得意なこと＝活躍する姿」と「苦手なこと＝困っていること」を知ったり、自分との「違い」や「同じ」を実感する機会を設けた。

外国人のことが他人事にならないよう、自分と「同じ」部分に気付くことで、国籍が違っても子育てや仕事に苦労したり生活を工夫していることに共感してもらい、同じ地域に住む人の問題としてとらえ直すことが重要である。その上で自分たちにできることは何かを考えていくというプロセスを重視している。「支援する側」「支援される側」に分かれることのないよう、こうしたとらえ直しやストレングス視点を取り入れている。

❸プログラムのつくり込みよりも臨機応変さを重視する

外国人と協働していくなかでは、時間や約束の感覚の違いなど新たに知る部分も多く、プログラムをつくり込むことよりも臨機応変に対応するように心がけた。

(6) 実践上の留意点

外国人を「困った人」「支援すべき人」ととらえるのではなく、その人のストレングスを大切にし、さまざまな交流や対話を通して、自分と「同じ」部分ももつ地域住民であるととらえ直し、さまざまな立場の人が暮らす地域をともにどのようによくしていくかということを考えていく。地域福祉活動計画や地域福祉計画の中でも、外国人との多文化共生は今日的なテーマになっている。策定メンバーとして参画してもらい、策定過程を通して施策を検討することも重要である。

14 事例14「行政と社協が協働した住民主体の居場所づくり」

〔キーワード：誰もが集う居場所づくり、丸ごと受け止める機能、企業との協働（CSR）、ソーシャルアクション〕

(1) 事例の全体像

住宅街にある一軒家での居場所づくりやそこでの活動において、行政と区社会福祉協議会の地域福祉コーディネーターがさまざまな団体に声をかけ、実行委員会を立ち上げて協働していく仕組みをつくった事例である。特に、活動を通してさまざまな相談があがり、住民で解決できないことが地域福祉コーディネーターに入ってくるようになり、多様な専門職と連携しながら解決している。

地域の概要
東京都文京区は人口約22万6,000人。大学の多い文教地区と住宅街が区の多くを占める。都心の利便性を保ちつつ、歴史や自然も残されている。

この事例を、自分自身を市区町村社会福祉協議会の地域福祉コーディネーターの立場に置き換えながら読んでみよう。

(2) 実践のきっかけ

〈「昔のようなつながりが薄れているという地域の声がある。一緒に何とかしないか」と、地域活動センターの所長から地域福祉コーディネーターに話がある〉

「こまじいのうち」は、文京区本駒込の住宅街にある一軒家において居場所づくりの活動が展開されている。あるときは高齢者が麻雀をし、あるときは赤ちゃん連れのお母さんたちが集まり、時間によっては中学生や高校生がふらりと寄り、そしてあるときは、それらの人々が混ざり合って過ごす。和風でどこか懐かしい、「実家に帰ってきたような」雰囲気がある。今では年間5,000人を超える人々が利用している。

この活動の始まりは、平成25（2013）年２月にさかのぼる。駒込地区町会連合会の会議の中で「ふらっと寄れるような場がなく、昔のようなつながりのある関係が薄れている」という話があり、駒込地域活動センターの所長から社協の地域福祉コーディネーターに協力の依頼があった。ある町会の副会長所有の空き家を活用できることになり、企画を進めていくことになった。

（3）実践の経過

行政と協働し、地域福祉コーディネーターはNPOやボランティア、民生委員・児童委員、町会、大学などに実行委員会への参加を呼びかけた。40人ほどになった実行委員会では、居場所の名前や利用料を取るかなどを話し合い、「誰でも気軽に立ち寄れる居場所にする」ということがコンセプトになった。

「こまじいのうち」の組織は、12町会の町会長のみで構成される「運営委員会」、活動者と町会長を合わせた全体会議を「実行委員会」とし、運営を円滑にするために事務局長や会計、広報などを組織化したコアメンバー体制を採用した。

コアメンバーを中心に、手助けを求めている人向けに「すけっと隊」を結成し、また、平成27（2015）年から子ども食堂を開始。中高生同士がなごやかに食事をする場になっている。食材費は、チャリティ麻雀を開催し、参加費１人3,000円を全額運営資金に回した。

具体的には、住民の発案による「ビーズ教室」「脳トレ健康麻雀」「学生落語」「こまじいキッチン」など多種多様なプログラムが開催されている。プログラムがない日や時間帯は「カフェこま」として、自由に過ごすことができる。利用料は100～300円程度。子育て中の人を中心とした「ばびぶ☆ベビーの会」や学習支援の会、２つの子ども食堂も行っている（**写真２−２−２**）。

また、小さなことでも手助けを求めている住民向けに、訪問活動を行っている。特徴的なことは、スタッフと参加者それぞれの立場に境界がないことである。あるときは活動の担い手であり、別のときは参加者になる。そのような関係が居心地がよいという。

〈写真2－2－2〉
こまじいキッチン
（栄養士が考える栄養たっぷりメニューの食事会）

このように、プログラムを充実させていきながら、徐々に地域の人々の居場所になっていった。平成27（2015）年には、活用していない部屋を使うためにリノベーションをしたいという新たなニーズが出てきた。区内企業のCSR活動として協力を依頼して実現した。さらに、隣の空き家も活用するため、行政から地域子育て支援拠点事業を受託するなど、「こまじいのうち」の活動はますます発展している。

（4）実践を進める上での視点

①多様な人を巻き込んでいく
②一住民ではむずかしい役割をコーディネーターが引き受ける
③運営を支援する
④相談を受け止め解決する

（5）実践のポイント

❶多様な人を巻き込んでいく

「こまじいのうち」への「立ち上げ支援」として重要だったことは、多様な人を巻き込んでいったことである。地域課題やそのニーズにそったプログラム、担い手の発掘などに関する多彩なアイディアが出てきた。コーディネーターは、町会などの地縁関係者、ボランティア・NPO、企業関係者などの間に立って調整し、これらの住民等の自由で多彩なアイディアを形にしていくのをサポートする役割を担ってきた。

❷一住民ではむずかしい役割をコーディネーターが引き受ける

コーディネーターが参加者に声をかけ、担い手を増やしていき、その中で、ボランティア調整や会計など事務局的役割を担ってくれる人たちのコアメンバー組織を立ち上げ、定例のミーティングを開催するなどしていった。これらは一住民ではむずかしい役割であり、コーディネーターがこの役割を担う必要がある。

❸運営を支援する

NPO法人の立ち上げや企業を巻き込んだリノベーションなど、運営者の新たなニーズを実現するためのサポートをしてきた。これらは、「運営支援」と位置付けている寄り添い型の活動支援をしていることから、ニーズを把握しやすい。

❹相談を受け止め解決する

さらに、「運営支援」をしていると、活動するスタッフが課題を抱えている人の相談を受けていることも把握できる。それで解決しない相談は地域福祉コーディネーターが受け止め、行政や他の相談機関とともに解決に向けてサポートしていく。また、「居場所に来ないが困っている」という人もいる。このような場合は、居場所の訪問活動と組み合わせることで居場所に来てもらい、みんなで見守り合うという展開も多く見られている。

（6）実践上の留意点

居場所活動の基盤を支える補助金や助成金の仕組みは、住民活動の持続性を保つ上で重要である。地域共生社会の実現に向けた具体的事業として、常設型の居場所における家賃補助などが盛り込まれた「多機能な居場所運営費補助事業」という区からの補助を受け、社協事業として構築した。地域福祉の分野でのさまざまな施策の導入が進められている。地域福祉コーディネーターは、個人支援や地域支援を現場で行うだけでなく、行政ニーズと住民のニーズの間に立って、行政と協働で仕組みをつくることも求められている。

15 事例15「かかわりの中でDV被害が表明され、広域の協力体制により避難を支援」

〔キーワード：DV被害、広域相談機関による対応〕

（1）事例の全体像

この事例は、2～3年にわたり辛抱強くかかわりを続けるなかで、広域相談機関のソーシャルワーカーに、妻が夫から受けてきたDVを告白したことから支援が始まったものである。しかし、DV防止法に定める一時保護の対象にはならなかったことから、広域の民間のネットワークを活用して自主避難を支援。母子の安全を確保するために、その後の生活の立て直しには直接関与せず、現地での支援に託し、また、DV加害者である夫については、広域のセンターとは支援関係の維持が困難であったため、自立相談支援機関につなげた。

地域の概要
事例は、I市・U市の2市を圏域とする広域の相談支援センターの実践。I市・U市はいずれも財政力指数が高い市。都心へのアクセスや住環境の良さが注目され、ベッドタウンとして発展し、人口が集中している。

この事例を、自分自身を複数の市町村域を対象とする広域相談機関のソーシャルワーカー(以下、SW)の立場に置き換えながら読んでみよう。

（2）支援前～支援の始まり

〈民間の子育て支援団体から紹介されて自宅訪問をする〉

民間の子育て支援団体から紹介された、Aさん・Bさん夫婦と小学2年生の長男の3人世帯。夫婦が忙しくて学童保育以外の預け先を探したいと相談につながる。自宅を訪問した中核地域生活支援センター[*22]（以下、中核センター）のSWは、一方的に自らの状況や心情をまくし立てる夫と、ぼんやりとそばに座る妻の様子から、援助関係を築きアセスメントを進めるのにかなりの困難を予想した。

＊22
中核地域生活支援センターは、千葉県の独自事業であり、制度のはざまや複合的な課題などの、地域で生きづらさを抱えた人々に対して、24時間365日体制で、分野横断的に包括的な支援を行う、広域的で高度専門性をもった支援機関である。千葉県内の健康福祉センターの所管区域ごと、13か所に設置されている。

（3）支援の経過

Aさん、40代、男性。ハイヤー運転手。妻のBさん（30代）とは再婚同士で、Bさんは、当時3歳だった長男を連れてAさんと暮らすようになった。Aさんの給料は、固定給と歩合制で支払われ、売り上げが上がらないと生活が苦しい。Bさんは飲食店で働くほか、休日は派遣会社に登録してダブルワークをしている。Aさんの給料が少ない月は、カードローンやキャッシングで生活費を補填（ほてん）するため、日々、支払いに追われている。

夫婦が仕事で長時間不在にする際に子どもを預ける先を探していたAさんは、子育て支援団体に相談。事情を聞いた団体から中核センターを紹介された。中核センターのSWは、世帯の状況を把握するため、夫婦が２人とも帰宅している夜間帯に自宅を訪問。その後、ファミリーサポートセンターへのつなぎ、債務整理のための弁護士相談への同行、関係が悪化していた家主との話し合いなど、一つひとつ支えていった。

こうした経過の中で、不安定だった夫婦関係が破綻。Bさんと長男は隣接市に転居した。しかし、Aさんから聞くところでは、別居後も家計は一つで、AさんはBさん宅の鍵を持って頻繁に出入りしているようであった。SWは、転居後もBさんと長男の生活の見守りを続けた。

ある日、SWは、Bさんから「夫に気付かれずに会いたい」と連絡を受けた。待ち合わせの場所を決めて会って話を聞いたところ、夫のAさんから過去に受けた激しい身体的暴力と、現在も続く経済的搾取、精神的暴力を告白された。

SWは、女性相談支援員に連携を打診したが、現在すでに別居していることから一時保護の対象にはならないと判断された。Bさんは、中核

〈エコマップ〉

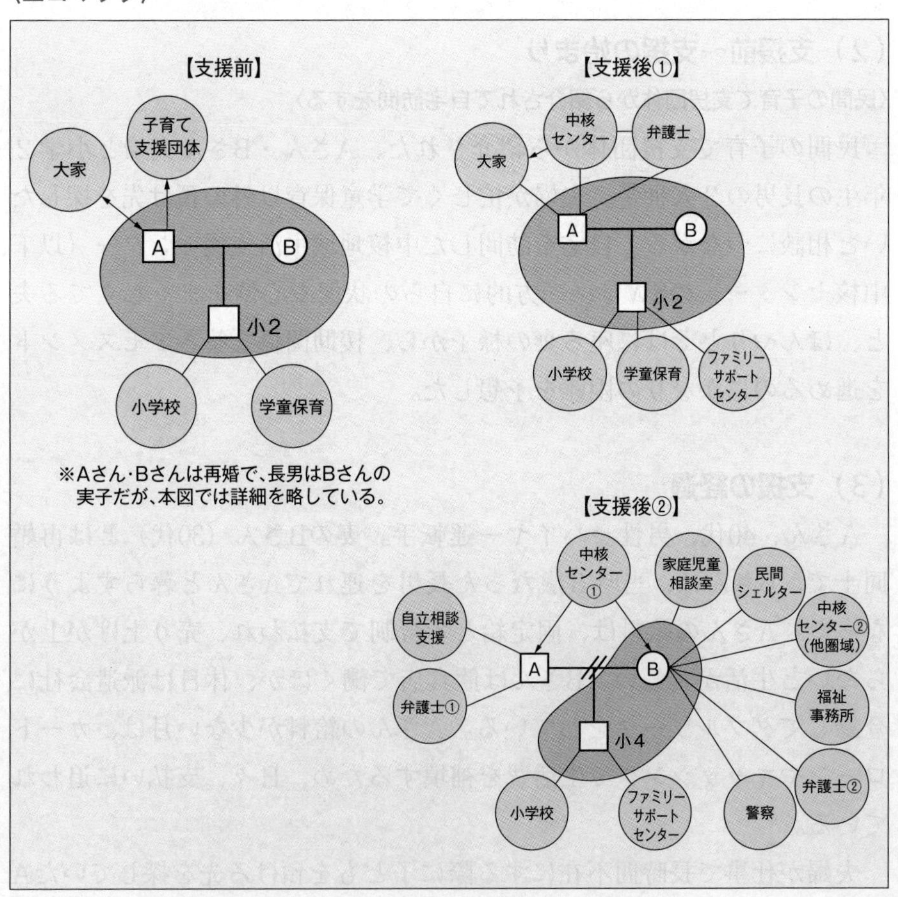

(筆者作成)

センター相互の連携で遠方の民間シェルターを活用することとなり、DV被害者支援に詳しい弁護士の助言を得ながら、家庭児童相談室と小学校の協力のもと、４年生になった長男を連れて自主避難した。Bさんは避難後、現地の中核センターの支援で生活保護の申請、警察への相談と支援措置の申請、弁護士への相談と離婚及び接見禁止命令の申し立てを実行した。

Aさんは、妻子が姿を消したことについて中核センターの関与を疑った。しかし、その後、体調を崩して現実的な生活の困難に直面し、中核センターの提案で生活困窮者自立支援制度の自立相談支援機関のかかわりを受け入れ、生活の立て直しを図ることとなった。

（4）支援者としての視点

①Aさんの過剰な自己防衛や猜疑心（さいぎしん）
②SWはAさんの問題を肩代わりすることはできない
③母子の避難を優先

（5）支援者としてのかかわり

❶Aさんの過剰な自己防衛や猜疑心

SWは、かかわりの当初からAさんの過剰な自己防衛や猜疑心の強さに、緊張を強いられた。Aさんは極端に不安が強く、弁護士相談等、大きな出来事の前後には電話が頻回となったため、SWはAさんに対し共感的な姿勢を維持しながらも、支援者の限界をわかりやすく示すために時間制限等の枠組みを伝えたり、訪問は常に複数の体制で臨むなどの対応が必要となった。

❷SWはAさんの問題を肩代わりすることはできない

ある程度、援助関係を築いた段階で、Aさん自身が母親から虐待を受けてきたことなどが話され、SWはAさんの不安定さのベースにあるつらい体験を想像し、回復までの道のりの長さを感じた。Aさんへのかかわりは、常に、現実的な問題への直面化を支えるものだった。Aさんがどんなに強い調子でSWに「どうにかしてくれ」と訴えたところで、実際にAさんの問題をSWが肩代わりできるわけでもないことは、誰よりもAさん自身が一番理解していた。SWはAさんの問題に巻き込まれないよう、センター内のカンファレンスで繰り返し、支援者としての立ち位置を確認するようにしていた。

❸母子の避難を優先

一方、母子については、権利擁護の観点からのアプローチが求められた。SWは当初、Bさんの表現の乏しさに障害を疑った。しかし、かかわりを重ねるなかでBさんの知的な能力は人並み以上と考えるに至り、長期にわたるDVにより無力な状態に置かれてきた可能性を念頭に対応していくこととした。実際に、子ども遊びのイベントに長男を誘い自宅に送っていったSWは、自宅の前で後ずさりしてなかなか家に入ろうとしない長男の様子に、DVの疑いをさらに強くした。

そのため、Bさんから「話がある」とメッセージを受け取ったSWは、内容を予想してすぐに準備に入った。Bさんに、「いろいろな人たちの協力を得て、逃げましょう」と端的に伝えたところ、Bさんは「そんなことができるんですか？」と驚いた様子だった。過去に受けた暴力は、回数は少ないものの、ゴルフクラブで何回も殴打されるといった苛烈なもので、最近は暴言や罵倒が中心であったが、Bさんは「怒らせたらまたゴルフクラブでやられると思い、言われるがままだった」と話した。SWにとって、母子の避難は最優先事項となった。

（6）支援の留意点

内閣府調査[＊23]では、成人女性の３人に１人、成人男性の５人に１人が配偶者から暴力を受けたことがあると回答している。家庭という密室の中で行われる暴力は、身近な関係の中では相談しづらく、被害者は孤立を深めて問題を深刻化させていく。生活困窮や多額の債務、精神的な課題等、何らかの生活課題の訴えがきっかけとなってDVが表面化することも多いため、SWには、常に家族の状態を客観的にとらえる姿勢をもつことが求められる。

また、DV防止法による一時避難は、自由の制限や一定の年齢に達した子どもとの分離等が伴うため、対象が制限されたり、被害者本人が望まないことも多い。SWは公的な避難は一つの選択肢と理解し、ネットワークを活用して柔軟な支援を組み立て、力を奪われた状態の被害者の意思決定を支援していくことが必要とされている。

＊23
令和２（2020）年度「男女間における暴力に関する調査」。

16 事例16「行政としての包括的支援体制への取り組み」

〔キーワード：包括的支援体制構築に向けた行政の役割、組織再編〕

（1）事例の全体像

この事例は、行政が地域共生社会の実現に向けた施策を積極的に推進するため、組織再編と社会福祉協議会との連携、支援機関や地域住民を巻き込んでの個別支援と地域づくりの連動による包括的支援体制において調整役を果たしている取り組みである。

組織再編では、市役所内に福祉総合相談課を新設し、地域の相談窓口として支所に社会福祉協議会のコミュニティソーシャルワーカーを配置した。

地域の概要
愛知県豊田市は人口約42万人の中核市。県外から、就労に向けた流入が多い。子育て世代が多い地域、ニュータウン開発で団塊の世代が多い地域、高齢化率が40%を超える中山間地域などが共存している。高齢化率は約25%であるが、今後、急速な高まりが見込まれている。

この事例を、自分自身を行政職員の立場に置き換えながら読んでみよう。

（2）実践のきっかけと経過①

〈行政が住民の困りごとをしっかりと受け止める体制が必要であると感じていた〉

豊田市は、平成29（2017）年３月に策定した「第８次豊田市総合計画」において、「超高齢社会への適応」を重点施策の一つとして掲げ、多世代が交流しながら自分らしく暮らしていくことが可能な共生社会の実現をめざしている。

上記施策を積極的に推進するため、平成29（2017）年度の組織再編において、福祉総合相談課を福祉部内に新設するとともに、住民が身近な地域で気軽に相談できるよう、社会福祉協議会のコミュニティソーシャルワーカー（CSW）を配置した相談窓口（福祉の相談窓口）を支所単位（２～５中学校区ごと）に開設した。この福祉総合相談課やCSWは、住民や支援機関など地域全体を巻き込んだ包括的な支援体制において、個別支援と地域づくりとを連動させるなどの調整役を担うこととした（**図２－２－７**）。

この相談支援体制の構築は、複合課題に対する庁内での対応状況を調査した結果等も鑑みて行ったものである。相談窓口の機能とそのエリア設定、さらにそれらを推進する庁内組織体制など、「縦割りを排除し、全世代・全対象型の地域包括ケアシステムをつくる」というビジョンのもと、平成28（2016）年度の１年という歳月をかけて検討された結果である。

〈図２−２−７〉豊田市における包括的な支援体制の全体像（イメージ）

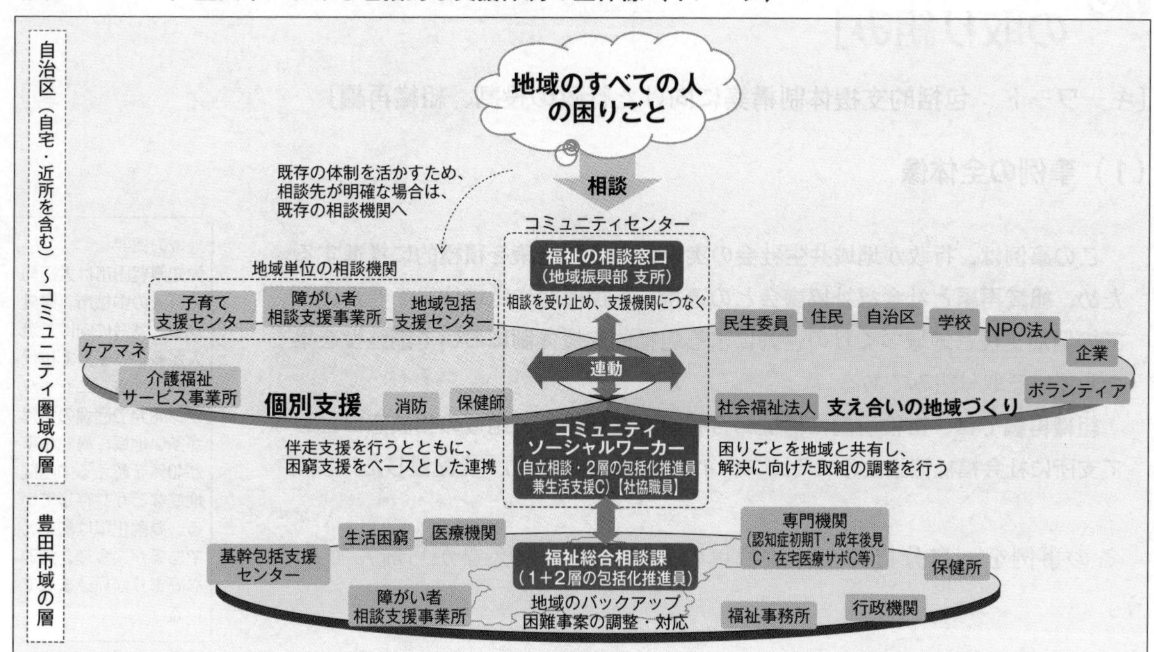

（出典）図２−２−７〜８、表２−２−１、厚生労働省「令和２年度地域共生社会の実現に向けた市町村における包括的な支援体制の整備に関する全国担当者会議」資料

この検討にあたっては、市民福祉部（現在は福祉部）内に、タスクフォースという部長直轄で課題解決策を検討するチームを編成している。相談支援再編、人材確保、組織再編という３つのテーマに対し、部内の課長補佐級、係長級、担当者の少人数で構成された（**図２−２−８**）。

招集された相談支援再編のタスクフォースのリーダー（課長補佐級）

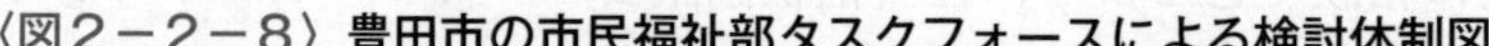

〈図２−２−８〉豊田市の市民福祉部タスクフォースによる検討体制図

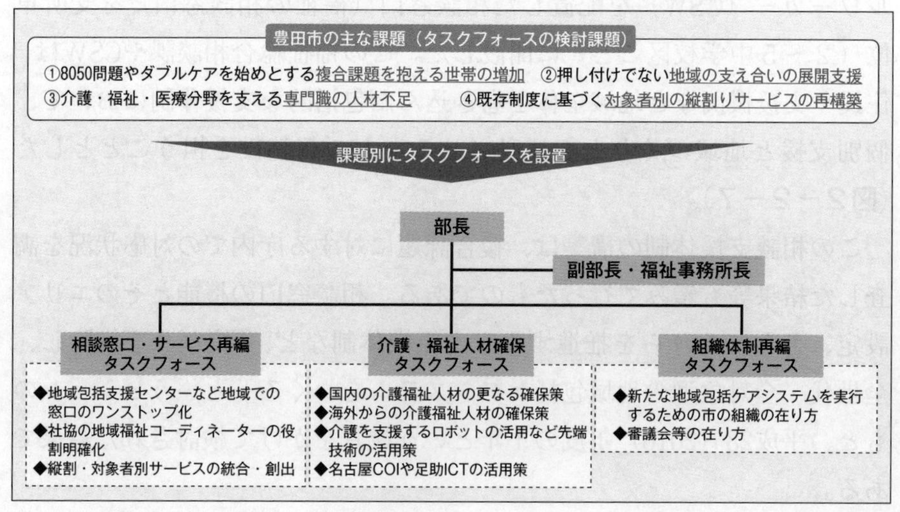

は、生活保護部門を長く勤めた経験から、制度にあてはまらないと行政は受け止めることができず、住民の困りごとが目の前にあっても逃してしまってきたことを悔やんできた。そして、そうした実体験から、住民が最終的に頼るのは行政であり、行政が住民の困りごとをしっかりと受け止める体制の必要性を痛感していた。相談支援再編のタスクフォースでは、こうした想いも大切にしつつ、豊田というまちの特性や社会資源をいかして、相談支援体制をどう設計すべきか、その詳細な体制や手法の検討、精査を進めていった。

（3）実践の経過②

相談支援再編のタスクフォースでは、現在の相談支援の流れや、地域包括支援センターなど既存の支援機関との関係性の整理、地域にアプローチする仕組みづくり、さらには、豊田市が愛知県内第１位の広大な市域を有することを鑑みて、窓口の配置や体制をどのようなエリア設定にすべきかなど、多角的に詳細な検討を行った。

具体的な例を１つあげると、タスクフォースでは、現状を確認する上で、ケース対応を行う部署の担当者に対して、複数部署で対応した事案に関して詳細なヒアリング調査を行った。

調査の結果、該当事案は163件であった。これらの事案を通じ、当時の相談支援体制には大きく３つの課題があることが浮き彫りとなった。

１つめは、「世帯全体をとらえる機能が十分でないこと」である。各部署は制度・対象者別で住民の困りごとをとらえるため、世帯全体の支援をどうコーディネートするかという視点が欠けてしまっていた。端的に言えば、部署間で事案の押し付け合いが生じてしまっている状況であった。２つめは、「各世帯員への個別対応になっていること」である。世帯員個々の支援を注視しているため、複合課題の積み上げや共通項が把握できず、施策につなげられる体制ではなかった。３つめは、「複合的な生活課題を抱え、地域で埋もれている世帯を拾い上げる仕組みが十分でないこと」である。地域包括支援センター等の機関がありながら、行政が直接支援している事案が見受けられており、重症化・複雑化した段階での対応が求められていた。

上記のような調査結果の検討は、体制づくりと関連性の強い組織再編タスクフォースとともに、数日に１回程度という頻度で協議を続けていた。また、必要に応じて、社会福祉協議会や地域包括支援センター等とも調整や協議をしながら、月に１度、部長にプレゼンテーションを行う

〈表２－２－１〉豊田市における平成29年度組織再編の概要

～H28　市民福祉部	H29～　福祉部
総務課 ●医療施策	総務監査課
	地域包括ケア企画課 ●地域福祉計画、福祉部内の政策的な調整 ●医療施策、在宅療養、医療と福祉の連携
地域福祉課 ●地域福祉計画 ●地域包括支援センター （＋生活支援コーディネーター機能） ●高齢者の虐待対応、措置権限	**福祉総合相談課** ●総合相談・個別支援（高齢・障がいの虐待対応、措置、生活困窮対応含む） ●支え合いの地域づくり ●総合相談窓口の展開（＋H30～生活支援コーディネーター機能） ●成年後見制度利用促進 ●避難行動要支援者名簿、福祉避難所 ●子どもの貧困に関すること（主に、学習支援と子ども食堂） ●民生委員児童委員に関すること ●社会福祉協議会の法人経営に関すること
	高齢福祉課 ●地域包括支援センター（＋～H29生活支援コーディネーター機能）
介護保険課	介護保険課
障がい福祉課 ●障がい者の虐待対応、措置権限	障がい福祉課
生活福祉課 ●生活困窮者自立支援事業	生活福祉課
福祉医療課	福祉医療課
市民課等	市民部として分離

ことで、熟度を高めるというサイクルを幾度も繰り返した。

加えて、単なる仕組みづくりではなく、市全体の方向性を示す総合計画の施策とするべく、市長へのプレゼンも含め、企画・地域振興・保健・子育て・総務などの各部門との協議を経て、さらに検討を深めていった。

その結果、身近な地域に相談窓口を開設し、住民が気軽に相談できる環境を整えるとともに、複合的な課題を受け止め支援の調整を図り、それらを地域課題ととらえ、地域づくりとも連動させる体制が必要という結論にたどり着いた。また、庁内においては、相談支援をまとめ、支援に横串を入れる役割や組織が必要であると整理され、「福祉総合相談課」を設置することに至った（**表２－２－１**）。

（４）実践を進める上での視点

①相談支援のさまざまな場面で、どうコーディネートするか

②庁内においても、連携先の職員の雰囲気や、困っている住民の様子をいかに自然と把握できるか

③仕事のあり方、とらえ方まで変えられるか

（5）実践のポイント

❶相談支援のさまざまな場面で、どうコーディネートするか

前述した体制の検討において、担当者としては相談支援のさまざまな場面で生じるコーディネート（一部、ファシリテートの意味合いも含む）を、誰がどうするとよいのかに主眼を置いていた。

例えば、住民や地域の声からどうすれば困りごとを拾い上げることができるのか。住民が抱える困りごとをどうすれば、課題としてとらえられるのか。さまざまな支援機関をどう調整したら、支援が進むのか。庁内にどうはたらきかけたら、合意形成が得られるのかなどである。すなわち、新たなものを何か生み出すという視点よりも、既存の仕組みや機関をいかしつつ、相談支援をどう円滑にするかを常に意識していたと感じている。

❷庁内においても、連携先の職員の雰囲気や、困っている住民の様子をいかに自然と把握できるか

タスクフォースでは施策立案のみならず、庁内の仕事の仕方にまではたらきかけた。例としては、組織再編に合わせて、打ち抜ける壁は取り除き、また部署間の隔たりにならないようにキャビネットを配置して、部内全体が一望できるようにフロアの大配置転換を行った。これにより、各部署との連携を進める上でキーパーソンとなる職員の動きや雰囲気、また他の部署を訪ねて来た住民の様子が自然と把握できるようになった。

上記のように取り組むことで、連携する上で重要となる相手を知るという作業を、さまざまな感覚を使って行うことができるように意識していた。

❸仕事のあり方、とらえ方まで変えられるか

各事業や取り組みについて、当時の言葉で言えば、「全世代・全対象型の地域包括ケアシステム」という全体像の中で、特定の分野や枠にとらわれない関係構築ができているかどうかといった意識を強くもつようになった。

一見、高齢者分野と整理されがちである生活支援コーディネーターは、地域づくりという枠組みの中ではどうあるべきなのか。また、地域から困りごとを拾いあげると、自ら助けを求めることのできない権利擁護のニーズが多くあるだろうから、成年後見制度の相談事業をどうするかではなく、相談支援体制と権利擁護の仕組みは一体で実施したほうがよい

のではないかなど、物事のとらえ方が徐々に変容していった。

さらに、お互いに関連する課題を抱えていた消防と福祉の連携にも取り組むなど、タスクフォースでの検討を経たことで、部内の仕事のあり方やとらえ方までも少しずつ変えることにつながったのではないかと考えている。

（6）実践上の留意点

重層的支援体制整備事業に取り組む自治体は増えてきており、総合相談窓口、アウトリーチ、コーディネーターといったキーワードが着目されつつある。しかし、これらのキーワードは結果論にすぎず、包括的な支援体制を構築する過程が重要であることに留意する必要がある。わがまちがどうあるべきなのかを考え、その上で何がどのように必要なのか、悩みながら取り組み、苦しんで、そして見直すことをしていかないと意味がない。キーワードに踊らされることなく、このような繰り返しを続けることで、住民にとって価値のある施策が実現できると考えている。

地域の概要
滋賀県大津市は琵琶湖に面した南北に長い、歴史と文化の街。人口34万人、世帯15万の県庁所在地。
令和２（2020）年３月当時、市社協職員55名。介護事業は未実施。

17 事例17「コロナ禍における市社会福祉協議会の組織マネジメントの取り組み」

〔キーワード：リーダーシップ、ネットワーク、PDCA〕

（1）事例の全体像

この事例は、市社会福祉協議会の管理職がコロナ禍の大災害時に、生活福祉資金の特例貸付をはじめとしたマネジメント役を果たした取り組みである。

この事例を、自分自身を市区町村社会福祉協議会（社協）の管理職の立場に置き換えながら読んでみよう。

（2）実践のきっかけと経過

❶取り組み前半～コロナ禍における社協での特例貸付の始まり

〈コロナ禍で収入が減少した住民の貸付相談を市社協が行うにあたり、郵送方式を導入し、社協間の連携体制を構築した〉

令和２（2020）年３月25日、大津市社協では生活福祉資金の特例貸付[*24]の受付を開始した。

当初、相談支援課長の筆者は担当リーダーと相談の上、特例貸付の相

＊24
コロナ禍による生活困窮対策として、厚生労働省は、生活福祉資金貸付制度を国の主要な支援策の一つに位置付け、令和２（2020）年３月25日より特例貸付を開始した。これは、緊急小口資金（20万円まで）、総合支援資金（１か月20万円。単身者は15万円）の要件を大幅に緩和し特例措置を設けたものである。この特例貸付は、当初は令和２（2020）年７月末で終了する予定であったが、令和４（2022）年９月末までに10回も延長されている。また制度の内容についても変更が重ねられ、緊急小口資金及び総合支援資金を借り終えた方への総合支援資金の３か月の延長貸付、さらに３か月の再貸付が可能になり、最大で200万円を貸し付けるものとなった。

談は１人１時間程度の予約制にすることとした。すると、電話や来所による貸付の予約が予想以上に多くなり、２日目で２週間先の予約まで埋まるほどになった。来所した市民に「２週間以上先になります」と言わなければならない担当職員の対応と市民のがっかりした顔に、予約制の見直しの必要性を感じた。

そこで、他市はどう対応しているのかと考え週末の27日に他府県の複数の市社協に聞いたところ、感染防止を勘案して予約方式は取らず、連絡があれば、申請書一式と返信用の封筒を同封する郵送方式を取っているという情報を得た。本市でも郵送方式に切り替えることができないかと考えて、担当リーダーと相談し、県社協、本会局長の合意を得て翌週の月曜日から郵送方式を導入した。

３月30日（月）の反省会で、担当者は「郵送方式のおかげで、早く貸付ができるようになった。何より感染リスクの高い面談方式がなくなり、心が軽くなった」と、ほっとした顔を見せた。

郵送方式の早期の導入をきっかけに、社協同士の情報交換の必要性を痛感して他の社協の管理職に相談し連絡を取り合い、すぐに、携帯電話のアプリ（Messenger）を用いてネットワークを構築した。気心が知れた近県社協や市社協の特例貸付を担当する管理職を中心に約10名（最終的には27名）のメンバーによる情報交換が始まった。

毎日の情報交換を通して、各社協の体制づくりの知恵や、面談方式と郵送方式の特徴、注意事項、府県により違いのあった申請書の記入例のつくり方、申請書のダウンロード方式、外国語の翻訳様式の書類等の情報交換を行うようになり、各社協のそれまでの仕組みに大きな影響を与え合うようになった。

「緊急事態宣言」が出された４月から５月にかけてはオンライン交流会も２回開催した。さらに、県内市社協の管理職とSNSを利用したネットワークを立ち上げ、全国の情報を県内のメンバーと共有するようにした。

社協の管理職は災害時に前例のない対応を求められる。特に災害ボランティアセンターのリーダーは、常に前例のない判断を求められる。筆者は、過去の災害ボランティアの現場で早めの判断をしてきた。そして、間違ったら「謝る」ことで前に進むようにしようと心がけてきた。今回のコロナ禍は、まさに災害時であると考えていた。

❷事業継続計画（BCP）を再整理し、貸付業務中心の体制へ移行

〈新型コロナの感染拡大は、未曾有の大災害である。市社協では、平成30（2018）年４月に作成した事業継続計画（BCP）に、感染症対策を追記し、令和２（2020）年４月以降は貸付業務を中心とした職場体制に移行した〉

令和２（2020）年４月になると、特例貸付の相談件数は、土日にマスコミによる情報が浸透することもあり、翌月曜日は倍増した。また、特例貸付関係の厚生労働省や全社協、県社協からの文書やQ&Aが連日届くようになった。このころには、生活困窮・貸付グループのリーダーから「疲れました」という言葉が出るようになった。貸付担当の７名の職員も疲弊していた。

＊25
本書第２部第３章第２節２（３）参照。

そこで私たち管理職は、事業継続計画[＊25]（BCP）のステージを特例貸付にシフトさせ、地域福祉課の10名全員が特例貸付の応援をすることとし、体制の充実を図った。また、派遣職員を２名、新規に雇用し、貸付書類のチェックと入力、郵送作業を充実させた。

また、４月に「緊急事態宣言」が出されてからは、テレワークを導入したことで、出勤していない職員との情報共有も課題となった。オンライン会議システムを利用し、事務所の職員とテレワークの職員で毎日30分ほどのミーティングを行った。情報共有だけでなく、大変な状況の中で「よかったこと」を必ず一つ見つけて褒め合い、失敗から引き出した対応を報告し合った。その内容をホワイトボードにまとめて写真に撮って、参加できなかった職員と共有するようにした。

常日頃から、緊急事態では方向性を合わせないとつまずいてしまうと感じていた。そこで、毎日の反省会で出された言葉やキーワードを指針にして職場に貼り出した。刻一刻と変わるルールや仕組みに「柔軟に」、困っている人に一日も早く届けられるように「スピード感をもって」、間違いによる再問い合わせの必要がないように「正確に」対応する、という３つのモットーをつくった。

そして、自治体の地域福祉の担当課に対しては、市社協で受け付けている特例貸付の現状について毎週、数字とともに、市民の生の声を提供した。情報を定期的に届けたのは、特例貸付が県社協事業ということで、市民の苦しい生活状況が自治体に伝わりにくいと考えたからである。

６月中旬には地域福祉活動を再開し、職場の体制を貸付中心から、地域福祉との併用に変更するようにした。派遣職員を２名増員して４名体制にして、地域福祉課10名の職員を特例貸付の担当から徐々にはずしていくことにしたのである。

❸コロナ禍における医療従事者への支援

令和２（2020）年４月当初、私たちは、市民病院応援プロジェクトを立ち上げた。県内の感染症特定医療機関に指定されている同病院からの「病院職員への精神的な応援がほしい」という声に、社協職員と市民の絵手紙グループが患者や病院関係者に向けて絵手紙を送った。その数は、約200通を超えた。また、防護服が足りないという要望には、レインコートの提供を呼びかけ、その窓口を担っていた。

６月には、医療機器の購入支援の募金（目標150万円、医療用高性能呼吸用保護具10台分）の窓口も開設した。10月には、目標を上回る約200万円の寄付をいただき、贈呈した。災害時、困っている支援者を応援することで、社協の職員の側にも力が湧いてくることを感じた。

（3）実践を進める上での視点

①コロナ禍において、管理職として何を大切にしてきたのか
②毎日の反省会の意義と意味
③医療従事者への支援を通して、得られたもの

（4）実践のポイント

❶コロナ禍において、管理職として何を大切にしてきたのか

①ミクロの視点：感染症の危険が迫るなか、特例貸付の現場が、予約で２週間先まで埋まったときに、別の方法はないかと考え、予約面談方式から、郵送方式に変更した。

②メゾの視点：他府県、他市町の社協管理職のネットワークをつくり、情報交換を行った。また、平成30（2018）年４月に策定した事業継続計画（BCP）に感染症対策を追記し、ステージごとに新しい体制をつくった。

③マクロの視点：特例貸付の現状を取りまとめ、社協の体制づくりのプラスになるように、市長、議長、市の担当課の職員や学区社協会長会、民児協会長会、マスコミに継続して伝えた。市社協の職員体制が充実するようにはたらきかけた。

❷毎日の反省会の意義と意味

毎日の反省会は、当初の２週間は筆者が進行役。その後は、担当職員が進行役となり継続して実施した。

時間は20分程度。テーマは、情報共有、プラスの出来事、マイナスの

出来事と対応方法。この繰り返しが職員の集団力を高め、明日への力を引き出した。

❸医療従事者への支援を通して、得られたもの

コロナ禍の大変な時期に、感染対応で大変な医療現場の実態を聞き、市民病院応援プロジェクトをスタートさせた。支援者を支援することで新しい関係が広がり、職員や、多くの市民がエンパワメントされた。

18 事例18「家を片付けられないごみ屋敷状態の人の支援を通じた地域づくり・仕組みづくり」

〔キーワード：ごみ屋敷、社会的孤立、支援拒否、社会的排除、地域づくり、社会資源開発〕

（1）事例の全体像

地域の概要
T市は人口約40万人。都心部に近いことから昭和30年ごろより、ベッドタウンとして栄え、多くは市街地が占めている。現在では高層マンションによる孤立化などが課題となっている。

家を片付けられない状態で長年近隣との関係も悪化している、いわゆる「ごみ屋敷」問題。地域の人は困り果て、排除の感情を起こす場合もある。自治会長や民生委員に相談するものの、本人に困り感がないためになかなか支援の糸口が見つからない。さらに本人の年齢が60代前半となると、かかわる専門職も高齢福祉か障害福祉か生活保護か担当部署も定まらない。大量のごみを一度搬出したとしても、日常的なつながりがなければまた元に戻ってしまう。全国に広がる社会的孤立の象徴として考えられる。

この事例は、地域の相談窓口に寄せられた相談を住民とともにコミュニティソーシャルワーカーがつながり、本人の困り感を支えることから信頼関係を結び、多機関協働でごみの分別・運搬、費用負担について支える仕組みをつくり、さらに片付けた後も、地域の中で排除の感情から包摂のつながりを構築し、ごみ屋敷の住民の支援を通じて地域づくりを行った事例である。

この事例を、自分自身を社会福祉協議会のコミュニティソーシャルワーカー（以下、CSW）の立場に置き換えながら読んでみよう。

（2）支援前～支援の始まり

〈近隣の人から、「福祉なんでも相談」窓口へ苦情が入る〉

Aさん67歳。片付けのできないいわゆる「ごみ屋敷」状態で猫と暮らす、ひとり暮らしの女性。4年前に引っ越してきたが、その後どんどん物が

増え、悪臭と外観で近隣からの苦情が続いていた。ある日、近隣住民Bさんから「猫をたくさん飼って、家の前にたくさんのごみが散乱しているAさんのことを何とかしてほしい」と、小学校区内にある「福祉なんでも相談」窓口に苦情が入った。担当民生委員はさっそくCSWに相談した。

CSWがAさんを訪ねても留守が多く、なかなか会うことがかなわなかった。唯一、猫のことを話題にAさんと話のできる住民Cさん（市社協のボランティア）に協力を依頼して、本人の様子や手がかりを把握することとした。会えない日には「心配している」ことを伝えるために名刺の後ろにメッセージを残し、何度も訪問途中で出会えないかと、アウトリーチを続けた。

（3）支援の経過

そんな日が半年も続いたある日、Aさんと家の前でばったり会うことができた。何度も訪問していたことから、すでにCSWとAさんは知り合いのような感覚であった。CSWが名刺を差し出すと、Aさんはこれまでの名刺をすべて保管していた、と見せてくれた。

ごみの話題からではなく、本人のことを話題にしていくうちに、Aさんは食品関係の仕事で各地のスーパーに派遣で出ることが多いことがわかった。最近足が痛くて引きずっていることもわかってきた。もともと片付けができず、以前住んでいた家で火事を起こしていた。通帳や印鑑の場所がわからず、電気代も払えていないことで、夜になると真っ暗な部屋で猫と一緒に寝ているとのことだった。

生活費の問題や体調の話を聞くなかで、裏庭の大量のごみについての相談があった。「捨てるのにお金がかかるのか」「裏庭の大型ごみを捨てたいが費用がない」とのことであった。そこでCSWより、共同募金を財源にした地域独自の民生委員の「たすけあい資金」があり、ごみの片付けを手伝うことができることを提案し、処理費用は助け合い資金でまかなえることを話すと本人の顔が明るくなった。

それから、CSWは関係者を集め、福祉ごみ処理プロジェクト会議を開催した。年齢が67歳であったことから、地域包括支援センター、臨時ごみとしてごみを運搬してもらうために環境部、ごみ処理費用を提供してもらうために担当民生委員、「福祉なんでも相談」で相談を受けた民生委員、近隣住民Cさん、そしてCSWで集まった。ごみの片付けの人員を確認し、日程を決めて、費用負担を考え、Aさんの課題を話し合った。片付けた後、どのように支えていくのかもあらかじめ検討した。CSW

〈エコマップ〉

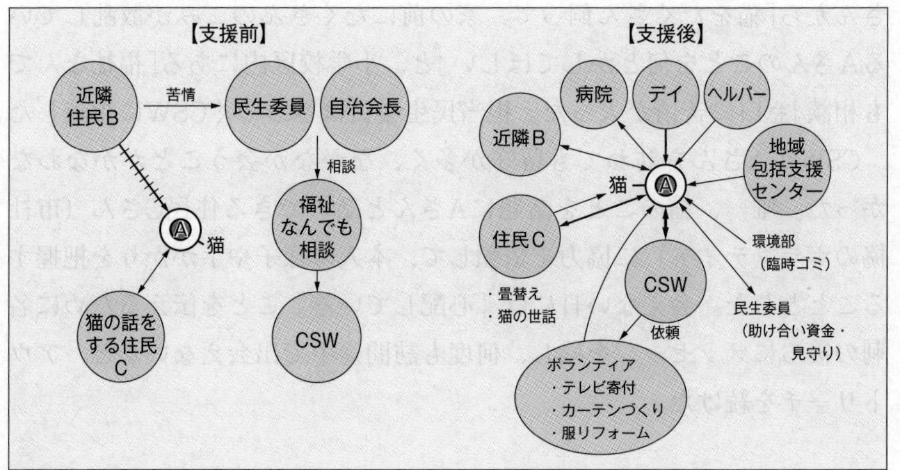

（筆者作成）

は生活費にかかわる相談について担当し、地域包括支援センターの担当者が中心となり、通院やサービス導入についても検討することとなった。

片付け当日になって、何度かのキャンセルが続いたが、いよいよ本番を迎えた。ごみの片付けの中でAさんの生活歴を聞き、貯金があるものの下ろすことができないでいることもわかった。本人は片付けを続け、片付けを通じて近隣との関係も回復していった。近隣住民Cさんは畳を替える手伝いもしてくれた。

３度の片付けを実行するなかで、病院につながり、そこでの受診により難病を患っていることが判明し、Aさんには介護サービスを導入した。片付いた家にテレビを寄付してくれる人がいたり、家具を整えたり、カーテンをつけたりと、たくさんのインフォーマルの支えも得ることができた。彼女の家は電気が通り、明るい部屋での生活が実現した。ヘルパーやデイサービスの利用で人間関係が広がった。

（4）支援者としての視点

①排除ではなく包摂の支援
②申請主義からこぼれている人
③「困った人」は困った問題を抱えている
④地域に盾になってくれる住民をつくる
⑤ごみ屋敷は社会的孤立の象徴
⑥ごみを捨てた後、本人を支える人を増やす
⑦ごみ屋敷に関して支援していくプロジェクトを立ち上げる

(5) 支援者としてのかかわり

❶排除ではなく包摂の支援

ごみの問題は本人に困り感がない場合が多い。「ごみを片付けてください」というアプローチでは、CSW自身が近隣の苦情を言う人の代弁者となり、本人を排除する感情を伝えるだけの人に見えてしまう。そこで、「本人を心配している」という姿勢を続け、特に会えない人の場合は徹底的なアウトリーチで本人に認識してもらえるようになり、タイミングを計る。この際、近隣に情報を求める。近隣の人はよく本人の動向を把握している場合が多い。地域の力を借りてそこから本人支援のアセスメントを行っていく。ここで大切なのは、本人を支援することが目的で、ごみを片付け本人を排除する役割ではないことも、あわせて地域の住民にていねいに伝えていくことである。

❷申請主義からこぼれている人

介護保険も生活保護も、「助けてほしい」と本人が言ってきてから支援する申請主義の考え方が基本だが、ごみ屋敷状態で本人に困り感がない場合、支援拒否することも多く、CSWが訪ねていってもつながりにくいことが多い。「恥ずかしい」「生活のためにごみを集めている」「誰にも迷惑かけたくない」など本人の気持ちはさまざまである。

このような自分からSOSを出せない人にはどのようなアプローチがあるか。近隣に協力を得たり、心配していることを伝えるために本人宅にアプローチしていく。メモを入れたり、名刺の裏などにメッセージを添えてタイミングを計る。本人にとってつながる必要性を感じてもらえるような地道なアプローチが大切である。

❸「困った人」は困った問題を抱えている

本人に出会えたとしても、ごみの話は本人に困り感がないため出ないことが多いことから、本人の困り感にアプローチしていく。認知症なのか、発達障害などで片付けができない人なのか、家族を失ったり自暴自棄になったことがきっかけなのか。周りからの困り感と本人の困り感は違うことが多い。CSWは本人の困り感からつながることで、本人との信頼関係をつくっていく。

❹地域に盾になってくれる住民をつくる

近隣をアセスメントすると、地域の中で本人とつながっている人に出会うことがある。こういう人を、苦情を言う人たちとの間で盾になってもらえるよう、CSWは情報共有して協力者として位置付けていく。一緒に片付けなどを行ってもらうことで本人の課題を共有し、ごみの問題ではなくその人の抱える問題を知ることからやさしさを引き出していく。

❺ごみ屋敷は社会的孤立の象徴

何年間も誰も家を訪ねてこないことからごみ屋敷状態は悪化していく。ごみ屋敷状態にある人は人間関係が途絶え、社会的孤立の象徴として考えられる。ごみのことで近隣とも関係が悪化していく。ごみを片付けることと、人間関係を地域にも専門職にも増やしていくことが支援のポイントになる。

❻ごみを捨てた後、本人を支える人を増やす

そのためには、片付けの際に今後つながっていくことが可能な支援者を想定し、支援を通じて本人とのかかわりを増やしていくこと、片付けを通じて本人の課題の再度アセスメントを行っていくこと、共同作業を通じてチームをつくっていくことなども考えられる。

❼ごみ屋敷に関して支援していくプロジェクトを立ち上げる

一人の問題を支えていくことで、ごみの問題には、①いっせいに片付けを行うための人員の確保（地域にも専門職にも）、②ごみを臨時ごみとして運搬（市の清掃局との連携）、③費用負担（民間業者を使う場合、本人がごみ処理費用を負担できる場合、できない場合）のルールをつくり、同じ課題が起きたときに一定のルールで対応できるようプロジェクトをつくって対応していく。

（6）支援の留意点

ごみ屋敷は単身化が進む現代、判断能力が乏しくなったり、発達障害や認知症などさまざまな状態で現れる。これらの課題を近隣からの苦情で「ごみを片付けなさい」というアプローチだけでは本人が片付けることができない場合が多い。行政による強制執行でごみは一瞬片付いたとしても、本人のもともとの課題にアプローチしていないためにまた逆戻りになるケースも多い。ごみ屋敷という現象に対して、福祉的にアプローチしていくための行政内の連携や地域住民への啓発により、本市においてはこの15年で550件を超えるかかわりがもてた。ごみ屋敷の問題はごみが課題ではあるが人の問題であるという視点でアプローチしていくことが本質的な支援になっていくと考えている。

現代の貧困には2つある。1つは経済的貧困、もう1つは人間関係の貧困。ごみ屋敷は経済的に豊かな人にも貧しい人にも誰にでも起こり得る社会的な孤立の課題（＝人間関係の貧困）であるということから、住民に「我が事」としての共感を得る課題だと考える。

第3節　実践事例からの学び

1 "事例" から学ぶということ

包括的支援体制をいかに構築していくのか、その価値や知識とスキル（方法）を、各地の先駆的な実践事例から学ぼう。

第2節では、全国で活躍しているソーシャルワーカーの仕事ぶりの一端がうかがえる18の実践が記されている。これらの事例を学ぶことによって、皆さんは、①包括的な支援のイメージが浮かび、理解できること、②その包括的な支援をしている、むしろ創り出しているソーシャルワーカーのはたらき、役割、そして、③ソーシャルワーカーが用いる価値、知識、技術など、が理解できるであろう。

ソーシャルワーカーは、目の前の状況に鑑み、課題を抱えている人と状況に対して、どのようにすることがよいと判断したのか、しなければならないと考えたのか（価値の実現）。また、そのめざす方向のためには、どのような考え方、つまり理論を用いるのか、組み合わせるのか（理論・理念の確認）。そして、生活者としての問題解決に向けて、どのようなスキルを具体的に、誰に対していつ用い、誰と一緒に解決に向けて努力するのか、伴走するのか（技術の展開）。最後に、課題を抱えている当事者が自身の生活を取り戻し、家族や地域住民と未来へ向け歩み出せそうか（エンパワメント、信頼、地域への期待）。こうしたことを、ぜひ事例から読み取ってほしい。

第2節の事例は、すべて地域に根差したソーシャルワーク（SW）の展開事例である。そして、現在の日本において、生きにくさを抱えている人たちの課題に対する実践を、種々の機関に勤務するソーシャルワーカーが皆さんの学びのために、教材としてまとめたものである。

2 包括的支援体制の構築とは

包括的支援体制の構築は、もちろん一朝一夕には実現しない。構築のためには、人間と社会を動かす原動力が必要である。それは何か？　まず人、次に基盤、そして方法である。

❶人

地域共生社会創造という理念や社会福祉法という制度上では、すべての国民、住民が福祉文化を形成していく主体である。しかし実際は、地域共生社会の必要性に共感し、自身の知識やスキルを用い、社会づくりに向けて働く人材の存在が必要である。

ここでは中核的存在として、特に専門職としてのソーシャルワーカーに期待している。地域共生社会づくりと地域生活者のことを理解するためには、社会福祉の価値、倫理、知識と技術の学びが必要である。現在、大学や養成施設でワーカーをめざして学んでいる人はもとより、すでに社会福祉の専門職であっても、時代の変化の中で包括的支援を再確認するために学び直しが必要な場合もある。そして、熱い心を持続することである。その上で、地域住民や多様な職業の人々、さまざまな専門職との協働が求められる。

❷基盤

ここでいう「基盤」とは、地域共生社会づくりを応援する法律や政策の設定、財源や人材の確保である。もちろん、議会・委員会や、地域共生社会づくりのための組織も必要な基盤である。

そもそも地域福祉政策を展開する計画や組織がなければ、包括的支援体制の構築は望めない。法制度の変遷と組織については、第１部で各々について詳細に説明されている。

❸方策と方法

このむずかしい課題に挑戦するためには、どのような方策と接近方法、援助スキルが必要なのか、あらためて問わねばならない。気付く力や、ニーズ把握のための調査、データの分析・解析、プロデュース、ネットワーキング、交渉（ネゴシエーション）、組織化、財源の確保など、地域福祉専門職として期待される役割は大きい。

地域福祉と包括的支援体制づくり、コミュニティに強いソーシャルワーカーの養成には、**図２－２－９**に表したような機能を理解し、スキルを身に付けることや、これらのスキルを実践で活用できる力が必要である。

以下、**図２－２－９**の①～⑧の機能・スキルについて説明する。なお、主要なスキルについては、事例の解説とともに後述する。

①SWの価値・理念

私たち専門職が何らかの行動をとるときには必ず、対象者の設定を

〈図２－２－９〉地域包括支援とソーシャルワークの機能（力学）

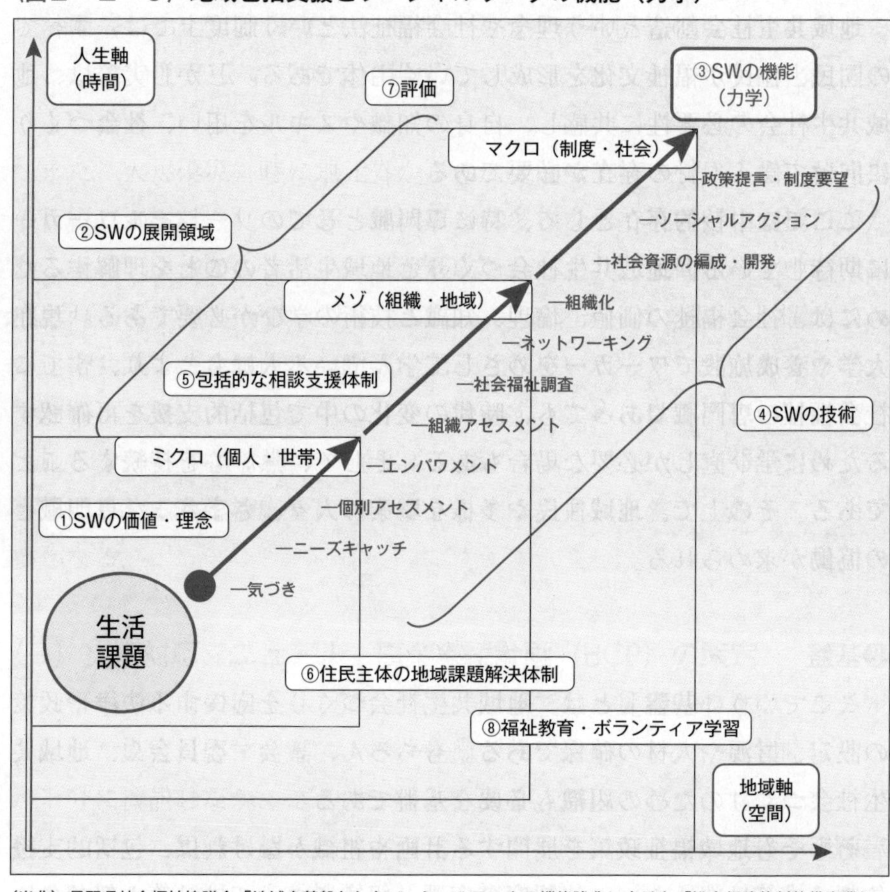

（出典）長野県社会福祉協議会「地域を基盤としたソーシャルワークの機能強化に向けた『総合相談体制整備事業』報告書」(2019年)をもとに一部改変

行い、「なぜその方法？」「なぜそのような方向性？」という事柄をさし示す理念や価値、根拠がいる。

②SWの展開領域

生活課題解決への接近は、個人や世帯という個別、つまりミクロの領域と、組織・地域などのメゾ領域、そして制度・政策や社会に対してはたらきかけるマクロ領域とがある。もちろん、ミクロ・メゾ・マクロ領域はそれぞれ関連しており、それをふまえてソーシャルワーカーは分担や協同して実践している。

③SWの機能

ミクロ・メゾ・マクロという展開領域で、個別支援と地域支援、及び種々のアクターが参加することを支援する。

④SWの技術

SWの主な技術は、ニーズキャッチ、個別アセスメント、エンパワメント、組織アセスメント、社会福祉調査、ネットワーキング、組織化、社会資源の編成・開発、ソーシャルアクション、政策提言・制度要望などであり、それらの機能の重層的な発揮によって、課題の困難性を克服し解決の方向に向けていく「力学」を形成する。

⑤包括的な相談支援体制

ソーシャルワーカーは優れたスキルをもっているし、それぞれ得意分野もあるだろう。しかし、課題を抱えて相談に訪れる人とは、1回きりの出会いになるかもしれない。さらに心身ともに弱っての相談である。そうした人に「断らない」「寄り添う」をモットーにするためには、相談支援体制を包括的に整えなければならない。人材の適切な配置と、研修の徹底が必要である。

⑥住民主体の地域課題解決体制

生活課題を抱えている人々の困りごとや不安に最初に気付くのは家族や親族である。しかし、実は近隣の住民が先に気付いている場合が多い。知らないふりをしているだけの場合もある。

SOSを求められる地域社会であれば、より効果的に解決できる場合があるが、日常的には、単純な困りごとから複雑・多様な困りごとまで生じている。暮らす場である地域において、より初期の段階で「たすけられ上手・たすけ上手」が求められる。生活者として、住民としての問題解決への参加が最も効果的であり、住民自身にとっても、課題解決力や協働力、生活力が蓄えられる。

⑦評価

包括的支援に資するソーシャルワークの機能（力学）について、①から⑥まで簡単に説明した。ワーカーは自身の取り組みについて実践事例ごとに振り返る必要があるが、その際には、記録や評価すべき項目などに照らして、振り返り、スーパーバイザーや職場の先輩、管理者からの評価を定期的に受けることが必要である。

⑧福祉教育・ボランティア学習

また、地域共生社会づくりのためには、私たちや地域住民が差別意識や偏見から解放されていることが必須である。性別、年齢、外国にルーツのある人々、生活困窮者、心身障害者などへの正しい知識と交流・対話による理解を深めること、そして自分自身を大切に思う気持ちや、自分たちが暮らしている街への愛着、さらに他者への配慮、信頼の醸成など、福祉教育・ボランティア学習の課題は多い。福祉教育・ボランティア学習は、乳児から高齢者まで生涯を通して行われるものである。

次に、私たちが地域共生社会を創造していくために、専門職として住民とともに実践している事例からどのように学ぶのか、事例への接近方法について学ぶ。

3 事例学習の進め方

第２節に登場する18事例は、全国各地の先駆的な実践者が書いたものである。その事例を、個別支援事例においては、①事例の全体像、②支援前～支援の始まり、③支援の経過、④支援者としての視点、⑤支援者としてのかかわり、⑥支援の留意点の６点で、地域支援や包括的支援体制の仕組みづくり等の事例においては、①事例の全体像、②実践のきっかけ、③実践の経過、④実践を進める上での視点、⑤実践のポイント、⑥実践上の留意点の６点で整理した。地域福祉実践を学ぶ者を事例の主人公（先駆的な実践者）の立場に立たせ、事例を主体的に読めるように再構成した事例教材となっている。

この事例を用いた学習を通して、読み手は、㋐先駆的実践事例を知ることができ、㋑先駆的な専門職モデルを学ぶことができる。さらに、㋒主人公の立場に自分を置き換えて考えることで、疑似的体験を積むことができ、その経験から、自分の地域で実行可能な自己モデルを獲得するなど、３つの目的を果たすことができる。

特に重要なのは、目的㋒である。18事例を読む際に、主人公（先駆的な実践者）の立場に自分の身を置き換えて読み進めると、自分との異同を実感することとなる。事例に遭遇したときに、どこに視点を置き、それに対してどのような理論や方法、技術を関連付けながら、どのような価値に根差した支援を構想するのか。自らの思考のプロセスを意識しながら読んでみると、主人公との異同が見えてきて、この事例から自身は何を学ぶことができるのかが明らかとなってくるであろう。

また、事例には、主人公が葛藤し奮闘している姿や、いわゆる修羅場に直面している様子なども描かれており、主人公たちが手の届かないお手本としてではなく、「そんなふうに苦労していたのか」などと共感する仲間として見えてくるかもしれない。仲間の奮闘は、読み手に、あらかじめ直面しそうな事態を予測させたり、備えたりする練習を体験させてくれるだろう。

このように、「自分に置き換えて考える」という読み方が地域福祉実践を学ぶ者には必要である。包括的支援体制における自分の立場を俯瞰したり、その立場から何が見えているのか、人々や社会を仰視すること、すなわち地域における自分の位置取り（ポジショニング）に関心をもち続けることが、支援の質におおいにかかわる。

以下に、事例に向き合うポイントを２点整理しておく。

❶ポジショニング（自分は地図のどこにいるのかを常に確認する習慣）

社会構造のどこにいるのかを常に意識しておくこと、さらに自身もその構造の一部を成していることを認識することが大切である。つまり、「私は、誰に対して、その誰とはどのような問題をもっていて、どこで、何をする人か[1]」を自らが認識することである。

支援者は、職場や組織によって位置付けや体制、担当業務、権限、周囲からの職種に対する理解も異なるため、自分が地図のどこにいるのかを確認することが極めて重要となる。広い地域を舞台に、さまざまな人々が登場する状況にかかわる支援者は、自らのポジショニングを常に意識し、対象を見失わないことが支援の質を守ることにつながる。例えば、制度の狭間（はざま）にある課題に対する支援などにおいて自らの業務や役割を超えて行うことが必要になる場合にも、ポジショニングを意識しておくことは重要となる。

❷クリティカルシンキング（鵜呑（うの）みにせずに自分で考える習慣）

先駆的事例や先駆的実践者からの学びは重要である。重要なのは、先駆的実践や先駆的モデルから学びながら、それを鵜呑みにせず、自分で批判的に吟味してみる姿勢である。それは、包括的支援体制を支え合うさまざまなアクターに対しても同じである。

つまり、「そのような状況に置かれたときに、もっとほかにも考えられないだろうか」あるいは「なぜ先駆的事例なのか、どこに先駆性があるのか」などと疑ってみる、という思考をさす。そのようなクリティカル（批判的）な思考の積み重ねから、自分にとって意味のある先駆性やモデルを見つけていけばよい。地域や組織の実情に合った実践をつくり上げていくには、批判的思考が欠かせない。以下に、そのための10の姿勢[2]をあげておくこととする。

① 知的好奇心を示してみよう（これについて、もっとこの部分を調べてみよう）。
② 客観的になってみよう（別の角度からあらためて考えてみよう）。
③ 開かれた心でもってもう一度考えてみよう（見落としはないかな。重複はないかな。例外を切り落としていないだろうか。別の可能性はないだろうか。自分の考え方に偏りはないだろうか）。
④ 柔軟な思考で考えてみよう（過去の経験や常識にとらわれていないだろうか。できていない場面はどんなところだったか。他人の意見を聞き入れていない部分はあっただろうか）。
⑤ 知的懐疑心を示してみよう（そこから、その数値から何がいえるのか。だから何なのか。その意味は何なのか）。
⑥ 誠実に考えてみよう（誠実に取り組んでみるとすると、どうなるだろうか）。
⑦ 何事に対しても筋道立った考え方をしてみよう（前提となっている事情から物事を正しく推論したり結論づけて考えてみるとどうなるか）。
⑧ 問題解決に対する追究心を強く抱いてみよう（正解や答えがほしいと強く思うところはどんなところか）。
⑨ 決断力を発揮してみよう（ひとたび決めたら後悔していないか。即決できたか。決断した選択に責任がもてるのか。決断するまでの手順をイメージできるか）。
⑩ 他者の意見を尊重してみよう（他者の意見や立場を理解できたのはどんなところか）。

4 包括的支援体制におけるソーシャルワーク機能の全体像

地域の中で個人や世帯を取り巻く課題が多様化・複雑化し、誰にも助けを求めることができず、支援の狭間に漏れ落ちるようなケースが後を絶たない。そのような現状に対し、**「地域共生社会に向けた包括的支援と多様な参加・協働の推進に関する検討会」（地域共生社会推進検討会）**は令和元（2019）年12月の最終とりまとめにおいて、①断らない相談支援、②参加支援、③地域づくりに向けた支援、の３つの支援を一体的に行う包括的支援体制の整備を提起した。それには、次の３つのアプローチが求められる。

・地域の中で、分野別ではなく、まずは課題丸ごとで相談を受け止め、多面的なアセスメントを行い、多様な支援者によるネットワークをコーディネートしながら課題解決をめざす「個へのアプローチ」

・地域住民が地域の課題に気付き、主体的に考え行動し、課題の解決に向けて取り組むことができるような地域のつながりづくりをめざす「地域へのアプローチ」

・「個へのアプローチ」と「地域へのアプローチ」が一体的に地域で取り組まれることにより、地域から孤立していた人が再び地域の中で人とつながり、役割をもちながら社会に参加することを支援する「参加支援へのアプローチ」

包括的支援体制において、これら３つのアプローチを実現していくソーシャルワーク機能の全体像を**図２－２－10**で示す。

ここからは、この３つのアプローチを実現していくために、ソーシャルワークの機能をどのように発揮していけばよいのか、第２節の18事例をもとに考えていきたい。

〈図２－２－10〉包括的支援体制におけるソーシャルワーク機能の全体像

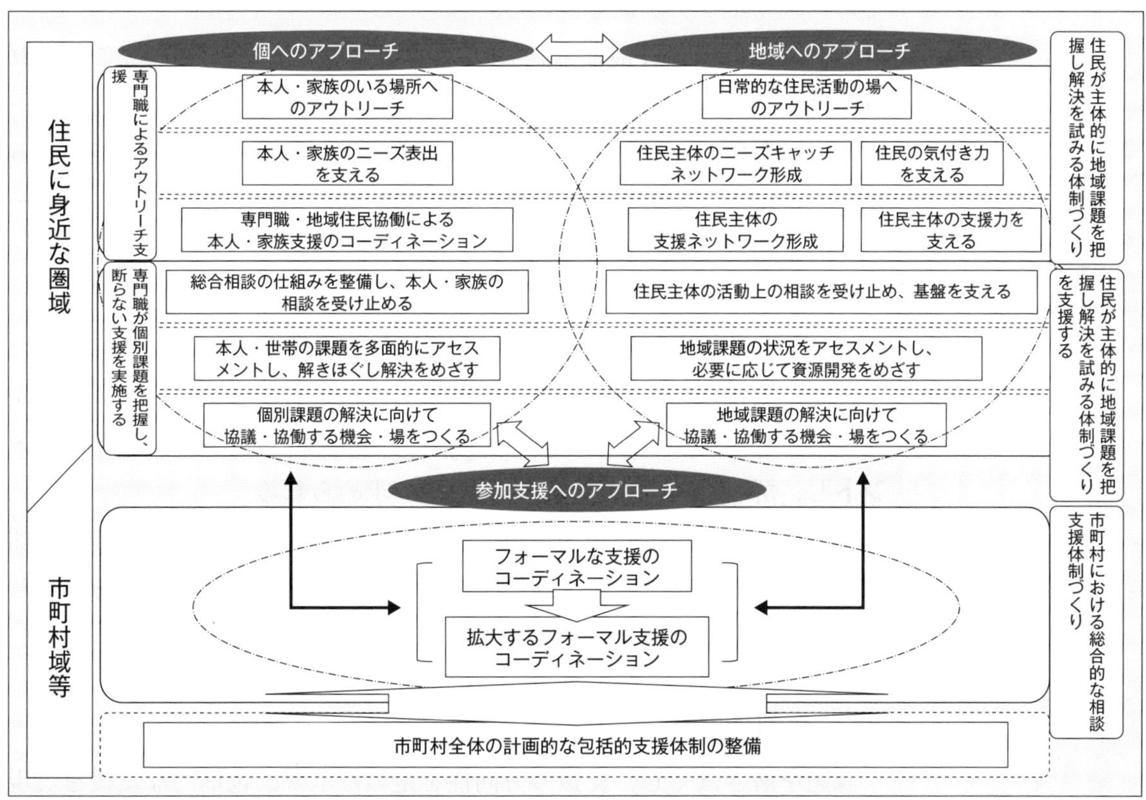

（筆者作成）

5 丸ごと受け止める相談支援（個へのアプローチ）

（1）ニーズキャッチ

支援が必要な状況にありながら誰ともつながることができず支援が届かない人は、相談支援の窓口に自らつながることはほとんどない。ソーシャルワーカーは、本人・家族のいる場所への**アウトリーチ**を行い、ニーズをキャッチしていくことが求められる。

事例4では、精神障害のある本人にアウトリーチを行い、ニーズの表出を支え、寄り添い、将来の希望を支えるために支援チームを形成している。支援を受けることをその人の権利としてとらえ、権利擁護の視点から本人・家族のニーズ表出を支えることが求められる。

また、アウトリーチによるニーズキャッチだけではなく、住民の身近な場所に総合相談の仕組みを整備し、本人・家族のニーズを受け止めることも求められる。また、このような窓口の存在を周知することによってニーズキャッチが促進される。

事例3では、社会福祉協議会のサテライト相談窓口に、「ここに来れば助けてくれる人がいる」と本人が信頼して来所したことにより、ニーズが支援者につながっている。地域の中にソーシャルワーク機能がしっかりと根付き、ニーズキャッチの網の目が細かくなることにより、ニーズへの早期対応が可能となる。

（2）課題の多面的なアセスメントによる解きほぐし

課題が複雑に絡まり合っているケースは、どこから支援していいのか支援のきっかけがわかりづらい。本人・世帯の課題を多面的に**アセスメント**し、解きほぐし解決をめざすことが求められる。

事例1では、借金の督促に追い詰められた本人に対し、本人の心の揺れを受け止め、絡まり合う課題をていねいに解きほぐし、制度を活用し住居確保・債務整理を行っている。

（3）個別支援のコーディネーション

課題を解きほぐし、支援の方向性を定めた上で、包括的な支援を実現するために、多様な支援主体によるチームを形成することになる。その際に、それぞれの支援主体の特性を理解し役割を整理する、チーム全体の**コーディネーション**が求められる。

事例2では、高齢の母親と同居する息子の世帯に対し、世帯全体の支援を意識し、専門職・地域住民が協働で支援体制を構築し、そのコーディネーションをソーシャルワーカーが担っている。**事例5**では、高校進学を希望する子どもを、ソーシャルワーカーと主任児童委員が連携して支え、高校合格につなげている。個別支援を行う上で、ソーシャルワーカーとして、専門職・地域住民協働による本人・家族支援のコーディネーションを、その人が暮らす地域を基盤として行うことが求められる。

（4）解決に向けた協議・協働の場

個別の課題の解決に向けて、共通の目的をもつ支援者、同じ悩みをもつ当事者がともに協議し、協働することにより、一人では成し得ないことを実現していくことができる。

事例6では、ひきこもりの息子を支える母親が、同じ悩みをもつ家族の組織である家族会とつながることによりエンパワメントされ、息子への理解が深まり、その結果、息子本人も自分自身で次の一歩へ踏み出すことができている。ソーシャルワーカーは、支援者や当事者が個別課題の解決に向けて協議・協働する機会・場をつくることが求められる。

6 地域の基盤をつくる（地域へのアプローチ）

（1）地域住民の気付き力、支援力のエンパワメント

地域のつながりの中で、ちょっとした困りごとをキャッチする住民の気付き力を支え、「困ったときはお互いさま」と支え合う住民主体の支援力を支え、地域住民の主体性をエンパワメントすることが求められる。また、ソーシャルワーカーは、地域への展開をめざし、地域住民の気付き力や支援力を組織化し、住民主体のニーズキャッチネットワーク、住民主体の支援ネットワークを形成していくコミュニティワーク機能が求められる。

事例14では、「居場所がほしい」という住民の声を受け、多様な人を巻き込みながら拠点形成のサポートを行っている。その拠点において、さまざまな住民同士の支え合いの活動が生まれ、住民のニーズが自然な形で受け止められていく。ソーシャルワーカーは、このような地域住民の主体性をエンパワメントするために、住民主体の活動上の相談を受け止め、基盤を支えることが求められる。

また、地域住民の活動を支えるためには、ソーシャルワーカーが日常的な住民活動の場へのアウトリーチを行い、ソーシャルワーカー自身も地域の一員として、ともに活動に参加するという姿勢が求められる。

（2）地域へのアセスメント

地域で起こるさまざまな個別課題の共通点を見出し、地域課題としてとらえ直していくアプローチに欠かせないのが地域へのアセスメントである。ソーシャルワーカーはさまざまな手法を使いながら、地域の課題を「見える化」していくことが求められる。

事例10では、医療的ケア児の当事者実態調査を実施し、不足する社会資源と孤立する当事者の実態を明らかにすることにより、支援者の意識が変化し、社会資源が開発されている。**事例11**では、地域の中に、入退院支援や死後対応のニーズをもつ人が多くいるということを個別支援の蓄積の中から見出し、「地域生活総合支援サービス」という新たなサービスを開発している。地域課題の解決のために、実態調査や支援の蓄積から地域課題の状況をアセスメントし、必要に応じて**資源開発**をめざすことがソーシャルワーク機能として求められる。

7 地域の中での役割の創出（参加支援へのアプローチ）

（1）課題解決に向けての参加支援

地域課題の解決には多様な主体の参加が必要となる。

事例12では、地区計画の策定に向けて、地区ごとに子どもを含んだ多彩なメンバーが地域の中での課題を共有し、課題解決の方法を話し合っている。**事例13**では、外国籍の住民に地域福祉活動計画策定への参加を促し、地域住民とのコンフリクトを乗り越え、地域で暮らす住民同士としての新たな関係性が生まれている。

支援が必要な人もそうでない人も、地域の中で役割を分け合えるような、地域課題の解決に向けて協議・協働する機会・場をつくることがソーシャルワーク機能として求められる。「Nothing about us without us（私たち抜きで私たちのことは決めないで）」という当事者参加の視点に立ち、話し合い、学び合い、行動することにより相互理解が促進されていく。

8 「個へのアプローチ」「地域へのアプローチ」「参加支援へのアプローチ」の連動

次に、**図２－２－10**を横軸で見ながら、「個」と「地域」の連動を確認していこう。「個へのアプローチ」と「地域へのアプローチ」はミクロレベルとメゾレベルというレベルの違いはあるが、ソーシャルワーク機能としてそれぞれの横軸で連動している。例えば、個別（本人・家族）のニーズ表出を支えるということと、地域のニーズキャッチ力をエンパワメントしていくことが相乗効果を発揮することにより、地域で漏れ落ちる人を少しでも減らしていくことが可能となる。この連動を意識することにより、個の問題を個だけで終わらせず、地域の課題としてとらえ直し、課題をもつ本人・家族が地域の中で孤立せずに地域のつながりの中でともに暮らすことを可能にする地域づくりを、ソーシャルワーク機能として実現することができる。

また、「個」と「地域」が連動し、ともに暮らすという意識が醸成されていくことにより、多様な主体がそれぞれの役割を担い合い、社会の中での多様な参加のあり方を実現していく「参加支援のアプローチ」が進められていくことになる。包括的支援体制の中で、この３つのアプローチの連動を意識し、ソーシャルワーク機能を発揮していくことが求められている。

9 多機関・多職種協働のコーディネーション

市町村における総合的な相談支援体制づくりにおいて、多機関・多職種の協働を支えるコーディネーションはソーシャルワークの重要な機能となる。

事例９では、複合的な課題をもつ人にさまざまな制度の組み合わせによる支援を行っているが、それを実現可能としたのは、市町村における行政の庁内連携、関係機関連携というフォーマル支援のコーディネーションをソーシャルワーク機能が日常的に意識し、実践したことによる。

また、今後、フォーマル支援の範囲が広がっていくことが想定される。**事例７**では、母親の障害に対する支援を行うとともに、ひきこもっていた長男に対し、商工業者や町の企業と連携し、社会への参加支援を行った。また、**事例15**では、DV被害を受けている当事者の遠隔地避難を支援し、市町村域を越えてフォーマルな支援をコーディネーションし、当事者の生活再建を支援した。

福祉以外の他分野にわたる拡大、市町村域を越える拡大の双方の意味を含め、拡大するフォーマル支援のコーディネーションがソーシャルワーク機能において今後ますます期待される。

ここでいま一度確認しておきたいことは、包括的支援体制は地域との協働を大切にするからこそ、まず、フォーマル支援の連携を充実させ、地域住民が安心して地域課題の解決に向けて専門職と連携できるよう、住民主体の地域活動をフォーマルな支援がバックアップできる体制を整えておく必要があるということである。

10 市町村単位の計画的な体制整備への提言

ソーシャルワーク機能には今後、市町村全体の計画的な包括的支援体制の整備をめざし、どのようにシステムを構築していくかという、マクロレベルの視点がいっそう求められることになる。また、令和３(2021）年４月より重層的支援体制整備事業が施行されたことにより、いっそうソーシャルワークがその中でどう位置付くのかが課題となっている。

事例８では、地域福祉計画と連動させながら財源を確保して「ふくし相談サポートセンター」を開設し、体制整備を行っており、**事例16**では、包括的支援体制の整備をめざして行政庁内の体制づくり、組織再編を行い、地域でのソーシャルワーカー配置を行っている。**事例17**では、コロナ禍の危機的状況の中で特例貸付業務を担った社協の管理職が、他の社協との情報交換を行いながら組織の運営管理を行うとともに、実践現場のデータを行政に伝えている。

このように、現場の実践の蓄積からボトムアップで市町村の制度や体制に対して提案していくことが、ソーシャルワーク機能として今後ますます求められていくことになる。このため、マクロソーシャルワークに関する専門職養成教育や現任研修の充実がさらに必要となるだろう。

包括的支援体制の全体像として、社会的孤立の状況にある人のニーズをキャッチし、本人にていねいに寄り添い、アセスメントし、フォーマル・インフォーマル協働の支援ネットワークを形成し、課題解決を図り、さらに、その人の問題を地域の問題としてとらえ直し、地域住民と協働し、庁内連携、多機関連携を構築し、必要に応じて資源開発を行い、市町村全体の仕組みへと発展させていくという、多様なソーシャルワーク機能が求められることになる。そして、これらの機能は相互に連動している。

事例18は、個人へのていねいな寄り添い支援が、制度としてのごみ屋敷支援プロジェクトに展開しており、一つの事例の中に、包括的支援体制整備を推進するソーシャルワーク機能が集約されているモデル事例といえる。ただし、すべてのケースにおいて、ミクロからマクロまでのソーシャルワーク機能が総合的に発揮されるわけではない。包括的支援体制におけるソーシャルワーク機能の全体像を意識しながら、それぞれのケースの中で求められる機能を担い、実践の積み重ねの総体として「地域共生社会」を実現していくことが求められている。

引用文献

1）奥川幸子『身体知と言語－対人援助技術を鍛える』中央法規出版、2007年、127頁

2）E. B. ゼックミスタ・J. E. ジョンソン、宮元博章ほか 訳『クリティカルシンキング 入門篇－あなたの思考をガイドする40の原則』北大路書房、1996年、８～10頁

第2部　地域共生社会の実現に向けた包括的支援体制

第3章

災害時における総合的かつ包括的な支援体制

学習のねらい

災害は、市民の命と財産を脅かすとともに生活に大きな影響を与える。生活は市民が生きるために必要な活動であり、その範囲は広域にわたる。また、ひと言で災害といっても、地震・台風・豪雨・噴火等と、その種類は多く、対策についても予防、応急対策、復旧・復興とそれぞれの段階がある。さらに災害対応においては、その関係法令が多岐にわたり、自治体をはじめ民間の支援活動を含めた多機関・多職種連携の取り組みが必要かつ重要になる。

本章では、基本的な法制度を理解した上で、すべての住民にとって安全・安心に暮らすことができる、災害時を想定した地域づくりの考え方と方法を学ぶ。

第1節　非常時や災害時における法制度

1　災害・防災に関する体制整備と統一的な法制度

（1）災害法制の体系

近年、地震や台風・豪雨災害等が繰り返し発生し、広域・同時多発的な災害による甚大な被害をもたらしたケースも起こっている。

国における大規模災害時の対応は、各省行政の事務も広範にわたり、

〈表2－3－1〉主な災害対策関係法律の類型別整理表

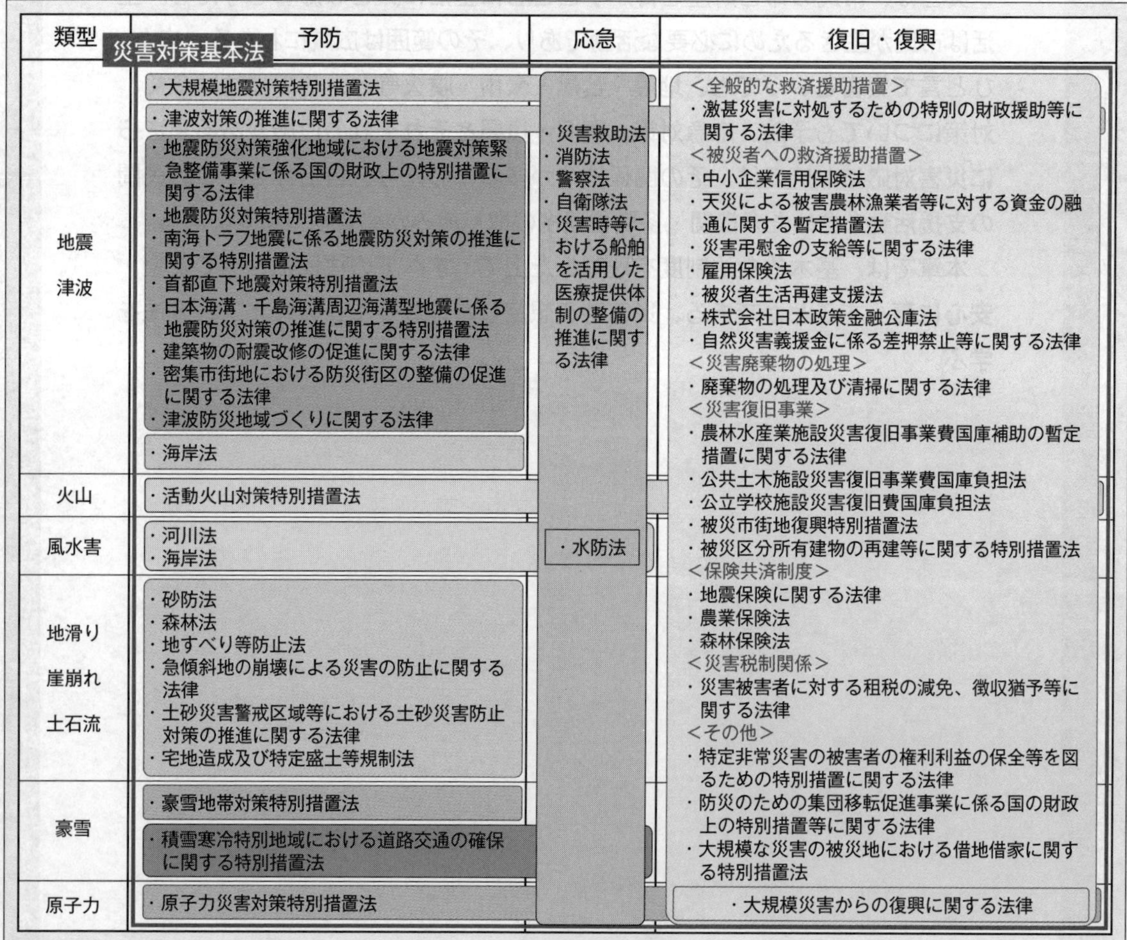

災害対策基本法

類型	予防	応急	復旧・復興
地震 津波	・大規模地震対策特別措置法 ・津波対策の推進に関する法律 ・地震防災対策強化地域における地震対策緊急整備事業に係る国の財政上の特別措置に関する法律 ・地震防災対策特別措置法 ・南海トラフ地震に係る地震防災対策の推進に関する特別措置法 ・首都直下地震対策特別措置法 ・日本海溝・千島海溝周辺海溝型地震に係る地震防災対策の推進に関する特別措置法 ・建築物の耐震改修の促進に関する法律 ・密集市街地における防災街区の整備の促進に関する法律 ・津波防災地域づくりに関する法律 ・海岸法	・災害救助法 ・消防法 ・警察法 ・自衛隊法 ・災害時等における船舶を活用した医療提供体制の整備の推進に関する法律	＜全般的な救済援助措置＞ ・激甚災害に対処するための特別の財政援助等に関する法律 ＜被災者への救済援助措置＞ ・中小企業信用保険法 ・天災による被害農林漁業者等に対する資金の融通に関する暫定措置法 ・災害弔慰金の支給等に関する法律 ・雇用保険法 ・被災者生活再建支援法 ・株式会社日本政策金融公庫法 ・自然災害義援金に係る差押禁止等に関する法律 ＜災害廃棄物の処理＞ ・廃棄物の処理及び清掃に関する法律 ＜災害復旧事業＞ ・農林水産業施設災害復旧事業費国庫補助の暫定措置に関する法律 ・公共土木施設災害復旧事業費国庫負担法 ・公立学校施設災害復旧費国庫負担法 ・被災市街地復興特別措置法 ・被災区分所有建物の再建等に関する特別措置法 ＜保険共済制度＞ ・地震保険に関する法律 ・農業保険法 ・森林保険法 ＜災害税制関係＞ ・災害被害者に対する租税の減免、徴収猶予等に関する法律 ＜その他＞ ・特定非常災害の被害者の権利利益の保全等を図るための特別措置に関する法律 ・防災のための集団移転促進事業に係る国の財政上の特別措置等に関する法律 ・大規模な災害の被災地における借地借家に関する特別措置法
火山	・活動火山対策特別措置法		
風水害	・河川法 ・海岸法	・水防法	
地滑り 崖崩れ 土石流	・砂防法 ・森林法 ・地すべり等防止法 ・急傾斜地の崩壊による災害の防止に関する法律 ・土砂災害警戒区域等における土砂災害防止対策の推進に関する法律 ・宅地造成及び特定盛土等規制法		
豪雪	・豪雪地帯対策特別措置法 ・積雪寒冷特別地域における道路交通の確保に関する特別措置法		
原子力	・原子力災害対策特別措置法		・大規模災害からの復興に関する法律

（出典）内閣府「令和４年版 防災白書」2022年、附属資料27

責任の所在も不明確となるため、混乱を避けるためにもさまざまな災害関係の法律を整備しておく必要がある。災害対策基本法は、災害の予防、発災後の応急期の対応及び災害からの復旧・復興の各ステージを網羅的に包含する法律である。わが国の災害法制は、この災害対策基本法を中心に、災害の各ステージにおいて、災害類型に応じた個別法によって対応する仕組みとなっている（**表２－３－１**）。

（２）災害対策基本法における市町村と都道府県の責務と権限等

災害対策基本法は、国、地方公共団体、公共機関等の統一的かつ計画的な防災体制の整備を図るため、災害対策の最も基本となる法律として昭和36（1961）年に制定された。その目的は、国土並びに国民の生命、身体及び財産を災害から保護し、社会の秩序の精神と公共の福祉の確保に資することとされ、中央防災会議[*1]の設置、防災に関する総合的かつ長期的な計画である防災基本計画の作成等が規定されている。

災害対策基本法において、市町村は、基礎的な地方公共団体として防災に関する対策を実施する責務があり、災害応急対策及び応急措置を実施する義務を負っている。これらの責務・義務を果たすために、「事前措置の指示（第59条）」「避難の指示等（第60条）」「警戒区域の設定（第63条）」「物的応急公用負担（第64条）」「人的応急公用負担（第65条）」等の権限が与えられている。

同様に、都道府県は、広域的な地方公共団体として、自ら防災に関する対策を実施するのみならず、市町村の事務又は業務の実施を助け、かつその総合調整を行う責務を有している。これらの責務・義務を果たすために、都道府県知事には、従事命令等の権限のほか、市町村の応急措置の実施及び応援について指示する権限等が与えられている。

また、防災基本計画は、国（中央防災会議）が作成する計画となり、防災業務計画や地域防災計画の基本となる。防災業務計画は、中央省庁や独立行政法人、日本銀行、日本赤十字社等の指定公共機関が作成するもので、地域防災計画は、都道府県防災会議（会長：知事）・市町村防災会議（会長：市町村長）が作成するものである。

災害対策基本法は、大規模な災害を経るたびに、見直しが繰り返されてきている。

平成７（1995）年の阪神・淡路大震災後の主な改正としては、ボランティアや自主防災組織による防災活動の環境整備、国の「緊急災害対策本部」の設置要件緩和、自衛隊の災害派遣要請の法定化等がある。

＊１
内閣総理大臣を会長とし、防災担当大臣をはじめとする全閣僚、指定公共機関の長、学識経験者からなる会議で、防災基本計画や非常災害の際の緊急措置に関する計画の作成及びその実施の推進、防災に関する重要事項の審議等の役割がある。

平成24（2012）年12月には、その前年に発生した東日本大震災を受けて、①大規模広域な災害に対する即応力の強化、②大規模広域な災害時における被災者対応の改善、③教訓伝承、防災教育の強化や多様な主体の参画による地域の防災力の向上等を内容とした法の改正が行われた。その後、平成25（2013）年６月の改正では、市町村に避難行動要支援者名簿の作成が義務付けられ、避難行動要支援者本人からの同意を得て、平常時から消防機関や民生委員・児童委員等の避難支援者に情報提供することなどが盛り込まれた。

令和元年台風第19号等は、全国各地で甚大な被害をもたらしたが、激甚化・頻発化する豪雨災害に対し、避難対策の強化の見直しが必要となり、令和３（2021）年に、①避難勧告・避難指示の一本化、②市町村による避難行動要支援者の個別避難計画作成の努力義務化、③災害が発生するおそれがある段階での国の災害対策本部の設置等の改正が行われている。

（3）災害救助法の概要

災害発生後の応急期における応急救助に対する法律が**災害救助法**であり、災害により一定数以上の住家の滅失（全壊）がある場合や、多数の者が生命又は身体に被害を受け、または受ける恐れが生じた場合であって、避難して継続的に救助を必要とする場合等に適用される。

法定受託事務として、都道府県（平成31〔2019〕年４月より指定都市を含む）が、現に救助を必要とする者に行うものであるが、必要に応じて救助の実施に関する事務の一部を市町村へ委託できることとなっている。広域的な大規模災害に備えて、あらかじめ他の都道府県と協定を締結したり、発災後に速やかに応援要請できる体制を整えたりしておくことが必要になると考えられる。

災害救助法における救助の種類には、次のようなものがある。

- 避難所の設置
- 応急仮設住宅の供与
- 炊き出しその他による食品の給与
- 飲料水の供給
- 被服、寝具その他生活必需品の給与・貸与
- 医療・助産
- 被災者の救出
- 住宅の応急修理
- 学用品の給与
- 埋葬
- 死体の捜索・処理
- 障害物の除去

実際に災害救助法が適用されると、都道府県が実施主体となり、当該

市町村は都道府県の補助を担うことが規定されている。こうした活動に要する費用については、実施主体である都道府県が支弁することになるが、その額の都道府県の普通税収入見込額の割合に応じ、国の負担割合が100分の50、100分の80、100分の90と定められている。

（4）激甚災害制度の概要

激甚災害制度は、地方財政の負担を緩和し、または被災者に対する特別の助成を行うことが特に必要と認められる災害が発生した場合に、当該災害を激甚災害として指定し、あわせて当該災害に対して適用すべき災害復旧事業等に係る国庫補助の特別措置等を指定するものである。指定については「激甚災害に対処するための特別の財政援助等に関する法律」（激甚災害法）に基づく政令で指定することとなるが、政令の制定にあたっては、あらかじめ中央防災会議の意見を聴くこととされている。

激甚災害に係る適用措置としては、公共土木施設等の復旧事業や農地等の復旧事業の国庫補助率の嵩上（かさあ）げや、中小企業への助成（保険限度額の別枠化など）がある。

（5）被災世帯等に対する支援

豪雨、地震などの自然災害により、家屋の全壊や半壊などの多大な被害を受けたときに、一定の要件に該当する被災世帯に対し、その住宅の再建（賃貸への転居を含む）を目的に最大300万円の支援金を支給する被災者生活再建支援制度がある。この支援金の原資は、国から２分の１補助を受けた都道府県の拠出による基金である。ちなみに、東日本大震災の場合は国の５分の４補助となった。

制度の対象となる自然災害は、10世帯以上の住宅全壊被害が発生した市町村等となり、この自然災害により、①住宅が「全壊」した世帯、②住宅が半壊、または住宅の敷地に被害が生じ、その住宅をやむを得ず解体した世帯、③災害による危険な状態が継続し、住宅に居住不能な状態が長時間継続している世帯、④住宅が半壊し、大規模な補修を行わなければ居住することが困難な世帯（大規模半壊世帯等）、⑤住宅が半壊し、相当規模の補修を行わなければ居住することが困難な世帯（中規模半壊世帯）が制度の対象となる。

その他、都道府県で100世帯以上の住宅全壊被害が発生した場合、該当の市町村や都道府県で５世帯以上の全壊被害があった場合、該当の市町村を含む都道府県が２つ以上ある場合のそれぞれも、被災者生活再建

〈表２－３－２〉災害弔慰金、災害障害見舞金、災害援護資金の概要

	災害弔慰金	災害障害見舞金	災害援護資金
実施主体	市町村（特別区含む）	左に同じ	市町村
対象災害	以下に該当する自然災害 ・１市町村において住居が５世帯以上滅失した災害 ・都道府県内において住居が５世帯以上滅失した市町村が３以上ある場合の災害 ・都道府県内において災害救助法が適用された市町村が１以上ある場合の災害 ・災害救助法が適用された市町村をその区域内に含む都道府県が２以上ある場合の災害	左に同じ	都道府県内で災害救助法が適用された市町村が１以上ある災害
受給者	以下に該当する被災者遺族 ・配偶者、子、父母、孫、祖父母 ・上記のいずれもが存在しない場合は、死亡した者の死亡当時における兄弟姉妹（死亡した者の死亡当時その者と同居し、又は生計を同じくしていた者に限る）	上記対象災害により重度の障害（両眼失明、要常時介護、両上肢 ひじ関節以上切断等）を受けた者	上記対象災害により以下の被害を受けた者 ①世帯主の１か月以上の負傷 ②家財の1/3以上の損害 ③住居の半壊 ④住居の全壊 ⑤住居の全体が滅失若しくは流失
支給等額	生計維持者が死亡した場合：500万円 その他の者が死亡した場合：250万円	生計維持者：250万円 その他の者：125万円	上記①～⑤の被害状況に応じて150万円～350万円までの貸付 *所得制限あり
費用負担	国：1/2 都道府県：1/4 市町村：1/4	左に同じ	貸付原資 国：2/3 都道府県・指定都市：1/3

（出典）内閣府資料より筆者作成

支援制度の対象となる。

また、「災害弔慰金の支給等に関する法律」では、「災害弔慰金」「災害障害見舞金」「災害援護資金」が被災世帯等に支給されることが定められている（**表２－３－２**）。

その他、災害緊急事態の布告がない場合で、①死者・行方不明者、負傷者、避難者等の多数発生、②住宅の倒壊等の多数発生、③交通やライフラインの広範囲にわたる途絶、④地域全体の日常業務や業務環境の破

〈表２－３－３〉特定非常災害特別措置法の適用すべき措置の内容

①行政上の権利利益に係る満了日の延長（法第３条） 　例）運転免許証（道路交通法第92条の２） ②期限内に履行されなかった義務に係る免責（法第４条） 　例）薬局の休廃止等の届出義務（医薬品医療機器等法第10条） ③債務超過を理由とする法人の破産手続開始の決定の特例（法第５条） ④相続の承認又は放棄をすべき期間に関する民法の特例措置（法第６条） ⑤民事調停法による調停の申立ての手数料の特例措置（法第７条） ⑥景観法による応急仮設住宅の存続期間の特例措置（法第８条）

（出典）内閣府ホームページ「防災情報のページ」「特定非常災害の被害者の権利利益の保全等を図るための特別措置に関する法律（H８法律第85号）の概要」より一部抜粋

壊によって、著しく異常かつ激甚な災害が発生した場合、「特定非常災害の被害者の権利利益の保全等を図るための特別措置に関する法律」に基づき、政令で特定非常災害の指定ができる。この法律は、被害者の権利利益の保全等を図るため、特定非常災害が発生した場合における行政上の権利利益に係る満了日の延長等の特例について定めたものである（**表２－３－３**）。

（６）災害福祉支援活動における行政と民間の支援活動

災害対策基本法では、防災に関する責務として、国、都道府県、市町村等に加えて、住民等の責務として、自らの災害への備え、自発的な防災活動への参加等をあげている。実際、災害発生後の避難所等での炊き出しや救援物資の整理配達、泥出しや後片付けなどの被災者の生活環境の整備、**応急仮設住宅**[＊2]での支援活動など、災害時には行政が行わない（行えない）ボランティア活動は多くあり、多様な実施主体がさまざまな活動を行い被災者支援に大きな役割を果たしている。特に、被災者一人ひとりのきめ細かな課題やニーズ把握については、行政だけではなく、民生委員・児童委員をはじめとした多くのマンパワーが必要になる。

こうしたマンパワーを確保する仕組みとしては、応急仮設住宅に入居する期間、被災者がそれぞれの環境の中で安心した日常生活を営むことができるよう、孤立防止のための見守り支援や、日常生活上の相談を行った上で被災者を各専門機関へつなぐなどの支援を行う**生活支援相談員**[＊3]等を配置する「被災者見守り・相談支援事業」がある。本事業は、これまで国において大規模災害発生に応じて事業化が図られてきたが、令和元（2019）年度より、自治体が速やかに事業実施できる仕組みとして一般事業化された。

＊2
応急的に避難していた避難所の閉鎖に伴い、自らの資力では住宅を確保することができない者に対する一時的な住まいで、災害救助法に基づき国や地方自治体が提供する。「建設型仮設住宅」と、民間賃貸物件や公営住宅、空き家などを借り上げる「みなし仮設住宅」の２種類がある。

＊3
被災者の生活相談や支援活動を行うことを目的に、被災地の社会福祉協議会等に配置される相談員。被災者の自宅、仮設住宅に出向いての相談や情報提供、被災者の福祉的見守り、支援ネットワークづくり、被災者への福祉・生活関連サービスの利用援助などを行っている。

全国社会福祉協議会・災害時福祉支援活動に関する検討会が令和元(2019) 年9月に取りまとめた提言「災害時福祉支援活動の強化のために」では、災害時福祉支援活動をさまざまな福祉的課題を有する被災者に対する福祉関係者による支援活動（福祉的支援活動）と定義している。さらに、発災後、「その範囲は、介護をはじめとする福祉サービスや日常生活支援の提供、避難生活における要配慮者の心身の状況の悪化防止、当座の生活費の貸付等の経済的支援、さらには孤立防止や生活再建に向けた寄り添い型の相談支援など多岐にわたる。加えて、高齢者世帯等、自力で被災した住宅の片づけ等が困難な場合に、その支援を行うボランティア活動も福祉的支援の一部ということができ、現在においては幅広い関係者によって支えられた活動となっている[1)]」と、こうした支援活動の範囲と実施主体の広がりを指摘している。

このように非常時や災害時には、行政の役割と機能の発揮が大きいことは言うまでもないが、加えて柔軟で機動力のある民間の取り組みとの連携・協働が極めて重要になる。そのために災害・防災に関する体制整備と統一的な法制度が必要になるといえる[*4]が、一方で、過去の事例からは、生命や財産の保全の観点で、法律や規定を使っていたら対応できず、ときに柔軟で迅速な対応が求められる事態が発生していることにもまた留意が必要である。

＊4
近年、災害が頻発化・激甚化するなか、ボランティアの活動者数や活動範囲も広がり被災地支援で大きな役割を果たすようになる一方、ボランティアの調整を行っている災害ボランティアセンターの負担の増大が課題となっていた。令和2 (2020) 年7月豪雨災害が発生すると、全国社会福祉協議会は国に対して災害ボランティアセンターの設置・運営費に対する公費負担を求める緊急要望を行った。その結果、同年8月、災害救助活動である避難所運営や障害物除去などの救助を円滑かつ効果的に行うために、救助とボランティア活動の調整に必要な人員の確保については災害救助法の国庫負担の対象となった。

引用文献

1）全国社会福祉協議会・災害時福祉支援活動に関する検討会「災害時福祉支援活動の強化のために－被災者の命と健康、生活再建を支える基盤整備を－（提言）」2019年9月30日、4頁

第２節　非常時や災害時における総合的かつ包括的な支援

日本各地では、地震や台風・豪雨災害、豪雪、噴火などさまざまな自然災害に見舞われており、いつ・どこで災害が起きても不思議ではない。災害では、高齢者、障害者、子どもなど、社会的に弱い立場にある人々に特に大きな被害をもたらすことから、平時からの状況をふまえた配慮が求められる。すべての住民にとって安心・安全に暮らすことができる、災害時を想定した地域づくりを進めていくためにも、平時から災害時へと一貫性のある福祉的支援が必要となる。

また、災害時には平時には見られなかった膨大かつ複合的な福祉ニーズが現れる。発災直後から復興に向けてニーズは変化し、長期間にわたる対応が必要となる。それらに対応していくためには、行政や福祉の専門職・機関をはじめ、多様なセクターが相互に連携しながら支援にあたるとともに、被災地内外から駆けつけるボランティアによる活動が十分に発揮されなければならない。

1　災害時の福祉・ボランティア活動

（1）災害ボランティア活動の発展

地域住民、ボランティア団体・NPO、日本赤十字社、生協や農協などの各種団体、企業、さらには全国から駆けつけたボランティア等、幅広い人々の協働により実施されているのが災害ボランティア活動である。

平成７（1995）年の阪神・淡路大震災では、多数のボランティアが被災地に集まり、被災者支援活動を行う機運を高めたことから「ボランティア元年」といわれている[*5]。一方、被災地では多数のボランティアの活動を調整する仕組みが事前に計画されていなかったため、大きな混乱が生じた。こうした状況を受けて改正された災害対策基本法では、行政がボランティアによる防災環境の整備に努めることが規定された。

その後、民間の不特定多数の個別の資源・善意を調整し、被災地・被災者の個別のニーズにつなぐために、社会福祉協議会（社協）が**災害ボランティアセンター**（災害VC）を運営することが定着し、それを前提とした地域防災計画が各地で策定されている。

＊5
発災後１年間で約138万人のボランティアが活動し、広く国民の支え合いに根ざした活動として定着した。

平成23（2011）年の東日本大震災では、被害が大規模かつ広域的であったことから、多数のボランティアとともにNPO、NGO、企業などのさまざまな主体が被災地で多数活動し、被災者の幅広い要望・ニーズに応じた多様な活動が展開された。[*6]

外部から来る数多くの専門ボランティアやNPO等が適材適所で活躍するために、地元主体で運営される災害VCと外部の主体をつなぐ中間支援組織の役割が注目されるようになった。全国社会福祉協議会や災害[*7]ボランティア活動支援プロジェクト会議（支援P）、全国災害ボランティア支援団体ネットワーク（JVOAD）等の全国域の中間支援組織では、ネットワークを通してボランティアやNPO等の各活動分野・方針を把握するとともに、各組織が連携・協働するノウハウをいかしながら外部から来る組織団体を地元の主体に紹介し、信用をもとにした新しい関係性をつくり出している。

＊6
こうした実績をふまえて、平成25（2013）年の災害対策基本法改正では「ボランティアとの連携」が規定された。

＊7
企業・社協・NPO・共同募金会が協働するネットワーク組織（事務局は中央共同募金会とNPO法人さくらネット）。平常時には、災害支援にかかわる調査研究、人材育成や啓発活動を行うとともに、災害時には多様な機関・組織、関係者などが協働・協力して被災者支援を展開している。

事例1

支援団体・関係機関による情報共有会議の開催

平成28年熊本地震では、発災当初から、くまもと災害ボランティア団体ネットワーク（KVOAD）により「熊本地震・支援団体火の国会議」が開催され、行政・災害VC・NPO・ボランティア等が連携・協働した活動を進めるための環境整備、支援者間の調整が行われた。KVOADは、地元主体の中間支援組織として、熊本地震への対応を通じて地元の各主体との連携を深めるとともに、行政と平時から連携・協働の取り組みを進めることを可能とした。

（2）被災者支援の基本的考え方

災害ボランティア活動として、一般に泥出しやがれきの撤去、住宅の片付け、清掃、ゴミ出し等への支援などが想起されるが、被災者の日常生活を取り戻すこと、それまでの生活を向上させるための活動ととらえることが必要である。また、ニーズ（被災者が困っていること）は災害の種類や地域、被災状況など被災者一人ひとりが異なっており、発災直後から復興に向けてニーズは変化するということにも留意しなければならない。そのため、災害VCでは被災者のニーズを把握しながら、ボランティアの活動者の意向とのマッチングを行った上で活動を進めている。

災害VCを通じた一般のボランティアによる主な活動としては、**表2−3−4**のようなものがあげられる。

また、特に外部から来るボランティアが留意しておきたいのが、「地

〈表2－3－4〉災害VCを通じた主なボランティア活動（一般ボランティアによるもの）

屋内・屋外片付け	被災住民宅の片付け、家具の移動、屋外のがれきやゴミの片付け手伝い
物資の仕分け・配布	避難所や救援物資受け入れセンターなどでの救援物資・生活物資の仕分け・配布
避難所運営支援	炊き出し、洗濯等
話し相手	避難者や福祉施設の「要配慮者」の傾聴・心理ケア
被災住民の安否確認	被災地で安否が確認されていない家庭への訪問と安否確認
情報提供支援	生活関連・福祉・医療・保健等各情報発信 （チラシ・ニュースレター・FM 放送等）
買い物	在宅避難者、避難所生活者のための買い物代行
引越し	仮設住宅への引越し手伝い
復興期の支援	復興期における地域おこしの手伝い

（出典）内閣府防災担当「防災における行政のNPO・ボランティア等との連携・協働ガイドブック－三者連携を目指して」（2018年4月）、19頁

元中心」「被災者主体」「協働」という考え方である。それまでの日常生活が営まれていた「地元」を尊重し、被災された人々を中心に据えた活動としなければならない。それまでの住民の生活や、関係団体とのかかわり方等を理解し、今後も地域で暮らし続ける人々が主体とならなければ、よかれと思い支援を行ったとしても、被災者にとってはマイナスに作用し、独善的な行為となってしまう危険もあり、災害VC運営・設置者においても、留意すべきポイントである。

（3）フェーズ（段階）による災害時の福祉活動の理解

災害時の福祉活動は、災害の種類や規模により変わってくるが、おおむね次のフェーズ（段階）に応じて進められる（**図2－3－1**）。災害によってフェーズが進行するスピードは異なり、フェーズの移行期には支援内容が重複してくるが、支援者は被災者の生活がどのフェーズにあるのかに留意し、対応していくことが求められる。

❶応急対応期

①安否確認、人命救助

災害発災直後からおおむね2、3日間、ライフラインが途絶えるなかで[＊8]、救命救出、安否確認などが主な活動となる。人命救助には、統計上、災害発生から72時間が経過すると生存率が急激に低下するとされる「72時間の壁」といわれるものがあり、警察や消防、医療機関、

＊8
災害の内容や規模により寸断されるライフラインの種類やその期間はさまざまである。北海道胆振東部地震（平成30〔2018〕年）や令和元年台風15号被害（千葉県）では、停電が長期間に及んだことで、被災・支援状況の把握が十分に進まない状況も生じた。

〈図２－３－１〉社会福祉協議会・社会福祉法人等に求められる支援ニーズ

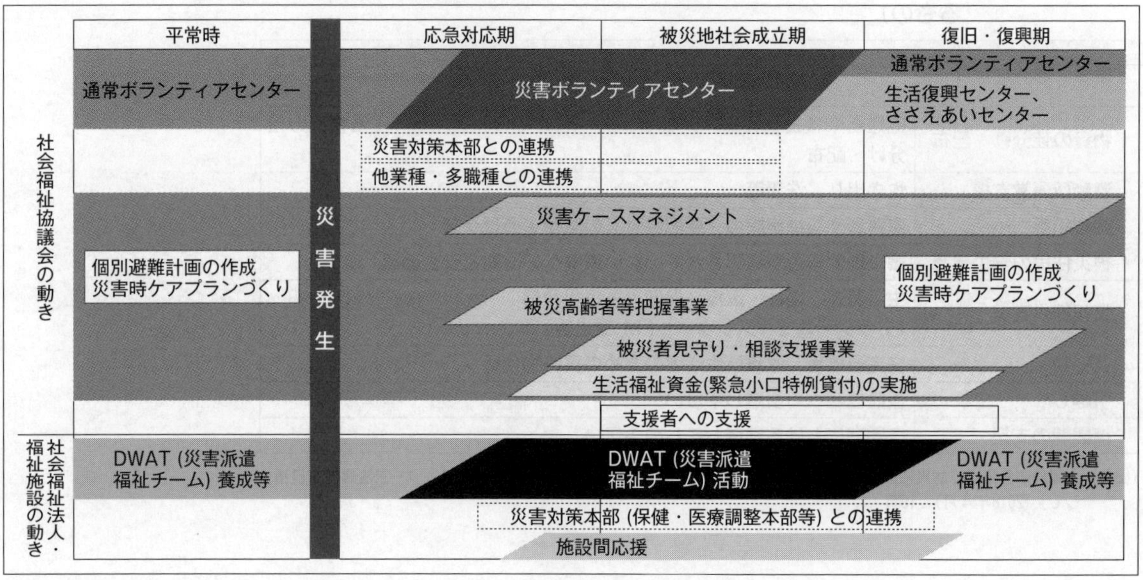

平常時
応急対応期
被災地社会成立期
復旧・復興期
災害発生
社会福祉協議会の動き
通常ボランティアセンター
災害ボランティアセンター
通常ボランティアセンター
生活復興センター、
ささえあいセンター
災害対策本部との連携
他業種・多職種との連携
災害ケースマネジメント
個別避難計画の作成
災害時ケアプランづくり
被災高齢者等把握事業
個別避難計画の作成
災害時ケアプランづくり
被災者見守り・相談支援事業
生活福祉資金(緊急小口特例貸付)の実施
支援者への支援
社会福祉法人・福祉施設の動き
DWAT (災害派遣
福祉チーム) 養成等
DWAT (災害派遣
福祉チーム) 活動
DWAT (災害派遣
福祉チーム) 養成等
災害対策本部 (保健・医療調整本部等) との連携
施設間応援

（出典）全国社会福祉協議会「災害から地域の人びとを守るために～災害福祉支援活動の強化に向けた検討会報告書～」2022年３月、４頁を元に一部改変

自衛隊等が中心的役割を担うこととなる。一方で、地域には福祉サービスの利用者や高齢者、障害者、子ども等の要援護者も暮らしていることから、福祉関係者は、職員自身やその家族等の安否確認、安全の確保を図りながら、要援護者の安否、被害状況の確認を速やかに行うことが求められる。

さらに、大規模の災害では、行政機能がまひし、外部からのアクセスや支援が得られない状況も起こり得ることから、平時から災害に備え、近隣の住民同士が助け合いながら、発災直後の状況に対処できる備えをしておくことも必要である。

さらに、被災者や支援者によるSNSの活用も安否確認、被災情報の提供や即時的に支援活動を行うために有効である。SNS等を利用した情報発信・収集は、その後の支援活動においても重要であり、平時の段階から効果的な活用について検討しておきたい。[*9]

②避難所支援

被災自治体が災害対策本部や避難所を設置し、災害時の体制が徐々に整えられていくなかで、被災経験が少なかったり、想定を超えるような大規模の被災を受けた自治体においては、対応に苦慮する状況も生じてくる。こうしたなかで、被災者は「避難所へ避難」「在宅避難」「域外避難」などを選択し、それぞれの判断で災害に対応することと

＊９
社協のなかには、平時からFacebookなどのSNSに災害VCのページを立ち上げ、関連情報の提供を行っているところもある。

なる。

避難所は、災害によって住居を失った被災者等が一時的に生活を送る場所として、災害救助法に基づき開設する。初動においては、主に行政が中心となって立ち上げを行うが、その後の運営においては、地元の自主防災組織や地域住民の協力が不可欠となり、社協やNPO・ボランティアの協力が補完的に必要となる。さらに、避難所立ち上げ当初から、これらの関係機関が主体となって運営するケースもある。

避難所が開設された直後は、収容人数を超えた被災者が押し寄せたり、管理機能が十分に整っていない場合もあり、混乱せざるを得ない状況も現れる。なかには、障害のある人等の排除や女性のプライバシーの欠如、食料や生活物資の不足といった問題も生じることから、避難所不足時に優先的に入所させる人の検討や避難所のバリアフリー化、避難者のプライバシーの確保といった、福祉的な視点からの避難所運営が求められる。

③災害VC設置準備等

社協では災害VCの開設準備を始め、災害対応にあたる中間支援組織、NPO・ボランティア団体等は被災地の動向を見ながら調査に入ることもある。災害の規模が大きいほど世間からの注目も集まり、支援やボランティア活動の申し出も増加するが、ボランティア活動は安全面に注意し無理をしないこと、情報不足や混乱も起こり得るということを念頭におきながら、支援を受け入れるための準備を進めていくことが不可欠となる。

具体的には、ヒト（センターを運営する人材）、モノ（センターやボランティア活動に必要な資機材）、カネ（運営費）、情報（被災地の状況やボランティア活動を行うための情報発信）などがある。社協では、災害VCの設置・運営だけでなく、社協が実施する福祉サービスなどにより、要援護者への支援が求められる。そのため、中間支援組織等の意見も参考にしながら、平時からのネットワークを活用し、場合によっては積極的に外部の支援者・団体と役割分担をしながら準備を進めていくことも必要である。

❷被災地社会成立

①避難所支援と災害派遣福祉チーム（DWAT）活動

一定規模以上の災害において、被災者は「避難所での生活」「在宅避難」「域外避難」などを継続することとなる。避難所は自宅に戻ることができない被災者にとっては生活の場となるため、避難所の開設から時間が経過するにつれて、衣食住にわたる生活上のさまざまなニーズが高まる。避難所運営の経験を有するNPO・ボランティア等による支援は、被災者の避難所での生活改善等に大きな役割を果たすことになる。

避難所には、一般避難所のほかに、高齢者や障害者、乳幼児、妊産婦、病弱者、外国人等、避難生活において特別な配慮を必要とする人（以下、要援護者）を対象とする福祉避難所がある。[*10] 災害時に要援護者が福祉避難所を利用できるよう、福祉関係者は行政とともに要援護者を把握するとともに、福祉避難所の周知や訓練等を行っていくことが求められる。[*11]

また、避難所では、社会福祉法人・福祉施設の福祉専門職（社会福祉士、介護福祉士等）により構成される「災害派遣福祉チーム（Disaster Welfare Assistance Team：DWAT）」による支援活動が行われている。災害による二次被害（心身の状況の悪化等）を防ぐため、一般避難所等を利用する高齢者、障害者等の要援護者に対し、他の福祉避難所等への誘導、アセスメント、食事やトイレ介助等の生活支援、避難所の環境整備、等を担うものとされている。なお、各県では、災害時にDWATの派遣を決定する「災害福祉支援ネットワーク」の設置が進められている。

令和４（2022）年には、災害福祉中央センターが設置され、各県のネットワークと連携し、広域的な派遣体制の構築が図られている。

②災害ケースマネジメントによる支援

災害ケースマネジメントは、被災者一人ひとりの状況・課題等を個別の相談等により把握した上で、関係者が連携しながら、被災者に対するきめ細かな支援を継続的に行い、自立・生活再建のプロセスを支援するものである。令和５（2023）年５月に修正された国の防災基本計画には、地方自治体が多様な主体と連携した被災者支援を推進するために、災害ケースマネジメントなどの被災者支援の仕組みの整備に努めるものとされている。ただし、その実施にあたっては行政のほか、社会福祉協議会やNPO等が連携し、官民がそれぞれの専門性や強みを活かして展開することが求められる。

被災者が抱えるさまざまな課題に対応するために、災害ケースマネジメントでは、アウトリーチにより得られた被災者の状況を整理し、支援方針をケース会議等で検討した上で、さまざまな支援策を組み合

＊10
平成28年熊本地震の際には、余震への不安から車で寝泊まりをする「車中泊」を続ける避難者の存在も注目された。

＊11
令和３（2021）年に改定された「福祉避難所の確保・運営ガイドライン」では、指定福祉避難所への直接の避難の促進が示されている。

わせて総合的な支援を行う。また、これらのプロセスを繰り返し行いながら、進捗の確認や支援方針の修正等を行い、被災者に寄り添った支援につなげる。

③災害ボランティアによる個別ニーズへの対応

災害VCが開設され、一般ボランティアの募集が開始されると、被災者支援活動が本格化し、多くのNPO・ボランティア等が被災地に駆けつける。

災害VCの運営を円滑に進めるためには、行政（災害対策本部等）との情報共有は欠かすことができない。また、この時期には地域外からのボランティア受け入れがピークになることから、ボランティアの受付、個別訪問等によるニーズ把握、マッチング、情報発信のほか、災害VC運営のための事務作業等も含め、協力団体やボランティア等との役割分担を調整していくことが必要となる。

さらに、被災者の心理や生活ニーズに基づいたコーディネートが重要となる。具体的なボランティア活動としては、物資の調達・運搬・仕分け、避難所運営の手伝い（炊き出し・洗濯・水運び等）、屋内外の片付け等となるが、ニーズ調査等を通して、被災者の心身の疲労やストレスを考慮した被災者への生活支援活動が求められる。そのため、自治会や民生委員・児童委員等とも協力し、外部支援も活用しながら、地域に合った方法で生活再建に向けた支援を進めていくことになる。

事例2

多機関・団体が協働した災害VC運営

豪雨災害に伴う河川の決壊により、A市ではB地区全体で浸水し、多数の住宅が全壊、床上浸水等の甚大な被害に見舞われた。

発災後、A市社協では、いち早くA市に駆けつけた県社協職員や中間支援組織Cとともに、被災地の状況調査を実施。対応を協議しながら、B地区にある市の公共施設を利用して災害VCを立ち上げることとし、災害VC開設の準備を進めた。

ホームページの作成やSNSでの情報発信・更新については、Cとつながり、これまでにも被災地での支援経験のある団体にお願いすることにした。また、協力を申し出た地元の人材派遣会社には、本業のコールセンター対応の技術をいかして災害ボランティアへの電話対応をお願いすることにした。同じく平時から協働して事業を行っていた地元生協や企業には、ボランティア活動支援をお願いするとともに、ニーズ調査はB地区担当の社協CSWなどの職員が民生委員・児童委員や自治会と協力しながら被災者宅を個別訪問し、ていねいに進めていった。

災害VCを開設し、連日全国各地から多数のボランティアが訪れ、駐車場はすぐに満車状態となった。そこでボランティアが活動する被災現場により近いサテライトを順次立ち上げ活動拠点を広げ、ボランティア受付や運営について、他の社協から応援派遣された職員や民生委員・児童委員、ボランティアの大学生等に協力を得ることにした。

また、災害VCを地元の大学の体育館を借りて移転。重機を使い土砂やがれきの片付けを行う技術をもったボランティアが外部から順次駆けつけてくれたことで、一般ボランティアが活動できる範囲を急速に広めていった。

災害VCでは、各活動団体の代表者や、交代で災害VC支援に入った県社協職員、Cのメンバーが参加した情報共有会議を連日開催。それぞれの現場の状況や課題を共有するとともに、会議を重ねることで互いの活動を知り、信頼関係を深めていった。

④社協による被災者への当座の生活費の貸付（緊急小口資金貸付）

大規模災害に際しては、当座の生活費すら保有していない被災者も少なくない。社協では、平時は原則低所得者に限定している**生活福祉資金**（緊急小口資金）の貸付対象者を拡大し、無利子での貸付を実施している。

いわゆる「特例貸付」であり、東日本大震災では７万人（世帯）に99.9億円、熊本地震では１万１千人（世帯）に15.8億円の貸付がそれぞれ行われた。これらの災害では、被災者の利便性に配慮し、全国の社協職員の応援派遣を得て特設会場を開設し、申込受付が行われた。

❸復旧・復興期

公共施設や商店が再開し、公的サービスなどが正常化してくる。行政からの被災者支援は応急期までのような直接的な支援は縮小し、各種支援制度を利用するものが主体となり、外部から支援に入ったNPO・ボランティア団体等も徐々に支援活動を終了していく時期となる。

①応急仮設住宅、災害公営住宅[*12]での支援

避難所の閉鎖が始まり、被災者の一部は自宅に戻り、応急仮設住宅や応急借上げ住宅（いわゆる「みなし仮設」）への移動を始めるなど、被災者の生活環境が変化し、新たな日常生活上のニーズが増えてくる。ボランティア活動も、仮設住宅や地域での日常的な生活支援として、引っ越し手伝いや要援護者の買い物、通院付き添い、話し相手となる

＊12
自宅を失った被災者に対し、低額な家賃で貸し出す住宅。公営住宅法に基づいて、国の補助を得て地方自治体が設置する。家賃は所得によって異なる。

ことなどが中心となる。緊急・一時的な活動から地域に根ざした継続的な活動へと移行するなかで、要援護者等の個別ニーズへの対応、ボランティア活動の縮小と域内ボランティアによる活動の継続といったことがポイントとなる。

プレハブ等で設置された応急仮設住宅の使用期限は原則２年とされ(延長可)、その後の住宅支援は災害公営住宅において行われる。災害公営住宅は市町村の建設部局が所管することから、民間の福祉関係者が被災者への支援を進めていくために、相互の連携を強化していくことが求められる。

また、避難所から応急仮設住宅、災害公営住宅へと被災者の生活が移り変わり、ハード面では個室化が進むなかで、孤立化が課題となる。過去の災害においても、新たな住環境に移行した後に、孤独死や自死に至った人が報告されており、住民に寄り添いながら、地域コミュニティをいかに再生していくかが問われることとなる。

②復興支援センターの設置と生活支援相談員等による支援

災害による被害の規模が大きく、被災者の応急仮設住宅での生活が長期化することが予想される場合、災害VC閉所後や災害ボランティアの活動縮小に合わせて「復興支援センター」[*13]が設置されるケースがある。センターは社協やNPO、行政等により運営され、応急仮設住宅や自宅で被災生活を送る住民の孤立防止や、関係機関と連携して医療・福祉サービスの提供を行う。センターの設置は、地元の主体による長期的な福祉サービスの提供や地域コミュニティの再生をめざした取り組みといえる。

センターには、生活支援相談員が配置され、被災者の生活相談に対応し、必要なサービスにつなげたり、心理的不安を取り除いたり、地域の助け合いの取り組みを活性化していくなど、さまざまな生活支援を展開する。被災者が地域での自立した生活を促す仕組みとして、阪神・淡路大震災や新潟県中越地震（平成16〔2004〕年）においても活用され、東日本大震災においては、岩手、宮城、福島の各県に約750人が配置された。

③復興計画の策定、地域福祉活動計画の策定と見直し

被災した地域の復興計画は、主に行政により策定されることとなるが、福祉関係者が参画することで、今後の地域づくり、福祉活動を進めていく上での体制づくりに資することとなる。その際にも、「地元中心」「被災者主体」「協働」の視点から支援をしてきた経験をもとに、

＊13
「地域支え合いセンター」や「生活ご安心センター」等の名称が用いられるケースもある。

専門家だけではなく住民を交え、ていねいに検討をしていくことが必要である。

その上で、復興計画に基づき、地域福祉計画、地域福祉活動計画の策定・見直しを進めることが、復興後の福祉活動を具体化・活性化していくことにつながる。

事例3

生活支援相談員による被災者支援

震災に見舞われたD町では、災害VCの閉所後、センターを設置していた福祉施設に、復興支援センターを設置した。町社協が運営を担い、災害VCで支援を担っていた職員と、新たに採用した職員の計３名の生活支援相談員を配置し、活動を開始した。

町内の３か所の応急仮設住宅に、それぞれ住民同士の交流スペースが設けられていることに着目し、生活支援相談員は仮設住宅の住民と相談しながら、サロン活動を立ち上げることとした。活動は、仮設住宅の住民から選ばれた世話人を中心に企画し、世話人に交流スペースの鍵を預けて運営を任せることとした。センターで、町内への周知を行ったところ、町内から活動への協力を申し出る人も出てきて、各サロンの世話人につないでいった。こうして、ボランティアの協力も得ながら、高齢者の体操や茶話会、書道教室、子どもたちの学習会など、さまざまな活動が行われるようになり、仮設住宅の住民だけでなく、仮設住宅を出て自宅に戻った人や、近隣の住民も参加するようになった。

2 平時における防災・減災の取り組み

発災後の対応をより円滑に、また被害を最小限にしていくためには平時の取り組みが重要である。各地で大規模災害が頻発するなか、「防災」の取り組みとともに、被害を最小化する「減災」という考え方も普及しつつある。

災害によるリスクは、災害による被害そのものだけでなく、人や環境によって規模が左右されるといわれている。災害にも強いまちづくりに向けて何が必要なのか、住民を中心に据えて考えていくことが必要である。

(1) 災害にも強いまちづくり

災害発生時には、親族や近隣住民、友人・知人による安否確認や助け合いが行われる。特に、さまざまな人々が暮らす地域の中で、住民相互による助け合いは、ライフラインが途絶え、外部からの情報や支援が制約されるなかで貴重な活動となる。そのため、平時からの地域福祉活動においても、災害を想定した活動に取り組むことが有効である。要援護者の存在やその人たちへの支援、避難行動などを検証し、対応を検討すること自体が、他の地域福祉活動の充実にもつながることである。

また、平成25（2013）年の災害対策基本法の見直しにより、市町村長は「**避難行動要支援者名簿**」を作成し、本人の同意を得て消防、民生委員、社協等の関係者にあらかじめ情報提供できることとしたほか、名簿の作成に際し必要な個人情報を利用できることとした。災害時に支援を行う際に、ニーズ調査や戸別訪問、生活再建段階の福祉サービス提供、その事前調査などの際に個人情報へのアクセスが必要な場合があり、人命の救助に限らず、地域で孤立する人をなくし、日ごろから地域で見守っていく仕組みづくりを進めるという観点からも、平時から個人情報の取り扱いについて行政とも確認し、定めておくことが必要である。なお、令和３（2021）年の同法の改正では、避難行動要支援者の円滑かつ迅速な避難を図る観点から、市町村に個別避難計画の作成を努力義務化している。

（2）平時からの多様な機関・団体との関係づくり

災害時にさまざまな組織・団体との連携・協働を行う際に課題となるのは、互いの組織・団体の活動目的や行動原理が異なるということである。事前に関係づくりができていない場合には、信頼関係に基づく被災者支援の作業分担やそのための協議がすぐに実施できないことが障壁となり、業務量が激増する災害発生後に関係づくりを始めることは困難が伴うこととなる。

災害時の福祉活動を進めるためには、行政、社協、社会福祉施設、NPO、医療機関等の多様な主体による連携が不可欠であり、商工会や地元企業など、福祉分野ではない組織・団体との関係づくりも大切である。平時から立場や役割を相互に理解しておくことは、災害発生後の連携・協働した支援活動を容易にするとともに、平時における地域福祉活動の活性化にもつながる。防災に限らず、さまざまな地域課題を解決するためのネットワークが形成されることで、災害時には被災者支援のための連携体制を組むことが可能となる。

令和５（2023）年５月に修正された国の防災基本計画[＊14]では、災害発生

＊14
防災基本計画では、これまで都道府県が大規模災害時に保健医療活動の総合調整を行うために「保健医療調整本部」の整備に努めることとしていたが、福祉活動が盛り込まれ、「保健医療福祉調整本部」の整備に努めるよう修正された。

時における官民連携体制の強化を図るため、都道府県や市町村の地域防災計画等において、災害VCを運営・支援する社協等の役割等を定めるとともに、災害VCの設置予定場所について、あらかじめ明確化しておくよう求めている。

また、大規模災害時に地元外からの広域的な支援を受け入る広域連携の仕組みが検討されている。地域ごとに多様な形で災害時に支援にかかわる組織・団体のネットワークが形成されており、民間組織を中心に組織されるものや、行政・社協・NPO・ボランティア等により構成される連絡会議等が地域防災計画等に記載されているものなどがある。こうしたネットワークが災害時に有効に機能するためには、訓練・研修等を実施しながら参加者間の共通認識を深めていくとともに、「想定外」の事態に対しても臨機応変に対応できるような体制を整えておくことが重要となる。

（3）災害対応マニュアル、事業継続計画（BCP）の策定

災害への事前の備えとして、機関・団体では、災害時の対応・ルールを記した災害対応マニュアル等が整備されてきているが、災害時にそれが十分に機能しなかったという報告もある。原因として、マニュアルが想定していた規模を超えた被害が及んでいたり、策定後の点検や訓練等が十分になされず、実効性が乏しい内容になっていたりすることがある。マニュアルの活用を念頭に平時の取り組みが必要である。

事業継続計画（Business Continuity Planning：**BCP**／業務継続計画ともいう）とは、大規模災害などが発生した場合も、重要な事業を中断させない、または中断しても可能な限り短期間で復旧させるための方針や体系、手順を示した計画である。BCPは防災活動とも重なる部分もあるため、BCPと防災活動を並行して推進すべきとされている。

福祉サービスを実施する機関・団体においては、優先すべき重要事業・業務は何か、どの業務をいつまでにどのレベルまで回復させるのか、そのために必要な取り組みは何か、といった事業継続のための検討を行うとともに、緊急事態発生時の事業継続や雇用の維持につなげていくことが大切となる。

大規模災害発生後の初期対応では、職員や家族、サービス利用者や要援護者等の安否確認やニーズ把握を行うことが重要となることから、そのための具体的な手順や手法、方法をBCPの中に盛り込み、実行できるよう準備をしておくことが必要である。[*15]

＊15
社会福祉施設・事業所の中には「事業継続マネジメント（Business Continuity Management：BCM）」に基づき、BCPの策定から運用・見直しまでのPDCAサイクルにより体制づくりを進めているところも見られる。

また、被災時に機関・団体外部からの支援を受ける状況に備え、BCPの策定とともに受援計画を策定し、支援を受ける体制づくりを進めることも効果的である。

BOOK 学びの参考図書

- 合田茂広・上島安裕 著、災害ボランティア活動ブックレット編集委員会 編『被災地につなげる災害ボランティア活動ガイドブック』全国社会福祉協議会、2019年。
  災害ボランティア活動に初めて参加する人を対象とした、災害ボランティア活動の入門書。災害支援の現場での豊富な経験を有する著者が、被災地のニーズ、ボランティアの参加方法、基本姿勢、事前準備、被災地で求められる多様な活動などを網羅的、具体的に解説している。

参考文献

- 全国社会福祉協議会地域福祉推進委員会「被災地に対する社協ネットワークの役割と支援の提案〜社協の法人運営と事業・活動の継続に向けて」2019年
- 全国社会福祉協議会地域福祉推進委員会「社協における災害ボランティアセンター活動支援の基本的考え方－全国的な社協職員の応援派遣の進め方」2021年
- 全国社会福祉協議会「災害から地域の人びとを守るために〜災害福祉支援活動の強化に向けた検討会報告書〜」2022年
- 内閣府防災担当「防災における行政のNPO・ボランティア等との連携・協働ガイドブック〜三者連携を目指して〜」2018年
- 内閣府防災担当「福祉避難所の確保・運営ガイドライン」2016年
- 内閣府『令和元年版 防災白書』2019年
- 合田茂広・上島安裕 著、災害ボランティア活動ブックレット編集委員会 編『被災地につなげる災害ボランティア活動ガイドブック（災害ボランティア活動ブックレット１)』全国社会福祉協議会、2019年
- 全国社会福祉法人経営者協議会、全国社会福祉法人経営青年会 編『福祉施設・事業所における事業継続計画（BCP）のポイント〜利用者と地域を守り抜くために』全国社会福祉協議会、2023年

第２部　地域共生社会の実現に向けた包括的支援体制

第４章

地域福祉と包括的支援体制の課題と展望

学習のねらい

本章では、伝統的な地域福祉と新しい時代に求められる「包括的支援体制」について整理する。この２つをつなぐ考え方が「地域共生社会」である。

まず、地域共生社会とは何かを理解するための５つの視点（①理念や哲学、②実践や運動、③新しいニーズへの対応、④社会福祉政策、⑤地域福祉研究）について確認する。その上で、地域共生社会の理念から、ケアリングコミュニティや自立観について新しい知見を理解してほしい。

それらをふまえ、社会福祉政策として推進されている改正社会福祉法について、特に「包括的支援体制」について、条文を中心に解説を試みている。平成29（2017）年、令和２（2020）年の法改正について、その内容と背景、意図されている方向性を正しく理解してほしい。

法律や制度は、時代によって変化する。地域共生社会が求めるソーシャルワークの価値やこれからの展望について考えていくことが期待されている。

第1節　地域共生社会

1 地域共生社会をみる視点

今日、「地域共生社会」について考えるとき、５つの視点がある。①理念や哲学、②実践や運動、③新しいニーズへの対応、④社会福祉政策、⑤地域福祉研究、である。

「地域共生社会」というとき、それは昔からあった議論だという意見がある。特に①や②の視点からすれば、それは確かに今に始まったことではない。

地域で共生できる社会をつくる、このことは1970年代から障害者運動を中心に展開されてきた。脳性まひ者による「青い芝の会」は地域の有する暴力性や優生思想を批判しながら、権利としての共生のあり方を自らの存在と行動によって示そうとした。

日本では昭和56（1981）年の国際障害者年を契機に広がったノーマライゼーションの考え方。国際障害者年では「完全参加と平等」をテーマにしてさまざまな取り組みが展開された。その後、各地に広がった障害者の自立生活運動は共生社会を創出しようとしたアクションだった。この完全参加という原則は、「社会、経済、文化その他あらゆる分野の活動に参加する機会が確保される」（社会福祉法第４条第２項[*1]）という条文をはじめ、障害者基本法（第３条）、身体障害者福祉法（第２条）にも反映されてきた。このノーマライゼーションという思想と原則をふまえておく必要がある。

＊1
本書第１部第２章第１節１参照。

平成５（1993）年に富山県で惣万佳代子（そうまんかよこ）らが民間デイサービス事業所「このゆびとーまれ」を創業した。富山県では、年齢や障害の有無にかかわらず、誰も排除せずに柔軟に受け入れる民間の活動と、行政の縦割りを超えた横断的な補助金の交付とを合わせ、やがて「富山型デイサービス」としての形が整っていく。自治体では特区を申請するなどして、「丸ごと」の支援を先駆的に広げてきた。

平成22（2010）年、愛知県の知多半島にあるNPO法人「地域福祉サポートちた」は、「０歳から100歳の地域包括ケア」という考え方を打ち出す。介護保険制度でいう要介護者だけを支えるのではなく、支援の必要な人たちをみんなで支えていくことこそが地域包括ケアの本質ではないか、という問題提起のもと、多様な支援者のネットワークをつくってきた。

この高齢者、障害者、児童といった年齢や属性、手帳の所持や種別にこだわらない、つまり既存の福祉制度の利用要件で区別するのではなく、地域の人たちと「ともに」という、まさに多様な人たちがお互いに支え合う「ごちゃまぜ」という発想は、既存の制度へのアンチテーゼ（反対の理論）でもある。

こうした地域共生社会の運動や実践は、従来の分野別領域別の制度への批判であり、身近な地域での生活支援の新たなアプローチを模索するものである。

実際に地域の中では「制度の狭間（はざま）」とか、高齢の親と無職独身の50代の子が同居しているなかで生じる課題（８０５０（はちまるごーまる）問題）、あるいは介護と育児に同時に直面する世帯（**ダブルケア**）での課題などが顕在化してきた。このようにさまざまな分野の課題が絡み合って複雑化したり、個人や世帯単位で複数分野の課題を抱え、複合的な支援を必要とするといった状況がみられてきた。これが③である。

このような変化をふまえ、制度・分野ごとの「縦割り」や「支え手」「受け手」という関係を超えて、地域住民や地域の多様な主体が参画し、人と人、人と資源が世代や分野を超えてつながることで、住民一人ひとりの暮らしと生きがい、地域をともに創っていく社会をめざそうというのが、地域共生社会という④の今日的な社会福祉政策である。

具体的には平成27（2015）年度から本格実施された生活困窮者自立支援制度が一つの契機となる。この制度の創設にあたっては、今日の生活困窮は経済的困窮だけではなく、社会的孤立の問題が指摘された。この社会的孤立が、生活のしづらさを生み、経済的困窮のみならず、虐待や自殺といったさまざまな生きづらさにつながっている。かつそれは、本人の問題ではなく、社会の偏見や排除、断絶といったことが重なることで、問題が深刻化している。そうしたことをふまえて、生活困窮者支援が始まり、その実践的な蓄積の中で、包括的支援体制の必要性や方法が議論されてきた。

これらを地域共生社会とするならば、それは古くからあったものであり、一方で、今日的な新しい取り組みである。⑤でいうところの、地域福祉研究はそれらを総合的にとらえようとしてきた。

このように「地域共生社会」を考えるときには、どの視点から論じるかを意識しておく必要がある。すなわち①から⑤のことを峻別して理解しておかなければならない。ただしその実現にあたっては、制度の改革だけではなく、共生社会をめざす運動や実践とつながらなければならない。

2 共生社会と多文化共生社会、地域共生社会

類似した表現であるが、「共生社会」と「多文化共生社会」「地域共生社会」について、法律や制度の視点から整理しておく。

「共生社会」とは、先述したとおり、障害福祉の分野で発達してきた考え方である。障害者基本法では「全ての国民が、障害の有無にかかわらず、等しく基本的人権を享有するかけがえのない個人として尊重されるものであるとの理念にのっとり、全ての国民が、障害の有無によって分け隔てられることなく、相互に人格と個性を尊重し合いながら共生する社会を実現する」（第１条）とある。さらに共生社会の実現のために具体的に次の３点が示されている（第３条）。

1　全て障害者は、社会を構成する一員として社会、経済、文化その他あらゆる分野の活動に参加する機会が確保されること。
2　全て障害者は、可能な限り、どこで誰と生活するかについての選択の機会が確保され、地域社会において他の人々と共生することを妨げられないこと。
3　全て障害者は、可能な限り、言語（手話を含む。）その他の意思疎通のための手段についての選択の機会が確保されるとともに、情報の取得又は利用のための手段についての選択の機会の拡大が図られること。

「多文化共生社会」とは、日本の中で1990年代の後半ごろから議論されてきた。平成17（2005）年に総務省が創設した「多文化共生の推進に関する研究会」では、「国籍や民族などの異なる人々が、互いの文化的ちがいを認め合い、対等な関係を築こうとしながら、地域社会の構成員として共に生きていくこと」という定義を行った（平成18〔2006〕年）。

今日、日本には多くの外国人が生活している。これからも増えていく外国人とどう共生していくか。それは新しい地域福祉の課題である。

また令和元（2019）年には「アイヌの人々の誇りが尊重される社会を実現するための施策の推進に関する法律」が成立している。この法律は、「日本列島北部周辺、とりわけ北海道の先住民族である（略）アイヌの人々が民族としての誇りを持って生活することができ、及びその誇りが

尊重される社会の実現を図り、もって全ての国民が相互に人格と個性を尊重し合いながら共生する社会の実現に資すること」（法第１条）を目的に制定されている。この法律では「『アイヌ文化』とは、アイヌ語並びにアイヌにおいて継承されてきた生活様式、音楽、舞踊、工芸その他の文化的所産及びこれらから発展した文化的所産をいう」（法第２条）と定義されている。

ここで注視してほしいのは、共生社会が障害福祉の分野、多文化共生社会が外国人や民族の分野という違いではない。それぞれの概念が生まれてきた背景は異なるが、共生できる社会を形づくる要件として、共通する部分があるという点である。

「地域共生社会」とは、先述したとおり社会保障改革の文脈から生まれてきた政策である。平成28（2016）年に閣議決定された「**ニッポン一億総活躍プラン**」の中に登場する。このなかでは、現役世代の「安心」を確保する社会保障制度へと改革を進めていく方針のもと、「介護離職ゼロ」という明確な目標を掲げ、そのなかで、①介護の環境整備（介護人材確保）、②健康寿命の延伸と介護負担の軽減、③障害者、難病患者、がん患者等の活躍支援、④地域共生社会の実現、という４つの施策が据えられた。

ここでは地域共生社会を「子供・高齢者・障害者など全ての人々が地域、暮らし、生きがいを共に創り、高め合うことができる『地域共生社会』を実現する。このため、支え手側と受け手側に分かれるのではなく、地域のあらゆる住民が役割を持ち、支え合いながら、自分らしく活躍できる地域コミュニティを育成し、福祉などの地域の公的サービスと協働して助け合いながら暮らすことのできる仕組みを構築する」としている。

この「ニッポン一億総活躍プラン」は、少子高齢・人口減少社会における労働力不足に対する社会保障改革の処方箋である。子育て・介護の環境整備など大切な施策であるが、このプランの中でいわれている地域共生社会は、子どもや要介護者のための視点からではない。つまり共生社会や多文化共生社会の定義と比較して、権利の視点が弱いといえる。地域共生社会を実現していくことは、基本的人権に基づくことを意識することが重要であり、ソーシャルワーカーとしては、そのための実践につなげていく必要がある。したがって、あらためて社会福祉の視点から意味付けをする必要がある。それゆえに、前項で説明したように地域共生社会をとらえるためには、①～⑤の全体像を認識しておく必要がある。

3 地域共生社会の理念

「支え手側と受け手側に分かれるのではなく、地域のあらゆる住民が役割を持ち、支え合いながら、自分らしく活躍できる地域コミュニティ」とは、ケアリングコミュニティ（caring community）の思想である。ケアリングコミュニティでは「相互に支え合う地域」を大切にする。

岡村重夫は、「対等平等の個人が、全体的な自己実現の機会を提供されるように組織化された地域共同社会において、人びとはサービスの客体であると同時に主体にもなりうるような相互援助体系こそ、福祉的人間観から発展する新しい社会福祉体系であり、そのなかで社会の果たすべき責任と個人の果たすべき責任とを明確にすることが福祉教育の（中略）目的である」と指摘している。この社会福祉的援助方式では、地域共同社会において「ある援助の対象者は、他の援助サービスにおいては援助の主体者となるように工夫されねばならない[1)]」としている。岡村は、社会福祉的援助方式による地域共同社会を創出していくために、福祉的な人間観、社会観の獲得こそ福祉教育の目的であるとした。

こうした新しい社会福祉体系としての援助方式は、まさに地域共生社会の理念と重なり、さらにこのことを「ケアリングコミュニティ」ということができる。

ケアリングコミュニティとは、地域福祉の新しい概念である。ケアリングとは看護の領域で用いられてきた。人と人との関係性、ケアする側とケアされる側との人間関係の中で、双方向性が大切にされ、その結果、相互に成長していく過程の重要性などが指摘されてきた。

上野谷加代子は同様の文脈で、古くから「たすけられ上手」というメッセージを発信してきた。「人間は弱くある自由を持ち続ける社会的存在である。お互いが、たすけられたり、たすけたりする中で、社会関係を継続させ、持続可能な社会をつくっていく知恵と技術、そして価値を生み出す[2)]」として、ケアリングの本質を提起している。

大橋謙策は、こうしたケアリングの考え方をコミュニティにまで広げて展開しようという考え方を示した。大橋は、ケアとコミュニティの今日的な位相について論考するなかで、「従来の地域の支え合いではなく、意識的に活動する住民による新しい地域づくり[3)]」を問題提起し、日常生活圏を基盤として行政の制度的サービスと近隣住民のインフォーマルサービスとを結び付け、地域自立生活を支援するコミュニティソーシャルワークによるケアリングコミュニティの構築を構想した。

また筆者はケアリングコミュニティを、「共に生き、相互に支え合うことができる地域」と定義し、それは地域福祉の基盤づくりであると考えてきた。そのためには、共に生きる（共生）という価値を大切にし、実際に地域で相互に支え合うという行為が営まれ、それを支えていくために必要なシステムが構築されていかなければならないと考えている[4)]。

こうしたケアリングコミュニティを創り出していくためには、①当事者性の形成、②地域自立生活支援、③参加・協働の促進、④制度による基盤構築、⑤地域経営・自治といった５つの構成要素が必要であると考えてきた。

またケアリングコミュニティでは「相互に支え合う地域」を大切にするが、その根底には相互実現的自立[8)]（interdependence）という新しい自立観を据えなければならない。

4 「自立」をめぐって

「自立」という概念の変化をふまえなければならない。自立とは、ソーシャルワークにとって重要な目的概念である。戦後、社会福祉の諸制度の中でも「自立」が用いられていた。当時の自立は、身辺的自立と経済的自立が強調されていた。そのときの自立は救貧的な自立観が根底にあったといえる。

その後、昭和56（1981）年の国際障害者年を前後して、自己選択・自己決定といった自立観が重視され、精神的自立や社会的自立が意識されてきた。定藤丈弘（さだとうたけひろ）は、「身体的・経済的自立よりも、障害者の生活における自己決定、自己選択権の行使をとおしてその障害者に適した生活全体の質を高めようとする行為を自立と捉え[5)]」ている。こうした重度身体障害者たちの自立生活運動などをふまえて、仲村優一（なかむらゆういち）は戦後の社会福祉行政がつくり出してきた職業経済的な自立のとらえ方の見直しを提起し、「公的扶助や福祉サービスを利用する人びとにとっての、真の意味の自立を実体化することに資する制度としての社会福祉のあり方が、ラディカルに問われている[6)]」と述べている。

大橋謙策は、生活の全体性を意識して自立を６つの側面から分析している。労働的・経済的自立、精神的・文化的自立、生活技術的・家政管理的自立、身体的・健康的自立、社会関係的・人間関係的自立、政治的・契約的自立である。大橋は地域生活を営む上での自立の歪みや形成の脆弱性（ぜいじゃくせい）を、社会や家族の変容の中から問題を指摘し、一つの解決策として教育と福祉の連携、なかでも福祉教育の重要性を述べている。

こうした自立観の拡大の議論を経て、さらに平成12（2000）年以降、ポストモダンの潮流の中でもっと人間の弱さに注目してよいのではないかという問いかけがなされてきた。人間は弱い存在である。その弱さは悪いことではなく、むしろその存在の弱さを認め合い、そのことを前提に自立をとらえ直そうという文脈である。

従来の自立プログラムでは、依存（dependence）から自立（independence）へ、すなわち援助を受けなくて済むようになることを援助の目標にしてきた傾向がある。しかし最近注目されている「寄り添う支援」とか「伴走型支援」というものは、その人に寄り添い続け、必要なときはいつでも支援をする。その意味では細く長く、途切れることなく見守り続けることも含めた支援である。同様の文脈で、東日本大震災のときに被災地から「受援力」というメッセージが発信された。つまり大変なときには「助けて」と言えることが大切だという。それは被災したときだけのことではない。奥田知志（おくだともし）は「助けてといえる社会」こそが必要ではないかと問題提起している[7]。いずれにしても、こうした人間の弱さを受け入れた支援という今日的なキーワードは自立観を変えようとしている。

このことは日本だけではなく、今日的にソーシャルワークで「interdependence」が注目されていることと重なる。他者との関係性の中で自立をとらえるという今日的な視点である。心理学の分野では依存的自立などと訳されている。ただし共依存（codependence）とは異なり、相互によりよく生きていこうというベクトルを有する。

木谷宜弘（きたによしひろ）は、ボランティアとは「相互実現の途」と表現してきた。ボランティアする側とされる側ではなく、お互いによりよく生きるという関係性が重要であるとした。

このinterdependenceとは、まさに双方向の関係性の中で相互実現を図ろうというものであり、「相互実現的自立」といえる。

個人が他からの援助を受けずに自立するのではない。お互いが支え合いながらよりよく生きていけるような自立観の転換が求められているのである。ケアリングコミュニティで求める自立観はこの視点が基本になる。

第2節　地域福祉と包括的支援体制

1 社会福祉法における「地域福祉の推進」

社会福祉法第４条第３項では、「地域住民等は、地域福祉の推進に当たっては、福祉サービスを必要とする地域住民及びその世帯が抱える福祉、介護、介護予防、保健医療、住まい、就労及び教育に関する課題、福祉サービスを必要とする地域住民の地域社会からの孤立その他の福祉サービスを必要とする地域住民が日常生活を営み、あらゆる分野の活動に参加する機会が確保される上での各般の課題（以下「地域生活課題」という。）を把握し、地域生活課題の解決に資する支援を行う関係機関（以下「支援関係機関」という。）との連携等によりその解決を図るよう特に留意するものとする」と規定された。

つまり「地域生活課題」とは、個人及びその世帯が抱える①福祉、介護、介護予防、保健医療、住まい、就労及び教育に関する課題である。生活の全体性として幅広くとらえなければならない。特に居住、就労、教育も範囲としている。ここでいう教育には、学校教育だけではなく社会教育も含まれる。

②福祉サービスを必要とする地域住民の地域社会からの孤立の課題、ここに社会的孤立が位置付けられた意義は大きい。さらに、③福祉サービスを必要とする地域住民が日常生活を営み、あらゆる分野の活動に参加する機会が確保される上での課題である。地域自立生活と完全参加の問題である。

従来のように個人だけではなく、複合的にその世帯が抱えている課題をとらえ、幅広く地域生活課題として認識することが重要になる。それだけではなく、社会的孤立や社会参加の機会の確保、つまり社会的包摂や合理的配慮の課題などを含めて「地域生活課題」として認識していかなければならない。つまり地域生活課題をアセスメントするためにはICF（国際生活機能分類）の視点が大切になる。

第４条第２項では、①地域住民、②社会福祉を目的とする事業を経営する者、③社会福祉に関する活動を行う者という三者が相互に協力し、地域福祉の推進に努めなければならないとされている。②は社会福祉法人などのことであり、③は民生委員・児童委員やボランティア、市民活動を行っている人たちをいう。つまりこの規定では地域福祉は三者関係で構成されている。

また「福祉サービスを必要とする地域住民が地域社会を構成する一員として日常生活を営み、社会、経済、文化その他あらゆる分野の活動に参加する機会が確保されるように」とある。前者は①地域住民という概念の中に、福祉サービスを必要とする人も含まれるという社会的包摂（ソーシャルインクルージョン）の理念が内包されている。後者は完全参加のことであり、共生社会（ノーマライゼーション）の理念である。

つまり地域福祉とは、三者が相互に協力して、社会的包摂と共生社会を実現していくことであるという規定である。

その上で、第４条第１項は、「地域福祉の推進は、地域住民が相互に人格と個性を尊重し合いながら、参加し、共生する地域社会の実現を目指して行われなければならない」と規定されている。ここで地域福祉の推進は、地域共生社会を目標にすることが位置付けられている。

この第４条は「地域福祉の推進」という位置付けになる。しかし留意しなければならないのは、この中に国及び地方公共団体（行政）の位置付けがなされていないという点である。地域福祉は行政以外の民間だけで担うものではない。むしろ行政による公的責任を明らかにしながら、地域住民等と対等に協働していく「**地域福祉ガバナンス**」こそが必要な時代である。

そうした視点から、第６条（国及び地方公共団体の責務）が重要である。第６条第２項では、地域住民等が地域生活課題の解決に資する支援が包括的に提供される体制の整備に努めるとともに、当該措置の推進にあたっては、保健医療、労働、教育、住まい及び地域再生に関する施策その他の関連施策との連携に配慮するよう努めなければならない旨が規定された。また、第３項では「国及び都道府県は、市町村において第106条の４第２項に規定する重層的支援体制整備事業その他地域生活課題の解決に資する支援が包括的に提供される体制の整備が適正かつ円滑に行われるよう、必要な助言、情報の提供その他の援助を行わなければならない」とされた。

つまり、第４条ではふれていない行政の役割が、第６条で規定されているのである。つまり地域福祉の推進は三者関係ではなく、行政を加えた「四者関係」という新しいステージに展開したといえる。今後、行政が地域福祉を推進するにあたって、これまでの行政組織による縦割りの弊害を克服していくための、横断的な組織再編も含めた検討が必要になっていこう。具体的には地域福祉の視点からの企画や調整機能、総合相談支援ができる機能を展開できる組織であることが重要になる。

2 包括的支援体制

これを根拠にして、平成29（2017）年の社会福祉法改正では、第106条の３第１項において「市町村は、次に掲げる事業の実施その他の各般の措置を通じ、地域住民等及び支援関係機関による、地域福祉の推進のための相互の協力が円滑に行われ、地域生活課題の解決に資する支援が包括的に提供される体制を整備するよう努めるもの」と定められた[＊2]。

この包括的支援体制を整備する際に、第107条で地域福祉計画が位置付けられている。地域力強化検討会[＊3]では、この計画策定を自治体に義務付ける必要があるという意見が多かったが、結果として義務化には至らずに努力義務規定になった。

すでに各地で０歳から100歳までの包括的支援体制を構築しようとする取り組みが始まっている。その際のキーワードは「多職種・多機関連携」と「相談支援の構造化」、そして「ソーシャルワーク機能の明確化」である。児童・障害・高齢といった分野の縦割りをなくすということは、専門性を否定するということではない。また、例えばスウェーデンの社会サービス法のような総合支援制度を立法化するという選択肢もあるが、現時点では制度をつなぐ仕組みから着手するほうが現実的であると考える。ただし連携というだけでは何も動かない。人材と機能と情報、仕組みを整えていかなければならない。具体的には個人情報や守秘義務の取り扱いについては踏み込んだ改善が求められる。

「相談支援の構造化」では、一次相談（日常生活圏域）、二次相談（基礎自治体）、三次相談（広域）という体系化を試みる。一次相談は「何でも相談」である。とはいえニーズキャッチとしては極めて重要な相談であり、必要に応じて二次相談に的確につなげる。生活全体を把握し、ジェネリックな見立てができなければならない。とはいえ相当数の配置をすることはむずかしい。むしろ早期発見の仕組みを住民と協働してつくり、その上で見立てと予防を含めた道筋を立てる役割である。まさに総合診療医のような福祉のプライマリーケアを担えるソーシャルワーカーが必要である。また二次相談のレベルでは、それぞれをつなぐ「相談支援包括化推進員」といった役割機能を果たせるソーシャルワーカーが必要になる。ただしすべての相談支援を一次相談に押しこめるというものではない。例えばDVの問題などは広域支援が不可欠であるし、それ

＊２
令和２（2020）年の社会福祉法改正において、同条は以下のように変更されている。「市町村は、次条第２項に規定する重層的支援体制整備事業をはじめとする地域の実情に応じた次に掲げる施策の積極的な実施その他の各般の措置を通じ、地域住民等及び支援関係機関による、地域福祉の推進のための相互の協力が円滑に行われ、地域生活課題の解決に資する支援が包括的に提供される体制を整備するよう努めるものとする。」（同条第１項１～３号及び第２項略）。

＊３
厚生労働省「地域における住民主体の課題解決力強化・包括的な相談支援体制の在り方に関する検討会」。

ぞれのニーズによって対応は異なる。

日常生活圏域をベースに考えたとき、地域包括支援センターが重要な拠点になる可能性が大きい。すでにセンターは家族全体のニーズキャッチをしているところが多い。より積極的に支援ができる体制整備が求められている。あるいは地域にはさまざまな「協議の場」とコーディネーターがあふれている。こうした社会資源について体系的に整理を行い、効果的に運用できるように自治体ごとに再編成することも大切である。

さらに将来的には、福祉事務所や児童相談所、保健所、社会福祉主事資格などを見直し、地域福祉行政が推進できるような行政組織の再編成を検討していくことが、包括的支援体制を完成していくためには必要になっていくのではないだろうか。

すでに共生ケアや小規模多機能による生活支援の実践知、保健福祉サービスセンターといった総合相談支援のシステムを運営してきた自治体などから学び、包括的支援体制をどう構築していくかを基礎自治体ごとに検討していかなければならない。

3　これからの展望

先述したケアリングコミュニティというのは、人と人の支え合いだけを意味しない。人、集団・組織、制度とも相互関係が生じていく。例えば包括的支援体制を構築していくためには、「公助・共助・自助」のバランスが大切である。これは政府がいう、まず自助が基本で、それができなければ共助、さらにむずかしい場合は公助で支援するといった順列を意味しない。また最近では、介護保険を説明する際に「自助・互助・共助・公助」として社会保険を共助とする枠組みを用いることもあるが、それは政府の側からの区別であって、生活者の視点からわかりにくい区分けである。

3つのバランスという意味は、それぞれがよりよく機能することで相乗効果が生じるということである。公助の質が保障されることで、自助が促されることもある。あるいは共助が機能するためには、公助と自助が必要である。自助と共助が機能することで、公助に頼らずに、あるいは公助を超えた共生が実現していく。ボランティア活動を活発にしていくということは、共助を地域の中でどう蓄積していくかが問われているのである。それは地域住民による参加、協働、自治につながる。

さらに言及すれば、地域共生社会を意図した地域づくりを考えるとき、それはまさに持続可能な社会を開発していくという「ＳＤＧｓ（エスディージーズ）」の視点と重なる。SDGsとは「Sustainable Development Goals（持続可能な開発目標）」の略称であり、平成27（2015）年の国連サミットで採択したもので、令和12（2030）年までに達成しようという目標である。気候変動や経済的不平等、イノベーション、持続可能な消費、平和と正義、パートナーシップなどを優先課題として盛り込んでいる。本稿ではこのことに関しての解説は割愛するが、地域共生社会を構築していく目標として、「誰も取り残されない」世界を実現しようという「SDGs」を射程に検討しておくことも必要である。

BOOK 学びの参考図書

- 岩間伸之・原田正樹『地域福祉援助をつかむ』有斐閣、2012年。

  地域を基盤としたソーシャルワークと地域福祉の基盤づくりを一体的に展開することを、実践的かつ理論的に整理した文献。個別援助から地域づくりを連続的に支援していく過程や方法、そのことを裏付ける意義（理論）について解説している。

- 原田正樹『地域福祉の基盤づくり－推進主体の形成－』中央法規出版、2014年。

  上記の文献で解説される地域福祉の基盤づくりについて、より詳細に、かつ実証的なフィールドワークをもとに検証した文献。特に住民参加や協働、あるいは主体形成に焦点化し、それを基盤にしてどのように地域福祉計画やシステムを構築していくかを示している。

引用文献

1）岡村重夫「福祉教育の目的」伊藤隆二・上田　薫・和田重正 編『福祉の思想・入門講座３ 福祉の教育』柏樹社、1976年、35頁
2）上野谷加代子『たすけられ上手 たすけ上手に生きる』全国コミュニティライフサポートセンター、2015年、11頁
3）大橋謙策 編著『ケアとコミュニティ』ミネルヴァ書房、2014年、18頁
4）原田正樹「ケアリングコミュニティの構築に向けた地域福祉」大橋謙策 編著『ケアとコミュニティ』ミネルヴァ書房、2014年、100頁
5）定藤丈弘「障害者の自立と地域福祉の課題」岡田武世 編『人間発達と障害者福祉』川島書店、1986年、129〜175頁
6）仲村優一「社会福祉行政における自立の意味」小沼　正 編『社会福祉の課題と展望－実践と政策とのかかわり』川島書店、1982年、４〜18頁
7）奥田知志・茂木健一郎『「助けて」と言える国へ－人と社会をつなぐ』集英社、2013年、19頁
8）原田正樹「ケアリングコミュニティの構築をめざして」『月刊自治研』第59巻第696号、2017年、16〜22頁

参考文献

- 木谷宜弘「青少年の社会参加とボランティア活動」木谷宜弘・大橋謙策 編著『学校外の福祉教育実践』光生館、1988年
- 木谷宜弘『随想 福祉と、そのとなり』教育出版センター、2008年
- 木谷宜弘・原田正樹「この人に聞く－木谷宜弘」日本福祉教育・ボランティア学習学会 監修『ふくしと教育』通巻３号、大学図書出版、2009年
- 高島　巌『子どもは本来すばらしいのだ』誠信書房、1963年
- 大橋謙策『地域福祉の展開と福祉教育』全国社会福祉協議会、1986年
- 原田正樹「ボランティアと現代社会」柴田謙治・原田正樹・名賀　亨 編『ボランティア論－「広がり」から「深まり」へ』みらい、2010年
- 原田正樹「福祉教育の礎としての木谷宜弘の思想」日本福祉教育・ボランティア学習学会 監修『ふくしと教育』通巻15号、大学図書出版、2013年
- 原田正樹『地域福祉の基盤づくり－推進主体の形成』中央法規出版、2014年

さくいん

アルファベット等

ア

カ

サ

タ

ナ

『社会福祉学習双書』総括編集委員

委員長　松原　康雄（明治学院大学名誉教授）

飛松　好子（元 国立障害者リハビリテーションセンター総長）

宮本　太郎（中央大学教授）

渡部　律子（日本女子大学名誉教授）

原田　正樹（日本福祉大学学長）

第８巻担当編集委員

上野谷加代子（同志社大学名誉教授／日本医療大学教授）

原田　正樹（日本福祉大学学長）

執筆者（執筆順）

藤井　博志（関西学院大学教授）
序章 第１節、第２節２

松端　克文（武庫川女子大学教授）
序章 第２節１・３・４
第１部 第３章

加山　弾（東洋大学教授）
第１部 第１章

水谷　詩帆（全国社会福祉協議会地域福祉部副部長）
第１部 第２章 第１節、第３節１・６

渋谷　篤男（日本福祉大学教授）
第１部 第２章 第２節１

高橋　良太（全国社会福祉協議会地域福祉部長）
第１部 第２章 第２節２
第１部 第６章 第１節

福野　真美（全国社会福祉協議会法人振興部）
第１部 第２章 第３節２

笈川　卓也（中央共同募金会運動推進部副部長）
第１部 第２章 第３節３

平井　庸元（全国社会福祉協議会民生部長）
第１部 第２章 第３節４・５・８
第２部 第３章 第１節

山下　朋久（全国社会福祉協議会出版部副部長）
第１部 第２章 第３節７

桑原　信人（全国社会福祉協議会総務部副部長・国際福祉協力センター副部長）
第１部 第２章 第３節９
第２部 第３章 第２節

秋貞由美子（中央共同募金会総務部長）
第１部 第２章 第３節10

諏訪　徹（日本大学教授）
第１部 第２章 第４節

和田　敏明（ルーテル学院大学名誉教授）
第１部 第４章

永田　祐（同志社大学教授）
第１部 第５章 第１節～第５節

小松理佐子（日本福祉大学教授）
第１部 第５章 第６節・第７節

宮内　良樹（全国社会福祉協議会法人振興部副部長）
第１部 第６章 第２節～第４節

中島　　修（文京学院大学教授）
第２部 第１章 第１節

玉置　隼人（全国社会福祉協議会中央福祉学院副部長）
第２部 第１章 第２節

後藤真一郎（全国社会福祉協議会出版部副部長）
第２部 第２章 第１節

大戸　優子（中核地域生活支援センターいちはら福祉ネット所長）
第２部 第２章 第２節１

中　　恵美（金沢市地域包括支援センターとびうめセンター長）
第２部 第２章 第２節２

前山　憲一（半田市社会福祉協議会事務局次長）
第２部 第２章 第２節３

髙田　大志（医療法人薪水浦河ひがし町診療所副院長）
第２部 第２章 第２節４

廣瀬みどり（大念仏寺社会事業団産前産後母子支援事業室長／関西学院大学非常勤講師）
第２部 第２章 第２節５

上田　理香（特定非営利活動法人ＫＨＪ 全国ひきこもり家族会連合会本部事務局長）
第２部 第２章 第２節６

古市こずえ（東海村社会福祉協議会生活支援ネットワーク係長）
第２部 第２章 第２節７

森脇　俊二（氷見市社会福祉協議会事務局次長）
第２部 第２章 第２節８

生水　裕美（生活困窮者自立支援全国ネットワーク理事／元 野洲市役所市民部次長）
第２部 第２章 第２節９

戸枝　陽基（社会福祉法人むそう理事長）
第２部 第２章 第２節10

越智　和子（琴平町社会福祉協議会会長）
第２部 第２章 第２節11

大田　勝信（都城市社会福祉協議会事務局長）
第２部 第２章 第２節12

野川すみれ（名古屋市社会福祉協議会権利擁護推進部）
第２部 第２章 第２節13

浦田　　愛（東京都・文京区社会福祉協議会地域福祉推進係係長）
第２部 第２章 第２節14

朝比奈ミカ（市川市よりそい支援事業がじゅまる＋〔多機関協働等〕総合センター長）
第２部 第２章 第２節15

安藤　　亨（豊田市福祉部福祉総合相談課担当長）
第２部 第２章 第２節16

山口　浩次（龍谷大学教授）
第２部 第２章 第２節17

勝部　麗子（豊中市社会福祉協議会事務局長）
第２部 第２章 第２節18

上野谷加代子（同志社大学名誉教授／日本医療大学教授）
第２部 第２章 第３節１・２

野村　裕美（同志社大学教授）
第２部 第２章 第３節３
※第２部 第２章 第２節編集協力

川島ゆり子（日本福祉大学教授）
第２部 第２章 第３節４～10

原田　正樹（日本福祉大学学長）
第２部 第４章

※執筆者の所属・肩書は、令和５年11月30日現在のものです。

社会福祉学習双書2024
第8巻
地域福祉と包括的支援体制

発　行　2021年 2月26日　初版第1刷
　　　　2022年 2月22日　改訂第1版第1刷
　　　　2022年 9月 8日　改訂第1版第2刷
　　　　2023年 2月15日　改訂第2版第1刷
　　　　2024年 2月15日　改訂第3版第1刷
編　集　『社会福祉学習双書』編集委員会
発行者　笹尾 勝
発行所　社会福祉法人 全国社会福祉協議会
　　　　〒100-8980 東京都千代田区霞が関3-3-2 新霞が関ビル
　　　　電話 03-3581-9511　振替 00160-5-38440
定　価　3,080円（本体2,800円＋税10%）
印刷所　共同印刷株式会社

ISBN978-4-7935-1449-4 C0336 ¥2800E